"十二五"职业教育国家规划教材
经全国职业教育教材审定委员会审定

新编高职高专民航概论

（第二版）

罗亮生　主编

中国民航出版社

图书在版编目（CIP）数据

新编高职高专民航概论 / 罗亮生主编. —2 版. —北京：中国民航出版社，2015.9（2024.5 重印）
ISBN 978-7-5128-0287-2

Ⅰ. ①新… Ⅱ. ①罗… Ⅲ. ①民用航空 - 高等职业教育 - 教材 Ⅳ. ① V2 ② F560.6

中国版本图书馆 CIP 数据核字（2015）第 222369 号

新编高职高专民航概论（第二版）
罗亮生 主编

责任编辑	刘庆胜
出　　版	中国民航出版社（010）64279457
地　　址	北京市朝阳区十里河桥东中国民航报社二层（100122）
排　　版	中国民航出版社录排室
印　　刷	北京金吉士印刷有限责任公司
发　　行	中国民航出版社（010）64297307　64290477
开　　本	787 × 1092　1/16
印　　张	20.25
字　　数	446 千字
版 印 次	2015 年 10 月第 2 版　2024 年 5 月第 8 次印刷
书　　号	ISBN 978-7-5128-0287-2
定　　价	48.00 元

官方微博　http://weibo.com/phcaac
淘宝网店　https://shop142257812.taobao.com
电子邮箱　phcaac@163.com

第二版前言

随着中国民航事业的发展，中国民航在国际上的地位不断提高，在国家经济和社会发展中的作用越来越大。中国民航提出了建设新一代民航运输系统的宏伟目标，明确了从民航大国向民航强国跨越的发展战略目标，民航进入了全面建设时期。对于民航从业人员，尤其是民航专业院校在校生的能力和素质培养方面提出了新的更高的要求。《新编高职高专民航概论》自2009年出版已有五年多时间，由于这些变化，部分内容显得有些过时，新内容需要及时补充。

民航是一个国际化程度和高科技应用程度都比较高的行业。民航业的从业人员，包括在校学生，要热爱民航，必须首先要了解民航、了解航空和民航发展史、了解我国民航事业的概貌；要做好民航的工作，就要熟悉民航各部门的情况、认识民航行业的特殊要求、熟悉常用航空术语及了解民航基本知识，还要树立起民航的总体观念。只有这样，才能适应民航业的需要。

《新编高职高专民航概论》（第二版）概述了航空尤其是民航的发展史，民用航空器的基本概念，飞机和飞行基本原理以及民航运输、机场、空中交通管理与客舱管理等基本知识，适合民航院校、民航企业培训作为专业教材，也适合对民航感兴趣的读者阅读。与上一版相比，本教材结合民航服务对人才的需求，以及高职人才规格对内容进行了重构，以民航旅客服务流程为主线，以民航岗位能力培养为依据，按照各服务接触点的典型工作任务引领理论知识，使学生全面了解基于民航旅客服务过程的相关专业以及岗位群的基础知识与基本技能。同时，本教材删除了部分陈旧、过时的内容，增加了更紧贴现实，更能反映当代世界民航发展趋势的知识。广州民航职业技术学院以《新编高职高专民航概论》教程为基础的“民航概论”课被评为广东省省级精品课。

本教材由广州民航职业技术学院的专家、教授编写，罗亮生教授主编。其中第四章和第五章由通信系宋之涛副教授负责编写，第六章由张晓明副教授负责编写，其他章节由罗亮生教授编写，游婷婷、朱魏巍和赵中义老师参加了第二版修订。广州民航职业技术学院院长吴万敏教授负责全书的审稿。

本书在编写过程中，采用了广州航管中心、南航翔翼飞行模拟中心等单位和网站公布的照片，参考了近期出版的大量书籍和期刊，为避免冗长，书中只列出了主要参考书。

在这里，谨向以上单位和个人致以诚挚的谢意，尤其感谢中国民航出版社李梅副总编辑的支持，感谢中国民航大学参加编写老师的辛勤工作。

由于编者水平有限，教材中难免存在错漏之处，恳请读者批评指正。

编者

2015 年 2 月

目　录

第一章　绪　论

第一节　民用航空的基本概念

飞行的渊源可以追溯到公元前发现的阿基米德定律。它假定，当一个物体的重量等于或小于它所排开的液体的重量时，物体就会浮起。两千年后人们才认识到，大气也是一种符合该物理定律的流体。然而，气球的第一次飞行却是在对这个物理定律茫然无知的情况下进行的。

自由气球飞行，实际上就属于民用航空的范畴，是 1783 年在法国的安纳内开始的。在那里，蒙哥尔菲兄弟放出了第一个热气球。正是从那个历史时刻开始，航空迈出了第一步——从纯粹的梦想到假设、到概念，从失败到最后发展为成熟的现实。

今天的航空已发展为航空制造业、军事航空和民用航空三个相对独立的行业。

航空器制造业也称为航空制造业。航空技术是人类在认识自然、改造自然的过程中，发展最迅速、对人类社会生活影响最大的科学技术领域之一。航空技术是高度综合的现代科学技术，需要应用科学技术领域的最新成就。航空技术是衡量一个国家科学技术水平、国防力量和综合实力的重要标志。

军事航空是指为了一定的目的，专门派军事人员操纵航空器的航空活动。

民用航空则是使用航空器从事除了军事性质活动以外的所有的航空活动。

一、飞行器的概念和分类

1. 飞行器

在地球大气层内或大气层之外的空间（太空）飞行的器械统称为飞行器。飞行器通常可分为三类：航空器、航天器、火箭和导弹。

在大气层内飞行的飞行器称为航空器，如气球、飞艇、飞机等。主要在大气层之外的空间飞行的飞行器，称为航天器，例如人造地球卫星、空间站、航天飞机、载人飞船等。航天器在运载火箭的推动下获得必要的速度进入太空，然后在引力作用下完成与天体类似的轨迹运动。靠火箭发动机提供推进力的飞行器，称为火箭，它可以在大气层内飞行，也可以在大气层外飞行。它不靠空气静浮力，也不靠空气动力，而是靠火箭发动机的推力升空。有时，火箭单指火箭发动机。依靠制导系统控制其飞行轨迹的飞行武器，称为导弹。导弹有主要在大气层之外飞行的弹道导弹和装有翼面在大气层之内飞行的地空导弹、巡航导弹、空空导弹等。导弹的动力装置可以是火箭发动机，也可以是涡轮喷气发动机或冲压发动机。每类导弹都可以按用途或射程大小再予以细分。导弹与火箭通常只能使用一次，人们往往把它们归为一类。

2. 航空器

按照《中国大百科全书·航空航天卷》的解释，“航空”的定义是“载人或不载人飞行器在地球大气层中的航行活动”，因此，飞在大气层中的飞行器称为航空器，飞到大气层之外的飞行器称为航天器。航空器根据航空的机械构造分为两类，一类为轻于空气的航空器，另一类为重于空气的航空器，见图 1.1。

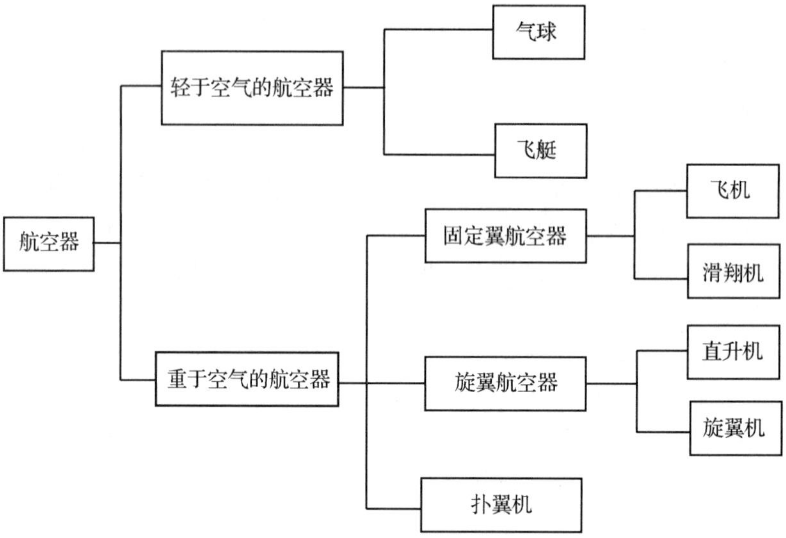

图 1.1　航空器的机械构造分类

二、民用航空器

1. 民用航空器

1919 年，第一次世界大战的战胜国在法国巴黎举行和平会议，讨论并就管理国际航空的规则达成协议，其中就包括对航空器的区分问题。《巴黎公约》第七章第 30 条规定以下应被认为是国家航空器：

（1）军用航空器；

（2）专门用于国家部门的航空器，如海关、警察航空器。

其他一切航空器应被认为是民用航空器。所有航空器，除军事、海关、警察航空器外，应作为私有航空器来对待并受本公约所有规定的约束。

我国《民用航空法》明确规定，民用航空器是指除用于执行军事、海关、警察飞行任务外的航空器。从航空的使用性质来区分民用航空器与军用航空器是比较科学的，也比较适合中国的国情。

现阶段，我国有些空运企业担任国内、国际航空运输任务的航空器，虽然作为生产资料的所有权来说，主要为国家所有，但它们执行的任务却是民用的，不属于国家航空器。

2. 民用航空器的特征

（1）民用航空器一般是在一国的民用航空当局注册登记；

（2）从事旅客、行李、货物和邮件等公共航空运输；

（3）在国民经济的某些部门从事公共航空运输以外的航空作业，如工农业、林业、渔业和建筑的作业飞行；

（4）从事医疗卫生和采取保健措施；

（5）进行气象探测、科学实验等活动；

（6）从事教育训练、文化体育等飞行活动；

（7）进行救灾抢险等活动。

航空器虽然有多种，但在民用航空中主要使用的是飞机，其他种类的航空器使用较少，所以我们在以后关于民用航空器的讨论中主要针对民用飞机。

三、民用飞机的分类

民用飞机分为用于商业飞行的航线飞机和用于通用航空的通用航空飞机。

1. 航线飞机

航线飞机，也称为运输机，分为运送旅客的客机和专门运送货物的货机，还有由客机改装成的客货混用的运输飞机。全世界的航线飞机在全部民航飞机中只占很小的比例，数量在一万几千架，但航线飞机的吨位大，产值高，由航线飞机的飞行构成了一个世界范围的航空运输网。航线飞机是民用航空运输的主体部分，而其中旅客机又占了大部分，以下对民用飞机的讨论主要以现代的旅客机为主。

旅客机按航程的远近可以分为远程客机、中程客机和短程客机，按国际上通常的标准，航程在3000千米以下者为短程客机，3000千米至8000千米为中程客机，在

8000千米以上者为远程客机。由于这个界定并不明确，有时把航程在5000千米以内的飞机称为中短程客机，5000千米以上者称为中远程客机。一般来说，飞机航程越远，起飞重量越大，设备也越先进。

2. 通用航空飞机

通用航空包括除了进行定期航线飞行外的所有非军事用途的航空活动，内容非常广泛。通用航空使用的全部是小型飞机，起飞重量不超过50吨，一般可分为公务机、私人用飞机、农业用飞机、教练机、体育竞赛飞机等。

3. 直升机

直升机属于旋翼航空器，装有大直径的螺旋桨的旋翼作为主要升力来源，能垂直起落。我们知道，飞机要离开地面或在空中飞行，机翼必须产生一个足以克服飞机重量的升力，而这个升力的大小与飞机飞行速度的平方成正比。换句话说，普通飞机如果没有足够的速度，就无法维持在空中的正常飞行。直升机因为有一具或几具旋翼而有所不同。旋翼由发动机带动做旋转运动，产生升力。这个升力的产生却不以直升机本身的飞行速度为先决条件。直升机以动力旋翼作为升力主要来源，这一特点使其既区别于作为主要升力来源但不能垂直起落的旋翼机，又区别于不是以旋翼作为主要升力来源的垂直起落飞机。

四、民用航空的定义和分类

使用各类航空器从事除军事航空外的活动称为民用航空。这个定义明确了民用航空是航空的一部分，同时以“使用”航空器界定了它和航空制造业的界限，用“非军事性质”表明了它和军事航空的不同。民用航空（以下简称民航）分为两个大的组成部分，一个是商业航空，另一个是通用航空。

1. 商业航空

商业航空，也称为航空运输，是指以航空器进行经营性的客货运输的航空活动。它是一种商业活动，以赢利为目的，又是运输活动，这种航空活动是交通运输的一个组成部分，和铁路、公路、水路和管道运输共同组成了国家的交通运输系统。

2. 通用航空

除商业航空外的民用航空部分统称为通用航空，因而通用航空包括多项内容，范围十分广泛。大致可以分为下列几类。

1）工业航空

包括使用航空器进行与工矿业有关的各种活动，具体的应用有航空摄影、航空遥感、航空物探、航空吊装、石油航空、航空环境监测等，在这些领域中利用了航空的优势，完成了许多以前无法进行的工程。如海上采油，如果没有航空提供的便利交通和后勤服务，很难想象能出现这样一个行业。其他如探矿、摄影等，航空使这些工作的进度加快了几十倍到上百倍。

2）农业航空

包括为农、林、牧、渔各行业服务的航空活动。其中如森林防火、灭火、撒播农药，都是其他方式无法比拟的。

3）航空科研和探险活动

包括新技术的验证、新飞机的试飞，以及利用航空器进行的气象天文观测和探险活动。

4）飞行

指除空军驾驶员外培养各类飞行人员的学校和俱乐部的飞行活动。

5）航空体育

指用各类航空器开展的体育活动，如跳伞、滑翔机、热气球以及航空模型运动。

6）公务航空

指大企业和政府高级行政人员使用航空器进行公务活动。跨国公司的出现和企业规模的扩大，使企业自备的公务飞机越来越多，公务航空就成为通用航空中一个独立的部门。

7）私人航空

指私人拥有航空器进行航空活动。

五、民用航空系统的组成部分

从组织结构看，民用航空由三大部分组成。

1. 政府部门

民用航空业对安全的要求高，涉及国家主权和交往的事务多，要求迅速协调和统一调度，因而几乎各个国家都设立有独立的政府机构来管理民航事务，我国是由中国民用航空局来负责管理民航事务。

2. 民航运输企业

指从事和民航业有关的各类企业，其中最主要的是航空运输企业，即我们常说的航空公司，它们掌握航空器，从事生产运输，是民航业生产收入的主要来源。其他类型的航空企业，如油料、航材、销售等，都是围绕着运输企业开展活动的。航空公司的业务主要分为两个部分：一部分是航空器的使用（飞行）、维修和管理，另一部分是公司的经营和销售。航空公司必须安全飞行和占有市场才能获得利润。

3. 民航机场

机场是民用航空和整个社会的结合点，也是一个地区的公众服务设施。因此，机场既带有营利的企业性质，同时也带有为地区公众服务的事业性质。世界上大多数机场是地方政府管辖下的半企业性质的机构，主要为航空运输服务的机场称为航空港或空港。

第二节　飞行探索和飞机的发明

飞行，是人类对自身和自然界的一个挑战，也是人类有史以来不断追求的一个夙愿。在古代，人们向往神秘莫测的天际，却上天无路，只能寄托于神话般的幻想，人类征服天空的历史正是从神话传说开始的。

一、飞行神话、传说

古代人类在艰难的生活和生产中，在与大自然的斗争中产生了飞行幻想。空中翱翔的鹰，扑翼飞行的鸟和蝴蝶，甚至天上飘浮的白云，都足以引起人们对飞行的向往，古代种种美丽的神话传说也就此产生。这些飞行神话和传说不仅丰富了古代人类社会的文化，也孕育了后代航空航天技术的萌芽。

在中国古代民间传说中，有许多能在天地间飞来飞去的神仙的故事，如牛郎织女、仙女下凡、嫦娥奔月等。

在古代关于舜帝的传说中，说到舜在受到其继母迫害，将被烧死在谷仓顶上时，他急中生智，抓住两个斗笠从粮仓顶上跳下，逃离了熊熊大火。斗笠兜风，减缓了下降的速度，因此救了舜的性命。这个故事被收入到许多外国文献中，被认为是人类4000 年前出现的利用空气阻力的降落伞的雏形。

古代神话小说《封神演义》里有一个神名叫雷震子，他肋下生翅，能在空中自由来去。这个故事反映出人们幻想升空的强烈愿望。

据传在公元 9—23 年的王莽时期，有一个人用鸟翎编成一对大翅膀，绑在身上，居然滑翔了数百步之远。这是人类最早的实现人力飞行的记载。

图 1.2 舜帝的传说

图1.3 王莽时期的“飞人”

图 1.4 古希腊神话中伊卡洛斯的飞行

在古希腊和古罗马的神话中，众神都长有翅膀，或拥有飞车和飞鹰作为坐骑，至于长着一对小小翅膀的可爱的小天使，至今还被人们当作吉祥物。在希腊，人们还广泛传诵着伊卡洛斯与他父亲一起用羽毛和蜡做了一对翅膀，竟成功地从克里特岛上的监狱里逃出来的故事。勇敢的伊卡洛斯不听父亲忠告，执意高飞，想接近太阳，结果强烈的阳光熔化了粘合翅膀的蜡，他掉进了大海。

《圣经》里详尽描写的耶和华乘坐的飞行器，还被以后一些学者看作是外星人的飞船。在中世纪成书的北欧神话集《埃达》里，讲述了有个铁匠造了一套可以穿在身上的飞行翅膀，穿了这种飞行服后可以顶着风升高，顺着风下降，反映了人们对像鸟一样飞行的向往。

在阿拉伯著名的故事集《一千零一夜》中，也有许多飞行的神话，其中有名的“飞毯”是对直升机飞行器的向往；至于“神灯”中的可飞行百里的巨毯，实际上是人们对能在空中跨海越山飞行的渴望。

二、飞机的“始祖”——风筝

风筝是我国在两千多年前的西汉时代的发明。风筝的飞行原理与滑翔飞机和固定翼飞机的飞行原理相同，所不同的是固定翼飞机多了推进系统。英国的航空权威性著

图 1.5 古代的风筝

作《航空发展史》（*History of Aviation*, London, 1972）也确认风筝起源于中国。风筝是中国劳动人民对人类实现飞行梦想的最杰出的贡献之一，它被传到西方后，许多航空先驱者的发明行动就是从研究和试验风筝开始的。

相传最早的风筝是出自楚汉相争时的韩信之手。当韩信把项羽围困在垓下以后，就做了一个很大的纸鸢，让身材轻巧的张良坐在其上，高唱楚歌，瓦解楚军军心。

在那个时代就能够造出载人的风筝，让人难以置信，但风筝用作传言之用是完全有可能的。在以后的许多记载里，风筝主要的军事用途就是传递书信和宣传品。

风筝被传到西方后，它的滑翔原理成为飞机空气动力学的最有价值的飞行原理之一，莱特兄弟就是从研究和试验风筝开始，悟出了飞机飞行的一些基本规则，最终成功地发明了飞机。

图 1.6 这幅中国人放风筝的画刊登在 1840 年的英国的一本书上

现在，在一些国家的博物馆里，还展示有中国的风筝，英国的博物馆还把风筝称之为“中国的第五大发明”。

风筝在性质上是一种重于空气的飞行器。风筝产生升力的原理是：当迎面的风吹到倾斜的动力面上，产生一个向后、向上的空气动力，地面上的牵引克服一部分向后的阻力和一部分向上的升力，余下一部分向上的升力支持风筝的重量，使它上升，而余下的一部分拉力则使风筝向前飞翔。

风筝与人类飞行探索有着密切的关系。中国的风筝具有良好的空气动力性能，它向人们证明，除了像飞鸟、昆虫那种扑翼的方式以外，采用合理的拉力和升力分开的固定翼面，也可以实现飞行。19 世纪中期以后，人们逐渐将注意力集中到固定翼飞行器的研究上。1804 年，英国的凯利曾用风筝作为机翼制成一架滑翔机，用绳牵引起飞。俄国的莫扎伊斯基和飞机发明人美国的莱特兄弟，也都曾用放风筝的方法来研究他们的飞机。

中国的筒形风筝发展为盒形风筝，成为双翼飞机的雏形。英籍美国人科迪模仿风筝的形状，制成英国第一架双翼飞机。沙雁风筝的翅膀已经采用了弧形剖面、椭圆形翼尖，从空气动力学的观点看这些都是性能较好的机翼所具有的特征。因此，我们也可以这么讲：风筝是飞机的“始祖”。

三、热气球的鼻祖——“孔明灯”

“孔明灯”的升空原理与 800 年以后出现的热气球几乎完全一样，许多外国文献认为中国是最早知道利用热空气获得升力原理的国家。

图 1.7　莘七娘的松脂灯

中国古代的“孔明灯”，被公认为是热气球的鼻祖。据说在五代时（公元 907—960 年），有一个叫莘七娘的女子随夫出征，用竹和纸做成一方形灯笼，底盘用松脂油点燃后，随着灯笼内空气变热，灯笼就可扶摇直上，用作联络信号。这种灯当时被称作“松脂灯”，在四川则被称为“孔明灯”，这是为了纪念诸葛亮的功绩。

18 世纪初，中国的“孔明灯”逐渐流传到了西方。1782 年，在法国巴黎的一次博览会上，有一些艺人表演了一种很像中国“孔明灯”的日本灯，将灯笼底部的蜡烛点燃后，灯笼就慢慢地升到了空中。

当时在观灯的人群中有一对法国的蒙哥尔菲兄弟，这次日本灯的表演使他们兴奋异常。从巴黎回到昂诺内家中后，兄弟俩先将一个大纸袋的口朝下罩在炉子上加热。很快，纸袋升到了屋顶上。接着他们又用布做了一个口袋，同样将空气加热后，布口袋竟然上升了约 20 米。

图 1.8　蒙哥尔菲的热气球

1783 年，蒙哥尔菲兄弟制造的热气球实现了人类几千年来真正升空的梦想。

四、航空先知——达·芬奇

图 1.9　达·芬奇和他的手稿

在航空史的记载中，第一个以科学的态度研究鸟类飞行，并设计出人力扑翼机草图的，是达·芬奇（1452—1519）。他观察了鸟类的飞行，发现气流越快，升力越大。根据这些发现，他在 1505 年写成了《论鸟的飞行》一文，并绘制了扑翼飞行机的草图。他设想通过人力向后下方扑动双翼来实现飞行。

他的人力扑翼机没有飞起来，后来的研究证明，也不可能飞起来。

与前人不同，达·芬奇是先通过对鸟飞行的观察、解剖和试验，对鸟的飞行原理有了深刻的认识后，才提出人类有能力仿制一种机器来模仿鸟的全部运动。

达·芬奇对飞行问题研究的另一重大贡献是，他认为在研究鸟的飞行的同时，还必须研究鸟飞行的环境，即流动的空气对鸟飞行的影响，而空气的运动特性还可以通过水的流动来模拟研究。实际上，现代空气动力学的许多原理就是通过“风洞”和“水洞”得到的。

达·芬奇的航空学研究可以分成三大部分。前面所讲的是关于飞行的理论和原理，第二大部分是关于飞行的稳定和控制，第三大部分是飞行器设计。他设计过扑翼机、降落伞和直升机，但投入精力最多的是扑翼机。达·芬奇大约在 1485 年设计了第一架扑翼机，1487 年画出了设计草图。

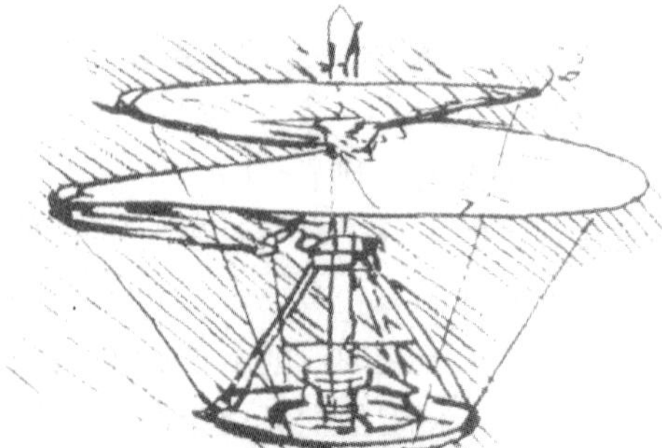

图 1.10　达·芬奇的直升机草图

在达·芬奇的研究手稿中，还画有降落伞的草图，其外形呈四棱锥形，像一座小金字塔。许多航空史家还把达·芬奇看做直升机的发明者，并认为这是他对航空学的真正贡献。在一张草图上，他画出了一个直升机设计图，它的主要部件是一个螺旋面，其几何图形相当于桨叶旋转与前进合成运动画出的曲面，两端面间的夹角约 540°。中间一个直轴，上面缠绕弹簧来驱动螺旋面旋转。谈到这个设计时他指出："我觉得，如果这个带螺旋的装置能很好地制造，那么螺旋就会高速旋转，并在空中画出螺旋线来，然后升入空中。"这段论述表明，达·芬奇在历史上第一次阐述了直升机原理。

1519 年，达·芬奇在去世前，把自己的全部手稿赠给了他最得意的门生。此后，这些手稿一直被束之高阁，他的研究成果没能对飞机的发明起到应有的作用。直到 20 世纪 20 年代，人们才发现他还是一位航空科学的开创者，早在 500 年前他就对航空科学做了大量的极有价值的研究。

五、航空先导——从气球到飞艇

18 世纪后期，西方的研究者们在研究扑翼飞行失败后，转而研制轻于空气的飞行器——气球。气球是轻于空气的飞行器，比重于空气的飞行器——飞机早一百多年问世，在飞机之前成为人类征服天空的先导。中国早在五代时期就使用过原始的热气球——"孔明灯"，历史上还出现过各种轻于空气飞行器的其他设想和尝试，但首次制造成功轻于空气的航空器气球的是法国人蒙哥尔菲兄弟。

图 1.11　蒙哥尔菲兄弟的热气球

1. 热气球飞行成功

法国人蒙哥尔菲兄弟——哥哥约瑟夫·米歇尔·蒙哥尔菲和弟弟雅克·艾蒂尔·蒙哥尔菲的功绩在于研制出世界上第一个热空气气球。兄弟二人用麻布和纸制成一个直径达 10 米的热空气气球，以燃烧湿稻草和碎羊毛产生的热空气充满气球，经过实验和多次改进，于 1783 年 6 月 4 日在昂诺内省首次升空，轰动全国。1783 年 9 月 19 日，蒙哥尔菲兄弟奉命为国王路易十六表演，他们在气球下吊了一个笼子，里面放了绵羊、公鸡和鸭子，升到 450 米高，在 8 分钟里飞出 3200 米远并降落在小树林中，这是人类飞行前用动物所做的搭乘实验飞行！这只热气球被公认为世界上第一个热空气气球。

1783 年 11 月 21 日，法国人罗齐埃和达尔朗德乘坐蒙哥尔菲制造的热气球，在巴黎上空飘行了 25 分钟，最后平安降落在距起飞地约 9 千米远处，这是人类航空器进行的第一次空中航行。

1908 年，清政府军队虽然还在使用着长枪短矛，但在维新派的推动下，新军成立了三支气球队，这也就是中国最原始的空军。

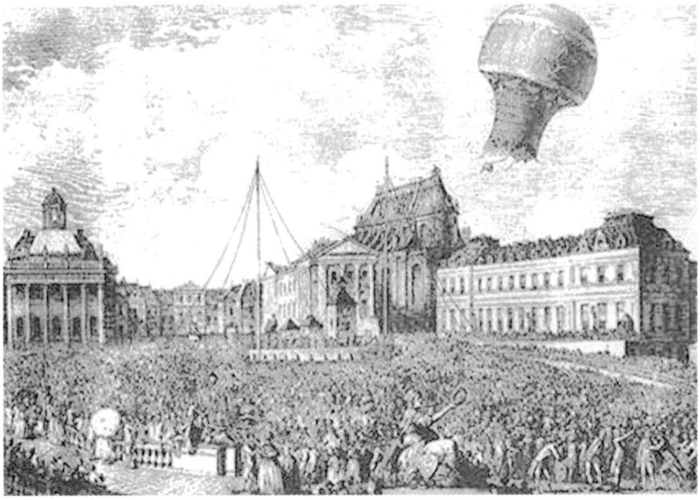

图 1.12　1783 年 9 月 19 日，蒙哥尔菲兄弟为国王路易十六首次举行动物飞行表演

图 1.13　清军气球队在“太湖秋操”演习现场

2. 氢气球及其应用

蒙哥尔菲气球的出现引起了法国科学院的注意，法国科学家查里认识到，对于提供升力来说，氢气比热空气更为有效。于是他用涂以橡胶的绸布制成了一个氢气球，史称查里气球。1783 年 12 月 1 日，查里和罗伯特乘氢气球在空中飘行了 50 千米，留空时间超过 2 小时，实现了首次氢气球载人飞行。

3. 飞艇的发明

气球只能在空中随风飘荡而不能控制前进的方向，于是带有动力并可以操纵的气球——飞艇应运而生。飞艇是轻于空气航空器发展的必然结果。

1852 年，法国人吉法尔终于制成了第一艘部分可操纵的飞艇。该飞艇呈雪茄烟形，长 44 米，最大直径 12 米，用一台 2.2 千瓦的蒸汽机做动力装置，驱动一副 3 叶螺旋桨，并设有方向舵，人员和发动机均装在吊舱内。1852 年 9 月 24 日，吉法尔驾驶这艘飞艇由巴黎飞到特拉普，航程为 28 千米。这是人类历史上飞艇第一次成功载人飞行。

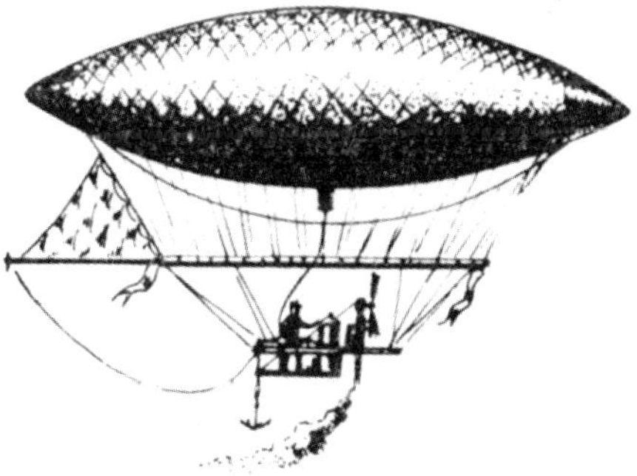

图 1.14 吉法尔的第一艘飞艇

早期的飞艇都是软式或半硬式结构。19 世纪末铝问世后，开始用铝做骨架，用薄铝板做气囊的外壳，制成了硬式飞艇。1900 年，德国齐伯林的硬式飞艇完善了操纵系统，才使飞艇成为第一种空中交通工具。

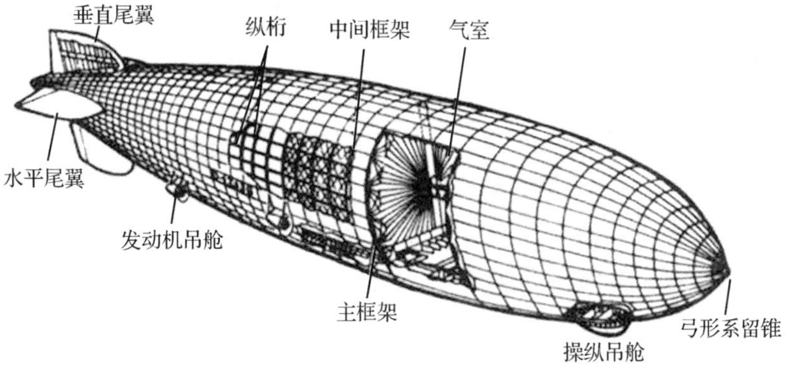

图 1.15 硬式飞艇构造图

19 世纪末至 20 世纪初，是飞艇发展的全盛时期，德国的齐伯林伯爵在这方面获得的成就最大。1894 年，他完成了硬式结构飞艇的设计，于 1900 年制成 LZ-1 号飞艇，长 128 米，气囊容积为 11300 立方米。1909 年，齐伯林创设了德国航空运输有限公司，以飞艇作为运输工具。1910 年 6 月 22 日，开始用 LZ-7 号齐伯林飞艇在法兰克福、巴登和杜塞尔多夫之间做载客定期飞行。

图 1.16 “兴登堡”号飞艇爆炸现场

第一次世界大战后，齐伯林公司又先后制造了两艘巨型飞艇，“齐伯林伯爵”号和“兴登堡”号，在欧洲到南美和美国的商业航线上飞行。1937 年 5 月 6 日，“兴登堡”号从德国飞往美国时，在美国新泽西州赫斯特湖上空，飞艇尾部突然起火，迅速蔓延全艇，36 名乘客遇难，飞艇的商业飞行从此结束了。

20 世纪 70 年代以后，有的国家又开始利用现代科学技术研制新型的充氦飞艇，用于林区集运木材、油田巡逻和吊运大型设备等，但起色不大。

六、航空先驱——从滑翔机到飞机

1. 航空先驱

就在飞机发明前夜，许多航空精英曾为研制人类第一架飞机进行过终生努力，甚至献出了自己的生命。

英国科学家凯利在 1849 年用滑翔机载着一名男孩从山坡上向下滑翔成功。四年后，又载着他战战兢兢的马车夫滑翔飘飞过一个小峡谷。

图 1.17 凯利在 1853 年就用这样的滑翔机命令他的马车夫飘过峡谷

1842 年，英国人亨森设计的“空中蒸汽车”飞机申请到“重于空气的飞行器”的专利。

1882 年夏，俄国军官莫扎伊斯基的“飞机”交由士兵驾驶，在彼得堡市进行了有名的飞行尝试，但只属于“幼稚的跳跃飞行”。

1884 年，莫扎伊斯基设计制造了一架单翼机，并做过试飞。早年的莫扎伊斯基曾对鸟类和船用螺旋桨进行过仔细研究，萌发了发明载人飞行器的念头，他曾用 3 匹马拉着马车飞跑，车上的人高举两只大风筝，以此做飞行尝试。他设计的单翼机具有机身、尾翼、四轮起落架，2 台英国制造的蒸汽发动机和 5 副螺旋桨，发动机的功率为 7.35 千瓦，飞机的翼展为 22.8 米，翼弦为 14.20 米，机长 23 米，总重 934 千克，载一名驾驶员的同时还可以载几名乘客。莫扎伊斯基的单翼机获得专利权，并在彼得堡附近的红村做过试飞，但只能跃飞 20~30 米的距离。

1890 年，法国电气工程师克里门特·阿代尔设计制造了一架蝙蝠式飞机，取名为“风神”，于当年 10 月 9 日在阿美韦里斯从平地起飞，高度约 20 厘米，飞越距离约 50 米，然后摔下。1897 年，阿代尔又设计制造了“飞机”号飞机，与“风神”号外形相似，装有 2 台蒸汽机，每台 20 马力，带动 2 副螺旋桨，其翼展为 16 米，总重达 400 千克。“飞机”号也做了几次短暂的跳跃飞行，未能持续飞行，其原因可能是：阿代尔的飞机未能解决操纵稳定问题；发动机的重量太大；从仿生角度出发，采用蝙蝠翼扑动的方式，所以未能成功。1897 年，他的 3 号机在巴黎数次“跃离地面”飘飞，后因军方撤销资助而作罢。

就在莱特发明飞机前夕，1903 年的 10 月 7 日和 12 月 8 日，美国人兰利的“空中旅行者”号飞机两次在波托马克河一条游船的顶棚上做过不载人弹射试飞，可惜均因与发射架相磕碰而坠河。据后人分析，如再坚持一下，兰利很可能成为飞机第一发明人！

图 1.18 兰利的“空中旅行者”号飞机

在莱特兄弟 1903 年历史性飞行之前的 10 年中，一个生于法国的美国土木工程师查纽特研制并试飞了当时世界上最先进的飞行器，他的双翼滑翔机是当时世界上所有飞行器中的工程杰作，是 20 世纪现代飞机的基础。他的助手赫林等人成为有经验的滑翔机驾驶员，突破了当时所有重于空气飞行器的飞行纪录。

德国工程师、滑翔飞行家奥托·李林达尔（O. Lilienthal）是世界上成功地把载人滑翔机飞上天的第一人。

图 1.19　李林达尔的滑翔机

李林达尔自幼酷爱飞行，少年时代的李林达尔曾进行过扑翼飞行试验，长期观察研究鸟的飞行规律，并用自制的仪器验证观察的结果。他认识到扑翼飞行的不现实性，转向固定翼滑翔机的研究和试验，并与其弟古斯塔夫合作，于 1891 年制成一架弓形翼面的滑翔机，成功进行了滑翔飞行，飞行距离超过 30 米。李林达尔经过反复试验，证实了当时许多人使用的平板翼面完全不适合飞行，只能像鸟儿那样的拱形翼面才适用于飞行，而且能大大节约动力。这个发现是当时航空技术的重大突破。此后几年间他共制造了 18 种滑翔机，并亲自飞行了 2500 多次，其中最远可达 300 米，还完成了 180°的转弯飞行，被人们称为“蝙蝠侠”。

1896 年 8 月 9 日清晨，李林达尔在滑翔飞行中失事牺牲，年仅 48 岁。

李林达尔的牺牲震动了当时还属幼年的航空界，但滑翔机制造和飞行运动的热潮却因此在全世界扩散开来，英国、美国……到处都有人在制造和飞行滑翔机。尽管李林达尔的滑翔机结构十分简陋，必须通过自身身体的移动来操纵飞机的运动，但它却是世界上第一种可操纵的飞行器，从而为 7 年以后有动力飞机的成功打下了坚实基础。

2. 飞机的发明

飞机发明人是美国的莱特（Wright）兄弟，哥哥威尔伯 · 莱特，弟弟奥维尔 · 莱特。兄弟俩在家乡俄亥俄州代顿仅读完中学课程，就开始从事自行车修理制造业。兄弟二人自幼对飞行怀有浓厚的兴趣，曾潜心观察和研究鸟的飞行，制作风筝和竹蜻蜓，阅读有关飞行试验的新闻和报道。莱特兄弟刻苦钻研李林达尔的著作和当时能找到的其他有关飞行试验的书籍，综合前人一百多年的探索工作，并依据自己的研究成果，研制出“飞行者”号飞机首先试飞成功，开创了人类航空新时代。

1903 年 12 月 17 日，这是一个载入史册的日子。在美国北卡罗来纳州的一块空地上，莱特兄弟正在准备对他们制造的“飞行者 1 号”进行第一次试飞。

上午 11 时左右，发动机经过暖机后，弟弟奥维尔 · 莱特在飞机上俯伏就位。发动机启动后，飞机开始向前滑动，由于不时有大风迎面吹来，哥哥威尔伯 · 莱特用一只手扶着飞机的翼尖跟着向前跑，不让飞机有太大的晃动。滑行速度越来越快了，威尔伯 · 莱特不得不放开了手，“飞行者 1 号”终于晃晃悠悠地升到了空中。

图 1.20 莱特兄弟

这次飞行留空只有短短的不到 1 分钟的时间，飞行距离只有微不足道的 36.6 米，但它却是人类历史上有动力、载人、持续、稳定和可操纵的重于空气飞行器首次成功升空并飞行，具有十分伟大的历史意义，标志着人类征服天空的梦想开始变为现实，从而被世界航空界公认为世界航空世纪的新纪元。

图 1.21 “飞行者 1 号”的飞行

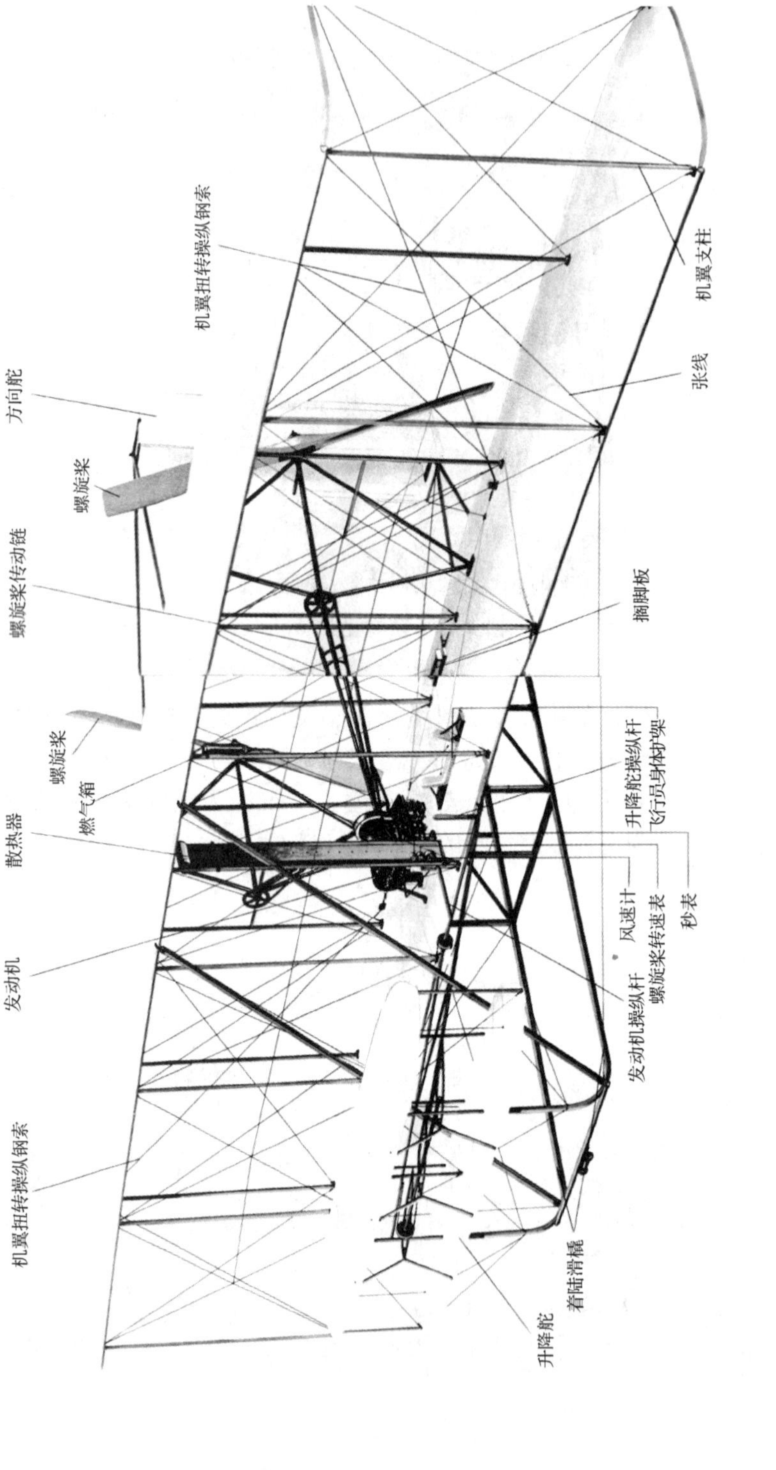

图1.22 “飞行者1号”结构图

“飞行者 1 号”采用了一副前翼和一副主机翼，并且都是双翼结构，用蒙皮木支柱和张线联结而成。一台汽油活塞发动机被固定在主机翼下面的一个翼面之上，机翼后面安装着左右各一副双叶螺旋桨，机尾是一个双翼结构的方向舵，用来操纵飞机的方向，而飞机上下运动则由前翼来操纵。飞机没有起落架和机轮，只有滑橇。起飞时飞机装在滑轨上，用带轮子的小车拉动和辅助弹射起飞。驾驶员俯伏在主机翼的下机翼中间拉动操纵绳索的手柄操纵飞机。飞机翼展达 12.3 米，翼面积 47.4 平方米，机长 6.43 米，连同驾驶员在内总重约 360 千克。发动机由莱特自行车公司技师查理·泰勒设计制造，它能够发出 9 千瓦的功率。

图 1.23 莱特俯卧在机翼上完成了历史性创举

1904 年 1—5 月，莱特兄弟制造了“飞行者 2 号”飞机，性能有了很大提高。1905 年又制造了“飞行者 3 号”。它在试验中留空时间多次超过 20 分钟，距离超过 30 千米，10 月 5 日的试飞取得的最好成绩是飞行时间 38 分钟，飞行距离 38.6 千米。“飞行者 3 号”共飞行了 50 次，全面考察了飞机的重复起降能力、倾斜飞行能力、转弯和完全圆周飞行能力、“8”字飞行能力。能进行这些难度较大的机动飞行和有效操纵表明，这架飞机已具备实用性，因此被看做是第一架实用飞机。威尔伯·莱特和奥维尔·莱特两兄弟，在人类航空史上有三大贡献：

（1）首次在有动力的飞机上，完成持续和可操纵的飞行，并降落于起飞的地面（1903 年 12 月 17 日）。

（2）首次制造成功实用的动力飞机，用它可以完成起飞、直线飞行、转弯和“8”字盘旋等飞行动作，并能安全地着陆（1905 年秋）。

（3）首次制造和试飞了可以载乘客的实用飞机（1908 年）。

3. 中国近代航空先驱——冯如

中国是世界文明古国，中国古代的飞行技艺被认为是现代飞行的启蒙，对航空器的产生起到了重要作用。1840 年鸦片战争后，西方航空知识传入中国，清朝政府也派留学生出国学习航空、购买气球和飞机，旅居海外的中国人也有人设计和制造飞艇和飞机，一时出现了不少为祖国航空事业奋斗的先行者。

图 1.24 冯如

冯如（1883—1912）是中国最早的飞机设计师和飞行家，1883 年 12 月 15 日出生于广东省恩平县，幼时赴美，在旧金山和纽约做工，刻苦钻研工艺技术。美国莱特兄弟 1903 年发明试飞成功第一架飞机，1904 年日俄两国为争夺在中国的利益而在中国领土上打仗，这两件事对冯如影响触动很大，他立志研究制造飞机，用以加强中国国力，振兴中华。1907 年秋，冯如得到当地华侨的资助，在旧金山奥克兰设厂研制飞机，1909 年正式成立广东飞行器公司，冯如任总工程师。公司于当年便投入制造飞机，并于 9 月 21 日在奥克兰的派德蒙特试飞成功。

1910 年 10 月至 12 月，冯如在奥克兰进行飞行表演大获成功，并得到孙中山先生和旅美华侨的赞许，同时获得美国国际航空学会颁发的甲等飞行员证书。1911 年 2 月，冯如谢绝美国多方的聘任，带着助手及两架飞机回到中国。辛亥革命后，冯如被广东革命军政府委任为飞行队长。1912 年 8 月 25 日，冯如在广州燕塘飞行表演中失事牺牲，遗体安葬在黄花岗，被追授为陆军少将，并立碑纪念，被尊为“中国始创飞行大家”。

图 1.25 冯如和他制造的飞机

七、航空的发展——从活塞飞机到喷气飞机的出现

1. 军事航空的兴起

飞机出现后很快被用于战争，20 世纪的两次世界大战使飞机得到了迅速的发展。战争的需要反过来促进航空工业的发展，飞机的研究、设计、制造和使用都有了明确的分工，并且形成了独立的产业部门和独立的军种——空军。

在 1911 年的意土战争中，意大利首先利用飞机进行侦察，这是飞机用于战争之始。随后各交战国也都使用了飞机。20 世纪的第一次世界大战使空军成长为一支重要的军事力量。

在第二次世界大战中，空军更显示出举足轻重的作用。从第一次世界大战到第二次世界大战，航空工业已形成独立的产业部门，并且建立航空研究机构，使飞机的外形、结构和机载设备更加完善。

图 1.26 第一次世界大战中比利时飞机空中巡逻

第一次世界大战初期，各战备国约有飞机 1500 架，而到战争末期，各国在前线作战的军用机达到 8000 多架。四年中，交战双方用于作战的飞机有十几万架之多。欧洲航空先驱法国在协约国中占领导地位，第一次世界大战中法国生产的飞机总数达到 51000 架。英国在战争期间生产了 55000 架各种型号的飞机，达到了每月生产飞机 3500 架的最高生产水平。德国是法、英两大强国的主要对手，在战争期间生产的各型飞机总数为 48537 架。意大利和奥地利也是直接对抗国，到战争结束时意大利也生产了 11986 架飞机。“战争是军用机的催生婆”的说法一点也不过分。

2. 从活塞飞机到喷气飞机

1）喷气式飞机的诞生和发展

战争促进飞机性能迅速提高，飞机的速度从 16 千米/小时提高到 755 千米/小时，达到了活塞式飞机当时的速度极限。在活塞式发动机的发展受到限制后，产生了一种新的动力装置——喷气发动机。它具有重量轻、推力大的优点，装在飞机上可以大大提高飞行速度。1939 年 8 月 27 日，德国人首先试飞成功装有喷气发动机的 He-178 型飞机，随后苏联、美国也相继制造出米格-15 和 eF-80、F-86 等型号的第一批喷气式飞

机，并投入朝鲜战争。

图 1.27　1939 年 8 月 27 日，德国人首先试飞成功装有喷气发动机的 He-178 型飞机

2）突破声障

声速指在海平面上气温为 0℃时，声音在空气中的传播速度约为 340 米/秒。当飞机时速接近声速时，由于产生激波，飞机的性能急剧变化，操纵困难，这称为声障。突破声障，成为航空界的难题。

图 1.28　美国的“X-1”火箭动力研究机和飞行员

喷气式飞机出现以后，速度很快增加到 900 千米/小时以上，当飞行速度进一步增加到接近声速时，声障形成，飞机突然出现异常，阻力剧增，升力下降，飞机失控，而且翼面出现剧烈抖振，甚至导致机毁人亡。

为实现超声速飞行，首先必须突破声障，为此各国都致力于高速气动理论的研究，并对飞机的外形做了很大的改进，如采用大后掠角翼、尖薄翼型、尖头、细长流线机身如蜂腰机身等减阻措施，取得了显著成效。1947 年，美国的火箭动力研究机“X-1”首先突破声障。1953 年，美国第一架实用型超声速战斗机 F-100 型问世，随后苏联也出现米格-19 型超声速战斗机。从此，航空技术跨入超声速领域，实现了超声速飞行。

3）克服热障

喷气式飞机突破声障实现超声速飞行后，随着速度进一步提高，高速气流的摩擦会使飞机表面温度升高，当飞行速度超过音速的 2.5 倍时，飞机表面的温度可以升到 300℃，超过了铝合金材料的极限工作温度，飞机结构的强度和刚度急剧下降，气动外形破坏，危及飞行安全。这种因气动加热而引起的危险障碍，称为“热障”。克服热障的办法是采用耐高温的材料，如不锈钢、钛合金等，美国的 SR-71 型飞机，93%的机体表面都采用钛合金，顺利越过了热障，飞行速度超过了声速 3.3 倍。

第三节 民用航空的历史和发展

一、民用航空的萌芽

1903 年 12 月 17 日美国的莱特兄弟发明飞机后，不到 10 年的时间内，试图使飞机应用于航空运输的努力就已经开始了。

首次飞机货运飞行是在 1910 年 11 月 7 日，美国飞行员菲利浦·帕马利受莫尔豪斯貂皮公司的委托，驾驶莱特 B 型双翼机，将一批丝织品从代顿运往哥伦布。这可以算作第一次飞机货运。

图 1. 29 1910 年 11 月美国飞行员驾驶莱特飞机第一次货运飞行

图 1. 30 1911 年 2 月首次飞机邮政飞行

首次飞机邮政飞行是在 1911 年 2 月 22 日（一说 20 日），英国皇家海军中校温德哈姆请法国飞行员亨利·佩凯驾机，把一批信件从印度的阿拉哈巴德市带往奈尼·章克申。每封信附加航空邮费约合 2. 5 便士。

首次飞机航班飞行是在 1914 年 1 月 1 日，美国著名长途飞行员托尼·贾纳斯驾驶“伯努瓦”号水上飞机，载一名乘客，开始从圣彼得斯堡到坦帕的第一次航班飞行。航线全长 31 千米，航行时间约 20 分钟。在第一次世界大战前，这些用简陋的飞机进行的航空客运尝试，多少都带有异想天开或是在炫耀飞行员“绝活儿”的意味。在第一次世界大战后，随着航空技术的成熟，民用航空才迅速发展起来。

图 1.31　1914 年 1 月 1 日，美国飞行员托尼·贾纳斯驾驶“伯努瓦”水上飞机，载一名乘客，开始了第一次航班飞行

二、民航飞机的出现

1914 年，第一次世界大战爆发之前，在英国出版的一本名为《飞行》（*Aeroplane*）的书上，作者写道：“飞机将首先使欧洲，而后使全球联结在一起；国与国之间将成为紧密无间的近邻。最终将证明对天空的征服是人类最伟大和最值得骄傲的业绩——穿梭于世界范围的空中航路，将会像跨越国界的铁路一样方便。”这一段精辟预言，经过四年多的第一次世界大战之后，开始变为现实。

在第一次世界大战以前，欧洲已经进行了一些民用航空飞行的试验。例如，1910 年至 1911 年，英国、法国和意大利进行了航空邮递运输的试验。1910 年 6 月，德国首次用硬式飞艇开辟客运航空线。1914 年 1 月 1 日，美国飞行员托尼·贾纳斯驾驶“伯努瓦”号水上飞机，载一名乘客，做第一次航班飞行。1914 年第一次世界大战爆发，大部分民用航空飞行都被迫停了下来。各国的航空技术力量都集中起来为战争服务。但是反过来，战争又使得大量的人力和物力集中到航空领域，短短的四年间，航空技术有了突飞猛进的发展。在战前，飞机可以说尚处在实验阶段，但当战争结束时，飞机已成为现代战争中不可缺少的武器，它的运载能力、飞行速度有了很大提高。飞机生产能力也大大增长，由战前的每年几十架达到战后的数千架甚至上万架。

第一次世界大战结束后，新生的航空工业遇到了第一次打击。一方面是战时遗留下来的大量的军用飞机，另一方面是战时形成的大量的过剩的生产能力。过剩危机使欧洲航空事业陷入了困境。正是在这个时候，欧洲和美国的航空企业和飞行员开始了民用航线的开辟工作。经过几年的努力，遍布欧美的空中航线网已近基本建成。战后的1919年，各工业发达国家都开始走上了建立民航产业的历程。20世纪20年代初，欧洲各国创办的航空公司犹如雨后春笋般出现。英国建立了4条航线，而法国，同类公司有5家之多。1921年，苏联已开始了不定期航班飞行。

1914—1918年的第一次世界大战，极大地推动了航空技术的发展，这一阶段飞机几乎没有用于非军事用途。战争结束后，欧洲各强国政府极力支持民用航空的发展，在1919年的巴黎和会上，法国政府就建议草拟一个航空公约作为巴黎和约的一部分，后来有38个国家签署了这一条约，被称为《巴黎公约》，这是世界上第一部国家间的航空法。1919年初，德国首先开始了国内的民航运输，同年8月，英法开通了定期的空中客运，民用航空的历史正式揭开了。随后欧洲的几个航空公司组建了国际航空运输协会（International Air Transport Association，IATA），这个协会的目的是促进国际航空的发展和使乘客感到方便。不久就在欧洲建立起联系各国的航空网，1919年是民用航空正式开始的一年。

图1.32 法国的“哥利亚”轰炸机改装成的载客客机

从1919年到1939年这二十年间是民用航空初创并发展的年代，民用航空迅速从欧洲发展到北美，然后普及到亚、非、拉美各洲，迅速扩展到全球各地，我国也在1921年开始建立了第一条航线。

民航开始使用的飞机大多是由军用飞机改装而成的。如英国的D.H.4型轰炸机，将射击员座舱封闭后，再加上两把相对而坐的椅子，就变成了伦敦至巴黎航线上的民航班机。法国的“哥利亚”（Goliath）双翼、重型轰炸机，也被改装成为载客12~20人的客机，并投入到巴黎至伦敦和布鲁塞尔的航线。

第一次世界大战结束时，德国是唯一拥有专门设计的民航飞机的国家。他们生产的容克斯（Junkers）F13（官方命名为 D. 1）型飞机是世界上第一种全金属结构的民航飞机，装有 1 台 185 马力（138 千瓦）的 BMW 型发动机，可以乘载 4 名乘客，飞行速度 140 千米/小时。到 1923 年，该机共生产 322 架。

图 1. 33　容克斯 F13 型飞机是世界上第一种全金属结构的民航飞机

1930 年，波音公司已经开始研制全金属客机，这就是航空史上著名的波音 247 型客机。波音 247 是第一架真正现代意义上的客机。它具有全金属结构和流线型外观，起落架可以收放，采用下单翼结构。机上装有两台功率为 410 千瓦的发动机，巡航速度 248 千米/小时，航程 766 千米，载客 10 人，并可装载 181 千克的邮件。机上座位舒适，设有洗手间，还有一名空中小姐。波音 247 于 1933 年首次试飞成功。由于机上乘坐条件大大改善，且速度较一般客机提高了几十千米/小时，所以很受航空公司欢迎，共售出 70 架，仅联合航空公司一家就订购了 60 架。这笔当时世界上最大的客机交易，使波音公司的生产线在一年内都处于饱和状，无暇应付其他公司订货，因而引出了一个强大的竞争对手——DC 系列飞机。

图 1. 34　波音 247 型客机

从 1933 年 7 月 1 日开始，DC-1 进行了为期 6 个月的试飞，各项指标均达到了要求，取得了巨大的成功，特别是单发起飞、飞行和降落在当时是罕见的。这足以证明 DC-1 是一架好飞机。然而面对 DC-1 的卓越表现，环球公司却举棋不定，原因是波音 247 此时已经投入航线，效果很好。环球公司倾向于首先订购一批波音 247 飞机。但是，波音公司由于正忙于为联合航空公司生产波音 247 型飞机，拒绝了环球公司的订货要求。在这种情况下，环球公司买下了试飞的 DC-1，并订货 20 架，但要求将座位数增加到 14 个。这个改进的飞机就是 DC-2。它的机身比 DC-1 略长，发动机功率增加到每台 567 千瓦，航程仍为 1600 千米，巡航速度略低于 DC-1，为 300 千米/小时。

1934 年 5 月 11 日，DC-2 首次试飞成功，5 月 19 日便投入航线运营。1935 年底，道格拉斯公司把 DC-2 加长加宽，改装为 21 个座位。这种拥有 21 个座位的飞机就是民用飞机历史上赫赫有名的 DC-3 客机。

DC-3 装有两台功率为 895 千瓦的发动机，巡航速度达到 331 千米/小时，航程为 3400 千米。载容量根据不同飞行距离和舒适程度可按 21 到 28 人布置，最多时可达 32 人。由于载容量较 DC-2 增加了 50%，从而大大降低了按每座公里计算的运行成本，一举改变了航空公司经营客运亏损的局面，使民用航空客运业务可以不需补贴就能独立发展。这是民用航空确立自己在商业上的地位的关键一步，正如美洲航空公司总裁所说："DC-3 是第一架使客运也能赚钱的飞机。"

图 1.35 DC-3 是第一架使客运也能赚钱的飞机

1938 年后，DC-3 成为美国航空公司干线运输的主力机种。道格拉斯公司飞机占领了美国客机市场的 80% 以上。客运成本的降低，刺激了美国航空客运的发展。航空客运量自 1937 年后直线上升：1939 年达到 300 万人次，1940 年达到 400 万人次。可以毫不夸张地说，DC-3 的问世是民用航空史上的一个重要的里程碑。DC-3 自 1935 年问世以来，共生产了 13000 余架，是历史上产量最高的民航机种，在民航史上的地位也是空前的。它不但使民航终于在世界范围内确立了地位和声誉，还通过建立立体化交通运输体系使世界面貌发生了根本性变化。

三、第二次世界大战后民航运输进入喷气机时代

第二次世界大战的结束，带来民用航空运输的兴旺发达。1946 年，全球空运旅客达 1800 万人次，其中 2/3 是美国国内航空公司运送的。第二次世界大战时期遍布世界各地的大型机场为战后民航的迅速发展创造了条件，特别是喷气发动机的出现和应用，为民航客机喷气化奠定了基础。

喷气飞机早在 1939 年便诞生了。第二次世界大战末期和战后不久，英、美、苏等国就将喷气战斗机和喷气轰炸机推向了实用化。那么，喷气发动机能否用于民航客机呢？喷气发动机的故乡英国给出了答案。英国德·哈维兰公司研制的"彗星"号喷气

客机表明，喷气发动机不仅可以用于客机，而且还能带来革命性的变化：飞行速度更快、飞行高度更高、乘坐更加舒适；航程更远、载容量更大。喷气式民航机投入使用是民航技术的一次飞越，不仅使民航飞机的速度提高了一倍，而且使飞行高度提高到11千米左右的平流层，增加了安全性和舒适性。

图1.36 第一架喷气式民航客机“彗星”号

1949年7月27日，英国就试飞成功第一架喷气式民航客机“彗星”（Comet）号。不过，在1953年5月2日至1954年4月8日之间，投入使用的“彗星”飞机接连发生事故。一架在印度加尔各答起飞后坠毁，另两架在地中海上空飞行时神秘地失踪。后来的调查发现：喷气式客机的密封机舱在飞行高度变化时，不断受到增压和减压而产生金属材料疲劳效应，最终导致空中解体。几次重大事故虽然没有葬送喷气式客机，但却彻底毁掉了德·哈维兰公司。到20世纪50年代末，公司因缺少订货而难以为继，于是不得不宣布“投降”。1959年12月17日，德·哈维兰公司与霍克·希德利公司达成了合并协议。从此，德·哈维兰公司的名字在英国消失了。

苏联制造成功的第一架喷气式客机是著名的图波列夫设计局研制的图104客机。它是在中程轰炸机图16的基础上改进而成的。1954年开始制造，1955年6月17日第一次试飞成功，1956年9月投入航线使用，成为20世纪50年代末60年代初苏联民航的主力干线客机。图104装有两台涡轮喷气发动机，可以搭载旅客50人。与“彗星”号相比，图104有许多不足，如耗油率高、机内装修差、起降性能不好等等。

美国波音公司的波音707客机被公认为是商业上最成功的干线喷气式客机，它使喷气式客机真正得到了全世界的承认。这倒并非是波音在技术上比“彗星”号和图104有什么根本的不同，而是由于它在每个技术细节上都做得相当成功，从而形成了综合的优势。1954年7月15日，波音707（编号367-80）原型机试飞成功。它装有4台喷气发动机，航程5800千米，载客105名。

1958年美国的波音707和DC-8进入航线后，喷气航空的新时代开始了。作为喷气航空的代表机种，波音707的速度为每小时900~1000千米，航程可达12000千米，运载乘客158人。这就使得民用航空由一个国家或一个大陆内的少量人使用的运输手段，成为一个全球性的大众化的运输行业。这极大地促进了全球的交通发展，也使航空运输成为国际运输的主要部分和国内运输的重要成分。

图 1.37 波音 707 飞机

喷气飞机进入民航，使得全球民航业发生了变化。首先，对于航空公司来说，由于喷气飞机的出现，远程、大众化和廉价的航空运输成为可能，在巨大的需求和利润驱使下，航空公司积极地开拓市场，参与国际竞争。在发达国家出现了大量航空公司，并最后形成了数十个大型的航空公司。发展中国家也把参与国际航空市场作为国家尊严和地位的象征，全力支持国家航空公司的发展，民航事业一片繁荣。其次，对于机场系统来说，由于喷气飞机的尺寸、重量、噪声带来的问题，旧的机场已不适合使用，于是，改造旧机场，适应喷气机，兴建新机场，满足不断增大的客流、货流，成为一个不间断的过程。时至今日，这个潮流仍在继续。第三，对航空管理系统的各部分来说，从空中交通管制到航路建设、航行情报，都要紧跟喷气时代的速度和容量，因而整个系统都进行着改造和更新。总之，1958 年开始的民用飞机喷气时代是民航发展的一个新的阶段，它标志着民航进入了全球大众化运输的新时代。

四、民用航空器的发展

1. 干线客机

现代民用旅客机一般分为干线客机和支线客机两大类。干线客机一般指客座数大于 100、满载航程大于 3000 千米以上的大型客机。按航程划分，现在常把满客航程大于 6000~7000 千米的称为中远程干线客机，航行于国际航线上的多是这类飞机；把满客航程在 5000 千米以下的称为中短程干线客机，航行于国内各大城市之间的多是这类飞机。到目前为止，民航干线客机已发展到第五代，其主要情况如表 1-1 所列。

表 1-1　20 世纪民用喷气式干线客机特点

分代	开始投入使用时间（年代）	主要技术特点	典型机型
第一代	50	·使用涡轮喷气式发动机 ·使用后掠翼	波音 707，DC-8，图 104
第二代	60	·采用低涵道比涡扇发动机 ·降低油耗，提高经济性 ·发展了不同座位档次（100~180 座）系列型号	波音 727，波音 737，DC-9，“三叉戟”，图 154
第三代	70	·采用高涵道比大推力涡扇发动机 ·双过道宽体机身，载客量扩大到 300~500 人 ·降低油耗和使用成本	波音 747，DC-10，空客 300B，伊尔 86
第四代	80	·采用改进的高涵道比涡扇发动机 ·采用超临界翼型机翼、减小后掠角、增加展弦比和相对厚度等措施提高客机巡航气动效率 ·采用新型铝合金材料减轻结构质量	波音 757，波音 767，空客 310，空客 320，图 204，及第二代客机的改进型，如波音 737-300、737-400、737-500 等
第五代	90	·采用多种空气动力学措施改善飞行性能 ·采用推力大、油耗少、停车率低、污染少、噪声低的先进高涵道比（7~9）涡扇发动机 ·采用宽体机身，载客多，客舱宽敞舒适	波音 777，空客 330，空客 340，伊尔 96

注：选自宋笔锋主编的《航空航天技术概论》。

以下介绍几种著名的民航干线客机。

1）波音 707——四发中远程客机

波音 707 最初的原型机称为“367-80”，是 1954 年试飞的，在翼下短舱里装 4 台喷气发动机，每台推力 44.4 千牛，速度达到 930 千米/小时。波音 707 于 1957 年 12 月 20 日首次试飞，1958 年 10 月 26 日投入航线使用。它是美国第一种实用的喷气式客机，给美国民用航空带来一次革命性的变化，把洲际旅行的时间几乎缩短了一半。由于喷气飞机没有了螺旋桨造成的机身震动，加上能飞得更高，使旅客在旅行途中的舒适程度大大提高。截至 1991 年停产，各型波音 707（包括军用改型）一共生产了 1010 架，在美国国内外共有 64 个用户。我国民航也是波音 707 的用户。

图 1.38　波音 707

2）波音 737——双涡扇短程客机

波音 737 飞机是波音公司生产的双发中短程运输机，被称为世界航空史上最成功

图 1.39　波音 737

的民航客机。在获得德国汉莎航空公司 10 架启动订单后，波音 737 飞机于 1964 年 5 月开始研制，1967 年 4 月原型机试飞，12 月取得适航证，1968 年 2 月投入航线运营。它的平均客座数为 120～170，巡航高度 11000 米（新一代波音 737 有更高的巡航高度），商务载重 16 吨，最大速度 0.82～0.84 马赫。

3）波音 747——四涡扇宽体远程客机

波音 747 型客机是四发宽体远程客机，是世界上目前营运的最大的民航客机之一，载客最多可达 500 人。1965 年开始研制，1970 年投入航线运营。它拥有 4 台马力强劲的涡轮风扇发动机。中国国际航空公司使用波音 747-200/400 型投入其在各大洲的国际航线上。400 型是 SP/200 型的改进型，1988 年开始投入运营，该机型广泛使用复合材料和铝合金，耗油降低了 12%。波音 747 的巡航高度为 13700 米，最大载油量 134 吨，商载 90 吨，最大速度 0.88 马赫，航程 13000 千米，它被各国国际航空公司广泛运营在跨洋航线上。

图 1.40　波音 747

4）波音 757——双涡扇中程客机

波音 757 飞机 1983 年投入使用，载客 178～205 人，全经济舱为 139 座，最大起飞重量 104 吨，航程 2220～4240 千米。

5）波音 767——双涡扇中程客机

波音 767 飞机 1982 年 9 月加入航线，载客 181～245 人，最大起飞重量 136 吨，最大航程 4000～9000 千米。

图 1.41　波音 757

图 1.42　波音 767

6）波音 777——双涡扇远程客机

波音 777 是业界技术最先进的飞机之一，采用三级客舱布局时可搭载 301 至 368 名乘客。波音 777-200 的最大航程为 5210 海里（9649 千米），波音 777-200LR（远程型）的最大航程为 8865 海里（16417 千米）。

图 1.43　波音 777

7）MD-82——双涡扇短程客机

MD-82 是 MD-80 飞机系列中 80 型的改进型，是现属于波音公司的麦道飞机公司 DC-9 飞机发展来的中短程飞机，与波音 737、空客 320 属于同一级别。1985 年，中美合作在上海飞机公司生产了 25 架交付民航使用。它拥有两台喷气发动机，客座 147～172 个，巡航高度 11300 米，载油 17 吨。

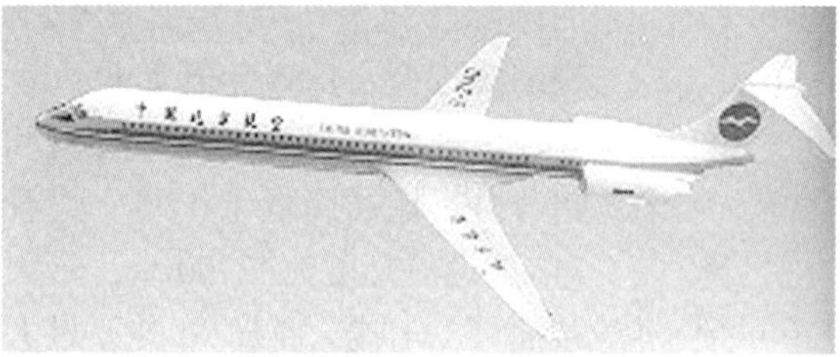

图 1.44　MD-82

8）波音 787——中远程客机

2005 年 1 月 28 日，波音公司为其民用飞机集团的最新飞机——波音 7E7梦想飞机确定了正式的机型代号——波音 787。自此，该飞机被称为波音 787 梦想飞机。在三级客舱布局下，波音 787-8 和波音 787-9 梦想飞机可载客 217 至 257 人，航程分别可达 15700 千米（8500 海里）和 15400 千米（8300 海里）。波音 787 系列飞机的另一成员——波音 787-3，在两级客舱布局下，预计载客 289 人，航程范围可达 6500 千米（3500 海里）。波音 787 的飞行速度达到 0.85 马赫，可以同当今最快的宽体飞机相媲美。波音 787 于 2006 年开始生产，2007 年进行首飞，2008 年取得适航证，开始正式交付并投入运营。

图 1.45　波音 787

9）空客300——双涡扇中程客机

空客300飞机是欧洲空中客车飞机工业公司研制的双发宽体运输机。原型机1969年开始研制，1972年开始交付使用。它包括很多衍生的型号，有客机、货机和客货两用机。我国主要使用空客300-600型，它可提供278个客座，巡航高度12300米，航程7800千米，商载37吨。

图1.46　空客300

空中客车故事的起源可以追溯到20世纪60年代中期，法、德两国飞机制造商在巴黎航展会晤，组成一个联合工作组讨论研制一种200座中短程客机的可能性。他们一起考虑过多种方案，最终达成协议：组建一个合资财团，联合研制一种200~300座的客机。机身大部分在德国制造，机翼由英国霍克·希德利公司负责，荷兰福克公司制造水平尾翼，而飞机的总装由法国南方航空公司在图鲁兹完成。在1969年5月29日签订合同之后3年零5个月，第一架空客300按预定进度和预算实现了首飞。

10）空客320——双涡扇中短程客机

空客320飞机是空客公司的双发中短程飞机，是世界上第一种采用电传操纵系统的民用飞机。客舱宽敞舒适，是最受欢迎的150座级的飞机之一。1989年开始交付使用，可以提供客座150~180个，巡航高度11000米，航程5300千米，载油19吨。

图1.47　空客320

空客问世的30年，正是在航空领域应用计算机和复合材料等高新技术获得飞速发展的30年，特别是计算机，不论用作飞机本身的硬件或是作为研制、生产和使用飞机的手段，都发挥了无可替代的作用。

空客320系列是世界上30年来同类飞机中唯一采用全新设计的机型，也是世界上第一种全面使用电传操纵系统的亚声速客机。通过采用近30年来最新的科技成果，空客320满足了航空公司提出的改善旅客舒适程度、降低运营成本的要求。

11）空客310——双涡扇中短程客机

空客310飞机是空客公司在空客300的基础上研制的中短程客机，目前在与波音757、767争夺市场。1983年开始运营。最大客座204个，航程8400千米，巡航高度12300米，载油54吨。

12）空客380——全新四发远程客机

2000年12月19日，空中客车公司正式宣布启动空客380项目，在设计空客380时，空中客车公司几乎使用了所有可以应用的新技术，除了设计更先进的机翼外，在飞机结构上大量采用碳纤维增强塑料和全新的玻璃纤维—金属夹层板轻质材料，高压的液压系统和激光束焊接先进工艺技术等，使空客380的座英里成本比目前效率最高的飞机还低15%～20%。空中客车公司认为空客380将是人类有史以来所设想的最宽敞、最富效益的民用客机。

图1.48　空客310

这种“巨无霸”客机最大起飞重量达500吨以上，机舱内分三层，底下一层为货舱，上面两层为客舱，舱内可以配备全躺式个性化的豪华座椅、豪华酒吧、宽敞的淋浴室、小型图书馆、会议室、休闲娱乐室和免税商店等，体现了21世纪“以人为本”的全新空中旅行新理念。空客380的系列化从基本型的客机开始，按三个舱位布局，空客380-800可容纳555名旅客，航程可达14800千米（8000海里）。其货机型号，空客380-800F可以在10400千米（5600海里）的航程上载运150吨的商载。飞行速度达到0.85～0.89马赫。

图1.49　空客380

2. 支线客机

支线客机是指客座数通常在100以下，航行于中心城市与小城市（镇）及小城市与小城市之间的飞机。其航段距离一般在1000千米之下。支线客机有各种不同的座级：10～30座级的小支线客机，40～60座级的中支线客机，70～100座级的大支线客机。各航空公司可以根据不同航线的距离和客源情况，选择最佳机型。

航空支线是航空运输网的重要组成部分，它把中心城市来自干线客机（或其他运输工具）的客流运往各小城市和边远城镇，或把边远城镇和中小城市的旅客运往有干线飞机机场的中心城市。

从世界范围看，航空运输呈不断增长的趋势，导致航线和机场拥挤问题日益突出，由于新建或扩建机场都受到用地紧张、环境保护等因素的限制，支线飞机研制出现大型化的趋势。长期以来，支线飞机以涡轮螺旋桨飞机为主，但是随着枢纽机场越来越拥挤，不少支线航空公司开始开辟越来越多的绕过枢纽机场的城市与城市之间的“点到点”的直接航线服务，推动了“航程更远、速度更快、乘坐更舒适”的喷气支线飞机的发展，但是面对国际油价不断飙升的趋势，耗油率低的涡轮螺旋桨支线飞机仍然有一定的市场。

支线飞机有其自身的特点。支线飞机航线相对较短，起降频繁，所以要求其有更好的起飞、爬升性能和耐用能力；由于经常要使用一些跑道条件不好、设备不齐全的机场，所以要求其有较好的环境适应性和自我保障能力，例如要携带足够的燃油、自备登机梯和辅助动力装置等。

图 1.50　RJ 系列支线客机

以下介绍几种著名的支线客机。

1）英国宇航公司 146/Avro RJ——四涡扇短程支线喷气客机

英国宇航公司新研制的 RJ 系列支线客机，包括多种型号，70 座的 RJ70、85 座的 RJ85、100 座的 RJ100 等。

2）庞巴迪 CRJ 100/200——双涡扇支线客机

加拿大庞巴迪宇航集团的庞巴迪 CRJ 100/200 由“挑战者”商务喷气机改进而成。1991 年首次试飞，1992 年投入运营。CRJ200ER 载客 50 人，最大速度 0.81 马赫，航程 3000 千米。

图 1.51　庞巴迪 CRJ 系列支线客机

3）ERJ145——双涡扇支线客机

图 1.52　ERJ145 支线客机

ERJ145 由巴西航空工业公司研制生产，1995 年试飞，1996 年投入航空运营。ERJ145ER 载客 50 人，最大速度 0.81 马赫，航程 2963 千米。截止到 2006 年 6 月 30 日，巴西航空工业公司向全世界客户交付的ERJ145飞机已经达到858架。巴西航空工业公司的这两种商业飞机系列产品——ERJ145和E-喷气飞机系列，目前正在为全世界43个国家里的70多家航空公司提供服务。

图1.53 运7支线客机

4）运7——双发涡桨支线客机

运7是西安飞机工业公司研制生产的双发涡桨支线运输机，1986年4月正式投入客运，打破了外国飞机垄断中国民航客运的局面。改进的运7-100型除装置新设备外，增加了翼梢小翼，可以满足在复杂气象条件下起飞、航行和进场着陆的要求。

5）新舟60飞机——双发涡桨支线客机

新舟60飞机由西安飞机工业公司生产，是西飞公司在运7-200A机型的基础上生产的。它是我国首次严格按照国际标准的中国民航适航CCAR25部进行设计、生产和试飞验证的飞机。

图1.54 新舟60支线客机

6）ARJ21-700飞机

ARJ21-700是中国制造的具有自主知识产权的新一代民用客机。ARJ21-700是70～100座级的中短程涡扇支线客机，ARJ21-700基本型标准的满客航程2225千米，巡航马赫数0.7～0.8，最大飞行速度0.8马赫。飞机于2008年首飞，2014年底获得中国民航局颁发飞机型号合格证，2015年3月开始进行航线演示飞行。

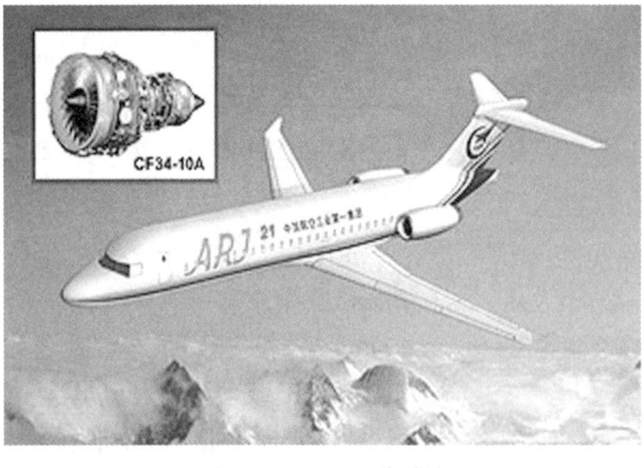

图1.55 ARJ21支线客机

3. 通用航空飞机

通用航空包括除了进行定期航线飞行外的所有非军事用途的航空活动，内容非常广泛。通用航空使用的全部是小型飞机，起飞重量不超过50吨，一般可分为公务机、私人用飞机、农业用机、教练机、体育竞赛飞机等。

图 1.56 赛斯纳 560 "奖状" V 双发涡扇公务机

1）公务机

是指为政府的高级官员和企业的经理人员进行公务或商务活动使用的小型飞机，也称为行政用机或商务机，公务机的载客量一般不超过 15 人，起飞重量在 10 吨以下。近年来由于跨国公司和国际交往的发展，有些公司和政府要员要远距离旅行，目前豪华、远距公务机其起飞重量最大可达 30 吨，最大航程在 5000 千米以上，它的飞行性能和客机相近，有的可载客 20 人，也可做运输经营之用。这种公务机和客机间的界线就不很明显了。如"奖状"和"隼"系列公务机。

2）农业机

专门为农、林、牧、渔业服务的飞机，这类飞机有些是专门设计的，还有一些是由多用途飞机经改装而成的。这类飞机一般是单发机的小型飞机，飞行速度在 400 千米/小时以下，飞机的仪表设备比较简单，但结构强度较高，具有良好的低空飞行性能，如我国国产运 5 飞机等。

图 1.57 运 5 单活塞多用途农业机

图 1.58 国产"K8"高级教练机

3）教练机

用于培养飞行人员，至少有两个座位。初级教练机用于训练学员掌握初级飞行技术，这种飞机通常只有一个发动机，结构简单，易于操纵，学员经培训后，可到通用航空的小型飞机上做飞行员。高级教练机培训经初级教练机培训合格后要求进一步掌握航线飞机驾驶技术的飞行人员，一般是双发，机上的仪表设备与飞行性能与公务机相近，如赛斯纳和 K8 教研机。

4）多用途轻型飞机

这类飞机包括了用于空中游览、救护、短途运输、家庭使用、空中摄影、体育运动、个人娱乐等类飞机。起飞重量不超过 5 吨，最小的包括只有几百公斤的超轻型飞机。"小鹰 500"是我国首款能够提供给私人使用的商用、公务型四座飞机。

图 1.59 “小鹰 500”

4. 直升机

直升机属于旋翼航空器，装有大直径的螺旋桨的旋翼作为主要升力来源，能垂直起落。直升机以动力旋翼作为升力主要来源，这一特点使其既区别作为主要升力来源但不能垂直起落的旋翼机，又区别于不是以旋翼作为主要升力来源的垂直起落飞机。

直升机的特点有以下三点。

首先，直升机可以垂直起飞和降落。所以直升机既不要像普通飞机那样——必须在专用的机场、长长的跑道上加速滑跑一段距离，达到相当的速度之后才能离地升空，也不需要像普通飞机那样——着陆后在跑道上减速滑行一定距离才能停住。使用直升机是最方便、最经济的。同时，直升机的这一特点，使它能承担起普通飞机和其他交通工具无法完成的许多特殊任务，在使用中显示出它的特殊功能。

第二个特点是，直升机可以在一定的高度内悬停在空中，同时还能够定点悬停转向。这也是一般飞机所无法与它媲美的。

第三个特点是，直升机不仅能向前飞行，还能向后、向左、向右和任意方向飞行。这也是一般飞机所望尘莫及的。从这个角度上来讲，直升机是十分灵活机动的。

但是，直升机也还有不少欠缺。例如，直升机的飞行速度不高，振动较大，载重效率（指有效载重量与直升机总重之比）较低，操纵比较困难等。直升机虽然有这些缺点，但又不能被其他飞机取而代之，反而受到人们的普遍重视而得到迅速的发展，在国防建设和国民经济的各个领域里起着很大的作用。

在军事方面，直升机可用于运送兵员和装备，侦察敌方炮位，战地救护伤员，居高临下攻击坦克地面机动部队等，还可以用于海上布雷、反潜、卫星打捞（导弹发射试验回收）等。

在民用方面，直升机可用于运输旅客、货物和邮件；抢险救灾；运送急救病人或医护人员；空降或空投；森林防火；勘察地形和探矿；农业上喷洒农药除虫和施肥等；在海上，可用于海上油田、海上打捞、侦察鱼群和救生等；在建筑施工中，用于吊运重型机器、建筑器材；还可用于架设或修理高压线路。

我们以单旋翼带尾桨的直升机为例，直升机主要由旋翼、尾桨、机身、起落装置、动力装置等组成。

旋翼：桨叶（2~8 片）、桨毂、附件

尾桨：桨叶（2~5 片）、桨毂、附件

机身：前机身、尾梁、垂直尾翼（尾锥）

动力装置：活塞式或涡轮轴式发动机

起落装置：轮式或雪橇式

操纵系统：总距杆（油门变距杆）、周期变距杆、脚蹬

现代直升机的种类形式繁多，分类方法也很多。比如，按用途可分为军用直升机、民用直升机及多用途直升机等，按起飞重量可分为轻型直升机、中型直升机、重型直升机及超重型直升机等。但最常见的分类方法是按旋翼反作用扭矩的平衡方式来分类的。旋翼由发动机带动旋转时，周围空气以反作用扭矩作用于旋翼，并使机体逆向转动。为了平衡反作用扭矩，在构造上就出现了不同形式的直升机。

1）单旋翼直升机

带尾桨（尾部抗扭螺旋桨或风扇）的单旋翼直升机常称为单旋翼直升机。如图 1.60 所示，这是一架装有一具旋翼和一具尾桨的直升机。尾桨或风扇是用来平衡旋翼产生的反作用扭矩。这种形式在构造上较为简单，尾桨要消耗一定的功率。

图 1.60 国产 Z-9 单旋翼直升机

2）共轴式双旋翼直升机

简称为共轴式直升机，其外形如图 1.61 所示。它的两具旋翼分别安置在同心的外套轴和内轴上，由发动机带动后做同转速反方向旋转，由于转速相等、转向相反，所以两具旋翼产生的反作用扭矩互相抵消，因此它无需尾桨了。

图 1.61 俄罗斯 KA-502，共轴式双旋翼直升机

3）双旋翼纵列式直升机

其外形见图 1.62，它的两具旋翼分别安置在机身前后两端上。为了使直升机前进飞行时，后端旋翼尽量不在已被前端旋翼所扰乱的紊流区内工作，通常后端的一具旋翼要高于前端的旋翼。由于两具旋翼转速相同，方向相反，故反作用扭矩也得到平衡。

图 1.62 波音 CH-47“支奴干”，双旋翼纵列式直升机

4）双旋翼横列式直升机

其外形如图 1.63 所示。它的两

图 1.63　米-12 直升机，双旋翼横列式直升机

具旋翼是左右对称安置在机身两侧的机翼上。两具旋翼也是转速相等方向相反，反作用扭矩被互相抵消。

5）单旋翼无尾桨式直升机

单旋翼无尾桨式直升机用反扭尾梁代替常规尾桨。尾梁右下侧开有缝隙，尾梁内的增压空气从缝隙中流出，并随旋翼下洗流沿尾梁表面向下流出，形成环流控制，从而为平衡旋翼扭提供侧力。如图 1.64 所示。

5. 超声速客机

喷气式客机趋于成熟后，人们又把注意力放到超声速客机身上。如果民航客机能够实现超声速飞行，将使飞机速度提高两倍以上，大大缩短长途飞行的时间。但是超声速客机的命运并不像亚声速客机那样一帆风顺。经过了近 20 年的努力，目前只有两种超声速客机曾经在航线上使用，这就是英法联合研制的“协和”号和苏联的“图 144”客机。

图 1.64　MD 无尾桨直升机

1）“协和”号超声速旅客机

“协和”号超声速旅客机 1976 年 1 月正式投入航线，最大飞行速度 2.04 马赫，载客 128~144 人，最大航程 6580 千米，2003 年停飞。

图 1.65　“协和”号超声速旅客机

航空界很早就酝酿研制超声速客机，但真正付诸行动是从 20 世纪 60 年代初英、法联合研制“协和”号开始的。1962 年，英、法两国签订了一个重要协议：约定两国政府为研制超声速客机提供经费。经过 13 年的努力，1976 年 1 月 21 日，“协和”号飞机终于正式投入航线运营。

“协和”号的亮相确实引起了全世界的轰动。它那优雅而细长的机身，可以活动的尖尖的像鸟嘴似的机

图 1.66 “协和”号超声速旅客机

头，圆滑曲线的三角机翼，被当时舆论认为是“力量和美学”的完美结合。

遗憾的是，由于存在经济性和环境保护问题，第一代超声速客机无法迅速普及，二十多年来“协和”号在英、法两国总共只有 13 架在服役。

2000 年 7 月 25 日，法航一架“协和”号飞机从巴黎戴高乐机场起飞不到 2 分钟就失事坠毁，造成机上和地面 114 人遇难。这次事故后，英航和法航在 2003 年 10 月底决定让“协和”号飞机退出航线飞行。

2）图 144 超声速旅客机

苏联于 1962 年开始研制图 144，其航速与“协和”号相当，1968 年首飞，1975 年试运营。1977 年 11 月开始客运，但因一些严重的技术问题未能解决，且运营效果不佳，1978 年 6 月即停止客运。1980 年停产，共生产 13 架。1984 年完全退出航线。

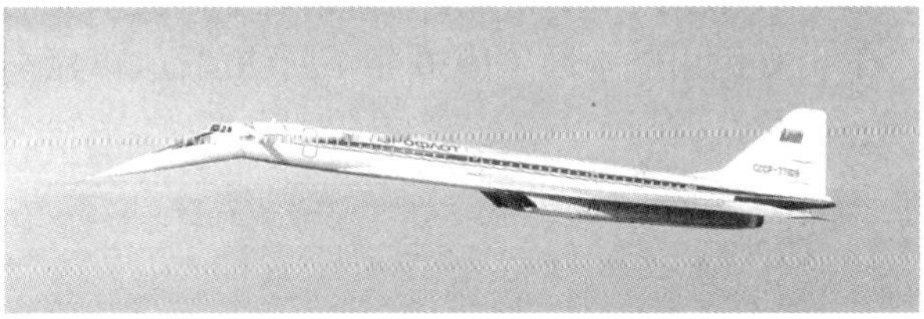

图 1.67 图 144 超声速旅客机

“协和”号和图 144 两机，作为超声速运输机投入运营是不成功的，但在技术上有着重大突破，为以后研制超声速运输机积累了大量资料和经验。

超声速客机经过如此的风风雨雨，到目前还不能说已有了光明的前景。尽管美国和欧洲都有计划要研制新一代的超声速客机，但是它们是否可以在经济性上与亚声速飞机相竞争，在环境保护上不遭反对，在航程上达到 8000 千米，都还是未知数。不少专家对超声速客机持乐观态度，他们认为，“协和”号是 20 世纪 60 年代的技术代表，以现在的技术水平，要达到“协和”的性能，飞机的重量可以减少一半，油耗也可以减少一半。美国航空航天局在进行 21 世纪飞行器预测的时候，把超声速客机列在了其中，他们认为在 21 世纪有能力发展出拥有更大的运载能力、更大的航程和低于亚声速飞机运行成本的超声速客机。20 世纪 90 年代后期，欧洲、俄罗斯和美国都提出了新的第二代超声速客机研制计划。

第四节　当代中国民航事业

中华人民共和国成立后，1949 年 11 月 2 日，中国民用航空局成立，揭开了中国民航事业发展的新篇章。从这一天开始，新中国民航迎着共和国的朝阳起飞，从无到有，由小到大，由弱到强，经历了不平凡的发展历程。特别是 1978 年十一届三中全会以来，中国民航事业在航空运输、通用航空、机群更新、机场建设、航线布局、航行保障、飞行安全、人才培训等方面都持续快速发展，取得了令人瞩目的成就。民航事业的发展依赖于国家的经济发展，也与党中央、国务院的直接领导和支持密不可分，更是几代民航干部职工励精图治、团结奋斗的结果，为祖国建设事业书写了壮丽的篇章。

一、新中国民航的建立（1949）

1. 成立民用航空局

1949 年 11 月 2 日，中共中央做出建立民航事业的决定，同时决定在人民革命军事委员会下设立民用航空局。1950 年 1 月 20 日，革命军事委员会民航局改称为军委民用航空局，简称民航局。

2. “两航”起义

1949 年 11 月 9 日，国民党政府所属的中国航空公司总经理刘敬宜、中央航空公司总经理陈卓林代表两公司 4000 余名员工在香港宣布起义，接受中央人民政府的领导，并于当日率 12 架飞机北飞北京、天津成功。载有刘敬宜、陈卓林等人的央航康维尔 240 型飞机降落北京，其余 11 架飞机飞到天津机场。“两航”起义北飞后，共有 1717 名“两航”起义员工及 2427 名眷属复员回内地，抢运回国设备及器材一万余件（箱）。但是“两航”留港的 71 架飞机及其他资产，被国民党当局“销售”给美国人陈纳德等人，陈纳德等人随即又转卖给美国民用航空运输有限公司。

图 1.68　“两航”起义的一架 C-47 型运输机

“两航”起义的成功震惊中外，意义重大，影响深远。“两航”起义北飞的飞机，特别是回归祖国的人员、器材、设备等，为新中国民航事业及航空工业发展打下了重要的人才、物质基础，并成为相当一段时间内一支主要的技术业务骨干力量，促进了新中国民航事业的建设进程。

3. 中苏民航公司的成立及早期航线网

1950 年 3 月 27 日，中苏两国共同签订《关于创办中苏民用航空股份有限公司的协定》，7 月 1 日，中苏民航公司正式成立，开辟北京至赤塔（经沈阳和哈尔滨）、北京至阿拉木图（经西安、兰州和乌鲁木齐）、北京至伊尔库茨克（经乌兰巴托）三条国际航线，使用飞机为里 2 型。中苏民航公司的成立，不但打破了西方对中国对外航空交通的封锁，还为新中国民航建立了一套科学的管理方法，配套了比较完善的技术装备，培训了一批技术干部和业务人员。1954 年 12 月，公司关闭，苏方股份转交中国。1952 年 7 月，新中国第一个国营航空运输企业中国人民航空公司在天津成立，虽然经营业务有所发展，但只存在了 11 个月就被撤销了。总的来看，新中国民航初创时，仅有 30 多架小型飞机，年旅客运输量仅 1 万人次，运输总周转量仅 157 万吨公里，基础是相当薄弱的。

4. 第一个“五年计划”时期的民用航空

“一五”时期民航的基本任务是争取满足国家生产、商品交流和政治文化日益发展对航空运输的需要；在经济上争取少赔、不赔而逐渐达到稍有盈余。

第一个“五年计划”期间，初步建立起以北京为中心的连接全国各主要城市的国内航线网，开辟了 4 条国内主要干线：北京—齐齐哈尔，北京—广州，北京—上海，北京—武汉—南京—上海。以后又增加了上海—重庆。

在“一五”计划期间，通用航空在工农业生产和基本建设中初步显示出其特殊作用，服务范围有防火护林、航空摄影、航空探矿、防治农作物病虫害、抢险救灾等。

二、新中国民航事业在探索中不断发展（1949—1978）

新中国成立之后，面临着复杂多变的国内外形势和连续不断的政治运动。另外，民航管理领导体制也几经改变，1954 年 11 月 10 日，国务院通知“中央人民政府人民革命军事委员会民用航空局”更名为“中国民用航空局”，直属国务院领导；1958 年 2 月，国务院通知中国民用航空局划归交通部领导；1962 年 4 月，第二届全国人民代表大会常委会第 53 次会议决定“交通部民用航空总局”改称为“中国民用航空总局”，由交通部属局改为国务院直属局；1969 年 11 月，国务院、中央军委决定把民航划归中国人民解放军建制，成为空军的组成部分，各项制度按军队的制度执行。

由于方方面面的原因，中国民航事业在发展中比较曲折，速度较慢，到 1978 年，航空旅客运输量才有 231 万人次，运输总周转量仅有 3 亿吨公里，在世界民航运输组织成员国中排名第 37 位。

三、改革开放十年，民用航空迅猛发展（1978—1988）

中共十一届三中全会以后，中国民航执行改革开放的方针政策，在航空运输、通用航空、机群更新、机场建设、适航管理、航线布局、航行保障、飞行安全、人才培训等方面都取得了很大的成绩，开创了中国民航发展史崭新的局面。1980 年 3 月 5 日，中国政府决定民航脱离军队建制，把中国民航局从隶属于空军改为国务院机构，实行企业化管理，这是中国民航历史上民航管理体制重大改革的开始。但是，在 1987 年以前，中国民航局仍政企合一，既是主管民航事务的政府部门，又是以“中国民航（CAAC）”名义直接经营航空运输、通用航空业务的全国性企业。1980 年，全民航只有 140 架运输机，且多数是 20 世纪 50 年代或 40 年代生产制造的苏制伊尔 14、里 2 型飞机，载客量仅 20 多人或 40 人，载客量 100 人以上的中大型飞机只有 17 架；机场只有 79 个。1980 年，中国民航全年旅客运输量仅 343 万人次，全年运输总周转量 4.29 亿吨公里，居新加坡、印度、菲律宾、印尼等国之后，列世界民航第 35 位。

但在 1980 年之后，中国民航事业的发展速度得到迅速提高，表现为：

1. 民航机群更新速度加快

1980 年，中国民航购买了波音 747SP 型宽体客机。1983 年，波音 747-200、波音 737、MD-80 型客机到货。1985 年至 1987 年，中国民航又相继购买波音 767、波音 757、空中客车 310、图 154 等型号飞机一百多架，标志着中国民航在拥有运输飞机方面达到了国际民航的先进水平。至 1987 年底，中国民航已拥有各型号生产用飞机 402 架，其中起飞全重 60 吨以上的运输机 104 架。

2. 机场建设速度加快

为适应新购置的大量新型运输飞机和航空运输业务日益发展的需要，中国民航在全国范围内加快了机场建设。

3. 新成立了一批航空运输企业

为发挥中央部门和地方政府兴办航空运输的积极性，中国民航鼓励和支持各航空公司的创建。

4. 航空运输业务量大幅度提高

至 1987 年，中国民航共开辟航线 327 条，通航里程 387102 千米，比 1978 年增长 1.6 倍。“航线的增加和航班的增多，加速了航空运输业务量的不断上升，1987 年航空运输总周转量达到 20.2 亿吨公里，旅客运输量和货物邮件运输量为 1310 万人次和 29.87 万吨，分别比 1978 年增长了 5.8 倍、4.6 倍和 3.6 倍”。

5. 通用航空的应用范围不断扩大，业务量得到较大增长

生产范围除继续保持航空遥感、航空摄影、航空物探、航空护林、航空播种和航空化学作业外，主要增加了陆上和海上石油勘探服务及空中游览等项目。组建了一个工业航空服务公司、两个直升机公司和 14 个为农林业服务的飞行大队和独立中队，拥有 15 个型号的通用航空飞机 238 架。

6. 加速了技术力量的培训

中国民航根据形势需要，将 1963 年成立的民航机械专科学校改为中国民用航空学院（1981 年 8 月），将中国民航飞行专科学校（原空军第十四航空学校）改为中国民航飞行学院。1984 年 8 月，以中国民航干部学校为基础组建中国民航管理干部学院，同时在全国民航范围内设立十多所中等专科学校、技工学校和中等职业专科学校。自 1977 年到 1987 年，民航各类院校共培养各类空、地勤技术人员 8802 名，相当于全民航 1987 年职工总数的 14.2%，基本满足了民航发展需要。

四、全面实现企业化改革，中国成为世界民航大国（1988—2002）

1987 年 1 月，国务院批准同意中国民用航空局上报的《民航系统管理体制改革方案和实施步骤的报告》，1987 年 4 月正式实施。方案主要原则是政企分开，简政放权。一方面是把原政企合一的地区管理局中的政府职责部分从中分离出来，组建专一的行政机构　　民航地区管理局；把其中各类属于企业或事业性质的单位独立出来，组成实体，使其成为具有法人资格的自主经营、自负盈亏、自我发展、自我约束的经营管理单位，如组建航空公司、机场公司、航空油料公司等。

第一步改革的主要内容是组建了六个国有骨干航空公司，实行自主经营、自负盈亏、平等竞争。这六个国家骨干航空公司是：中国国际航空公司、中国东方航空公司、中国南方航空公司、中国西南航空公司、中国西北航空公司、中国北方航空公司。此外，以经营通用航空业务为主、兼营航空运输业务的中国通用航空公司于 1989 年 7 月成立。在组建骨干航空公司的同时组建了民航华北、华东、中南、西南、西北和东北六个地区管理局以及北京首都机场、上海虹桥机场、广州白云机场、成都双流机场、西安西关机场和沈阳桃仙机场。六个地区管理局是管理地区民航事务的政府部门，领导管理各民航省（区、市）局和机场。除此之外，中国民航空中交通管理局、中国航空油料总公司及地区公司、中国民航乌鲁木齐管理局、中国航空结算中心、中国民航计算机中心等单位也相继成立。全民航政企分开的新的管理体制和格局逐步形成。

国家社会经济的发展和民航体制改革的进行，推动着中国民航进入一个新的发展时期，据统计，自 1988 年后，中国民航航空运输总周转量在相当长的一段时间内保持着 20%左右的年递增量，这种发展速度在世界上是少有的。中国民航在世界的排名位

次，由 1978 年的第 37 位上升为 1991 年的第 15 位，到 2002 年底则上升为第 5 位（165 亿吨公里），旅客运输量（85947 万人次）为世界第 4 位，货物运输量（202 万吨）为世界第 6 位（本统计未含中国香港、中国澳门及中国台湾地区的数字）。

中国民航在这一时期的发展，不仅体现在速度和数量上，还体现在发展质量上。

（1）中国民航运输机队实现了与国际民航最先进技术的同步发展，在世界各国民航业中居于先进地位。中国民航大量引进国际上先进的空中客车和波音飞机，到 2002 年底，中国民航飞机总数 1095 架，运输飞机占 602 架，其中 525 架为现代化大型客机，技术新，机龄短，经济性能好，在很大程度上提高了飞行的安全性、舒适性和经济性。机队可提供座位数 9.7 万个，提供商载吨位 1.2 万吨，分别比 1978 年增加 10 倍和 15 倍。

（2）机场及配套设施的数量和质量得到进一步发展。为满足日益发展的航空运输需要及适应新型客机起降要求，中国民航加大了机场投资建设力度。据统计，1988 年至 2002 年，共新建沈阳桃仙、武汉天河、桂林两江、上海浦东等近 40 个大型机场，改建扩建了近 60 个大型机场，同时还建设和改造了一大批小型机场。到 2002 年底，全国开通航线的民用运输机场 143 个，可以起降波音 737 型以上飞机的机场 108 个（其中含起降波音 747 大型飞机的机场 27 个）。中国所有的省会、直辖市、自治区首府（不含台湾）及沿海开放城市和主要旅游城市都拥有了设施较齐全的民用机场，一些边远地区也拥有了相应规模的民用机场。

（3）航线扩展迅速，布局日趋合理。1988 年之后，因为改革开放政策的需要和多家航空公司成立后出现竞争局面，中国民航加快了航线扩展的步伐。国内航线的增加表现为五个方面，一是形成了以北京、上海、广州、成都、西安、沈阳、乌鲁木齐七个大城市为中心的区域性辐射航线网络；二是省会、自治区首府和直辖市之间航线大幅度增加；三是通航桂林、青岛、杭州等旅游城市的新航线增多；四是沿海城市如大连、海口、烟台、厦门、汕头间的航线网络加速扩展；五是少数民族地区的航线继续得到增加。在国际航线和地区航线的开辟方面，继续增加通航地点，使中国民航的国际通航进入新的发展阶段。据统计，2002 年中国国内航线已达 1015 条，通航城市 130 个。国际航线 161 条，通航 32 个国家和 67 个城市，并有 42 个国家的 65 家航空公司通航中国 26 个城市。通航港澳地区航线 44 条，均比 1987 年有数倍的增长发展。

五、中国由民航大国向民航强国的战略转变（2002—2008 年）

中国疆域辽阔，人口众多，资源丰富，非常适合发展民用航空。中共十六大之后，中国已进入全面建设快速增长时期，国家实施的西部大开发战略，我国加入 WTO，对外开放进一步全方位扩大，与世界各国在政治、经济、科技、文化等方面的联系日益紧密。以上这些因素，对民用航空提出不断增长的巨大需求。中国民航发展的前景十分广阔。通过几十年的建设和发展，中国已成为世界民航大国。

这一阶段横跨“十五”和“十一五”规划，中国民航仍保持高速发展的态势。在此期间，中国民航明确提出并认真落实建设民航强国的战略构想，牢牢抓住发展这个第一要务，大力推进改革开放，运输能力、综合实力和国际地位显著提高。

1. 航空运输大幅增长

2008年全行业航空运输总周转量、旅客运输量和货邮运输量达到374亿吨公里、1.92亿人次和403万吨，分别比2002年增长126.7%、123.4%和99.5%，平均增长率达到18.1%、17.6%和14.2%，比“九五”时期（1996—2000）增长率高出6.9、12和0.2个百分点。

2. 机场建设全面开展

截止到2008年，我国境内民用航空通航机场共有158个（不含香港和澳门），其中定期航班通航机场152个，定期航班通航城市150个。相比于2002年，通航机场增加了17个，定期航班通航机场增加了13个，通航城市增加了20个。虽然机场的数量与美国等航空大国相比仍有欠缺，但一大批军民合用机场得到改建，同时扩建了一批机场，以适应我国经济高速发展的需要。

3. 体制改革重塑格局

“十五”期间，中国民航完成了新一轮的体制改革。原中国民航总局直属的航空公司和服务保障企业联合重组，成立了6个集团公司，其资产和人员交出国务院国有资产管理委员会管理。除北京首都国际机场和西藏区内机场以外，中国民航总局直属的其他机场全部移交地方政府管理。与此同时，原来“民航总局—地区管理局—省（区、市）局”三级行业管理体制改革为“民航总局—地区管理局”两级管理体制，设华北、华东、中南、西南、西北、东北和新疆7个民航地区管理局。撤销了民航各省（区、市）局，组建了26个民航安全监督管理办公室，代表民航地区管理局，负责所辖地域内的安全监管和市场监管。

4. 航空市场政策适当放宽

放宽市场准入，2002年开始，中国民航允许民营资本投资经营航空公司，随后，奥凯、春秋、鹰联等民营运输航空公司投入运营；放松了航线准入、航班安排和设置运营基地的管制；放松了价格管制，航空公司以政府确定的基准价为基础，在上浮25%、下浮45%的幅度内自主确定价格；并规定了对旅游航线、多种运输方式竞争激烈的短途航线和独家经营航线，完全实行市场价格。通过一系列的政策改革，中国民航初步建立了符合社会主义市场经济要求，并与国际接轨的新的行业管理体制和运行机制。

5. 通用航空快速发展

2008年，全行业通用航空完成作业飞行11.9万小时，通航的作业时间、从业飞行员、飞行器数量一直处于稳步增长中。通用航空的业务范围也渐渐普及到各行各业，服务于工业、农业、林业、石油等行业，作业项目达十大类100多个。2008年，在"5·12"特大地震灾害的救援行动中，通用航空更是发挥了其机动灵活的特点，再次掀起了重视通航、发展通航的热潮。

2008年，根据国务院机构改革方案，在原交通部的基础上，整合原交通部、中国民用航空总局的职责，建设部的指导城市客运的职责，成立了新的交通运输部，而中国民用航空总局也更名为中国民用航空局。

六、全面推进建设民航强国战略（2008年至今）

在2008年的全国民航工作会议上，中国民用航空局正式提出了全面推进建设民航强国的战略构想。现在，我国已成为名副其实的民航大国，具备了实现由"大"向"强"跨越的内在条件。

（1）全面建设小康社会奋斗目标，为民航业跨越式发展提供了沃土。未来十几年，我国将进入消费结构快速升级时代。据世界旅游组织预测，到2015年，我国将成为全球第一大入境旅游接待国、第四大出境旅游客源国。这将为我国民航发展提供庞大的消费群体和广阔的市场空间。

（2）科学发展观，为民航业提供了新的发展契机。我国正加快转变经济发展方式，努力扩大内需。特别是不断优化经济结构，推动产业升级，制造业将向高端化方向发展；建立现代产业体系，服务业比重将进一步上升，这些使民航业成为最直接的受益者。

（3）构建社会主义和谐社会，为民航业营造了新的良好发展环境。逐步缩小城乡、区域发展差距，形成合理的收入分配格局，有利于开发新的市场、普及航空运输服务、缩小民航区域发展差距。我国综合国力的提高、财政收入的高速增长，各级财政支出结构由经济建设型财政向公共型财政转变，各级政府有能力推动公共服务的均等化，将进一步加大对包括民航在内的基础设施建设的投入。

（4）建设创新型国家，为民航业实现可持续发展提供了有力的科技支持。不断提高自主创新能力，尤其是航空工业科技成果的不断问世，国产大飞机项目、北斗二代卫星导航系统的上马，将有力地推动民航业相关领域创新，实现科技突破，为民航业提供具有竞争力的运输工具和配套系统，并将进一步促进民航业提高效率、降低成本。

根据国民经济和社会发展以及参与国际竞争的需要，中国民航局确定了三大战略，即持续安全战略、大众化战略、全球化战略，并把实施这三大战略作为推进民航强国建设的突破口。

（1）实施持续安全战略，就是始终把安全工作放在第一位，通过强化职责，提升素质，完善法规，改进监管，改善设施装备，提高管理水平，使中国民航百万飞行小时事故率保持在航空界、政府和公众可接受的范围以内，实现持续安全发展。

（2）实施大众化战略，就是使民航从提供高端性消费向满足大众经济型消费扩展，让社会大众能够享受到安全、便捷、经济的航空客货运服务，提高民航服务的覆盖能力，实现“县县通、及时达”。

（3）实施全球化战略，就是要充分利用全球化市场、全球化资源，重点加大力度“走出去”，使更多航班飞出去，构筑全球航线网络；更多资金投出去，形成国际竞争海外桥头堡；更多标准打出去，扩大国际影响力，为国家对外经济贸易政策和国际政治交往的总体战略服务。通过扩大和深化开放，加强与民航发达国家的交流与合作，把更多好的东西“引进来”。

实现民航强国有八个主要标志：

（1）要实现航空运输总周转量世界排名在前 3 位，国际旅客运输周转量世界排名在前 10 位，要在国家综合运输体系中所占比重有大幅度提高；

（2）要建立以轮辐式结构为主、轮辐式结构与城市对式结构并存互补的航线网络，并建成一个以上的机场为亚太地区内的航空枢纽，建成若干个全国性或区域性航空枢纽，有三个以上的机场旅客吞吐量世界排名进入前 25 位；

（3）要使航空运输企业国际竞争力大幅度提升，有三到四家航空公司营业收入在世界排名前 20 位；

（4）要建成现代化的空中交通管理系统，其技术设备、服务手段和管理水平达到世界先进水平，空域资源得到充分有效的利用；

（5）要建成适应民航可持续发展需要的科技引进、消化、开发和创新体系，全面掌握并能适度开发航空运输高新技术，实现民航运行和管理的信息化；

（6）要建成多层次、全方位、系统化的人力资源开发体系，人员整体数量和素质基本适应民航增长和科技进步的需要；

（7）要建成完备的既符合国际通行规则又符合中国民航实际的法律法规体系，行业依法行政和依法经营得到全面落实；

（8）要逐步增强航空安全综合保障能力，航空安全水平接近民航发达国家的水平。

2011 年，北京首都机场完成旅客吞吐量 0.79 亿人次，位列亚洲第一，世界第二；上海浦东机场完成货邮吞吐量 308.5 万吨，位列世界第三。我国的民用通航机场数量也达到了 180 个，并着重发展机场密度较低的西部地区。

思考题：

1. 简述飞行器的概念和航空器的分类。
2. 简述民用航空器的定义和分类。

3. 简述中国古代航空器对航空器发明的贡献。
4. 简述莱特兄弟飞机的发明。
5. 简述飞机发展的三个重要历史阶段。
6. 简述干线客机和支线客机的区别。
7. 简述直升机的作用和分类。
8. 我国实现民航强国的 8 个主要标志是什么？

第二章　飞机的一般介绍

第一节　飞机的基本构造——机体

飞机的基本结构部分可以分为机身、机翼、尾翼、起落架、动力装置和仪表设备等几个大部分，通常我们把机身、机翼、尾翼、起落架这几个构成飞机外部形状的部分合称为机体。

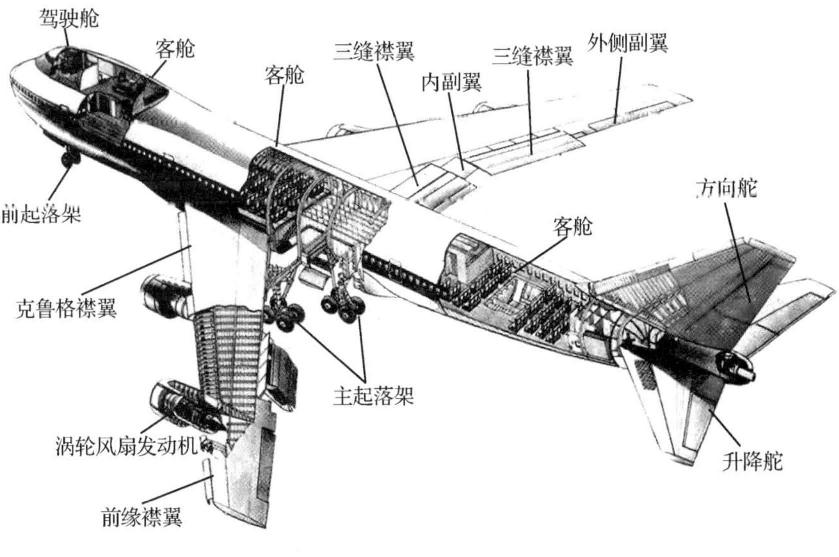

图 2.1　飞机结构图（波音 747）

一、机翼

机翼是飞机升力的基本来源，因而它是飞机必不可少的部分。机翼一般分为左右两个翼面，对称地布置在机身两边。机翼的一些部位（主要是前缘和后缘）可以活动。

驾驶员操纵这些部分可以改变机翼的形状，控制机翼升力或阻力的分布，以达到增加升力或改变飞机姿态的目的。机翼上常用的活动翼面（见图2.1）有各种前后缘增升装置、副翼、扰流片、减速板、升降副翼等。

机翼分为四个部分：翼根、前缘、后缘、翼尖。

1. 机翼的形状

机翼的形状主要指机翼的平面形状、翼剖面形状等，下面将分别予以介绍。

1）机翼的平面形状

机翼平面形状是指从飞机顶上往下看，机翼在水平面上的投影，常见的有矩形、梯形、椭圆形、后掠形、三角形等。早期的飞机，机翼平面开始大都做成矩形。矩形机翼制造简单，但阻力较大，因此一般用于旧式飞机和现代的小型飞机。为了适应提高飞机飞行速度的需要，解决阻力与飞行速度之间的矛盾，后来又制造出了椭圆和梯形翼。椭圆翼阻力最小，但因制造复杂，未被广泛采用。梯形翼的阻力也较小，制造也简单，因而是目前活塞式发动机飞机广泛采用的一种机翼。随着喷气式飞机的出现，飞行速度在接近或超过声速时，要产生新的阻力（激波阻力），为减小激波阻力，提高飞行速度，适应高速飞行，相继出现了后掠翼、三角翼、S形前缘翼、双三角翼、变后掠翼等机翼，并获得广泛应用。目前高速客机一般均使用后掠机翼。

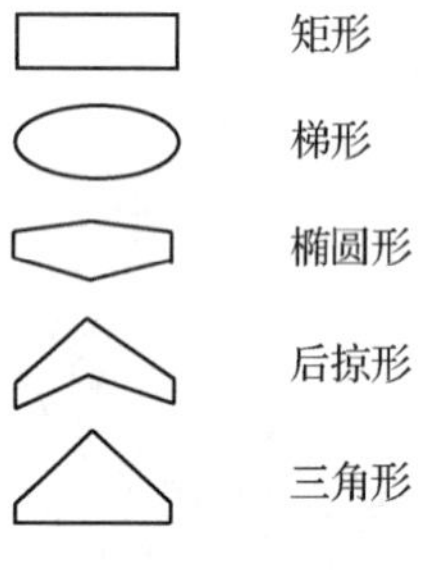

图 2.2　机翼的平面形状

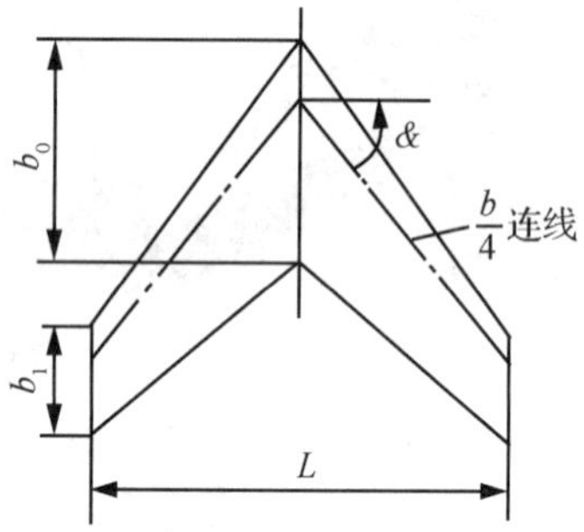

图 2.3　机翼的几何参数

描述机翼外形的主要几何参数有翼展、翼面积（机翼俯仰投影面积）、后掠角（主要有前缘后掠角、1/4 弦后掠角等）等。

①机翼面积：指机翼在水平面的投影面积。机翼面积的计算方法有两种：一是全机翼面积；另一种是净机翼面积，指不包括机身内部那部分的机翼面积，通常称为外露机翼面积。通常机翼升力计算公式中的机翼面积指的是外露机翼面积。

②机翼展长（L）：指从机翼翼尖的一端到另一端的距离，用符号 L 表示（见图2.3）。

③机翼的后掠角（&）：沿着机翼展向弦长的等百分比弦的连线（一般取 25 弦长）与垂直于纵向对称平面直线的夹角，叫机翼的后掠角，用符号 & 表示。

2）机翼的切面形状

机翼横切面的轮廓叫翼型或翼剖面（见图 2.4）。最早的飞机，机翼是一块平板，这种机翼升力很小，后来为了增加升力，将机翼翼型做成像鸟翼那样的形状，因此出现了弓形翼型。随着飞行速度的进一步提高，阻力较大的弓形翼型又不适用，因此出现了平凸形、双凸形、对称形、圆弧形、菱形等翼型。

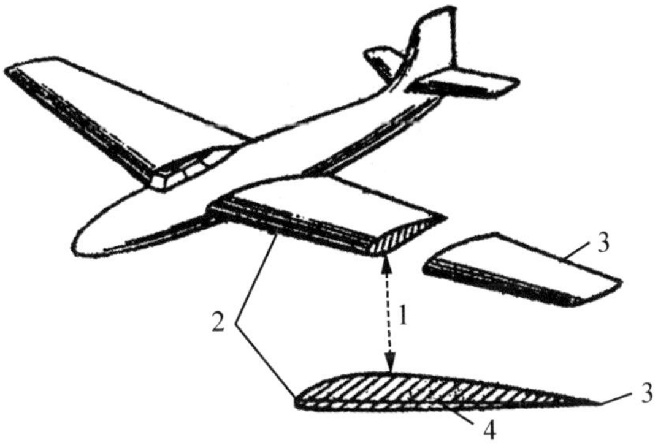

图 2.4 翼剖面

1. 翼剖面；2. 前缘；3. 后缘；4. 翼弦

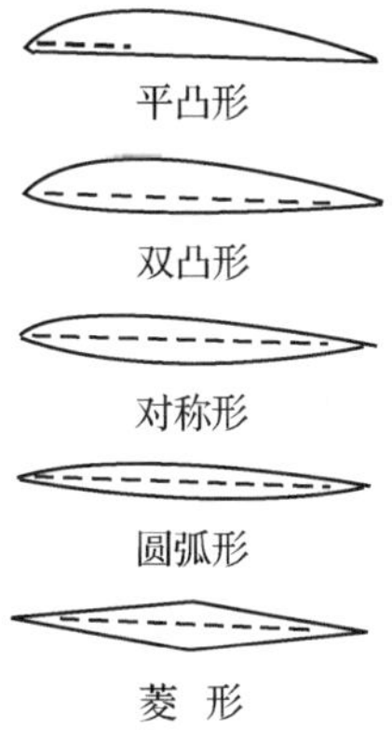

图 2.5 飞机的翼型

现代低速飞机的机翼，大多采用平凸形和双凸形翼型。高速飞机的机翼一般采用对称形翼型。超声速飞机的机翼，多采用圆弧形和菱形翼型。由于民航飞机大多使用亚声速飞机，所以广泛采用平凸形和双凸形翼型。

2. 机翼的结构

机翼通常是由翼梁、桁条、翼肋和蒙皮等构件组成。机翼的结构由翼梁和桁条作为纵向骨架，翼肋作为横向骨架，整个骨架外面蒙皮构成了机翼。

机翼结构中，各种构件的基本作用有两个方面：一是形成和保持必需的机翼外形，二是承担作用在机翼上的外部载荷。

形成机翼外形的基本构件是翼肋和蒙皮。翼肋的形状是根据选定的翼型制成的。蒙皮包在整个机翼骨架外面，保证机翼外表光滑和形成必要的翼型。

机翼内部的空间，除了安装机翼表面上的各种附加翼面的操纵装置外，它的主要部分经密封后，作为存储燃油的油箱，大型喷气客机机翼上的燃油载量占全机燃油的20%~25%，不少飞机起落架舵安置在机翼中，有些飞机的发动机装在机翼上，而大部分客机的发动机吊装在机翼下。

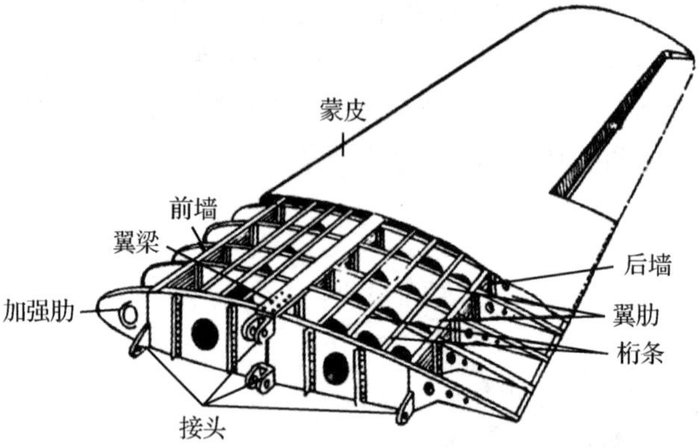

图 2.6　机翼的结构

3. 机翼的配置形式

目前，除了个别低速飞机仍是双翼机外，绝大多数飞机都是单翼机。

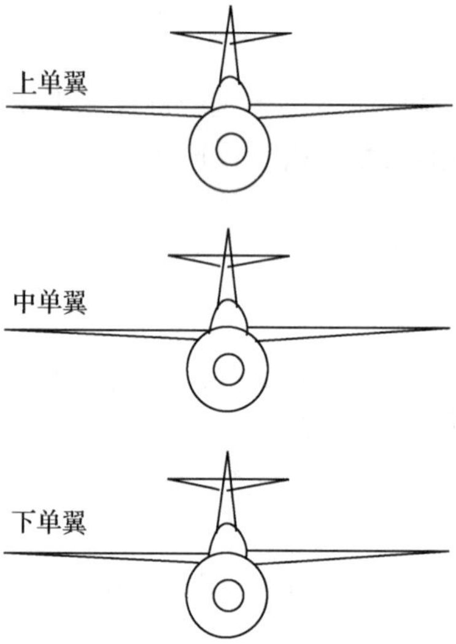

图 2.7　机翼的配置形式

单翼机在机身上的配置，可分为上单翼、中单翼和下单翼三种形式（如图 2.7）。从机身内部容积的利用来看，以上单翼最为优越。因为上单翼飞机机翼通过机身的部分骨架，位于机身上部，不影响机身内部容积的利用；中单翼的翼梁要横穿机身中部，对机身内部容积的利用有一定影响；下单翼飞机机身内的可用容积较大，但固定在机身下部的翼梁，会限制安装在机翼下部部件的尺寸。吊装在下单翼飞机下部的发动机维护比较方便。从起落架的配置来看，如果将起落架装在机翼上，上单翼飞机的起落架较长，这样不仅重量大，而且不易收放。在这方面，下单翼飞机比较有利。此外，上单翼飞机由于机翼位置较高，检修、拆装机翼上的发动机或其他附件，以及向机翼内的油箱添加燃油都不方便，这会给维护工作带来困难。

4. 机翼的安装角

机翼装在机身上的角度，称为安装角，是机翼与水平线所成的角度，安装角向上的称为上反角（如图2.8，$\psi > 0$），向下的称为下反角（如图2.8，$\psi < 0$），一般下单

翼的飞机都具有一定的上反角，而上单翼飞机通常有一定的下反角，上反角能提高飞机的侧向稳定性。

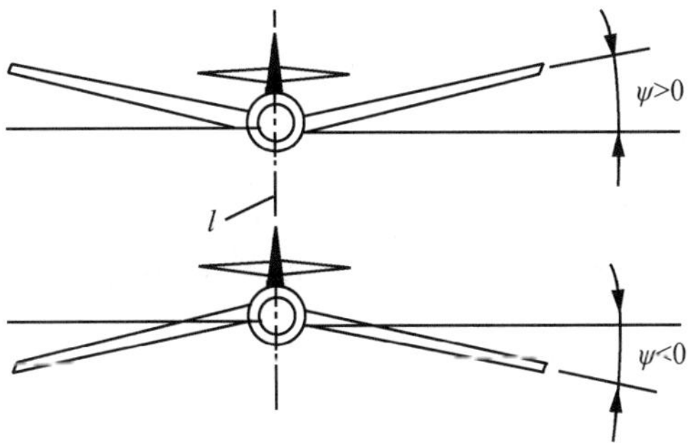

图 2.8 上反角和下反角

二、机身

机身是飞机的主体部分，现代民航机的绝大部分的机身是筒状的，机头装置着驾驶舱用来控制飞机，中部是客舱或货舱，用来装载旅客、货物，燃油和设备后部与尾翼相连。机身把机翼、尾翼和起落架连在一起。驾驶舱中装置各种仪表和操纵装置对飞机进行控制。

机身（如图 2.9 所示）的外形是一个两头小、中间大的流线体。头部向下收缩以扩大驾驶员视野，尾部向上收缩，来防止着陆时尾部擦地，机身中部（如图 2.10 所示）是等截面的筒状。

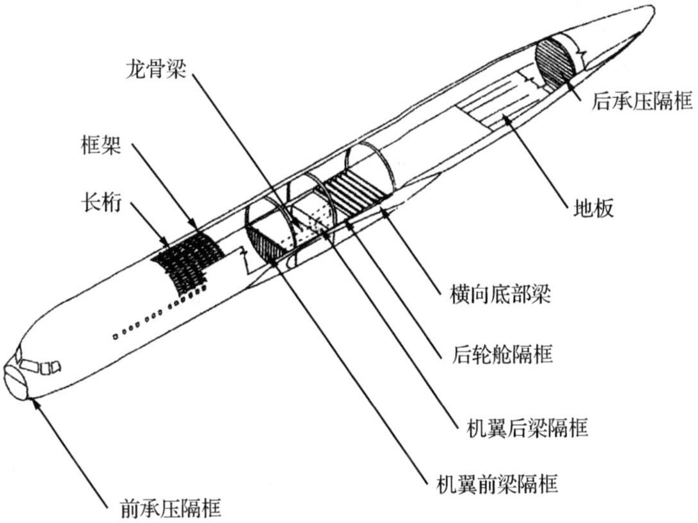

图 2.9 机身的基本结构

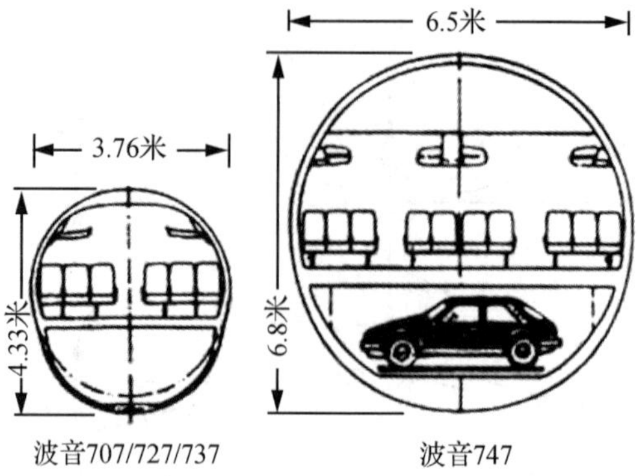

图 2.10 旅客机客舱典型布置剖面

三、尾翼

尾翼是飞机尾部的水平尾翼和垂直尾翼的统称，它的作用是保证飞机三个轴的方向稳定性和操纵性。

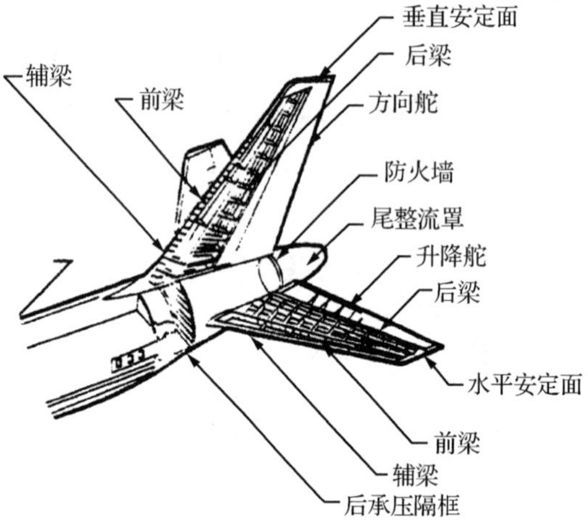

图 2.11 尾翼

尾翼的作用是保证飞机的纵向（俯仰）和方向（偏航）的平衡，并使飞机在纵向和方向两方面具有必要的安定和操纵作用。

一般的尾翼包括水平尾翼和垂直尾翼。水平尾翼由固定的水平安定面和活动的升降舵组成，升降舵后面的小活动翼片叫调整片，当它偏转时能使升降舵向反方向转动，以代替主操纵系统的操纵，减轻驾驶员保持飞机平衡的操纵负担。垂直尾翼由固定的垂直安定面和活动的方向舵组成。现代跨声速飞机和超声速飞机的水平尾翼一般采用全动式，其目的是为了提高飞机在高速飞行时的操纵效能。

尾翼的结构一般也是由梁、肋、桁条和蒙皮组成的，而构成方法与机翼相似。

四、起落架

起落架的主要功用是在飞机滑跑、停放和滑行的过程中支撑飞机，同时吸收飞机在滑行和着陆时的震动和冲击载荷。现代飞机的起落架一般包括起落架舱、制动装置、减震装置、收放装置几个部分。

起落架配置形式如图 2.12 所示。

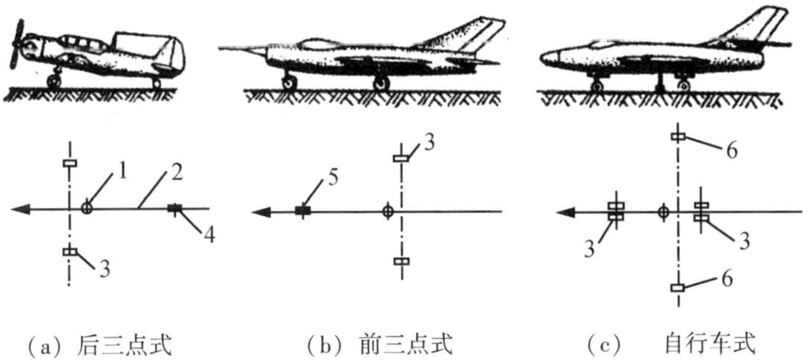

图 2.12　飞机起落架配置形式

1. 飞机重心；2. 飞机纵轴；3. 主轮；4. 尾轮；5. 前轮；6. 辅助轮

在飞机出现的初期，曾采用过四点式起落架。后来的实践证明，只要有三个支点，飞机就可以在地面稳定地运动，因而采用了前三点式和后三点式起落架（如图 2.12 所示）。前三点式起落架的两个支点（主轮）对称地安置在飞机重心后面，第三个支点（前轮）位于机身前，尾部通常还装有保护座，防止在起飞离地时出现擦尾。后三点式起落架的两个支点（主轮）对称地安置在飞机重心前面，第三个支点（尾轮）位于飞机尾部。由于在机身前部装有活塞式发动机，安装前起落架比较困难，同时，前三点飞机在着陆滑跑时迎角较小，不能很好地利用气动阻力来缩短滑跑距离，因此，前三点式起落架很少在螺旋桨飞机上采用。

后三点式起落架与前三点式起落架相比，除了具有在螺旋桨飞机上容易配置和便于利用气动阻力使飞机减速等优点外，它的构造比较简单，重量也较轻。但是，具有后三点式起落架的飞机地面运动的稳定性较差，例如驾驶员操纵不当时，飞机容易打地转。此外，这种飞机着陆时须三点接地，操纵比较困难。如果飞机以较大的速度两点接地，因两主轮位于飞机重心前面，地面反作用力会对飞机重心形成上仰力矩，使飞机的迎角增大，升力增大，飞机就会发生“跳跃”现象。由于这些缺点对低速飞机来说并不十分严重，后三点式起落架曾得到极为普遍的应用。

通用航空用的小型活塞式飞机多用后三点式，它的优点是构造简单，发动机安装方便，在起、降时迎角大，从而增大升力，缩短了滑跑距离。由于前三点式稳定性好，同时发动机轴线基本与地面平行，对于喷气发动机还可以避免炽热的喷气流喷向地面，因而大型高速飞机的起落架都采用前三点式布局。

起落架的构成形式有多种，通用航空用的小型飞机多为不可收放的构架式起落架，机轮通过构架和机身或机翼固定连接。这种形式构造简单，但空气阻力很大。

自行车式起落架的两组主轮分别安置在机身下部、飞机重心的前后，另有两个辅助轮对称装于左右机翼下面。

多点式起落架常用于一些重型飞机，如波音 747 飞机，它由一个前起落架、两个机身起落架和两个大翼起落架构成，此种布局可以将飞机的重量分散在一个较大的面积上。现代飞机起落架机轮的数量有多种形式。一般前起落架有两个机轮，每个主起落架大多有 2~6 个机轮，最常见的是 4 个机轮。多机轮的布置把飞机的重量分散到一个较大的面积上，另外，万一有 1 个机轮被破坏时还能提供一个安全余量。

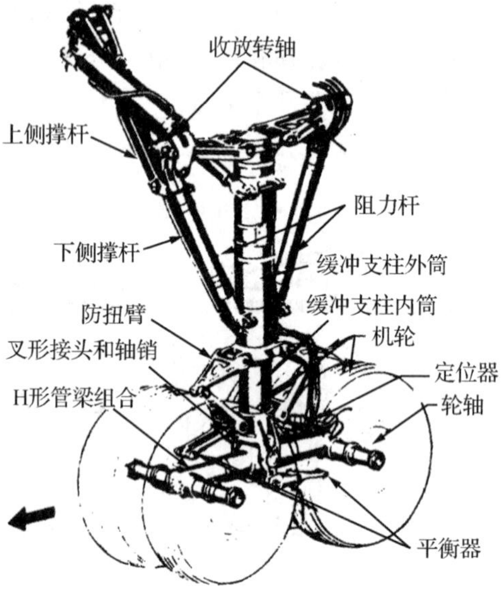

图 2.13　小车式主起落架

在大中型航线飞机上，由于飞机起飞重量大，普遍采用支柱式多轮起落架，图 2.13 中是波音 757 的主起落架，由 4 个机轮构成一个轮式小车，车架和减震支柱连在一起，支柱旁有斜支柱和扭力撑杆，斜支柱承受水平方向的力，扭力撑杆抵抗轮车的扭转而由减震器主要承受垂直方向的力。减震支柱上端的收放作动筒可把起落架收起或放下，轮架和支柱采用铰接，使几个轮子上下左右可以相对运动，后部的轮架也可以绕支柱转动，以保证小车有最大的接地面积和小的转弯半径。

轮子的数量取决于飞机的重量和使用机场跑道所能承受的载荷，重量越大的飞机机轮越多，对跑道要求低的飞机相应地要增加机轮的数量。如目前最大的民航客机波音 747 的主起落架共有 16 个机轮（图 2.14）。

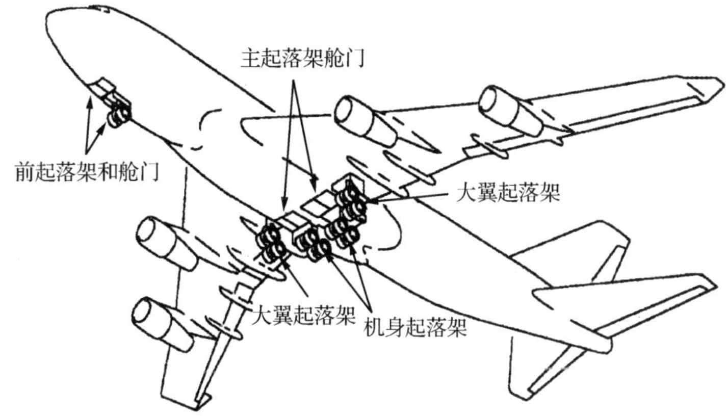

图 2. 14　波音 747 的主起落架

第二节　飞机的动力装置

作为飞机的心脏——航空发动机，自从应用到飞机上以来，一直在迅猛发展前进。航空发动机经历了从活塞式到喷气式的历程，从而大大推动了飞机及其他飞行器的发展和性能的提高。

航空发动机的种类繁多，以满足不同类型飞机及其他飞行器的需要，就大的方面可分为以下几类，如图 2. 15 所示。

此外，还有供垂直起落飞机使用的升力风扇发动机等特种动力装置。20 世纪 70 年代以来，又发展了“变循环”和“推力矢量”等新的航空发动机技术。

- 航空发动机
  - 活塞发动机
    - 液冷式活塞发动机
    - 气冷式活塞发动机
  - 喷气发动机
    - 空气喷气发动机
      - 带压气机
        - 涡轮喷气发动机
          - 离心式
          - 轴流式
        - 涡轮螺桨喷气发动机
        - 涡轮风扇喷气发动机
        - 涡轮轴发动机
        - 桨扇发动机
      - 不带压气机
        - 脉动式喷气发动机
        - 冲压式喷气发动机
    - 火箭喷气发动机
      - 固体火箭发动机
      - 液体火箭发动机

图 2. 15　发动机的分类

一、活塞式航空发动机

活塞式航空发动机是一种烧汽油的内燃机，与汽车发动机的工作原理相同。活塞式航空发动机必须带动螺旋桨等推进器才能为飞行器提供动力。螺旋桨剖面与机翼剖面相似，从空气动力学原理看，螺旋桨拉力的产生和机翼上升力的产生原理是一样的。如一个双叶螺旋桨可以把它看成是装在一根轴上的前后缘相反的机翼，其旋转后产生的空气动力情况如图 2. 16 所示。

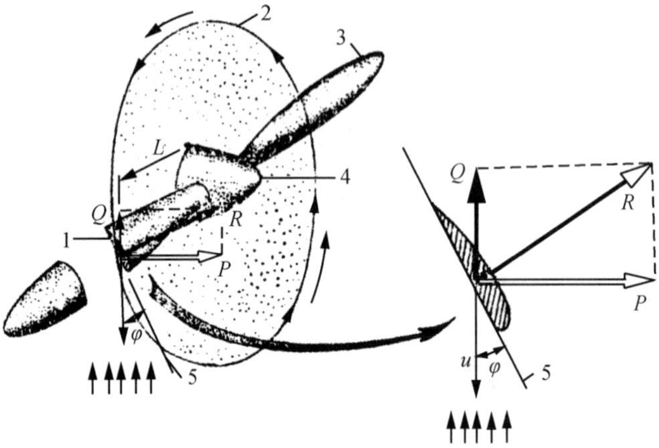

图 2. 16　螺旋桨受力

1. 桨叶剖面；2. 旋转面；3. 桨叶；4. 桨毂；5. 桨叶剖面弦线

根据活塞的运动形式，活塞发动机又分为往复式活塞发动机和旋转活塞发动机。

1. 往复式活塞发动机

往复式活塞发动机主要由汽缸、移动活塞、连杆、曲轴、机匣及进排气门等构件组成。

图 2. 17 是一台对置的双缸活塞式发动机的示意图。

汽缸是发动机的工作室，油气混合气在其中燃烧，所产生的高温高压燃气推动活塞做直线运动，带动曲轴旋转。在汽缸头上有保证油气混合气进入汽缸的阀门，叫进气门；用来排出燃气的阀门，叫排气门。活塞的主要功用是承受油气混合气在燃烧时所产生的燃气压力，并将燃料的热能转变为机械功。连杆是将活塞上燃气压力传递给曲轴，并将曲轴的运动传递给活塞，曲轴将活塞的往返运动变成自身的旋转运动，并带动螺旋桨（推进器）旋转，产生拉力，即发动机的推力。活塞离曲轴轴线最远的位置叫上死点，活塞离曲轴轴线最近的位置叫下死点。上死点和下死点间的距离称为活塞行程（功冲程），以 S 表示。显然，如果曲柄半径是 R，则$S=2R$。

发动机工作时，曲轴不断地旋转，活塞则在气缸中在上、下死点间来回做往复运动。在气缸头上的进气门和排气门分别装有可上下移动的进、排气阀。当进气阀向下移动时，进气门被打开，空气与燃油的混合物进入气缸；同样，当排气阀向下移动时，排气门被打开，气缸内的燃烧过的气体被排出缸外。航空活塞式发动机中，曲轴每转两转，活塞在气缸中上下各移动两次，经过进气、压缩、膨胀与排气四个冲程，完成四个冲程，即发动机的一个热力循环。活塞式航空发动机一般都用汽油作为燃料，它的每一循环包括 5 个过程：进气过程、压缩过程、燃烧过程、膨胀过程、排气过程。往复式活塞发动机的这 5 个过程可以在两个行程内完成（该发动机称为两冲程发动机），也可以在四个行程内完成（该发动机称为四冲程发动机）。活塞式航空发动机大都为四行程，并且大都带有增压器，使空气进入汽缸以前先经过增压器增压，从而增加进入汽缸的空气量。

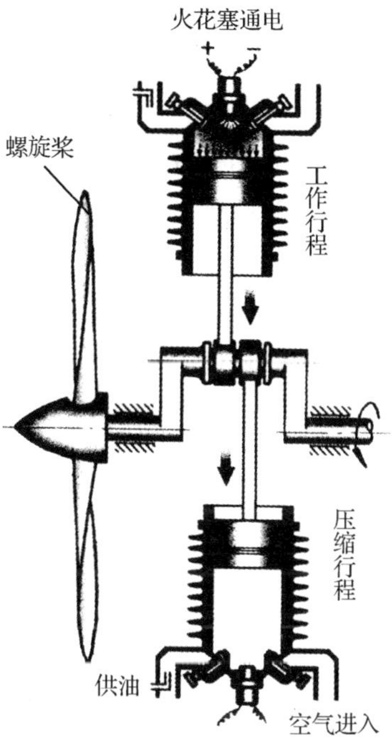

图 2.17　对置的双缸活塞式发动机

图 2.18 所示的是往复式活塞发动机四个行程的工作内容。

进气行程：从活塞在上死点时开始，当活塞到下死点时结束。活塞从上死点走到下死点，进气门开放而排气门关闭，汽缸内进入新鲜混合气。

压缩行程：始于下死点。活塞从下死点走向上死点，进气门和排气门都关闭，燃料混合气在汽缸内被压缩，在上死点附近进行点火及燃烧。

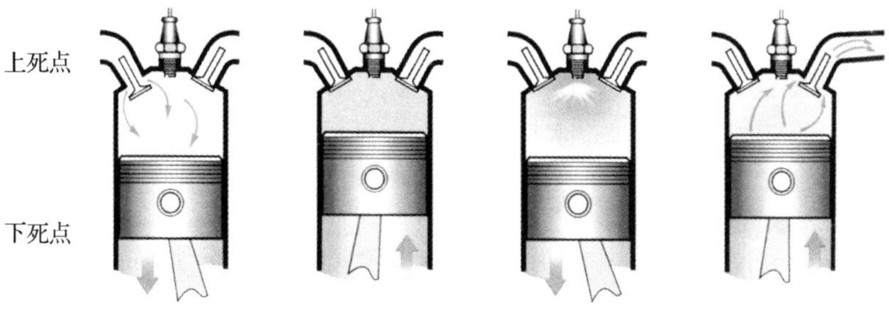

图 2.18　往复式活塞发动机四个行程

膨胀行程：具有高温高压的燃气进行膨胀，使活塞从上死点向下死点运动。在此行程提供转动曲轴连杆机构所需要的有效功，所以膨胀行程也叫做工作行程。

排气行程：开始于下死点，终于上死点。活塞从下死点走向上死点，排气门开放而进气门关闭，燃烧后的废气被活塞排出汽缸。

活塞式发动机按冷却方式不同，可分为液冷式和气冷式两种。按汽缸排列方式可分为星形、Y 形、直立等形式。汽缸数目从 4 缸到 28 缸不等。功率最小的有十几千瓦，最大的将近 3000 千瓦。

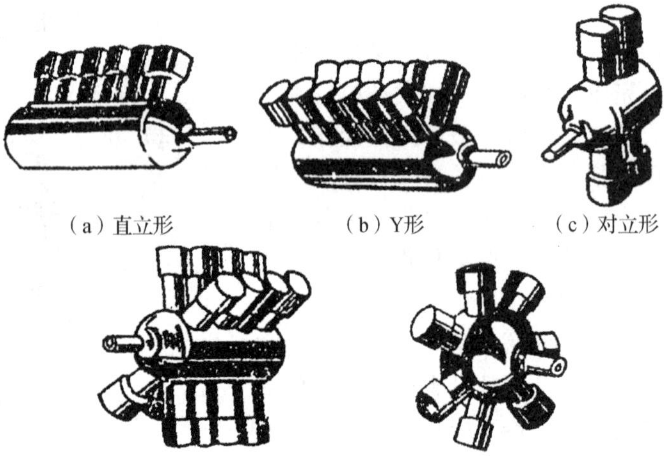

（a）直立形　（b）Y形　（c）对立形　（d）X形　（e）星形

图 2.19　活塞式发动机汽缸排列方式

2. 旋转活塞发动机

往复式活塞发动机从诞生到发展已有 100 年的历史，至今已日臻完善，但却存在着由其本身结构所决定的一些固有缺陷，如它的运动机构和配气机构较为复杂，尤其是活塞在汽缸内做往复运动时所产生的惯性力而带来的轴承负荷增加和振动加剧问题，更随着发动机转速的升高而愈加严重。这些缺陷已成为往复式活塞发动机向高速发展的一大障碍，因此，人们多年来一直试图研制一种结构新颖的发动机，以期从根本上解决往复式内燃机存在的固有缺陷。鉴于此，旋转活塞发动机就应运而生了。

旋转活塞发动机的活塞在汽缸内做旋转运动，而不需曲柄连杆机构，它通过气口换气而不需要复杂的气阀配气机构，因而旋转活塞发动机的结构大为简化，而且明显地具有重量轻、体积小、比功率高、零件少、制造成本低、运转平衡、高速性能良好等优点。

目前采用行星齿轮传动机构的火花点火的三角活塞旋转发动机是德国人汪格尔发

明的，所以国际上称它为汪格尔发动机，而人们习惯上简称为转子发动机。旋转活塞发动机也存在自身的弱点，如燃烧室面积比较大，气密封线较长，低速扭矩偏低，燃料经济性和未燃烃的排放还不理想。进入 20 世纪 80 年代后，由于采用了许多新的技术，发动机的质量指标进一步提高。技术指标显示，旋转活塞发动机正日益显示出它与往复式内燃机相抗争的不可低估的潜力。

旋转活塞发动机在结构上与往复式活塞发动机有着根本的区别，但就工作原理而言，它们两者是类同的。

当活塞在汽缸内转过一周后，被活塞分割成的三个腔各自完成了吸气、压缩点火、燃烧膨胀、排气四个过程，即当活塞转过一周后发动机做功三次。

评定活塞式发动机的性能好坏，主要有两个指标：

（1）重量功率比：指活塞式发动机及其附件的重量，与它所能产生的功率的比值，这一比值越小越好，越小表示发动机的重量轻而马力大，越有利于飞机性能的提高；

（2）燃油消耗率：指活塞式发动机在每小时内每发出 1 千瓦所消耗的燃油重量（千克），其单位为千克/（千瓦时）。

活塞式发动机是航空发动机的先驱，20 世纪中期以前，航空动力装置属于活塞发动机独占的时代，四冲程活塞式发动机于 20 世纪初期应用到飞机上，获得成功，它与螺旋桨组成飞机的推进系统不断推动飞机发展，到 20 世纪中期被涡轮喷气发动机取代。与喷气发动机相比，活塞式发动机具有经济性好、寿命长等优点，目前在少数农业飞机、短途运输机和超轻型飞机上使用。

二、空气喷气发动机

在 20 世纪 40 年代以前，飞机动力是由活塞式发动机一统天下。但当飞行速度提高到接近声速、需要突破“声障”的时候，活塞式发动机便显得无能为力。喷气发动机的出现，才使得飞机的飞行性能有了质的飞跃，开创了一个新的飞行时代。

喷气发动机产生推力，是作用力和反作用力在喷气发动机工作的一种表现。从图 2.20 所示的这个简单的气球试验不难理解喷气发动机产生推力的基本原理。喷气发动机推力是气流作用在发动机内外表面上作用力的合力，它是作用和反作用原理在喷气发动机工作时的一种应用，在其他很多事物上也经常表现出来。例如，步枪抵在肩上射击，扳机一勾，子弹头出膛，子弹壳向后的反作用力传到肩上，就会受到一股力量的冲击。这就是步枪的后坐力。又如人站在小船上向后扔东西，当用力向后抛出物体时，便有一股反作用力推着小船向前走。花园喷水器工作时，喷水嘴在喷出水的反作用力作用下反向旋转，将水均匀地洒向四周。甚至有的动物也会利用反作用力来向前跑。海中的乌贼（墨鱼）遭到危险时，能从腔内喷出一束墨汁，一方面把水的颜色弄深，一方面提供反作用力向前迅速窜逃。另外，气球玩具也靠反作用力起作用。把气球吹足了气，用手捏紧吹气口，使气体跑不出来，气球内部各个方向的力都是平衡的，这时它静止不动。如果一放手，气球内部的力失去平衡，气体便膨胀

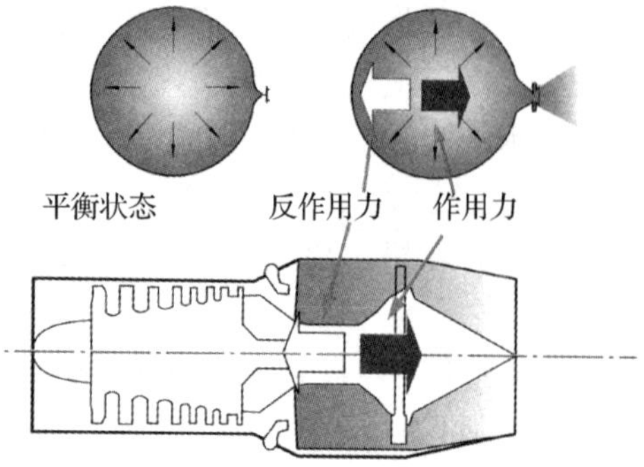

图 2.20 喷气发动机产生推力的基本原理

加速从吹气口向外排出，这是气球给了气体一个向后的作用力使气体加速向后流出的，此时，这股流出的气体就有一个大小相等、方向相反的力作用在气球上，使气球向相反的方向飞去（如图 2.20）。以上任何一个例子，都是因为一方面有了作用力，另一方面就产生了反作用力。喷气发动机产生推力的基本原理，同上述各个例子完全一样。假若一台喷气发动机装在地面试车台上，当它工作时，即将远前方静止不动的空气吸入，该股空气被压缩使压力提高，喷入燃料并点火，燃料燃烧产生的热能使燃气的动能增大，以很大的喷射速度从尾喷口喷出，也即流过发动机的这股气流经过发动机工作后，速度从零增加到一定的值，由牛顿第二定律“作用于物体上的力 F 等于物体质量 M 和它由于受到这个力的作用而在单位时间内产生的速度变量 a 的乘积”，即

$$F = Ma$$

式中 F —— 作用在物体上的力，牛；

M —— 单位时间流过发动机气流的质量，千克/秒；

a —— 气流流出发动机的速度的变量，即加速度，米/秒。

再从“两个物体的相互作用力必然是大小相等而方向相反”的牛顿第三定律可知，这股流过发动机的气流必然有一个作用于发动机上的与之大小相等、方向相反的反作用力，这就是喷气发动机产生的推力。在这里要着重指出的是，有些人认为喷气发动机之所以能产生推力，是因为喷出的气体向后作用到外界的空气上，外界的空气再给它以反作用力，以此推动飞机向前飞行，这是一种误解。实际上如前所述，由于喷气发动机各部件的工作，流过发动机的空气流以很高的速度流出发动机，即发动机作用于这股流过发动机的气流一个很大的向后的力，这股气流即给发动机一个反作用力，这就是发动机的推力。由此也可以看出，推力是气流作用在发动机内、外表面上的轴向力之和，这也就是发动机所产生的推动飞机向前运动的力。

喷气发动机根据是否需利用空气做介质可分为空气喷气发动机（也称吸气式发动机）和火箭发动机及两者相结合的组合发动机。飞机大多采用空气喷气发动机。空气喷气发动机又可分为有压气机和涡轮的燃气涡轮发动机和不带压气机的空气喷气发动机，其中又以带压气机和涡轮的燃气涡轮发动机应用广泛。

1. 涡轮喷气发动机

20 世纪 40 年代后期，涡轮喷气发动机逐步取代活塞式发动机而成为飞机的主要动力装置，从而开辟了喷气航空的新纪元，使飞机能突破“声障”进行超声速飞行。涡轮喷气发动机利用喷气反作用原理工作，推力大，结构较简单。

（a）外观

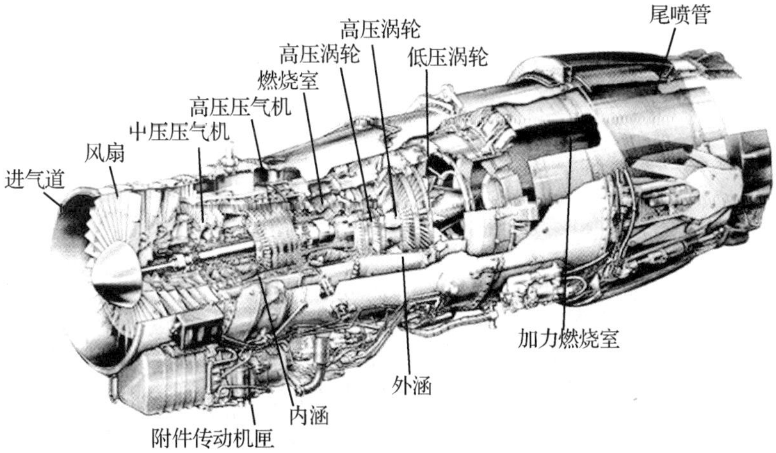

（b）内部构造

图 2. 21 涡轮喷气发动机

涡轮喷气发动机由下列主要部分组成。

1）进气道

进气道的主要功用是整理进入发动机的气流，消除紊乱涡流，使气流能顺利进入压气机进行压缩。进气道的位置一般位于机头或机身下，也有的位于机翼下部或上部的机身两侧。

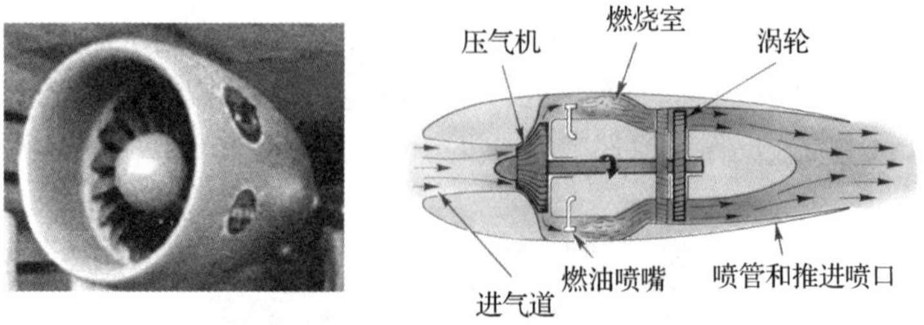

图 2. 22　进气道

2）压气机

压气机是向气体传输机械能、完成发动机热力循环中气体压缩过程，以提高气体压力的机械装置，是涡轮喷气发动机的一个重要部件。压气机的主要作用是将进入发动机的空气压力提高，为燃烧室提供高压空气，以提高发动机热力循环的效率。根据气流在压气机中的流动方向，可将压气机分为轴流式压气机和离心式压气机。空气轴向地流入又轴向地流出的压气机称轴流式压气机。轴向流入而沿离心方向流出的称离心式压气机。由轴流式压气机与离心式压气机组合起来的称混合式或组合式压气机。按气流流动速度，压气机又可分为亚声速、跨声速和超声速压气机。

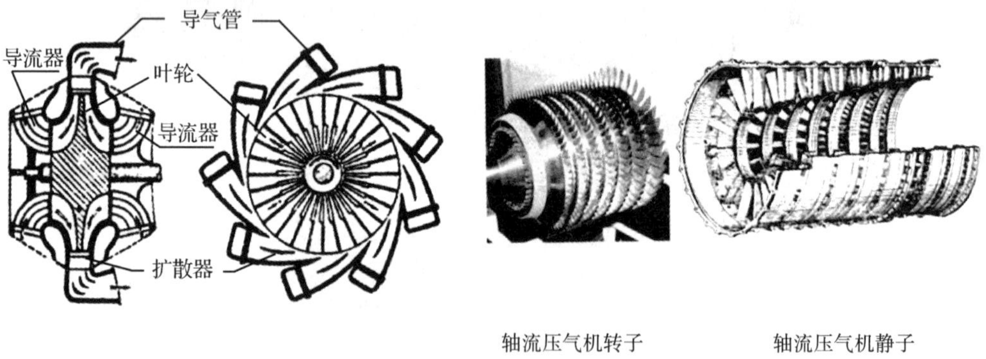

（a）离心式压气机　（b）轴流压气机

图 2. 23　压气机的典型结构

轴流压气机主要由不旋转的静子和高速旋转的转子组成，静子由机匣与装在它上面的一排排的静子叶片排组成，转子由多个轮盘、长轴或前、后轴颈与装在轮盘上的转动叶片组成，将进入发动机的空气进行压缩，提高压缩比，以便于燃烧。

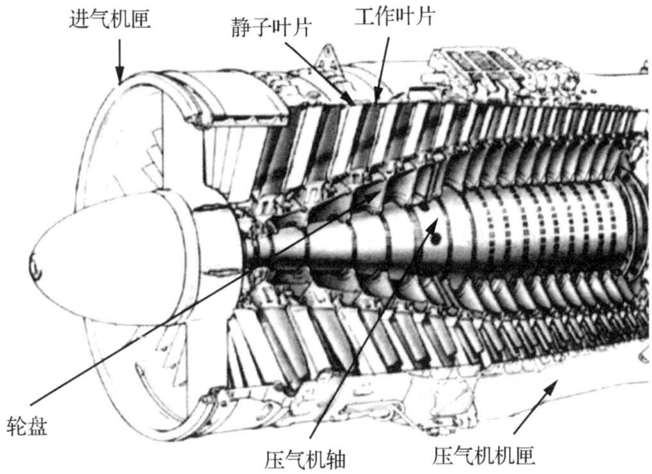

图 2.24　轴流压气机

压气机的工作原理是：轴流式压气机工作时，工作叶片以很高的速度旋转，对空气流做功，不仅使空气受到压缩、压强提高，而且使空气加速，以较大的速度向后排出。气流离开工作叶片后进入整流叶片中，整流叶片不仅按一定角度排列，而且叶片间的通道做成扩散形状。空气流在扩散形的整流叶片通道中，流速降低，根据物理学中的伯努利定律，在流道中，流速降低处压强必然升高，因此空气在整流叶片中得到进一步增压，增压后的空气以一定角度流出整流叶片进入下一级工作叶片。压气机由工作叶轮和导向叶轮两部分组成。工作叶轮由涡轮带动高速旋转，将空气压缩后经过静止的导向叶片（导向叶轮固定在发动机的机匣上），再进入下一个工作叶轮，如此空气被多次压缩后，压力和温度升高，有利于进入燃烧室后和燃油混合燃烧。

3）燃烧室

燃烧室是将压气机出来的高压空气和燃料混合并进行燃烧的装置。在燃烧室里燃料（如航空煤油）中的化学能经燃烧转变为热能，使气体温度大大增高。由燃烧室流出的高温、高压燃气，具有很高的能量（热能与势能），用以在燃烧室后的涡轮和尾喷管中膨胀做功。

图 2.25 给出了燃烧室的简图。燃烧室主要由扩压器、燃油喷嘴、涡流器、火焰筒和燃烧室外套等组成。扩压器使压气机出口的气流流速降低、压强升高，便于组织燃烧；火焰筒是空气与燃油（航空煤油）燃烧的地方，火焰筒头部装有喷入燃油的喷嘴和火焰稳定装置，使气流流速进一步降低并形成回流区，以保持火焰的稳定。由压气机出来的高压空气在火焰筒头部分为两股：一股（约占总空气量的 25%）进入火焰筒头部及其小孔，与燃油混合进行燃烧；另一股由燃烧室外套与火焰筒间形成的环形道中向后流动，以冷却火焰筒，最后由火焰筒后部的孔进入火焰筒内，与燃烧区的第一股燃烧后的高温气流掺混，将燃烧室出口的燃气温度降低到涡轮能承受的温度，并使

燃烧室出口温度场均匀，然后再流向涡轮，冲击涡轮旋转。燃烧室中心区的温度可高达2200℃以上。

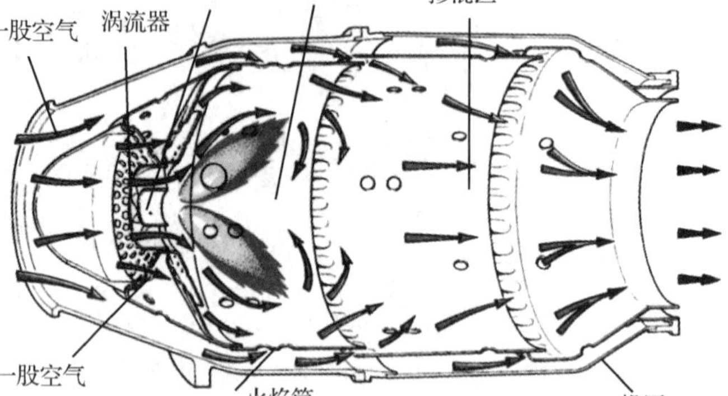

图 2.25　燃烧室简图

燃烧室按其结构特点可分为单管、环管和环形燃烧室，它们在结构上有所不同，但其基本工作原理是相同的。

4）涡轮

燃气和空气由燃烧室喷出后吹向涡轮，使其高速旋转，它的作用如同一个风车，在气流作用下转动做功。涡轮转动带动压气机转动，涡轮的构造和压气机相似，也是在转动的轮盘上分级装上叶片，每级的转动叶片前面，在静止的外壳上装有导向叶片（如图 2.26 所示）。气流通过导向叶片时加大速度，降低压强和温度，以适当的角度冲击工作叶片，使它转动，涡轮可以从1级到很多级，前面级承受的温度高，速度大，后面级承受的温度低，速度也低。它的构造和压气机相反，前小后大。涡轮转速高，材料受到极大的离心力。涡轮前温度越高则发动机的热效率越高，但这个温度受到材料强度和耐热性能的限制，随着耐热材料的发展，采用新型的耐热合金材料的涡轮前温度已经提高到1400℃。

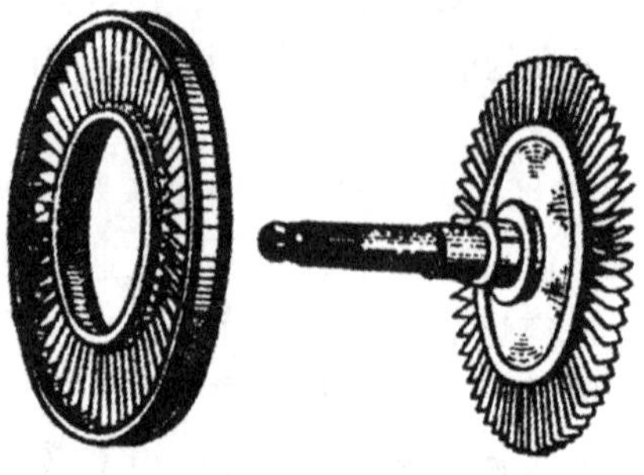

图 2.26　涡轮

5）尾喷管

尾喷管是圆筒状，涡轮后的气体从这里排出发动机，在喷口处面积缩小，使排出气体的流速增加，以提高发动机推力，尾喷管中装有整流锥，使由燃烧室出来的环状气流平顺地变为柱形。在大型飞机的尾喷管内常装有反推装置，在降落时反推板打开，气流冲在反推板上，产生向后的拉力，使飞机减速，缩短滑跑距离。

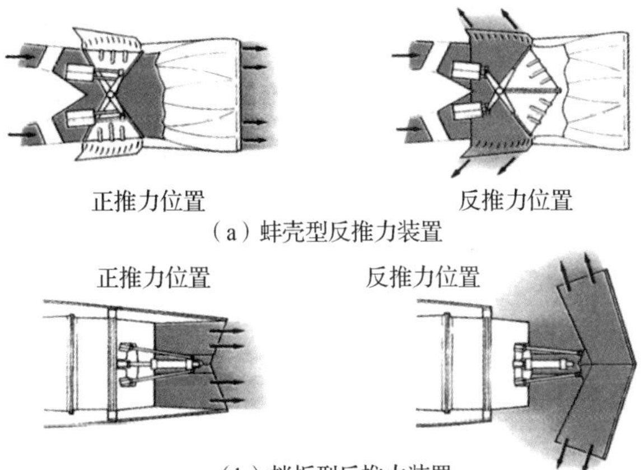

图 2.27 装有反推装置的尾喷管

2. 涡轮螺旋桨发动机（涡桨发动机）

涡轮喷气发动机的推力大，适用于高速飞行的飞机，飞机飞行速度可以从高亚声速一直到超过声速的两三倍。但当飞机在较低的亚声速飞行时，发动机的推进效率低，耗油率高，很不经济。另一方面，航空活塞式发动机和螺旋桨组成的动力装置，虽适应于低速飞行，但由于活塞式发动机产生的功率小，且随飞行高度的增加而很快降低，再则，螺旋桨还限制了飞机的飞行速度，所以其使用速度一般不超过 700~800 千米/小时。涡轮螺旋桨发动机就是既有涡轮喷气发动机功率大、体积小的优点，又有活塞式发动机经济性能好的特点的一种发动机，在 20 世纪 40 年代后期 50 年代初期得到了迅速发展。

图 2.28 欧洲 A400M 军用运输机

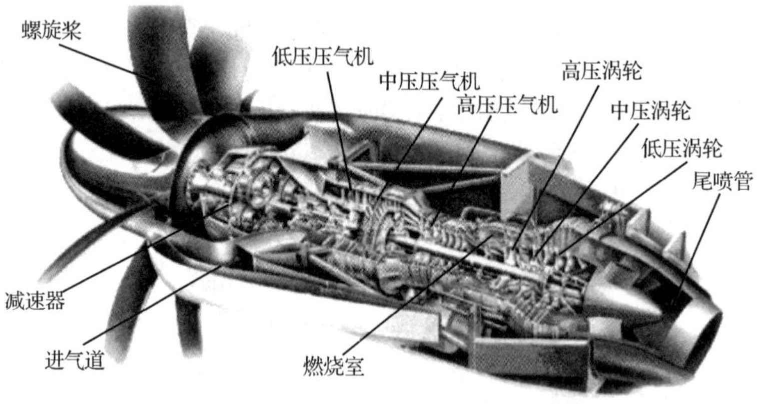

图 2.29　A400M 军用运输机涡轮螺旋桨发动机

在涡轮螺旋桨发动机中，涡轮内燃气的大部分剩余势能转变为飞机螺旋桨的传动功率，继而转换成螺旋桨的拉力，剩余的则转换成喷气流的动能，即喷气推力。因而涡轮螺旋桨发动机的推进力由两部分组成，其中以螺旋桨的拉力为主，拉力和排气推力之比一般为 9∶1 左右。经过螺旋桨加速的空气流速不高，空气射流动能的损失比涡轮风扇发动机小，这就决定了涡轮螺旋桨发动机在低亚声速飞行时具有较好的经济性。如图 2.30 和图 2.31 所示。

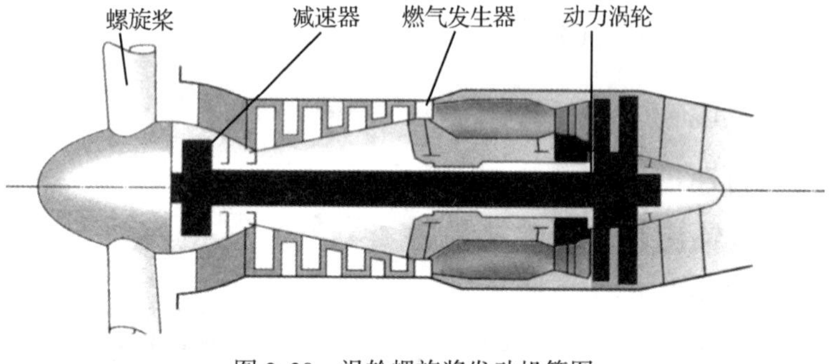

图 2.30　涡轮螺旋桨发动机简图

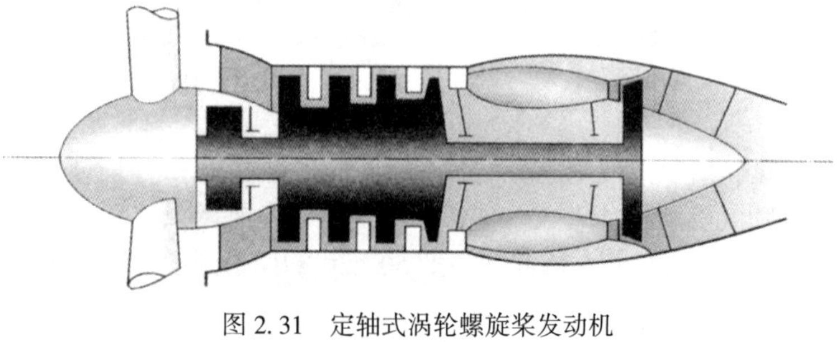
图 2.31　定轴式涡轮螺旋桨发动机

涡轮螺旋桨发动机的结构特点是在喷气发动机前面增加了减速器部件和螺旋桨（螺旋桨的转速比压气机和涡轮的转速低得多）。涡轮除了带动压气机以外还带动螺旋桨。在涡轮螺旋桨发动机中，为使涡轮、压气机转子和螺旋桨轴都能在最佳转速下协调地工作，须采用传动比为 5 : 1~15 : 1 的减速器，因而动力装置的结构复杂，重量增大。因此，一般涡轮螺旋桨发动机仅用在某些低速飞行的运输机上。

涡桨发动机的性能主要由螺旋桨的特性来确定，而螺旋桨的效率随飞行速度的增加而降低，因而涡桨发动机最适合作为中等飞行速度（400~800 千米/小时）飞机的动力装置。

3. 涡轮风扇发动机

在涡轮喷气发动机的工作原理中已讲到，由涡轮流出来的、有一定能量的燃气（反映在燃气的温度仍然较高，还有一定的压强），在尾喷管中继续膨胀，将热能与势能转变成动能，以较高的速度（500~600 米/秒）由尾喷管喷出产生反作用推力，这就

图 2.32　普惠 PW6000 涡轮风扇发动机

是涡轮喷气发动机。如果在该涡轮后面，再加装一套涡轮（一级或多级），让燃气在这后一涡轮中膨胀，驱动此涡轮高速旋转并发出一定功率，将此涡轮的前轴从原来的涡轮、压气机转子轴中穿过，带动一个直径比压气机大的风扇，这样，就变成了涡轮风扇发动机（如图 2.33 所示）。

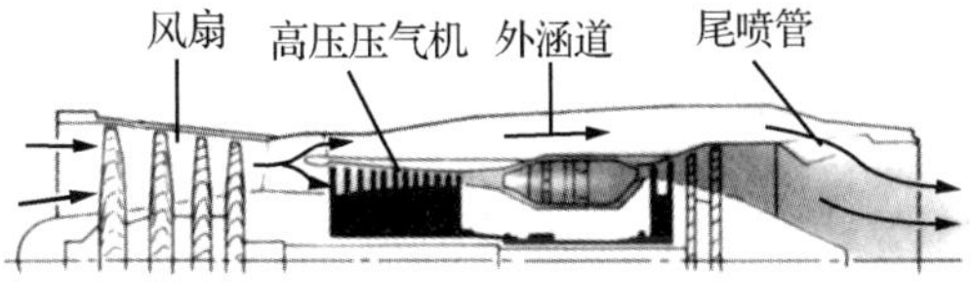

图 2.33　涡轮风扇发动机简图

由图 2.33 可以看出，由压气机、燃烧室和高压涡轮组成的核心机和由低压涡轮及其所带动的风扇共同组成的发动机称为涡轮风扇发动机。涡轮风扇发动机中，空气在风扇中增压后，由风扇出口流出时分为两股向后流：一股流入核心机和带动风扇的低压涡轮，最后由尾喷管流出，这股

气流称为内涵气流；另一股则由围绕核心机机匣与外涵机匣间的环形通道中流过，称为外涵气流。由于涡轮风扇发动机中有内、外两个涵道，所以，涡轮风扇发动机有时又称为内外涵发动机。

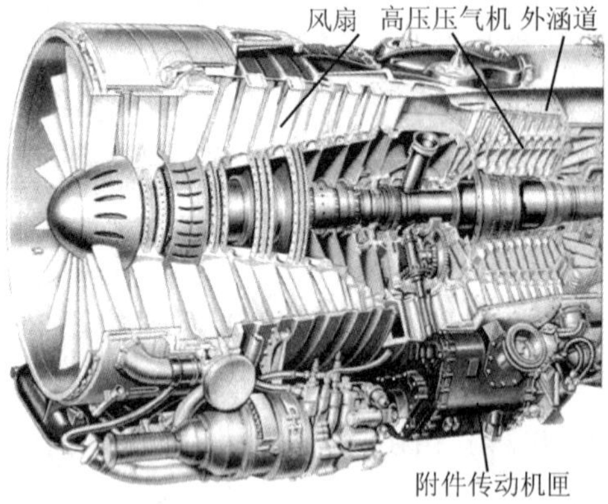

图 2.34　涡轮风扇发动机风扇、高压压气机结构

从图 2.34 典型的涡轮风扇发动机的风扇、高压压气机结构图中可以看出，风扇实际上是直径较大、叶片较长的轴流压气机。风扇可以有 1～5 级。涡轮风扇发动机中，内、外涵气流可分别排出，也可在排气系统内混合排出。图 2.33 所示的涡轮风扇发动机，外涵气流通过掺混器进入内涵道燃气流中，与内涵气流混合后由尾喷管排出。

图 2.35 是典型的内、外涵分别排出的涡轮风扇发动机后部结构，从涡轮流出的燃气直接由其后的内涵喷管排出，外涵气流则由外涵道内、外壳体间的环形外涵道喷管流出，内外涵流在发动机内相互不掺混，这种排气方式也称为平行排气。发动机外内涵道流量之比称为涵道比，涵道比大表明流过外涵道的流量大，表明发动机由喷气排出产生推力占的比例小，发动机的经济性就高。但涵道比不能太大，太大则叶片太长，一来增大阻力，另外也会增加制造困难，目前大型涡轮风扇发动机的涵道比在 5～8 之间。

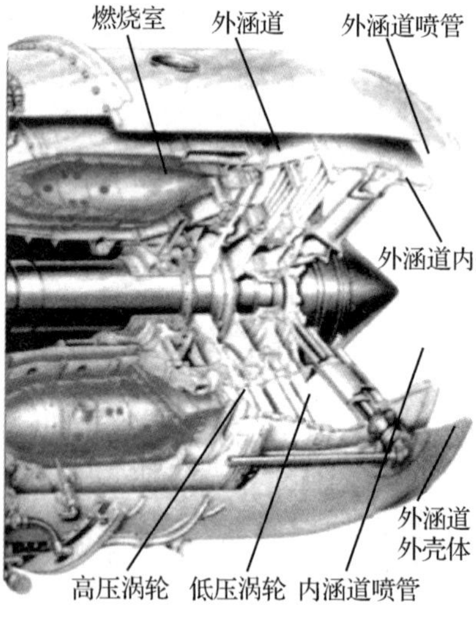

图 2.35　平行排气的排气结构

涡轮风扇发动机的另外两个主要技术参数是涡轮前温度和增压比。提高这两个参数都可以提高发动机性能，目前有的发动机增压比达到 27，涡轮前温度达到 1250℃。

涡轮风扇发动机由于空气流量大，因而推力大，最大的推力目前已经达到 372 千牛，空气流量达 1.7 吨/秒。同时涡轮风扇发动机在高亚声速的情况下使用时，其耗油率已经降到 0.3 千克/马力小时，接近了涡轮螺旋桨发动机的水平。它的另一个巨大的优点是噪声低，由于涡轮风扇发动机有大量的外涵低速气流，当内涵的高速气流和外涵气流混合排出时，噪声便大为下降。涡轮喷气发动机对环境的噪声污染是长期困扰喷气飞机使用的难题，尽管以前对喷气发动机采取了改变尾喷管设计、加装消音器等措施，仍然没有把噪声降到规定的标准，在使用涡轮风扇发动机后飞机的噪声大幅度下降了。这是涡轮风扇发动机在民航飞机上取代涡轮喷气发动机的一个重要原因。涡轮喷气发动机与涡轮风扇发动机相比，涡轮风扇发动机具有更大的空气流量和较低的喷管喷射速度，因而推进效率和经济性都有显著提高。因而，它是目前军民用飞机广泛采用的一种动力装置，也是目前大型民航运输飞机唯一的动力装置。例如，波音 777 运输机安装了两台 GE90-B/涡扇发动机，单台推力为 377 千牛（38469 千克力）。

4. 涡轮轴发动机

涡轮轴发动机是直升机主要使用的动力装置，是一种靠燃气通过涡轮驱动传轴输出功率的涡轮喷气发动机。工作原理和结构与涡轮螺桨发动机基本相同，另加装自由涡轮（不带动压气机，专为输出功率用的涡轮），燃气在自由涡轮中做功，通过传动轴，专门用来带动直升机的旋翼旋转。为了有利于直升机的总体安排，涡轮轴发动机的喷口可以向下、向上或向两侧。通常，涡轮螺旋桨发动机的功率输出 90%以上是轴动力输出，由喷气产生的动力只占动力输出的一小部分。涡轮轴发动机都采用两套涡轮，一套带动压气机，而另一套则是专门输出功率的自由涡轮。自由涡轮也称动力涡轮，一般在两级以上，它专门用来输出功率。这种发动机设计成喷气通过自由涡轮后剩余能量很小，基本上不能再产生功率了。由自由涡轮带动减速箱，再带动旋翼，这样涡轮轴发动机就为直升机提供了动力。涡轮轴发动机在直升机上获得了广泛的应用。和活塞式发动机相比，它的结构重量轻，功率大，最大可以到 10000 千瓦，同时耗油率也在逐步下降，它燃烧的是低价的航空煤油，因而经济性能也和活塞式发动机不相上下。缺点是制造较困难，技术复杂，减速装置比要比活塞式大，减速齿轮箱的重量较大，初成本较高。随着技术的改进，这些缺点也在克服之中。目前在直升机动力中涡轮轴发动机已经占了大部分，今后它将成为直升机的主要动力形式。

图 2.36　国产 Z-9 直升机

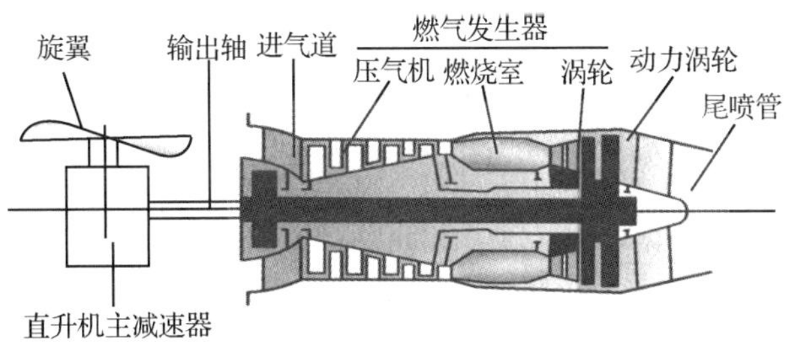

图 2.37　自由涡轮式涡轮轴发动机

5. 燃气涡轮发动机主要性能参数

燃气涡轮发动机性能可用下列主要参数来表征：推力（功率）、空气流量、单位推力（单位功率）、耗油率、比重、使用寿命和外廓尺寸。推力、重量、使用寿命、外廓尺寸等这样的参数，可以用来判断发动机各个方面性能的优劣；评价发动机的完善程度所采用的参数是相对值（单位推力、耗油率、比重等）。

发动机推力 P：涡轮喷气发动机（加力式涡轮喷气发动机）和涡轮风扇发动机（加力式涡轮风扇发动机）所产生的、作用在飞行器的发动机固定接头上的力。

空气流 m：单位时间通过发动机的空气质量。它用来确定发动机的功率和外廓尺寸（首先是直径）。现代航空燃气涡轮发动机在起飞工作状态的空气流量约为每秒 2 千克至数百千克。

单位推力 Pe：涡轮喷气发动机（加力式涡轮发动机）和涡轮风扇发动机（加力式涡轮风扇发动机）平均每秒千克空气流量所产生的推力。对于涡轮喷气发动机（加力式涡轮喷气发动机），单位推力由喷管出口气流速度与飞行速度之差来确定。而对于涡轮风扇发动机（加力式涡轮风扇发动机），在分开排气的条件下则由喷管出口气流速度、飞行速度和内外涵空气流量比来确定单位推力。由单位推力可确定发动机的径向尺寸。在推力不变的情况下，增大单位推力可减小通过发动机的空气流量，因而其径向尺寸得到减小，重量减轻。

耗油率 Cf：涡轮喷气发动机（加力式涡轮喷气发动机）和涡轮风扇发动机（加力式涡轮风扇发动机）每产生 1 牛推力每小时所消耗的燃料量。它是发动机经济性的表征，用于确定飞行器的航程和续航时间。

使用寿命：预先规定的发动机使用期限。

当量功率（总功率）Neq：这一概念用于涡轮螺旋桨发动机和涡轮轴发动机。总推力由螺旋桨推力和喷气推力组成（涡轮轴发动机的喷气推力接近于零）。设想总推力全由螺旋桨产生，我们就把这样的螺旋桨所需的功率理解为当量功率。涡轮螺旋桨发动机的当量功率由螺旋桨推力与喷气推力之比和螺旋桨效率确定。

单位功率 Ne：当量功率与进入发动机的空气流量之比。

涡轮螺旋桨发动机和涡轮轴发动机耗油率 Cf：每小时燃料消耗与当量功率之比。

确定燃气涡轮发动机工作过程效率的工作过程参数有：发动机的总增压比；涡轮前燃气温度；发动机的风扇、压气机和涡轮等部件的效率；进气装置、燃烧室、排气装置等的压力损失。对于加力式发动机，工作过程参数还有加力燃烧室的燃气温度。而涵道比（外涵空气流量与内涵空气流量之比）和外涵增压比，则是涡轮风扇发动机的工作过程参数。

随着设计技术和材料技术的发展，燃气涡轮发动机工作过程参数在不断进行改善，从而促进了燃气涡轮发动机和航空技术的不断发展。

三、燃气涡轮发动机辅助系统

为保证涡轮喷气发动机安全、顺利工作，必须要有一系列辅助系统，主要有启动点火系统、燃油系统、滑油系统、防冰系统、防火系统和安装结构等。

1. 启动点火系统

发动机没有工作时，燃烧室内气体压力低，无法点火燃烧，要依靠其他动力（称为启动机）来驱动核心发动机。常用的启动机有直流电机和高压空气启动机。前者通过离合器与发动机相连接，到一定转速后，离合器自动脱开。目前大多数民用飞机和一些军用飞机用压缩空气启动。高压空气来自一个动力辅助装置，结构简单，质量较轻。高压空气驱动启动器的涡轮，使发动机启动。

2. 燃油系统

燃油系统的功用是根据发动机不同工作状态的要求，供给合适的油量，以保证发动机启动、加速及稳定燃烧。燃油系统主要由燃油泵、流量调节器、燃油喷嘴等组成。

3. 润滑系统

润滑系统的目的是将具有一定压力的滑润油输送到轴承和齿轮地点，减小摩擦和冷却机件。润滑系统主要由油泵、油气分离器、油滤和冷却器等组成。

4. 防冰系统

飞机在通过含有水滴的云层或含有大量雾滴的地面空气且气温接近冰点时，在进气道前或在管道中会出现结冰现象。这会影响进入发动机的空气流量而使发动机性能恶化，严重时吸入冰块，打坏压气机叶片，发生事故。因此，在进气道整流罩的内部和压气机进口导流叶片引入从压气机后几级出来的高温气体，以防止结冰。

5. 防火系统

所有涡喷发动机及其附件都有着火的可能，因此必须要有预警装置和防火隔板。

6. 发动机安装结构

发动机的安装与其装在飞机上的位置有关。可用吊架装在机翼下，可装在机身两侧，也可装在机身或机翼内，或者装在机身后部与尾翼的交接处，涡轮螺旋桨发动机只能装在机身头部或机翼。一般发动机有两个安装点，一个为主安装点，在压气机匣后端，靠近发动机重心处；另外一个为辅助安装点，在喷管机匣处。连接点不仅要牢固可靠，而且要在纵向和径向提供自由膨胀的可能。

第三节　飞机机载设备及系统

机载设备及系统是为完成各种飞行和任务而安装的各种设备及系统的总称，主要用作导航、通信、目标探测、座舱显示与环境控制、信息综合与处理、电子对抗以及飞机发动机和武器系统的控制与管理等。由于电子技术特别是计算机技术的发展应用，飞机设备及系统发生了重大的革新。在现代飞机上，机载电子设备已成为决定飞机性能和效能的重要因素。

一、飞机的电子仪表系统

飞机的电子仪表系统是飞机感知和处理外部情况并控制飞行状态的核心，相当于人的大脑及神经系统，对保障飞行安全、改善飞行性能起着关键作用。飞机的电子仪表系统共分为四部分：飞行控制仪表、飞机综合电子控制系统、导航系统和通信系统。

1. 飞行控制仪表

飞行控制系统的基本功能是控制飞机气动操纵面改变飞机的布局，增加飞机的稳定性、改善操纵品质、优化飞行性能。其具体功能有保持飞机姿态和航向、控制空速及飞行轨迹、自动导航和自动着陆、地形跟随及地形回避、编队飞行以及配合自动空中交通管制等，目的是减轻飞行员工作负担，做到安全飞行，提高完成任务的效率和经济性。

飞行控制系统一般由传感器、计算机、伺服作动器、控制显示装置、检测装置及能源部分组成。

飞机的控制仪表系统提供飞机飞行中的各种信息和数据，使驾驶员及时了解飞行情况，对飞机进行控制，以顺利完成飞行任务。早期的飞机飞得又低又慢，只装有温度计和气压计等简单仪表，主要是靠飞行员的感觉获得信息。现在的飞机则装备了大量仪表，并由计算机统一管理，用先进的显示技术直接显示出来，大大方便了驾驶员的工作。

1）大气数据仪表

飞行控制仪表的第一类是大气数据仪表，由气压高度表、飞行速度表、大气温度表、大气数据计算机等组成。

①气压高度表

气压高度表的工作依据是大气压随着高度升高呈线性的下降，测出这一高度的气压就可换算出高度值。但飞机飞行的高度是指飞机在空中的位置和所选定的基准面之间的高度差值，由于所选的基准不同，因而也有不同的高度定义，如图 2. 38 所示。

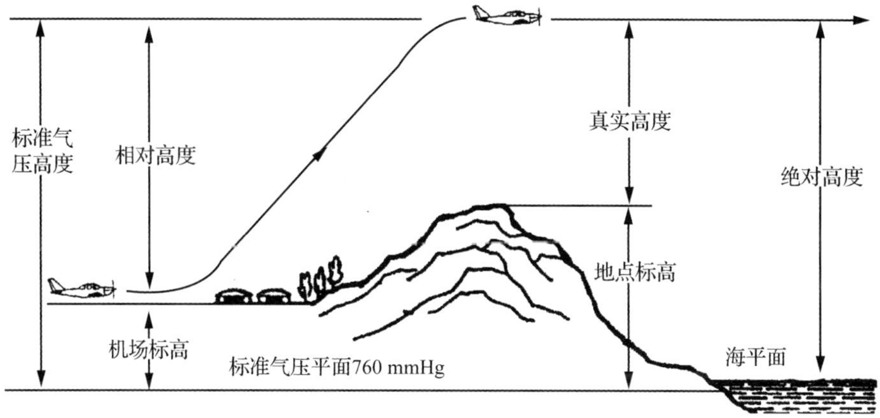

图 2. 38　飞行高度

相对高度：指飞机对某一指定的机场（如降落机场）地面之间的高度。高度表的气压刻度以机场为基准时，称为场面气压高度，在起飞和降落时驾驶员必须知道这一高度。

真实高度：指飞机和它正下方的地面之间的垂直距离。

绝对高度：指飞机到海平面之间的高度，也称为海平面气压高度。

标准气压高度：是指飞机到标准气压平面之间的高度。标准气压面是人为设定的，这个平面以海平面为基准，大气压力为 760 毫米汞柱高，温度为 15℃（288K）。由于这个高度不随温度和湿度的影响而变化，它和真实的海平面高度是不完全一致的，因而标准气压高度和绝对高度不同。国际民航组织规定，当飞机进入航线后，一律用标准气压高度，对一些难以直接测量到海拔高度的机场，相对高度由标准气压高度减去机场的标高而得到。

飞机上的高度表有两类：气压高度表和无线电高度表，无线电高度表用来测量飞机距地面某点的真实高度，特别是在飞机起降时用于测量低高度。

气压式高度表通过测量大气压力来间接测飞行高度，气压式高度表的感受部分是一个真空膜盒。作用在真空膜盒上的气压为零时，真空膜盒处于自然状态。受大气压力作用后，真空膜盒收缩并产生弹性力。当真空膜盒产生的弹性力与大气作用在真空膜盒上的总压力平衡时，真空膜盒的变形程度一定，指针就指出相应的高度。飞行高度增大时，大气压力减少，真空膜盒膨胀；飞行高度减少时，大气压力增大，真空膜盒收缩。膜盒通过曲柄—连杆—齿轮传动放大机构带动指针，使之在刻度盘上指出相应的标准气压高度。

当实际大气参数与标准大气参数不符时，上述气压式高度表测得的就不是标准气压高度。为了补偿海平面气压变化所造成的高度测量误差，在气压式高度表中设有气压调整装置，可由刻度盘上的气压窗口中读出被调定的实际海平面的大气压。有了气压调整装置，气压式高度表还可以测出相对高度和绝对高度。

②飞行速度表

飞行速度和飞行高度一样，也有不同的定义。

真空速：指飞机对于空气的运动速度，也简称为空速。

指示空速：是由测量空气压力的表上直接指示速度，也叫表速。

升降速度：指飞机对地面运动的上升或下降的速度。

地速：指飞机运动速度对地面的水平分量。

马赫数：是飞行速度和飞机所在高度声速的比。

用气压式仪表测定飞行速度是基于伯努利定理。空速表的构造和高度表相似，通过机械装置带动指针，指示出空速。这个速度称为指示空速，它和飞机的真空速还有差别，因为测量到的动压和速度之间的关系受到空气密度的影响，空气密度和温度压力有关，因而必须根据温度和压力来修正指示空速才能得到真空速。在空速表上加装一个相应的机构，可以测到真空速。马赫数表测量的是同一地点声速和空速的比值，因而不需要温度修正，只要根据静压得出当地的声速和空速比较就能得出马赫数，马赫数表和空速表通常共用一个表头，有转换开关可使这块表显示马赫数或空速。空速表上标有各种彩色弧线区，用来表示不同飞行阶段的速度限制范围，如襟翼操作速度范围、正常操作速度范围、平稳气流中速度操作范围（警戒范围）及极限速度等，如图 2. 39 所示。

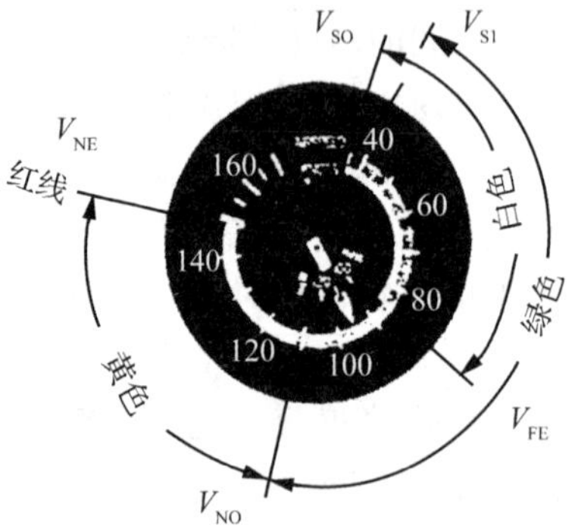

颜色	含　义
白色	襟翼操作速度范围
绿色	正常操作速度范围
黄色	警戒速度范围
红色	极限速度

图 2. 39　彩色弧线表示各类速度范围，其上下限表示速度限制

2）飞行姿态指引仪表

飞行控制仪表第二类是飞行姿态指引仪表，主要包括陀螺仪表。20 世 70 年代以前是机械式陀螺，其后则是激光陀螺。

驾驶员必须知道飞机的飞行姿态，才能正确地操纵飞机。飞行姿态是指飞机的三个轴对地平面所形成的角度和它的航向，靠飞行仪表来确定。姿态仪表是以陀螺为基础的，包括陀螺地平仪、侧滑指示器、姿态指引仪和陀螺航向仪。

①陀螺

测量物体相对惯性空间转角或角速度的装置叫做陀螺。地平仪、转弯仪和陀螺半罗盘使用的是刚体转子陀螺。刚体转子陀螺一般由转子、内框、外框和基座组成。转子轴称为自转轴。自转轴具有两个转动自由度的陀螺称为两自由度陀螺。两自由度陀螺具有内框和外框，它们为转子轴提供了两个转动自由度。内框和外框组成的框架又叫万向支架。自转轴只具有一个转动自由度的陀螺称为单自由度陀螺。单自由度陀螺只具有内框，它为自转轴提供了一个转动自由度。

两自由度陀螺具有两个基本特性：稳定性和进动性。

稳定性是指陀螺一旦高速旋转起来，就会表现出抵抗干扰力矩，力图保持其自转轴对惯性空间方向不变的特性，如图 2. 40 所示。任意转动陀螺的底座，其自转轴总是指向一个方向。

两自由度陀螺的稳定性是指陀螺自转轴相对惯性空间保持稳定，而不是相对地球保持稳定。进动性是指陀螺在外力矩作用下，其转动方向与外力矩作用方向相互垂直的特性。若外力矩作用在内框轴上，陀螺绕外框轴转动；若外力矩作用在外框轴上，陀螺绕内框轴转动。

最早在飞机上用的是自由陀螺，即把陀螺装在一个不受外界约束的转动的平衡环固定平台上，这个平台由两个相互垂直并可自由转动的框架支撑，框架与机身相连，机身的转动不带动平台转动。因而这个平台只跟随陀螺转子的取向。所以这个平台也叫惯性平台，利用陀螺的定轴性使陀螺轴指向空间的一个固定方向，以它作为基准，就可以得到飞机的各种姿态变化。

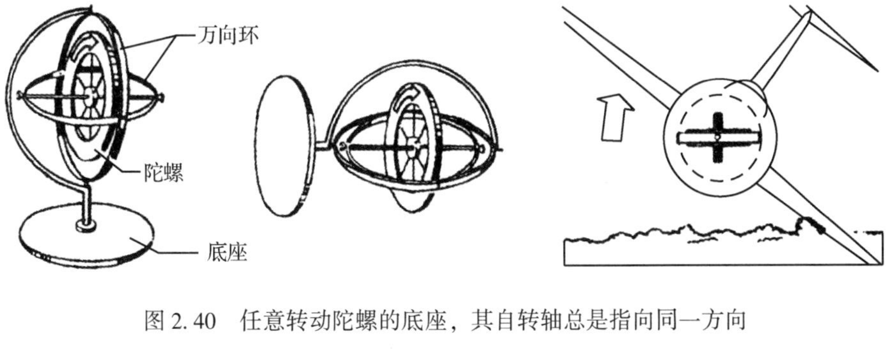

图 2. 40　任意转动陀螺的底座，其自转轴总是指向同一方向

在激光技术发展之后，20 世纪 70 年代出现了激光陀螺，激光陀螺的原理是通过激光干涉条纹的位移，测算平面的转动的角速度。它的精度大大高于机械式陀螺，误差很小，可靠性高，使用寿命长。它的缺点是体积比陀螺大。激光陀螺和计算装置及显示仪表的成本加在一起比机械陀螺高出很多，因而在小型飞机上，今后很长一个时期

仍将使用机械式陀螺，在大中型飞机上激光陀螺已经取代了机械式陀螺。

②地平仪

也叫姿态指示器，用来指示飞机与地平面之间的相对关系，即指示飞机的俯仰和倾斜角度。表上有一条人工地平线，由于云、能见度降低或黑暗使自然地平线被遮挡时，它能提供极大的帮助。地平仪是唯一能够既提供俯仰数据又提供倾斜数据的飞行仪表。地平仪准确性极高，微小的俯仰和倾斜变化都能测出来，如图 2. 41 所示。

现代地平仪就能提供非常准确的数据，即使在飞机做 360°滚转或 85°俯仰时，一些地平仪也能正常工作。尽管地平仪十分可靠，但是有时也会在无明显警告信号的情况下逐渐失效。所以使用中应与机外目视参照物和其他飞行仪表进行交叉检查。

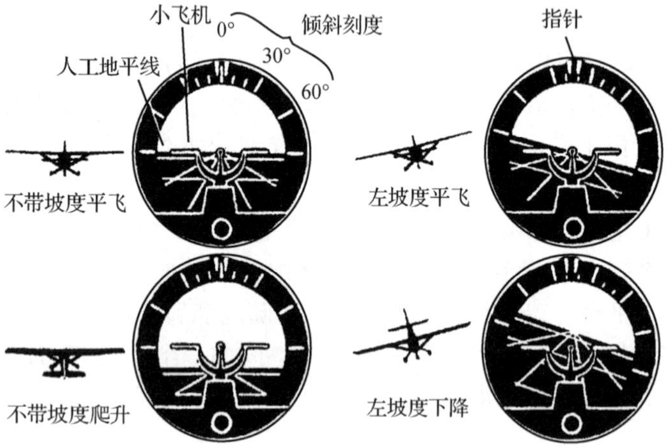

图 2. 41　地平仪指示飞机与地平面之间的相对关系

③协调转弯仪

驾驶员要使飞机同时侧倾和偏航才能完成协调转弯，协调转弯仪就是为驾驶员指示侧倾和偏航的协调而设计的，它的构造如图 2. 42 所示，它由两个部分组成，表盘上部的飞机标志和陀螺组成转弯仪，表盘下部的侧滑仪由一个盛有液体的密封弯管构成，固定在表上，液体中浮着一个小球。当飞机平飞时，小球处于弯管中央的最低位置；当飞机进行没有侧滑的盘旋时，小球受到的重力和离心力的作用方向与飞机的立轴方向一致，小球仍处于中央位置；只有当飞机出现侧滑时，小球的受力偏离了立轴，小球从中央移向侧滑的一侧，这样就使驾驶员能根据它的指示完成协调的转弯。

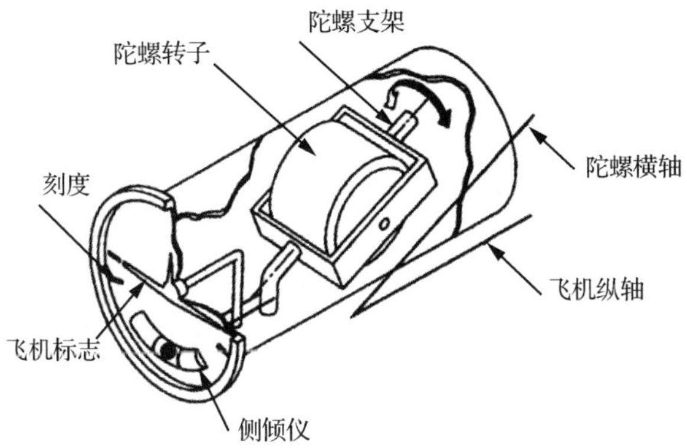

图 2.42 转弯侧滑仪结构

协调转弯仪表盘上部的飞机标志用来指示转弯快慢程度，下部的侧滑仪是用来指示协调飞行情况。飞机倾斜进入转弯或脱离转弯时，小飞机会向同一方向倾斜。快转时小飞机倾斜度大，慢转时小飞机倾斜度小，如图 2.43 所示。飞行员可使用转弯仪利用将小飞机翼尖对准转弯标线的方法来建立和保持标准转弯，即表示飞机以标准角速度（3°/秒）转弯。此时飞机转 360°需 2 分钟时间。

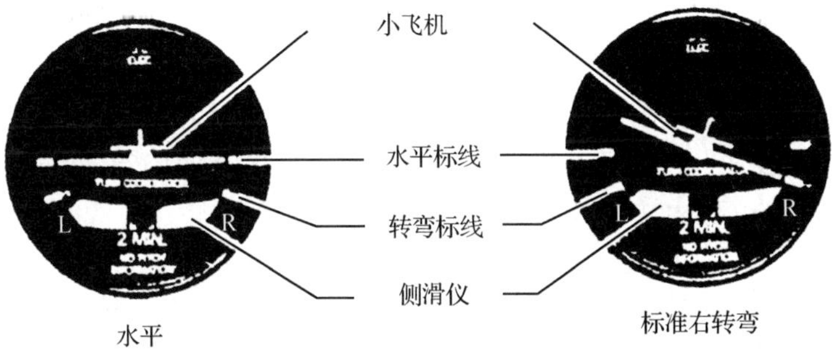

图 2.43 当小飞机处于水平状态时，表明飞机没有转弯，右图表明飞机正在右转弯，侧滑仪上的小球处于中央，因此为协调转弯

④姿态指引仪

老式真空驱动的和新式电力驱动的姿态指示仪通常被称为人工地平线，它们都使用小飞机和地平线标尺来反映飞机的真空姿态，如图 2.44 所示。小飞机和地平线标尺之间的关系与真实的飞机和地平线之间的关系相同。即使飞机有非常小的姿态变化，仪表都会给出即时的指示。

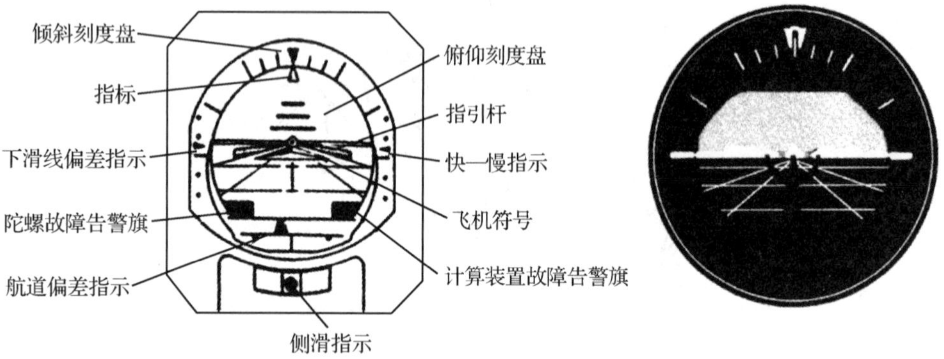

图 2.44　姿态指引仪的表盘

姿态指示仪中的陀螺被固定在水平平面上，并且依据陀螺的定轴性进行运行。水平线条代表真实的地平线，它被固定在陀螺上，不管飞机绕横轴或纵轴做俯仰或倾斜动作，它都可以稳定在水平平面内。这时，指示仪可以指示真实飞机相对真实地平线的姿态。

指示仪上有一个旋钮可以调整小飞机的上下位置，以便其对准地平线标尺来适应飞行员的视线。通常小飞机被调整在进行水平巡航飞行时机翼与地平线标尺恰好重合的位置。

一些姿态指示仪安装了锁定装置，它可以锁住仪表以使其不会在不正常的姿态动作时出现指示混乱的情况。

这种仪表从实物到其名称，都称得上是一种可靠的“姿态指示仪”，它是仪表板上最实用的飞行仪表之一，而且其指示非常接近于飞机的真实姿态。因此，在仪表飞行和保持飞机所需的姿态和方向控制方面是非常重要的参照。

⑤磁罗盘

磁罗盘（如图 2.45）是由两个固定在浮子上的钢质的磁化指针和围绕着浮子的一个罗盘刻度盘组成。两个指针平行，并且北极都指向同一方向。罗盘刻度盘上用字母标出主要的航向，每 30°间隔用一个数字标出，省略了数字末尾的“0”。例如 30°用“3”表示，360°用“30”表示。在这些数字之间以每 5°为一个刻度单位。

浮子安放在一个装满非酸性白色煤油的碗状容器中。液体的目的是为了罗盘刻度盘减震和通过浮力缓解浮子对支架的重力。宝石轴承用来将浮子装置安放在轴承座的顶部。仪表的玻璃窗口后面安放了一条线（被称为航向标准线），作为校准罗盘刻度盘上的航向的参考。

磁罗盘除受到地磁作用外还受到机舱内钢铁构件的磁性干扰，因而出现了罗盘偏差，称为罗差，在实用时还要把罗差减掉。此外在飞机非匀速飞行或转弯时，磁棒受到飞机加速度的影响，会使指示方向偏离，因而磁罗盘只适用于飞机巡航平飞时。目前磁罗盘在大、中型飞机中只作为备用仪表。

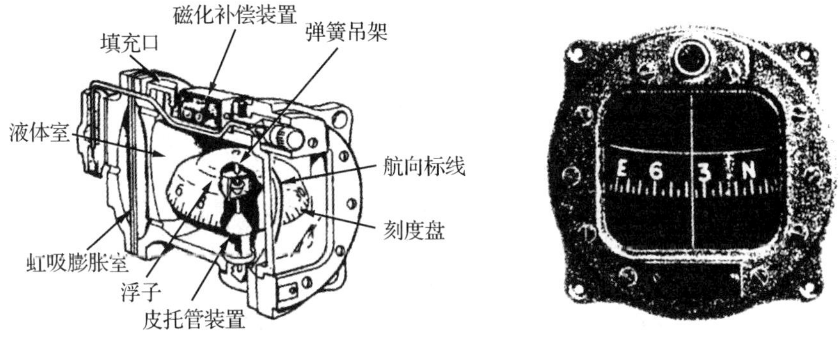

图 2.45　磁罗盘

⑥航向指示仪

由于磁罗盘在飞机变速和转弯时不能准确指示方向，人们就把陀螺的定轴性和磁针的指向性结合起来制成航向指示仪来解决这一问题。航向指示仪也称为航向陀螺仪，它的陀螺指向在起始状态，飞机静止时或平飞时要调整得和磁针指向一致，表盘中央的飞机标志固定，而表上的罗盘刻度盘则随着机身的偏航而转动，如图 2.46 所示，由此指示出飞机的航向。

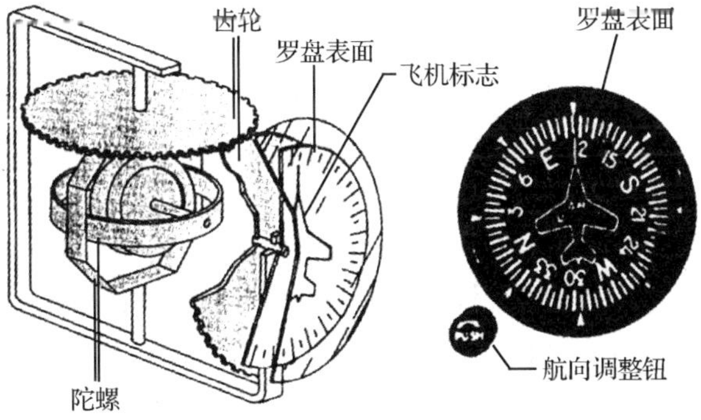

图 2.46　航向指示仪

⑦飞机仪表板的安排

飞机仪表板上仪表的布局关系到驾驶员操纵飞机的反应时间，也关乎飞行安全。根据各种仪表的重要性和与其他仪表的相关程度，使用机电式仪表的仪表板基本上是按图 2.47 的标准形式布局，这种布局称为基准 T 型布局，驾驶员的中央正前方是姿态仪表（地平仪或姿态指示仪），它的左侧是空速表，右侧是高度表，姿态仪表的正下方是航向指示器，这四块主要仪表构成了T型，这是操纵飞机的基本仪表，在左下角的协调转弯仪和右下角的升降速度表都是姿态仪表的辅助仪表，驾驶员根据它们的指示能更好地控制飞机的俯仰和转弯。

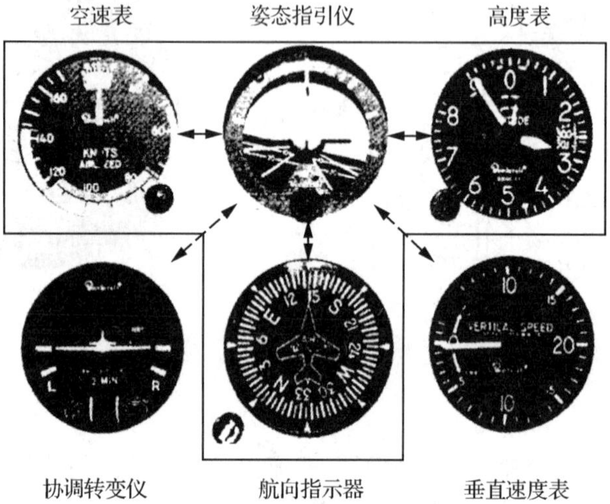

图2.47　仪表的T型布局

3）惯性基准系统

飞行控制仪表的第三类是惯性基准系统，本系统可提供一套精确的飞机姿态数据，如位置、倾斜、航向、速度和加速度等，实现了飞机导航、控制及显示一体化。

电子综合仪表系统：20世纪60年代后，由于计算机的小型化及显像管的广泛应用，飞机飞行仪表产生了革命性变化，新一代电子综合仪表得以广泛使用。本系统分为两大组成部分，一种是电子飞行仪表系统（包括电子水平状态指示器、电子姿态指引仪、符号发生器及方式控制面板、信号仪表选择板等），另一种是发动机指示与机组警告系统，可以显示发动机的参数并对其进行自动监控，如出现工作异常情况会发出警告并记录下故障时的系统参数。

20世纪80年代初，波音757等客机率先采用大型彩色显像管显示仪表系统，取代了传统的机电仪表，出现了“玻璃驾驶舱”。民航机以显示器为首的电子化革命，减轻了飞行员的工作负荷。例如，20世纪70年代的波音747-200客机驾驶舱有仪表132个、指示灯555个、开关284个，总数近千个，使飞行员不堪重负。其后的波音747-400客机驾驶舱锐减至仪表13个、指示灯171个、开关181个，总数只有365个，仅为波音747-200的1/3。90年代，波音777采用彩色液晶显示器，全面替代彩色显像管系统和机电仪表，标志着飞机显示仪表进入液晶综合电子系统的新时代。

2. 飞机综合电子控制系统

1）飞行管理计算机系统

飞机驾驶自动化的进一步发展，要求把飞机的信号基准系统启动驾驶系统和显示系统统一综合管理，使飞机在整个航线实现最佳性能的自动驾驶飞行，这个任务即由飞行管理计算机系统完成。

2）飞行信息记录系统

它包括两个部分，一个是驾驶舱话音记录器，把驾驶舱内发生的声音和飞行的各种性能数据记录在磁带上；另一个部分是数字飞行数据记录器，记录飞行时的各种参数，可记录25个小时中的60多种数据。这些记录被放在一个耐热抗震的金属容器中，即俗称的“黑匣子”，其主要用途是进行事故分析和维修飞机。

3）飞机自动驾驶系统

飞机自动驾驶功能早就出现了，只是它所能控制的范围太小，一开始是利用陀螺仪控制和纠正飞机的飞行姿态；20世纪30年代发展成可控制和保持飞机的高度、速度和航迹的自动驾驶仪；50年代时又出现导航系统、仪表着陆系统相配合的自动驾驶仪，实现飞机长距离自动飞行、起飞和着陆；而到70年代中期，因为计算机的应用，自动驾驶仪实现了更高程度的自动化。在现代化大中型民航飞机中，飞机自动驾驶系统由四个部分组成：自动驾驶仪指引系统、推力管理系统、偏航阻导系统和自动安定面配平系统。

4）电传操纵系统

简单地说，就是把传统的对飞机的机械操纵全部改为电信号代替，从而形成了电传操纵，其好处是减少了机械系统的摩擦和时间延迟，反应速度更快，操纵灵敏性更高；它也避免了原来的手动操纵与自动操纵间转换时的不协调，并减少了机械系统的装置及重量，飞机驾驶更为方便省力；更重要的是，它提高了飞机的机动性。在民航飞机中，最先采用电传操纵的是空中客车320，至20世纪90年代，各飞机生产商所生产的大型客机都改为了电传操纵。

5）近地警告系统

此系统是20世纪70年代后开始装备飞机的，功能是通过灯光和声音通知驾驶员飞机正在以不安全的方式或速度靠近地面，警告驾驶员预防因疏忽或计算不周而发生的触地事故。

6）空中警告及避撞系统

根据二次雷达用应答机确定飞机编号、航向和高度的原理，把询问装置装在飞机上，使飞机之间可以显示相互之间的距离间隔，帮助驾驶员采取相应的措施，防止空中碰撞。

3. 导航系统

飞机导航系统是用来确定飞机位置、速度和航向，并引导飞机按预定航线飞行的整套设备。在军用飞机上，导航系统还兼有为武器投放、侦察、巡逻、反潜和救援等任务提供基准的功能。

根据工作原理，导航系统可分为他备式导航和自备式导航两大类。为发挥不同导航系统的优点，出现了组合导航系统。他备式导航系统的数据是由飞机上的导航设备依靠外部的基准导航台（包括地面或卫星）来取得，包括各种无线电导航系统，如塔康、伏尔、罗兰、奥米加以及卫星导航系统等。组合导航系统是两种或两种以上导航系统的结合，这类系统多以惯性导航作为分系统，然后构成惯性/多普勒、惯性/罗兰、惯性/奥米加、惯性/天文和惯性/全球定位等组合系统。

根据作用距离不同，机载导航系统可分为远程、中近程、区域和进场着陆几种。

1）远程导航系统

通常把作用距离达几千千米以上的归为远程导航系统，10000 千米以上的为超远程导航系统。罗兰-C 是一种典型的远程导航系统，定位精度为 0.925～5.55 千米；奥米加是典型的超远导航系统，定位精度为 1.85～3.7 千米；全球定位系统（GPS）属于测距型卫星导航系统，工作范围可覆盖全球大部分地区，目前绝大部分飞机的无线电导航系统已被 GPS 取代。

2）中近程导航系统

典型的有无线电罗盘、台卡、伏尔和塔康等。塔康即战术空中导航系统，能同时完成测距和测向任务。

3）区域导航系统

由各导向设备（如 VOR、DME、大气数据计算机等）、计算机、控制显示器等组成，是航空导航的一种新发展。

4）进场着陆系统

进场着陆是飞机航行的最后一个重要阶段。飞机沿下滑线从 30～50 千米处开始，一直降至跑道延长线上空 20～30 千米高度处，这一阶段称为进场；飞机在垂直平面内，由曲线飞行至触地，并沿跑道滑行至完全停止，这一阶段称为着陆。仪表着陆系统（ILS）是国际上广泛采用的标准无线电进场着陆系统；微波着陆系统（MLS）则是着陆系统的新发展，其主要优点是精度高，可满足Ⅲ类着陆要求。

此外还有空中交通管制系统（ATC）和空中防撞系统，用以确保飞行安全和提高飞行效率。近年来由于计算机和通信卫星技术的迅速发展，空中交通管制系统由人工管制系统逐步向半自动化和自动化的空中交通管理系统发展。

4. 通信系统

通信系统是完成通信过程的全部设备和传输媒介，实现飞机与飞机之间、飞机与地面（水上）之间信息的传输。机载通信系统主要由机载通信设备、机内通话设备、通信终端设备和数据传输引导等设备组成。其中机载通信设备主要包括高频（HF）、甚高频（VHF）、超高频（UHF）和甚高频（VHF）/超高频（UHF）通信设备，卫星通信设备及救生通信电台等。

机载通信设备主要负担指挥、联络和内部通信等三个方面的任务。它具有三种通信形式：近距离通信、远距离通信和机内通信。

二、液压/气压/刹车系统

1. 液压系统

它是以油液为介质传递动力的系统，将液压动力变换为机械能，以达到驱动负载的目的。在飞机上主要用于飞机操纵系统，如副翼、方向舵、水平尾翼和扰流片的操纵，也用于起落架、襟翼和减速板的收放，尾喷口操纵，进气锥操纵，以及雷达和武器的操纵装置。

液压传动是一种以液体为工作介质，利用液体静压来完成传动功能的一种传动方式，也称容积式传动。在装满液体的密闭容器内，对液体的任一部分施加压力时，液体能把这一压力（压强）大小不变地向任何方向传递。这个原理称为帕斯卡定律。利用这个原理，可以制成一些省力的装置。如图 2.48 所示的密闭容器，只要在小活塞上施加较小的力 P_1，就可以在大活塞上支持住较大的重物 P_2，因为容器内的液体各部分的压力 P 是相等的，而两个活塞的面积 F_1 和 F_2 并不相等。

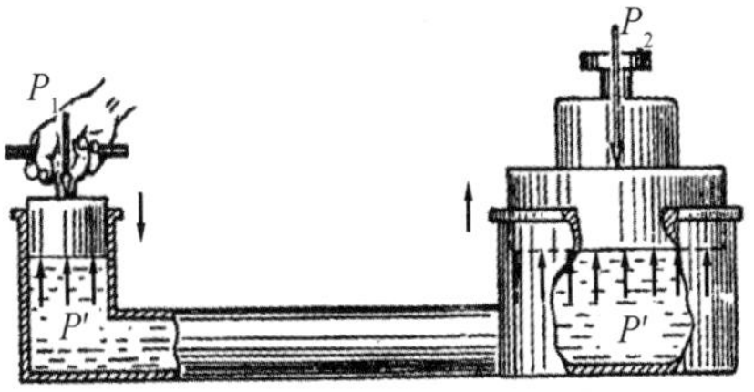

图 2.48　液压工作原理

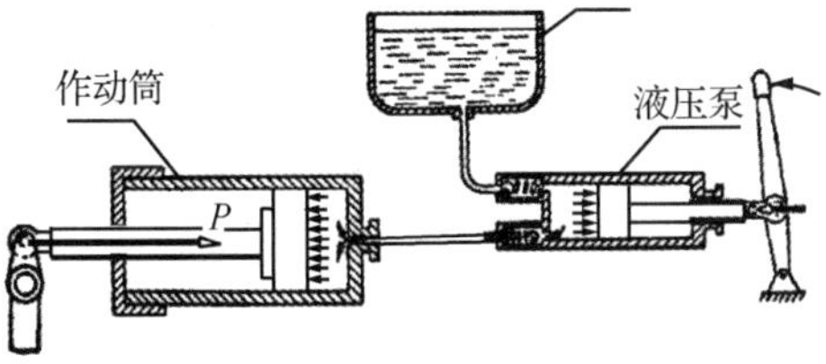

图 2.49　液压传动原理示意图

液压系统的传力原理与上述情况相似。但是，要使系统中的油液能够推动附件做功，完成一定的传动动作，仅仅利用油液的传力是不够的，还必须使油液不断地向附件运动的方向流动。如图 2.49 表示出了液压系统传动的原理。液压泵在较小的面积上对油液施加压力，迫使油液不断地流入作动筒，推动活塞，使活塞杆伸出，以传动部件，如果不考虑油液在管路中的流动阻力，则油液压力的大小仅取决于活塞杆上载荷 P 的大小。载荷越大，油液压力就越大。由于液压泵的受压面积很小，而作动筒的活塞面积较大，所以，液压泵在原动力不很大的情况下，能使作动筒产生很大的传动力，去传动沉重的部件。

应用于飞机的液压系统有不同种类，可划分为“单液压源系统”和“多液压源系统”。中、小型飞机常采用单源系统，即飞机上仅有一个单独的液压系统，主要用于传动起落架收放（有的还包括襟翼收放等）；大型飞机则采用多源系统，即飞机上有多个相对独立的液压系统，为飞机多个系统和部件提供动力。

现代大型运输机上许多重要部件需要液压传动。出于提高可靠性的考虑，这些飞机都采用多液压源系统，通常有3~4个相对独立工作的液压系统。如图2.50所示。对于诸如飞行操纵面、刹车、反推装置等重要部件，采用多液压源共同供压传动或互为备份。系统与系统之间可实现单向或双向动力转换。每个系统通常有发动机驱动泵、电动泵（甚或压缩空气驱动泵），且这些泵的动力源自不同的发动机，这就避免了因某台发动机失效而导致相应液压系统失去供应能力。某些大型飞机还配备有冲压空气驱动泵，飞行中所有发动机失效时放出可提供有限液压供应急之用。

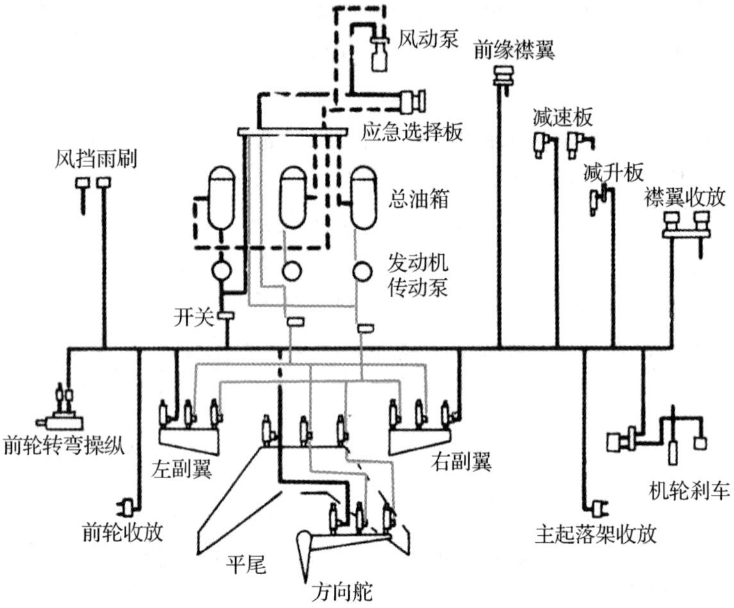

图2.50　三发动机飞机的液压系统

2. 气压传动系统

在一些早期的小型飞机上常使用压缩空气（俗称“冷气”）传动某些部件，如农用喷洒设备和刹车等。气压传动的特点是工作介质（空气）成本低、清洁、维护简单且工作环境适应性好，但工作速度稳定性较差，输出功率较小，传动速度较快，密封性差。大型飞机上的气压系统是液压系统的辅助系统，用于紧急情况或辅助动力。气压系统分高压系统、中压系统和低压系统。

气压传动基本原理利用压缩气体膨胀时能够对外做功的特性来传动部件运动。也就是说，气体被压缩时储存了一定内能，膨胀时内能转变为机械能对外做功。气压传动装置通常为动作筒或膨胀气囊，压缩空气进入时使活塞运动或气囊体积增大，传动部件运动。

图 2.51 是备用气体紧急刹车系统示意图，可以看出它是在液体系统出现故障时紧急使用的，气体从气瓶中通过气阀减压送入管路，再经往复阀送到刹车上，往复阀中是一个浮动的活塞，连接着液路和气路，当液压工作时活塞向下，堵死气路，液体通过边孔作用去刹车，当液压失灵、气路工作时，活塞上浮堵塞液路，气体送入刹车工作。

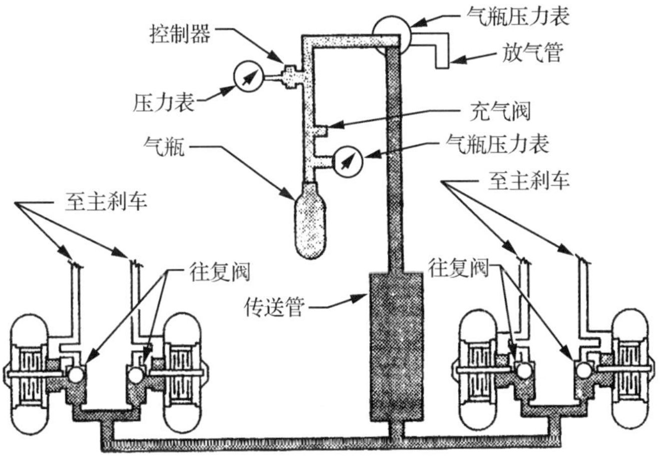

图 2.51　备用气体紧急刹车系统

3. 刹车系统

刹车系统包括机轮防滑刹车系统、直升机旋翼刹车系统以及减速伞系统、反推力系统、减速板装置以及反桨装置等。机轮防滑刹车系统主要向采用数字技术和电刹车装置的方向发展，也有的采用碳—碳复合材料的盘式刹车装置。

三、飞机燃油系统

燃油系统由燃油箱、加放油系统、供油系统、燃油管理系统、通气增压系统、防火防爆装置以及防冰装置等部分组成。燃油系统是保证飞机获取动力的必要保证装置，它包括飞机上的储油设备和向发动机供应油料的系统。如图 2.52 所示。

燃油系统的功能是储存燃油并在各种飞行条件下连续可靠地向发动机供给燃油。对于军用机，可通过空中加油增大航程和续航时间。对于高速飞机，燃油还可以用于冷却飞机结构。早期的燃油系统为简单的机械系统，20 世纪 80 年代出现了电子数字式的油量测量和管理系统，下一步将与飞行保障设备的其他系统综合。

小型飞机使用重力供油，油箱安装得比发动机高，燃油依靠重力流入发动机。

大型现代客机耗油量很大，例如波音 747 每小时耗油量为 9~10 吨，最大载油量约 170 吨，靠重力供油不能满足要求，必须采用压力供油方式。加油车对飞机加油时，是采用飞机翼下的加油方式，也称压力加油。大型飞机的燃油系统由油箱、油泵、供油管道、加油系统、放油系统组成。其中油箱为整体性油箱，直接利用机翼和机身的部分结构空间做油箱。

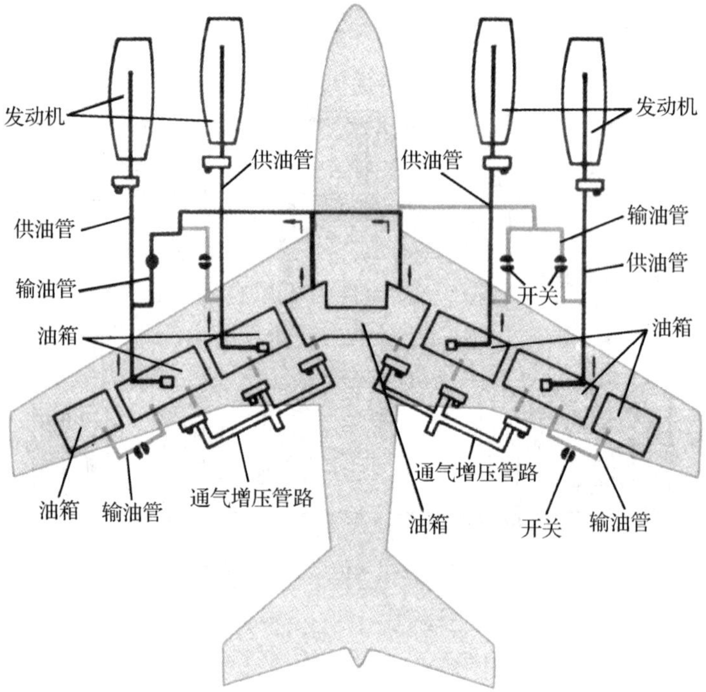

图 2. 52　民航客机燃油箱布局

四、电气系统

飞机电气系统由电源系统、输配电系统和用电设备三大部分组成，也可将前两者总称为供电系统。其功能是产生、变换和分配电能，是确保飞机各系统正常工作和飞机安全飞行必不可少的重要系统之一。用电设备则分属各机载系统。

1. 飞机供电系统的功用和构成

飞机上电能的产生、调节、控制、变换和传输分配系统统称为飞机供电系统，包括从电能产生一直到用电设备端的部分，它又可分为飞机电源系统和飞机输配电系统两部分。飞机电源系统是飞机上电能产生、调节、控制和电能变换部分的总称。通常飞机电源系统由主电源、辅助电源、应急电源、二次电源和地面电源及其连接与监控部分组成，飞机电源系统组成如图 2.53 所示。

主电源由航空发动机直接或间接传动的发电机组及其变换调节、控制保护设备等构成，飞机正常飞行时向全机提供足够数量和一定质量的电能，满足用电设备的需要。辅助电源是飞机发动机未工作或部分主电源发生故障时向飞机供电的电源。应急电源是主电源故障后向飞机飞行必需的用电设备供电的电源，由于应急电源容量小、储能有限，此时飞机必须在就近机场着陆。二次电源由电能变换器构成，用于将主电源产生的一种形式的电能转变为另一种或多种形式的电能，以适应不同用电设备的需要。飞机停于机场时，最好由机场的地面电源供电，地面电源通过电缆和机身的插头插座向飞机供电，以供在地面通电检查机上用电设备和启动发动机之用。

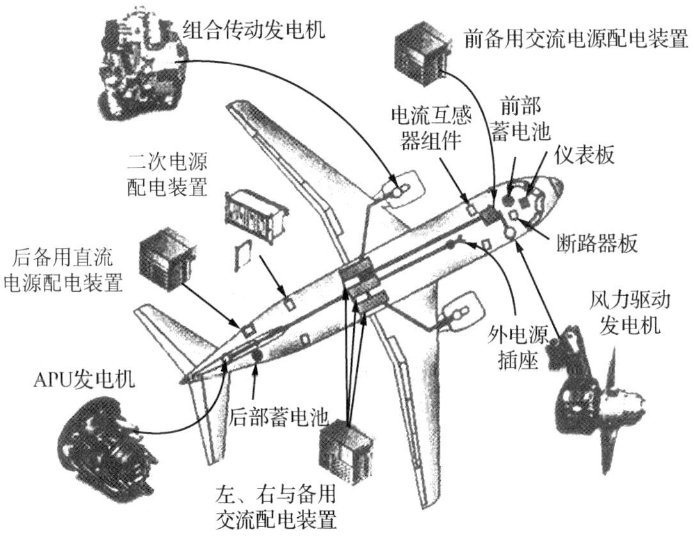

图 2.53 飞机电源系统组成

2. 用电设备

飞机用电设备按其重要性可分为三类：飞行关键设备、任务关键设备和一般用电设备：

1) 飞行关键设备

飞行关键设备，如仪表、飞行控制系统、仪表着陆系统和通信电台等，它们是确保飞机安全返航或就近降落（包括维持可操纵飞行）所必需的最低限度的用电设备。正常供电期间由主电源供电，当主电源失效需要转入应急供电时，应能自动或人工地转为由应急电源供电。

2) 任务关键设备

任务关键设备是完成飞行任务所必需的设备，如民用飞机中的座舱增压设备、空调设备等。在飞机应急供电时，为确保重要负载得到供电，将视故障的严重程度，切除部分乃至全部任务关键设备。

3）一般用电设备

一般用电设备，如座舱照明和厨房炊具等，它们正常工作与否并不危及飞行安全，故当主电源发生局部故障而提供的功率有限时，为确保对重要负载和主要负载的供电，根据故障的严重程度，将首先切除部分以至全部一般用电设备。

五、飞机座舱环境控制系统

飞机在天空飞行时，随着高度的增加，会因为大气压下降带来大气中含氧量下降的情况，若超过4000米，人就会出现缺氧症状，不能维持正常的活动，必须采用环境保护措施来保障乘客和机组人员的生命安全。这种保障系统即称座舱环境控制系统，包括氧气系统、增压座舱和空调系统三个组成部分。

1. 氧气系统

现代民航飞机的氧气系统只是在紧急情况下救生使用，它由氧源、供氧管路、氧气面罩三部分组成。一般情况下，绝大多数客机的氧气是用高压气瓶储存的，但有的飞机会有化学的氧气发生器作为备用气源，还有个别的客机及军用飞机以液氧为氧气源。氧气经过供氧管路送到氧气面罩上。客机上的氧气面罩在乘客座位上方的天花板上，一旦气压降到低于4500米高度气压时，面罩会自动落下，供乘客使用。

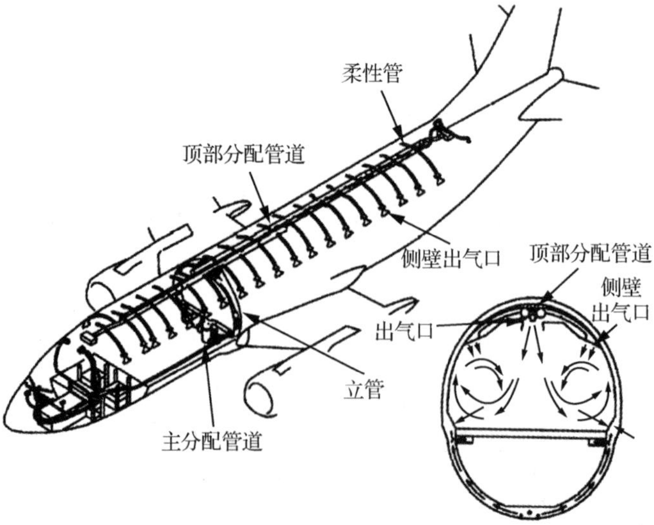

图2.54　客舱压缩空气的分配

2. 增压座舱

既然飞机飞行高度超过4000米后就会使人产生减压症状，所以人们就想办法进行增压保护。以前活塞式飞机的解决办法是给乘员穿上抗荷服、戴上氧气面罩，喷气式飞机的飞行高度在7000米以上，所以必须给整个座舱增压，增压的座舱是密封的，所以增压座舱又叫气密座舱。正因为这样，飞机如在飞行中出现机体破损或人为原因打开舱门或应急舱门的情况，就会出现机内乘客或物品被吸入天空甚至机体爆炸解体的现象。所以乘客乘机时千万不要因为好奇或情绪等原因触动飞机应急舱门手柄，以防造成不必要的损失和危险。

3. 空调系统

此系统用于保证座舱内的温度、湿度和二氧化碳浓度，以保障舒适安全的飞行环境。它由加热、通风、去湿等部分组成，循环供应。

六、防冰排雨系统

1. 飞机防冰

在结冰的气象条件下飞行的飞机，若无防冰措施，飞机的所有迎风面都可能结冰。飞机结冰后，不仅增加了飞机的重量，而且破坏了飞机的气动外形，因而阻力增加，使飞机操纵性能下降，传感器的结冰则会导致信号失真和指示失常。飞机结冰对飞行性能的影响很大，严重时将会导致坠机事故发生。

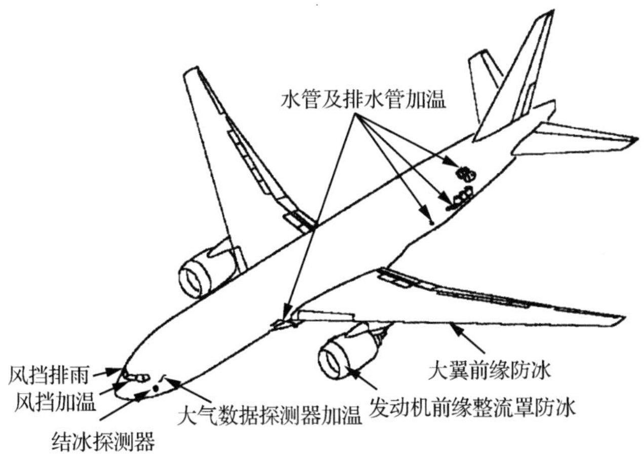

图2.55 民航客机防冰排雨系统

飞机上的主要防冰区域有机翼、尾翼、发动机进气道、螺旋桨、风挡玻璃和测温、测压探头。根据这些部位的不同和防冰所需能量的大小，对不同区域有不同的防冰方法。根据防冰所采用能量形式的不同，可分成机械除冰系统、液体防冰系统、热空气防冰系统和电热防冰系统。

飞机防冰、除冰有以下几种方法。

（1）机械除冰方法，就是利用气动力使冰破碎，然后借助高速气流将冰吹掉。

（2）电脉冲除冰是一种高效节能的除冰方法，它由供电装置（变压整流器及电容式储能器组成的脉冲发生器）、程序器和感应器等几部分组成。电热冰刀首先将冰分割成小块冰块，脉冲发生器产生电脉冲，它作用在感应器上，使蒙皮产生作用时间很短的脉冲，并产生小振幅高频率振动，使冰脱落，这样很快可将冰除去。

（3）液体防冰是一种物理防冰方法，它的基本原理是借助某种液体减小冰在飞机上的表面附着力，或降低水在飞机防冰表面的冻结温度。液体防冰系统可以连续地或周期地向防冰表面喷射工作液体，这要求工作液体具有凝结温度低，与水混合性能好，与防冰表面附着力强，对防冰表面没有化学腐蚀作用，无毒，以及防火性能好等特点。

（4）热空气防冰系统的热源充足，能量大，通常用于机翼和尾翼的大面积防冰。热空气防冰系统的来源主要有如下三种类型：

①发动机压气机引气。现代民航客机多采用涡扇发动机压气机的引气直接用于大翼或水平安定面前缘、发动机整流罩的热防冰。

②发动机排气热交换器。在活塞发动机飞机上采用发动机排气热交换器产生热空气，热交换器的热气流是发动机的废燃气，冷气流来自外界大气。大气流经热交换器被加热后送入防冰系统作为加温热空气。

③燃烧加温器。在有些早期飞机上采用专门的燃烧加温器提供防冰热空气。燃烧加温器通过燃油的燃烧加热，外界空气流过燃烧加温器后被加热，然后被输送到防冰系统。

（5）电热防冰是通过向加温元件通电而产生热量进行加温的。电热防冰主要用于小部件、小面积的防冰。现代飞机上的空速管、迎角探测器、总温探头、水管、驾驶舱风挡多采用电热防冰。探头加温有的不能在地面进行，有的可通过空地感应电门进行功率转换，即在地面时进行小功率加温，在空中可进行正常加温。

2. 防雨装置

飞机防雨主要是防止雨水在风挡玻璃上聚集，因为这会影响驾驶员的视线。中小型飞机采用和汽车同样的雨刷来刷去雨水，只不过这种雨刷要承担更大的速度和空气动力载荷，功率更大。大型飞机多使用化学液体喷洒在风挡上，这种防雨液的作用是使雨水聚积成球状，不在玻璃上依附，然后被吹走，因而不影响视线。这种方法只有在雨水较大能把风挡玻璃湿透时才能使用，在雨水较小时，防雨液可能会黏在玻璃上，清洗较困难。也有的飞机从发动机引来热气吹在风挡外面来防雨。

第四节 飞机的设计和生产

一、飞机设计

设计飞机首先要求根据飞机的具体用途，对性能指标和技术要求进行可行性验证。民用飞机的设计指标和技术要求包括任务、装载量、乘客载量、速度、航程、经济性和寿命等。

飞机设计的过程大致包括总体设计、打样设计和工作设计等三个步骤。

1. 总体设计

又称方案设计，主要内容是制定飞机的总体方案，首先给出飞机的三面图和总体部位图，具体工作内容包括：选定发动机及其他机载设备；选定飞机各主要部件的大致构造形式；选定主要工作系统的形式；进行飞机的初步性能估算和稳定性、操纵性估算；进行各主要部件的强度计算。在总体设计过程中，还要伴随大量的风洞试验，最后才能把飞机的总体布局确定下来。

2. 打样设计

又称预备设计，主要任务是在全面开展工作设计之前，深入地检查总体设计中所存在的问题。在这个阶段要制作和真飞机尺寸相同的木质样机。样机的作用是：把所设计的飞机具体化，显示其全貌；供给各部件设计组进行协调工作；供试飞员熟悉新飞机和机舱设备。

3. 工作设计

又称详细设计，主要任务是根据确定的方案和打样设计的结果，完成零件制造和部件、系统、全机装配的工作图纸和生产验收的技术文件。

二、计算机辅助设计和制造

20 世纪 70 年代以来，在航空工业部门逐步形成了完整的计算机辅助设计和制造（CAD/CAM）系统，这种系统利用数据库和网络通道直接传输飞行器有关数字信息，可以把设计和制造过程紧密联系起来，使飞行器设计制造发生重大变革。CAD/CAM 的主要设备有计算机、图形显示工作站、数据库和数据设备等。

计算机辅助设计的工作过程是首先由设计人员提出设计方案的设想，并将设计参数和图形等初始信息输入计算机，计算机按给定的程序进行分析计算，通过显示装置给出结果。若设计人员对结果不满意，可以用光笔在显示屏上修改，直到满意为止，最后设计结果由计算机控制的各种设备制成各种图纸和控制带。进入制造阶段后，CAD/CAM 系统能够运用已有的设计信息设计零件的制造工艺过程，设计成形、加工、装配和检验的全套工艺装备，并快速生成数控加工和数控测量的控制带，这样就能减少工艺准备时间，并达到较好的互换协调要求。

三、试验

在航空产品的研制过程中，需要对新设计的整机、部件、系统进行大量的综合性试验，通过试验可以比较逼真地检验产品是否达到了预期的设计要求。

1. 风洞试验

风洞是空气动力学研究试验中使用最广泛的工具，通过风洞试验来确定飞行器的气动布局并评估其飞行性能。

2. 结构试验

也称强度试验，目的是验证飞机结构部件在载荷和环境条件下的状态和耐受能力。按试验内容不同，又分为静力试验、动力试验、疲劳试验和热强度试验等。

3. 推进系统地面台架试验和高空模拟试验

是将发动机安装在地面台架上，进行性能、结构强度、循环寿命和环境适应性等一系列内容的试验。

4. 环境试验

目的是检查飞机、发动机及其附件、设备在各种使用条件下的工作性能，包括在寒冷和炎热地带、高原地区、海上空域的试飞，发动机在高温和低温条件下的启动试验，结冰和防冰、雷击、腐蚀敏感性、电子设备的抗干扰能力等方面的试验。

5. 工作系统试验

目的是检验飞机各系统（液压、冷气、氧气等）的畅通性、严密性以及运行工作参数是否正常。

6. 飞行试验

飞机在真实的飞行环境条件下进行的各种试验，简称飞机试飞。飞机试飞的目的是验证理论和地面试验的结果，鉴定设计指标、适航性和使用性能。飞机的设计和地面试验都是在理论假设和非全面模拟条件下进行的，需要通过空中试飞来验证。

四、试制

工作设计完成之后即可制造第一批试验用飞机，叫原型机，制造原型机的数量根据采用新技术多少、费用和进度等多种因素确定，至少 3~4 架，多时达 10~20 架，其中 1~2 架用于强度和疲劳试验，其余用于试飞。

五、生产

飞机机体的制造要经过工艺装备制造、毛坯的制备、零件加工、部件装配、总装配和检测等一系列工序。

图 2.56　波音飞机总装车间

六、发展与改型

飞机的研制周期很长，一般都在 5 年以上，而寿命期更是长得多。科学技术不断发展，如发动机的推力不断加大、耗油率不断下降，航空电子技术在迅猛发展，这些都为飞机在服役期间通过改进、改型提高性能创造了有利条件，而飞机自身也必须适应形势发展，不断改进改型。

七、飞机的使用和维护

飞机的使用，特别是大型运输机，涉及生命财产安全，因此需要一系列地面保障设施和多种安全措施，其中最主要的有机场和空中交通管制设施。

1. 机场

机场是可供飞机起降、滑行、停放的场地和有关建筑物和设施的总称，其中规模较大的可称为航空港。商业航空民用机场由飞行区、客货运输服务区和机务维修区组成。

2. 空中交通管制

飞机在天空中飞行，必须接受严格的管理与控制，这样才能保证飞行安全。

3. 飞行训练与模拟技术

民用航空业的发展需要大量高水平的飞行员、地面机务人员和乘务人员。传统的培养飞行人员的方式都是用教练机实飞。20 世纪 60 年代以来，飞行模拟技术日趋完善，培养飞行员越来越多地使用飞行训练模拟器。飞行训练模拟器主要由座舱（内部设置与飞机完全相同）、计算机系统、视景、音响、仪表、操纵、运动系统及综合教学设备组成。飞行员在座舱内能观察和体验飞行中的种种现象和感觉。座舱有固定基座和活动基座两种形式，活动基座的座舱由运动系统带动，随飞行员的操纵做各种动作，给飞行员以加速度变化的感觉。由于飞行模拟器具有安全、可靠、节能等优点，不受气象、时间、地点的限制，因此能大大降低成本，节约资金，缩短训练周期，提高训练质量。

图 2.57　飞行模拟器座舱和真飞机驾驶舱一样

4. 飞机维修

维修的任务是依据有关适航文件、机型维修大纲和维修方案的规定，由合格的机务人员以被认可的维修手段对飞机进行检查、修理、改装、校准以及功能测试，使其保持或恢复飞机固有的适航性能和可靠性。维修质量的好坏和工作效率的高低对飞机安全和航空企业的效益起着举足轻重的作用。

在航空器维修计划中把维修工作分为航线维护、低级维修、高级维修三类，每一类都有相应的维修设施。

1）航线维护

航线维护也称为低级维修，包括：

①航行前维护：每天执行飞行任务前的维护工作。

②过站（短停）维护：每次执行完一个飞行任务后，并准备再次投入下一个飞行任务前，在机场短暂停留期间进行的维护工作。

过站维护主要是检查飞机外观和飞机的技术状态，调节有关参数，排除故障，添加各类工作介质（如润滑油、轮胎充气等），在符合安全标准的前提下，适当保留无法排除并对安全不构成影响的故障，确保飞机执行下一个飞行任务。

③航行后维护：也叫过夜检查，每天执行完飞行任务后的维护工作，一般在飞机所在基地完成，排除空、地勤人员反映的运行故障，彻底排除每日飞行任务中按相关安全标准保留的故障项目，并做飞机内外的清洁工作。

航线维护是在航站完成，一般只需要简单的检测仪器对部件进行维护或拆换。现代飞机在设计中将很多零部件设计成航线可拆换件（LRU），就是为了在这些部件有故障时可在航站上迅速拆换，排除故障。

2）初级维护

指低级的定期维护。

这种检查要在维修基地进行，飞机都要进入机库，因此机库是初级维修的必要设施。机库首先要有足够的面积停放飞机，还需要相应的工作平台、机械设备和检修设备。

3）高级维修

属于高级维修的是中检和D检。中检的间隔时间以年来计算，内容包括结构检查、客舱更新，停场时间在10天以上。D检是飞机最高级别的检修，间隔时间在20000飞行小时以上。D检除包括前面级别的各种维修项目之外，还要对发动机进行大修、系统结构的深入检查及改装等。进行高级维修除需要机库外，还要有相应的各种车间，如发动机车间、无线电仪表车间、必要的航材库、发动机试车台等。机库内还应有一定的总装区，以保证维修后的零部件的放置和安装。D检后的飞机都要进行试飞，为此还应有试飞的部门和设施。

在20世纪60年代之后，随着以可靠性为中心的维修理论的出现，维修技术的范围已经由原来的拆卸检查、零部件翻修，扩展到对整个航空器的性能和系统进行监控和检查。在防止影响飞行安全的事故的前提下，尽量减少部件的拆装检查，维修技术的重点也转移到检查和监控技术上来。

随着航空计算机技术、通信技术、现代化管理的发展，整个生产活动进入了信息时代。航空维修也必然随之有很大的变化，维修业随着新技术、新材料、新工艺的应用和新系统、新设计、新产品的出现，将会不可避免地出现革命性的变化。新的飞机在整个系统内实行了计算机的监控和管理，由于电子设备的高度综合，维修工作面对的不再是过去的单个系统，而是需要从航空器的整体系统来考虑、处理问题。因此维修的故障诊断和隔离以及排除都要从全局考虑。维修专家系统的发展将帮助维修人员诊断故障，采取最优方案，这会使维修工作效率更高，同时也会带来维修机构组织的巨大变化。

思考题：

1. 飞机机体的主要组成部件有哪些？
2. 简述机翼的平面形状和特点。
3. 简述尾翼的作用。
4. 简述起落架的配置形式和特点。
5. 飞机的发动机的种类有哪些？
6. 简述往复式活塞发动机的工作原理。
7. 简述空气喷气发动机的工作原理。
8. 涡轮喷气发动机主要组成部件有哪些？
9. 燃气涡轮喷气发动机辅助系统有哪些？
10. 飞机的主要机电仪表有哪些？
11. 简述不同高度的定义。
12. 简述液压传动的原理。
13. 简述气压系统的种类和特点。
14. 飞机座舱环境控制系统的种类有哪些？
15. 飞机防冰、除冰的方法有哪些？

第三章　飞机飞行原理

第一节　大气的基本性质

不论是轻于空气的飞行器还是重于空气的飞行器，都要在大气层中飞行。航天器在发射和返回地球时，也要通过大气层。大气层包围着地球，并随地球旋转着，从地面以上，随着高度的增加，大气密度、压力、温度和声速也在变化着。大气这些物理性质的变化，首先直接影响飞行器的空气动力性能，大约在 50~100 千米的高度上，空气升力就基本上消失；其次，气象是与大气运动直接有关的十分复杂的现象，在高度 32 千米以下与飞行有着密切的联系；再者，飞行器发动机的工作状况也受大气的影响，特别是空气密度随着高度的增加而减小，发动机功率会相应减小并产生其他方面的变化；最后，飞行高度愈高，周围环境与地面的差异也愈大，对人体的影响也愈大。为了保证飞行器中乘员的生命安全及正常的生存条件，有必要创造一个适合人体需要的舱内环境。基于上述原因，我们在研究空气动力学和飞行器时，要先对空气的基本性质和大气的状况有所了解。

一、大气的结构和气象要素

在讨论大气中的气象现象及天气过程时，可将大气看作一种混合物，它由三个部分组成：干洁空气、水汽和大气杂质。

干洁空气是构成大气的最主要部分，一般意义上所说的空气，就是指这一部分。空气是由不同成分的气体分子所组成的。这些分子不停地、无规则地运动着，分子之间有着很大的自由距离。分子以不同的运动速度向不同方向运动，并且互相碰撞，它们的动能以热能和压力的形式表现出来。空气按体积计算，氮气约占 78%，氧气约占 21%，其余为二氧化碳、氢、氩、氖、氦等气体。

在构成空气的多种成分中，对天气影响较大的是二氧化碳和臭氧。二氧化碳对地球具有温室效应的作用。臭氧能强烈吸收太阳紫外线，臭氧层通过吸收太阳紫外辐射而增温，改变了大气温度的垂直分布，同时，也使地球生物免受了过多紫外线的照射。

地表和潮湿物体表面的水分蒸发进入大气就形成了大气中的水汽。大气中的水汽

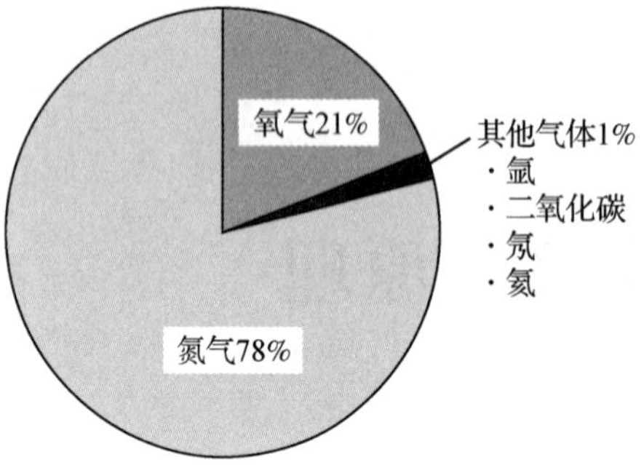

图 3.1　空气的成分

含量平均约占整个大气体积的0%~5%左右，并随着高度的增加而逐渐减少。

水汽是成云致雨的物质基础，因此大多数复杂天气都出现在中低空，高空天气往往很晴朗。水汽随大气运动而运动，并可在一定条件下发生状态变化，即气态、液态和固态之间的相互转换。

大气杂质又称为气溶胶粒子，是指悬浮于大气中的固体微粒或水汽凝结物。固体微粒包括烟粒、盐粒、尘粒等。烟粒主要来源于物质燃烧，盐粒主要是溅入空中的海水蒸发后留下的盐核，而尘粒则是被风吹起的土壤微粒和火山喷发后在空中留下的尘埃。水汽凝结物包括大气中的水滴和冰粒。在一定的天气条件下，大气杂质常聚集在一起，形成各种天气现象，如云、雾、雨、雪、风沙等，它们使大气透明度变差，并能吸收、散射和反射地面和太阳辐射，影响大气的温度。

为了描述大气状态的变化，引入了气温、气压、湿度、能见度和风、云等基本气象要素。

1. 气温的概念

气温是指空气的冷暖程度。空气冷热程度的实质是空气分子平均动能大小的表现。当空气获得热量时，它的分子平均动能增加，气温也就升高；反之则为减小，气温随之降低。所以，气温的高低，反映了空气分子平均动能的大小。

气温通常用三种温度来量度，即摄氏温度（℃）、华氏温度（℉）和绝对温度（K）。摄氏温度将标准状况下纯水的冰点定为0℃，沸点定为100℃，其间分为100等分，每一等分为1℃。华氏温度是将纯水的冰点定为32 ℉，沸点定为212 ℉，其间分为180等分，每一等分为1 ℉，可见1℃与1 ℉是不相等的。将摄氏度换算为华氏度的关系式为：

$$℉ = 9/5℃ + 32 \tag{3.1}$$

$$℃ = 5/9(℉ - 32) \tag{3.2}$$

在理论计算中，常使用绝对温度的概念。当空气分子停止不规则的热运动时，即分子的运动速度为零时，我们把此时的温度作为绝对温度的零度。绝对温度用开氏度（K）表示，绝对温度的零度相当于-273摄氏度。

气温的变化直接影响着飞机的飞行性能，例如当气温升高时，则大气密度必然会减小，空气的压缩性差，使发动机的推力减小；当气温降低时，空气密度加大，自然发动机功率也加大，平飞最大速度也增加。经过试验，气温由+30℃下降到-30℃，发动机功率可以相差45%。

气温的高低还会影响升限。当气温升高后飞行会出现掉高现象，而在降低气温的条件下飞行时，可以增大升限。气温的高低最为主要的是影响着飞机的起飞和着陆。在低气温条件下，空气密度大，飞机增速快，升力也大，起飞滑跑距离要短一些；当气温较高时，空气密度小，发动机功率减小，飞机增速慢，升力也减小，因此需要的起飞滑跑距离要增长。同样的道理，在高气温条件下着陆时，空气密度小、阻力小，飞机减速慢，需要的滑跑距离长，反之则需要的距离短。

此外，气温的高低还影响着飞机的燃油消耗，一般情况下，气温升高，燃油消耗也会增加，气温下降，燃油消耗率也随之下降。

2. 气压

气压就是大气压强，是指任何表面的单位面积上承受空气柱的重量。度量气压的单位为帕斯卡，简称帕，符号是 Pa。另一常用气压单位是毫米水银柱高（mmHg），在气象学上规定，气温为 0℃，纬度为 45°的海平面气压，称作一个大气压，其值为 760 毫米汞柱。该值相当于 1013025 帕。

气压的大小和高度、温度、密度有关，一般情况下随高度的升高而降低。通常在标准条件下高度每升高 11 米，气压降低 1 毫米汞柱，并依此规律来测量飞行高度，因而气压也就成了重要的大气资料。

3. 湿度

湿度是指空气中水汽的含量，即潮湿的程度。湿度通常用绝对湿度、水汽压、比湿、相对湿度和露点温度来表示。

绝对湿度：单位体积中所含水汽的质量。又称水汽密度。

水汽压：潮湿空气中水汽的分压。它是气压的一部分。在温度一定的情况下，单位体积空气中能容纳的水汽量有一定的限度，如果水汽含量达到了这个限度，就是饱和空气。此时的水汽压叫饱和水汽压。

比湿：湿空气中水汽质量和潮湿空气质量之比。即在 1000 克湿空气中含有多少克水汽。

相对温度：为空气中的实际水汽压与同温度的饱和水汽压的百分比。

露点温度：当空气中水汽含量不变且气压一定时，气温降低到使空气达到饱和时的温度称为露点温度，简称露点。

上述数据就是分析天气形势的重要参数，在这些参数中，核心是水汽。水汽由地球表面蒸发而来；水汽进入大气后，在一定条件下，会凝结，产生云、雾、雨、雪等天气现象，从而影响着飞机的飞行。

4. 能见度

能见度是指正常视力者能看清目标轮廓的最大水平距离。能见度分水平和垂直两种。而飞行员在空中报告的能见度并不是垂直观测目标的结果，应该是倾斜能见度。

对于飞行来说，最重要的是在着陆阶段能否看清跑道。因此，在航空气象上还有一种反映沿跑道方向的能见度，即跑道能见度，又称着陆能见度。它是指飞机在下滑着陆过程中飞行员能看清跑道近端的最远距离。观测的地段通常在远距导航台和近距导航台之间。

跑道能见度与跑道的颜色、标志，夜间时跑道灯光亮度、颜色有很大关系。例如红色能看得远一些，紫色就看得近。所以，机场附近建筑物高处都用红色作重要标记，目前已用专门设备来测定跑道能见度。

能见度与飞行活动的关系极为密切，它是机场、驾驶员、飞机和航线最低天气标准的关键内容之一，也就是决定机场是开放还是关闭，是目视飞行还是使用仪表飞行规则的重要依据。所以，能见度是经常影响飞行活动的一个气象要素。

当前，虽然先进的仪表着陆设备能帮助驾驶员在复杂气象条件下进近着陆，但是，完全依靠设备（像仪表着陆系统和精密进近雷达等）使将要接地的飞机准确对准跑道并保持规定高度是比较困难的。特别在接地阶段，需要用目视控制飞机。在起飞时，也要用目视跑道标志和跑道灯来定向和判断高度。总之，飞行离不开能见度这一重要的天气标准。

影响能见度的因素很多，主要的是大气透明度（如云、雾、烟、沙尘及水滴等直接影响着大气的透明状况因素）、目标与背景的亮度对比、夜间的灯光强度等。

5. 风

空气相对于地球表面运动的水平分量，即空气的水平流动，称为风。风是人们最熟悉的一种大气运动形式。风的成因很复杂，有空气受到水平方向的力所作用的地转风，也有自由大气中的空气在曲线运动时的梯度风，还有因地区特点所出现的地方性风（如海陆风、山后风、峡谷风等）。风是一个矢量，既有方向（用0°~360°表示，气象上风向是指风的来向，飞行中的航行风向是指风的去向）又有速率变化（用千米/小时或米/秒表示）。风的存在使飞机的飞行增加了一定的复杂性，它直接影响着起飞、着陆、巡航和油量的消耗。例如，飞机在起飞时必须有逆（顶）风条件，因为逆风可以使地面（跑道）上滑行的飞机获得更大的相对运动速度，只需要较短的滑跑距离就能保证飞机离地升空。相反，顺风起飞，就会增长滑跑距离。

飞机着陆时，同样需要逆风进行，因为飞机着陆接地后，逆风可以增大滑行阻力而缩短滑行距离。相反，在顺风条件下着陆时，将会增加滑行距离，造成冲出跑道的可能。

机场跑道方向是固定的，而风的矢量是经常变化的。因此，实际上起飞、着陆往往是在侧风条件下进行。侧风对起飞、着陆的影响，类似于江河水流对船舶的影响，使飞机偏离跑道，而且侧风角度越大或者风速越大，偏离得越厉害。所以在侧风中根据具体情况做必要的修正，才能保证对准跑道，安全起降。飞行规则中对于不同的飞机，不同的驾驶水平在什么样的条件下可以起降都有明确规定。

6. 云

云是空中水汽的凝结物。云和飞行活动有着非常密切的关系，云的不同形状和变化，既能反映当时大气运动的状态，又能预示未来的天气变化。所以，云的不同形状和变化能指示哪里飞行安全、舒适，哪里是空中险区（如雷雨云）不能穿越。有经验的飞行人员把云称为“空中地形”和“空中的路标”。

1）云的分类

云的分类复杂多样、千变万化，在气象学上云分成三族十二类，各类又有若干种。我们只做简要介绍，例如，按高度不同可分为低云、中云、高云三种；按云的形态又可分成积状云、层状云和波状云。积状云是由空气对流运动而形成的，所以又叫对流云。因对流的强弱不同，就有淡积云、浓积云和积雨云的差别。层状云是由大范围的空气做缓慢上升运动而形成的。云底最高、厚度最薄的是卷云和卷层云，其次是高层云，云底最低、厚度最厚的是雨层云。波状云是由空气波动和扰动（起因于山地和空中逆温层）而形成的。波状云的厚度较薄，按出现的不同高度，可分为卷积云、高积云、层积云和层云四种。

2）云量

云量是指云遮蔽天空的程度。观测时，把天空划为 10 等份，其中云遮蔽了几份，云量就是几成，例如满天云（不见阳光时，云量为 10°，天空中无云时为 0°）。在飞机上观测云量时有所差别，在云上飞行，向下观测云量时，是以云遮蔽地面的程度来表示的，但由于观测的位置和地面不同，而且飞机又在运动中，所以，地面和空中观测的结果不一定一致。

3）云高

通常云高应分为云的底部高度和云的顶部高度。测定云底高的目的是确定飞机出云飞行的高度，这是驾驶操纵飞机穿云着陆的基本天气条件，也是一项重要的飞行标准。而云顶高是为了避免不能飞越某云形时，决定爬升、绕飞或返航的依据。云高可通过地面测量、空中观测及机载雷达等方法测定。

云对飞行的影响有以下几点。

（1）低云妨碍飞机的起飞、着陆。当云底高很低、能见度很差时，飞行将被迫停止，机场关闭。

（2）云中飞行可能出现颠簸。各种升、降气流都有可能产生或强或弱的颠簸，强烈的颠簸还会威胁飞行安全。

（3）云中飞行还可能造成飞机积冰。通常由云中的过冷水滴在飞机表面冻结而成冰层，严重的结冰会影响飞行安全。

（4）云中飞行还会产生错觉。云中飞行时看不见习惯于掌握飞机姿态的“天地线”。当云中明暗不一时会误认为飞机姿态的问题，以习惯来控制飞机，就出现了错觉。

一般而言，很多云虽有影响，仍能继续飞行，但是，特别要注意浓积云和积雨云。浓积云个体高大，底部为黑色，有时有阵雨。在浓积云中能见度很差，有强烈的颠簸，还会遇到中度到强度结冰。所以，浓积云对飞行危害较大，不能进入该云中飞行；积雨云是最复杂的一种云，云中有强烈颠簸和积冰，它常常带来雷电、大风、暴雨和冰雹等灾害。航空史上已发生了多次飞行事故，有的还是重大飞行事故。所以，积雨云是“空中禁区”，千万不能入云，而且也不要离云体太近（距云体1000米内都会有强烈的颠簸），更不能在云下起飞、着陆。还有龙卷云，俗称漏斗云，是由于积雨云中产生强烈的漩涡往下伸展而形成的。它有时挂在半空，有时伸到地面或水面。龙卷云的风速可达100米/秒，面积不大而破坏性很强，它可以把大树连根拔起，把大物件吸到空中，飞行中必须避开龙卷云，以免发生危险。

7. 降水

降水是云雾中的水滴或冰晶降到地面的现象。降水通常指雨、雪、冰、雹等。降水的性质取决于大气温度，当云中气温在0℃以上，下雨时一般为毛毛细雨；云中温度低于0℃，而云下温度高于0℃时，则降的是冰晶；当云中和云下气温都在0℃以下时，就会下雪；在遇到强烈发展的积雨云时，就可能降下冰雹。人们把雨称作液态降水，把雪和冰雹叫固态降水。

降水对飞行的影响有以下几点。

（1）降水使能见度减小。降水对飞行能见度的影响更为明显，这是因为雨水打在飞机座舱玻璃上，形成的水膜折射光线（夜间水膜会引起光晕）将使能见度变坏，降水越大，对飞行影响也就越大。

（2）过冷雨滴会造成飞机结冰。大气温度在0℃以下，雨滴打在飞机上，会产生积冰。飞行中遇到这种情况时，除正常的防冰、除冰外，也可改变飞行高度脱离积冰层飞行。

（3）低空降水产生的碎雨云，直接影响着飞机的起飞、着陆。

（4）降水影响了跑道的正常使用。不管是何种降水，都会改变两类滑行阶段的摩擦系数，增长滑跑距离。跑道可分为干跑道和湿跑道两类，干跑道属于正常起降，而湿跑道则要分下面四种情况。

①湿跑道——虽经降水但并无积水时，可以正常起降。

②积水跑道——因降水太大或道面排水不良引起跑道积水时，飞机轮胎与道面间有一层极薄的水膜，使摩擦力显著减小，滑跑距离增大，造成所谓的“滑水”现象。此时，飞机极易改变滑行方向，甚至冲出跑道，喷气发动机的客机更要引起注意。

③结冰跑道——跑道结冰后，摩擦系数被改变了，不仅延长了滑跑距离，而且滑行方向也不好掌握。

④积雪跑道——积雪和积水相似，但要分干雪、湿雪和融雪。积雪不能起飞，也不能着陆。所以，要尽快除雪，否则须到备降场降落。所有积水、结冰和积雪天气都是不良天气。

二、大气飞行环境

根据不同气象条件和气温变化等特征，可以把大气分成若干层。如以气温变化为基础，则可将整个大气分为对流层、平流层（同温层）、中间层、电离层和散逸层等五层，如图 3.2 所示。

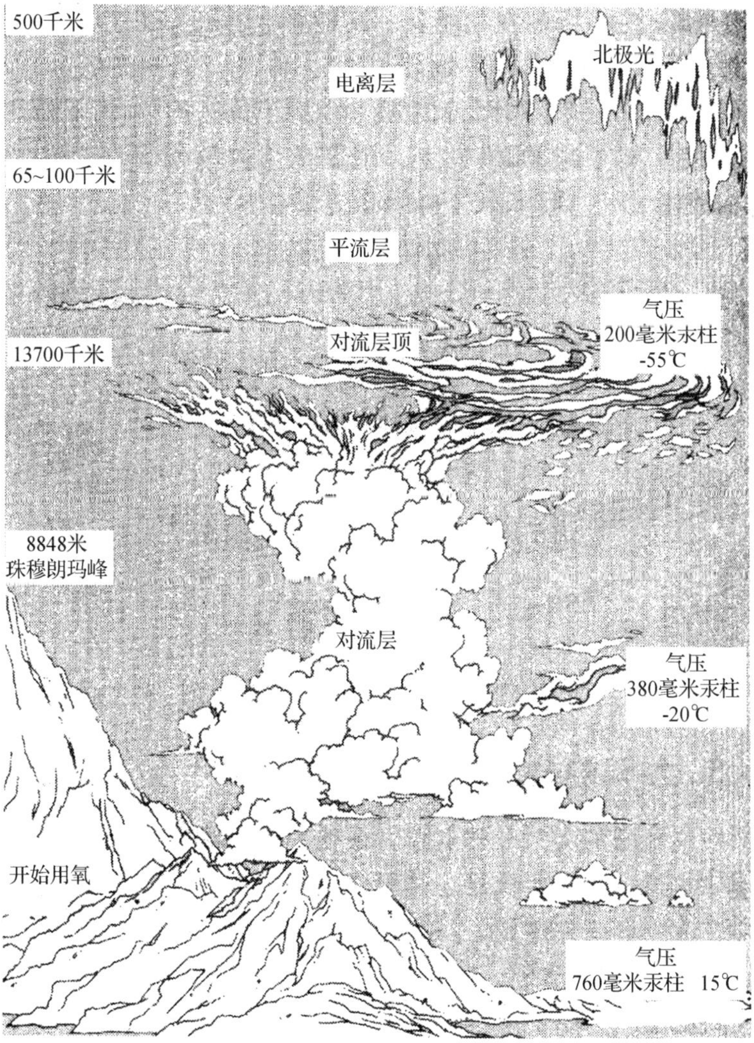

图 3.2 大气分层示意图

1. 对流层

对流层是接近地球表面的一层，它的底界是地面，顶界则随纬度、季节等情况而变化。根据观测，对流层顶的高度，就纬度而言，在赤道地区平均为17~18千米，在中纬度地区平均为10~12千米，在南、北极地区平均为8~9千米。例如在广州地区，对流层层顶平均高约16千米，而在东北地区降低为10千米左右。就季节而言，对流层顶高夏季高于冬季。

对流层有以下几个特点。

1）气温随高度升高而降低

在对流层中，空气受热的直接来源不是太阳，而是地面。太阳放射出的能量大部分被地面吸收，空气是被太阳晒热的地面而烤热的，所以越临近地面，空气温度就越高。

2）风向、风速经常变化

由于太阳对地面照射情况不一，加之地形地貌不同，因而地面各地区空气气温和密度均不同，气压也不相等。即使同一地区，气温、气压也常会发生变化，使大气产生对流现象，形成风，风向、风速也会经常改变。

3）空气上下对流激烈

地面各处的温度不同，受热多的空气因膨胀而上升，受热少的空气因冷却而下降，就形成空气上下对流。

4）有云、雨、雾、雪等天气现象

海、江、河的水由于太阳照射而不断蒸发，使大气中常常聚集着各种形态的水蒸气，这就有了雨、雪、雾和冰雹等气象现象。由于对流层具有上述特点，所以会给飞行带来很大影响。例如，在高空飞行时，气温低，容易引起飞机结冰，温度变化还会引起飞机各金属部件收缩，改变机件间隙，甚至影响飞机正常工作。上下对流空气会使飞机颠簸，既不便于操纵，又使飞机受力增大。因此工程机务人员应善于根据天气和温度变化特点，做好飞机维护工作，保证飞行安全。

2. 平流层

平流层位于对流层顶的上面，其顶界由地面向上伸展到35~40千米。由于这一层受地球表面影响较小，所以气温基本上保持不变，大约为-56.51℃，故又称同温层。平流层中几乎没有水蒸气，所以没有雪、雾、云等气象现象，且空气比较稀薄，风向稳定，空气主要是水平流动。

3. 中间层

中间层从50~55千米伸展到80~100千米，这一层的特点是：随着高度的增加，气温下降，空气在铅垂方向有相当强烈的运动，这一层顶部的气温可低至-43℃~-33℃。中间层空气非常稀薄，质量只占大气质量的三千分之一。

4. 电离层

电离层位于中间层以上，上界离地面约800千米，其特点是，高度升高，气温迅速上升，并且空气具有很大的导电性，故称电离层。由于温度较高，又称暖层。

5. 散逸层

这是大气的最外层，该层内常有一些气体向星际空间散逸，故称散逸层，据科学推算，散逸层离地球表面约2000~3000千米。

在了解了大气层的构造以后，再归纳一下气温、气压和密度随高度变化的规律。在对流层内，随着高度的增加，气温随之降低；在平流层内，随着高度的增加，起初气温保持在-56.5℃，到20~30千米高度之后，气温升高很快，到了平流层顶，气温升至0℃~20℃，飞机的飞行活动大多在这个高度内。

三、国际标准大气

飞机的飞行性能与大气状态的主要参数——气温、气压和密度有密切关系。但是，这些参数随着地理位置、季节、每天的时刻、高度和气象条件的不同而变化着。因而，随着大气状态的改变，飞机的空气动力和飞行性能也要改变。为了比较飞机的飞行性能，就必须有统一的大气状态作为衡量的标准。在设计飞机、发动机和仪表时，要按标准大气的物理参数来计算性能；在试验和试飞时，也要把结果按标准大气进行换算，才能互相比较。因此，通过大量的测量数据，确定一个大气的温度、密度、压力、声速等参数的平均值，以及这些参数随高度变化的规律，这就叫国际标准大气。国际标准大气用简化方式近似地表示大气温度、密度、压力、声速等参数的平均铅垂分。按照上述公式算出来的大气参数沿高度的变化，列成表格，称为国际标准大气表。

国际标准规定，以海平面的高度为零。在海平面，空气的标准状态为：

气　　压：760毫米汞柱

气　　温：15℃

声　　速：341米/秒

空气密度：1.225千克/立方米

国际标准大气的数值，见表3-1。

表 3-1　国际标准大气简表

高度 H/m	温度 T/K	压力 p/Pa	密度 ρ/（kg/m³）	声速 a/（m/s）	动力黏度 μ/（$\times 10^5$Pa·s）
0	288. 150	101325	1. 2250	340. 29	1. 7894
1000	281. 651	89876	1. 1117	336. 43	1. 7579
2000	275. 154	79501	1. 0066	332. 53	1. 7260
3000	268. 659	70121	0. 90925	328. 58	1. 6938
4000	262. 166	61660	0. 81935	324. 59	1. 6612
5000	255. 676	54048	0. 73643	320. 55	1. 6282
6000	249. 187	47217	0. 66011	316. 45	1. 5949
7000	242. 700	41105	0. 59002	312. 31	1. 5612
8000	236. 215	35651	0. 52579	308. 11	1. 5271
9000	229. 733	30800	0. 46706	303. 85	1. 4926
10000	223. 252	26499	0. 41351	299. 53	1. 4577
11000	216. 774	22699	0. 36480	295. 15	1. 4223
12000	216. 650	19399	0. 31194	295. 07	1. 4216
13000	216. 650	16579	0. 26660	295. 07	1. 4216
14000	216. 650	14170	0. 22786	295. 07	1. 4216
15000	216. 650	12111	0. 19476	295. 07	1. 4216
16000	216. 650	10352	0. 16647	295. 07	1. 4216
17000	216. 650	8849. 7	0. 14230	295. 07	1. 4216
18000	216. 650	7565. 2	0. 12165	295. 07	1. 4216
19000	216. 650	6467. 4	0. 10400	295. 07	1. 4216
20000	216. 650	5529. 3	0. 088910	295. 07	1. 4216
21000	217. 581	4728. 9	0. 075715	295. 70	1. 4267
22000	218. 574	4047. 5	0. 064510	296. 38	1. 4322
23000	219. 567	3466. 8	0. 055006	297. 05	1. 4376
24000	220. 560	2971. 7	0. 046938	297. 72	1. 4430
25000	221. 552	2549. 2	0. 040084	298. 39	1. 4484
26000	222. 544	2188. 3	0. 034257	299. 06	1. 4538
27000	223. 536	1879. 9	0. 029298	299. 72	1. 4592
28000	224. 527	1616. 1	0. 025076	300. 39	1. 4646
29000	225. 518	1390. 4	0. 021478	301. 05	1. 4699
30000	26. 509	1197. 0	0. 018410	301. 71	1. 4753

第二节 流体连续性定理和伯努利定理

一、流动的基本概念

1. 流体和连续性假设

流体是气体和液体的统称。气体和液体的共同点是不能保持一定形状，具有流动性；而其不同点表现在液体具有一定的体积，几乎不可压缩，而气体可以压缩。当所研究的问题并不涉及压缩性时，所建立的流动规律，既适合于液体也适合于气体，通常称为流体力学规律，此时通常不明确区分气体和液体而泛称为流体。当考虑到压缩性时，气体和液体就必须分别处理。空气是由分子构成，当飞行器在这种空气介质中运动时，由于飞行器的外形尺寸远远大于空气分子的自由行程，故在研究飞行器和大气之间的相对运动时，空气分子之间的距离完全可以忽略不计，即把空气看成是连续的介质。这就是空气动力学研究中常说的连续性假设。随着海拔高度的增加，空气的密度越来越小，空气分子的自由行程越来越大。当飞行器在 40 千米以下高度飞行时，可以认为是在稠密大气层内飞行，这时空气可看成连续的；在 120～150 千米高度上，空气分子的自由行程大约与飞行器的外形尺寸在同一个量级范围之内；在 200 千米高度以上，气体分子的自由行程有好几千米。在这种情况下，大气就不能看成是连续介质了。

2. 流场的概念

1）流场

我们把流体所占据的空间称为流场。用以表征流体特性的物理量如速度、温度、压强、密度等，称为流体的运动参数。所以流场又是分布上述运动参数的场。

2）流线

流线是流场中某一瞬时的一条空间曲线，在该线上各点的流体质点所具有的速度方向与曲线在该点的切线方向重合，如图 3.3（a）所示。流线不能相交也不能折转。因为空间每一点只能有一个速度

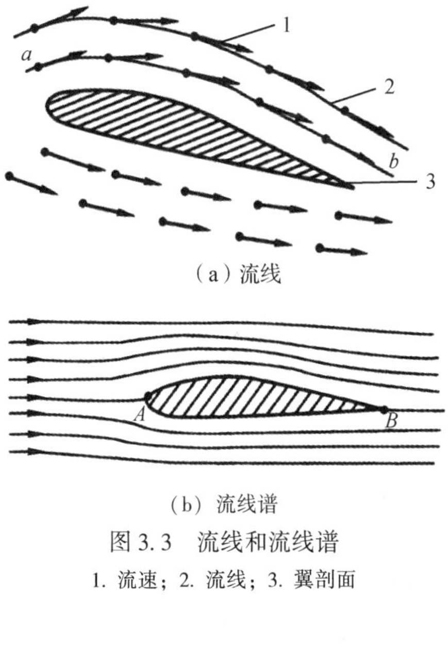

图 3.3 流线和流线谱

1. 流速；2. 流线；3. 翼剖面

方向，所以不能有两条流线同时通过同一点。但有几种情况例外：

（1）在速度为零的点上，如图 3.3（b）中的 A 点，通常称 A 点为驻点；

（2）流线相切，如图 3.3（b）中 B 点，上下两股速度不等的流体在 B 点相切。

流场中的每一点都有流线通过。由这些流线构成流场的总体称为流线谱，简称流谱，如图 3.3（b）所示。

3）流管和流束

在流场中任画一封闭曲线，在该曲线上每一点做流线，由这许多流线所围成的管状曲面称为流管，如图 3.4 所示。由于流管表面是由流线所围成，而流线不能相交，因此流体不能穿出或穿入流管表面。这样，流管就好像刚体管壁一样把流体运动局限在流管之内或流管之外。在稳定流时流管好像真实管子一样。充满在流管内的流体，称为流束。

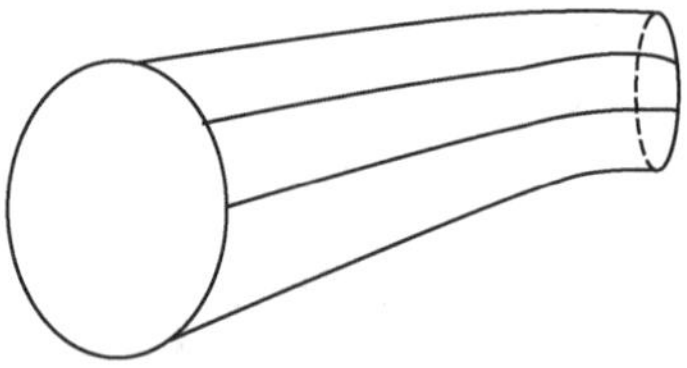

图 3.4　流管

二、运动的转换

在空气动力学中，为了简化理论和试验研究，广泛采用运动的转换原理。运动的转换原理，是根据伽利略所确定的运动的相对原理而建立的。相对原理，即如果在一个运动的物体系上附加上一个任意的等速直线运动，则此附加的等速直线运动并不破坏原来运动的物体系中各物体之间的相对运动，也不改变各物体所受的力。

（a）空气静止　飞机运动

（b）空气运动　飞机静止

图 3.5　运动的转换

利用运动的转换原理，使问题的研究大为简化。假设飞机以速度 v 在静止空气中运动，如图 3.5 所示，根据相对原理，可以给该物体系（飞机与周围空气）加上一个与速度 v 大小相等、方向相反的速度，这样得到的运动是飞机静止不动，无穷远处气流以

速度 v 流向飞机。这两种情况下，空气作用在飞机上的力是完全相同的，这就是运动的转换原理。也就是说，空气作用在飞机上的力，并不取决于空气或物体的绝对速度，而取决于二者之间的相对运动。在风洞试验时，为了模拟飞行器在天空中的飞行情况，可以让模型固定不动，让气流吹过，这样就大大简化了试验技术。

三、低速流动的基本规律

飞机同气球、飞艇升空的原理不同。气球、飞艇比空气轻，完全依靠空气静力（浮力）而升空。飞机飞行则不然，飞机比空气重，它必须以相当大的速度造成与空气之间的相对运动，来取得在空中支托的空气动力。没有相对运动，就没有空气动力，飞机也就不可能在空中飞行。

飞机之所以能在空中飞行，是因为有一股力量克服了它的重量，把它托举在空中，现代飞机重达二三百吨，难道空气竟有那么大力量吗？实践证明事实就是这样。当空气流动的时候就形成风，风作用在物体上就会产生力量。这个力可能很大。例如飓风可以连根拔起合抱的大树，在海洋上掀起滔天的巨浪。就是当你迎着不大的风骑自行车时，也会感到吃力。无风的时候，乘敞篷汽车奔驰，同样会感到有空气的力量作用在身上。由此可见，无论是空气流过静止的物体，或者是物体在静止的空气中运动，就是说只要有了相对运动，就会在物体上产生力，这个力就叫空气动力。

飞机靠机翼上产生的升力——空气动力的一部分，支持它在空中飞行。机翼上产生的升力是飞机和空气做相对运动时出现的一种现象。为了弄清这个问题的实质，做出合理的分析，我们有必要先介绍流动的两个基本规律——“连续性定理”和“伯努利定理”（低速流动时，可以近似认为空气不可压缩，即密度保持不变）。

1. 流体连续性定理

由日常生活中的经验可知，河水在河道窄的地方流得快，宽的地方流得慢。山谷里的风经常比开阔平原的风大。这些现象说明流体的流速快慢与过道的宽窄有关：窄的地方流得快，宽的地方流得慢。

我们做一个简单实验。在一个容器中充满流体，把进口和出口的开关同时打开，让流体从容器中经过剖面不等的管道流出来，并保持流体的液面高度不变，这时流体的流动是稳定的。所谓稳定的流动就是流体流动时的物理特性，如速度、密度、压力等，不随时间而变化。按照质量守恒法则，单位时间内流入管道的流体质量，应等于流出管道的流体质量。也就是说在单位时间内，流过管道任何一剖面的流体质量都是相等的。例如，图 3.6 中，单位时间内流过任何一剖面 S_1、S_2 或 S_3 的流体质量都是一样的。否则，流体的质量就会有增有减，不符合质量守恒法则，而且流体的流动也会中断或挤压起来，这就违反了流体连续流动的本性。

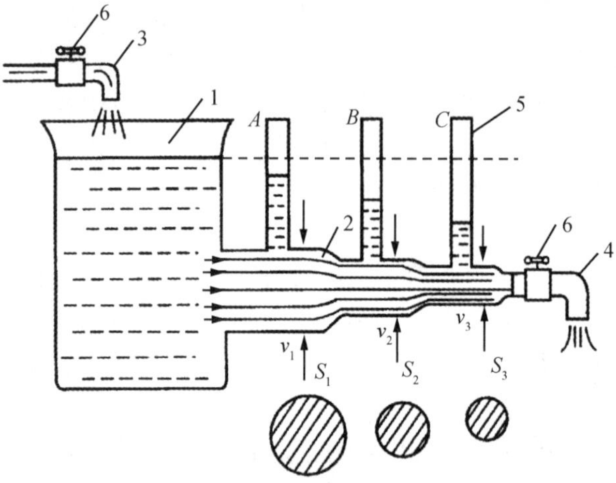

图 3.6 流体连续定理的验证

1. 容器；2. 管道；3. 进口；4. 出口；5. 测压管；6. 开关

上述关系还可用数学式表达出来，现在假定单位时间内流过管道剖面 S_1、S_2、S_3 等处的流体质量为 m_1、m_2、m_3，那么写成方程式是：

$$m_1、m_2、m_3\cdots = 常量(即不变量) \tag{3.3}$$

我们知道，流体在剖面不等的管道内流动的过程中，在单位时间内，流过管道任一切面的流体体积等于流体流过该剖面的速度乘以该剖面面积，再将此值与流体密度相乘，即得出单位时间内流过该剖面的流体质量，即

$$m = \rho SV \tag{3.4}$$

式中 m——流体在单位时间内流过任一切面的质量；

ρ——流体密度；

S——管道剖面面积；

V——流速。

将公式 3.4 代入公式 3.3 中，则得

$$\rho_1 S_1 V_1 = \rho_2 S_2 V_2 = \rho_3 S_3 V_3 = \cdots = 常量 \tag{3.5}$$

这个方程式适用于同一管道的任意剖面上。

如果流过管道的流体速度不快，可以把它看成是不可压缩的，即密度没有变化，上式的 ρ 可以消去，于是：

$$S_1 V_1 = S_2 V_2 = S_3 V_3 = \cdots = 常量 \tag{3.6}$$

公式 3.5 或公式 3.6 叫“连续方程式”。由上式可以得出结论：当流体以稳定的流速在管道中流动时，在管道细的地方（剖面面积小），就流得快些，在管道粗的地方（剖面面积大），就流得慢些，也就是说，流体流速的快慢与管道剖面的大小成反比，这就是流体连续性定理。流体连续性定理是流体很重要的基本规律之一。它是质量守恒法则的一种具体应用。

从图 3.3（b）可以看出，管道中流速的快慢，可用管中流线的稠密程度来表示。凡是流线稠密的地方，表示管道细，流体受到约束，流得快，反之，就流得慢。所谓“流线”，简单地说就是流体的微团流动的路线，如图 3.3（a）中的 2。如果是空气，就是空气的微团（即微小的空气团）流动所经过的路线。

2. 伯努利定理

要深入研究空气动力的产生和变化的规律，仅仅根据连续性定理还是不够的，还必须了解流体流动的另一个重要的基本规律——伯努利定理。

伯努利定理是瑞士物理学家伯努利于 1738 年提出的。这一定理表述了流体在流动中的压力与流速之间的关系。

能量守恒定律是自然界中的另一个基本定律。它告诉我们，能量不会自行消灭，也不会凭空产生，而只能从一种形式转化为另一种形式。伯努利定理便是能量守恒定律在空气动力学中的具体应用。伯努利定理的具体推导过程比较复杂，涉及的物理概念也较多，因此我们在此不做推导，只给出伯努利定理的结论，如图 3.7 所示。

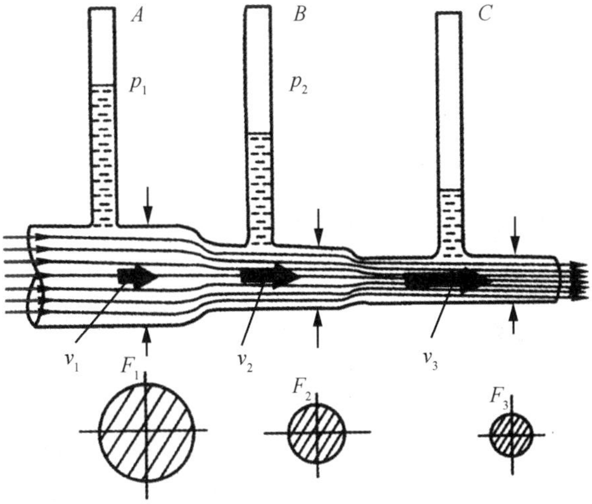

图 3.7　容器和管道中流体的流动

$$P_1 + 1/2\rho v_1^{\ 2} = P_2 + 1/2\rho v_2^{\ 2} = P_0 \tag{3.7}$$

式中 P_1 ——Ⅰ截面的静压；

P_2 ——Ⅱ截面的静压；

$1/2\rho v^2$ ——动压（也称速压）；

P_0 ——总压。

所谓静压，即是气流流动时作用于管壁的压强。动压为气体流动时由流速产生的附加压强，或者说是单位体积流体所携带的动能，它并不作用于管壁上。总压是速度等于0时的静压。

从公式3.7可知，在低速定常流动时，流场中的任一点，气体的静压与动压之和为一常量，且等于其总压，这就是伯努利定理。也可以粗略地说，低速、定常流动时，流速小的地方压强大，而流速大的地方压强小。

同连续性定理一样，伯努利定理的应用也是有条件的，它只适应于低速，即认为密度不变，不适应于高速，并且要求流场中的气体不与外界发生能量交换。

从日常生活中的一些事例，我们也可以观察到空气流速发生变化时，空气压力发生的改变。

例如，向两张纸片中间吹气，两张纸不是彼此离开，而是互相靠拢。这说明两张纸中间的空气流程加快，压力降低。两张纸中间的空气压力小于纸片的大气压力。于是，在压力差作用下，两纸片靠拢。如图3.8所示。

又如，靠得很近并排行驶的两只船，按说，水在两船之间，好像插进一把楔子，应该把它们分开才是。然而实际上，情况却恰恰相反，两船不但不分开，反而会自动靠拢，引起互撞的事故。在航海史上就发生过这种情况。既然两船并行会自动靠拢，那么两船之间的水的压力必然小，而两船外侧水的压力大，内外侧造成压力差，才会把两只船压得互相靠拢。同时，我们由连续性定理可以看出，两船之间由于船舷呈弧形，构成一个中间细两头粗的管道，所以水的流速必然比外侧流速大。由此可见：凡是流速大的地方，流体压强就小，流速小的地方，压强就大，如图3.9所示。

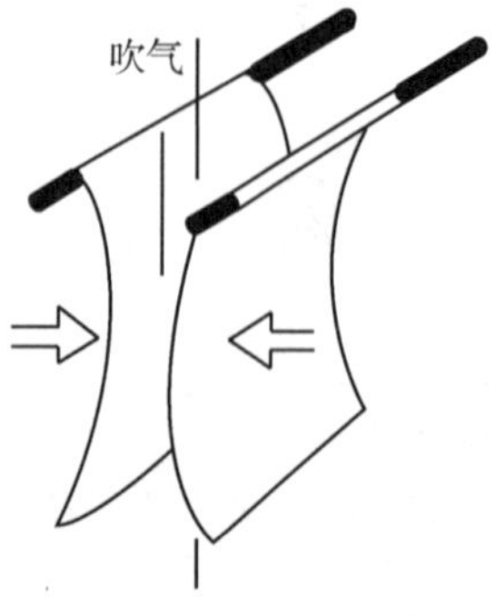

图3.8 向两张纸片中间吹气

图3.9 两船平行航行

再看另一个例子，如图 3.10 所示，当大风吹过屋顶时，往往会把屋顶掀开。由图所示空气流动的情况，可以看出屋顶大致呈弓背形，气流流过这里，受到约束而收缩，速度加快，压力变小，而屋顶下面风一般吹不进去，呈静止状态，风速基本上等于零，压力增大，屋顶上下部的压力差形成强大的吸力，把屋顶掀开。

图 3.10　狂风和屋顶

因此，也可以得出和上面相似的结论：在流速大的地方，流体的压力就小；反之，就大。

连续性定理和伯努利定理是气体动力学中两个最基本的定理，它们说明了流管截面积、气流速度和压力这三者之间的关系。流管细的地方，流速就大，压力就小；反之，流管粗的地方，流速就小，压力就大。

借助这一结论，就可以初步说明机翼上产生升力的原因了。

第三节　飞机飞行的升力和阻力

气球、飞艇等轻于空气的飞行器是靠空气的浮力升空的，而重于空气的飞行器是靠在空气中运动时产生的升力（也叫空气动力）飞上天空的。

飞机之所以能飞，是由装在飞机上的发动机转动螺旋桨产生拉力 P（Thrust）或直接向后喷气产生推力，使飞机增速前进的。飞机机翼在飞机前行时，空气流过机翼，产生空气动力升力 Y（Lift）。当飞行速度达到一定值时，Y 超过飞机重力 G（Gravity），飞机就升空飞行。飞机增速时还要克服气流产生的阻力 X（Drag），发动机产生的拉力或推力 P 用来克服阻力，使飞机前进。

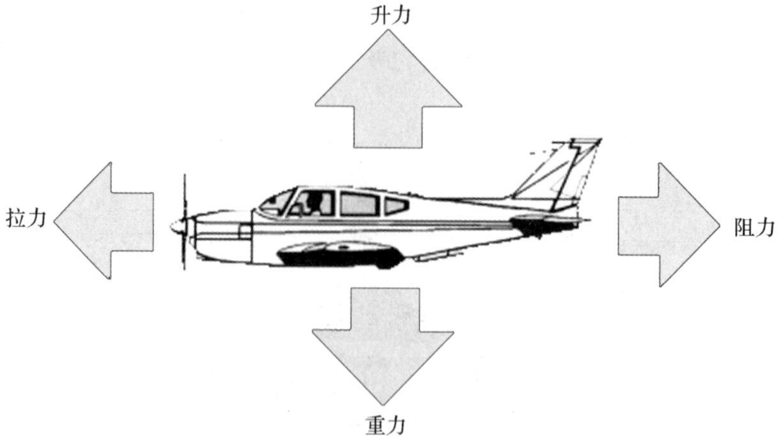

图 3.11　飞机所受的力

飞机在空气中之所以能飞行，最基本的事实是，有一股力量克服了它的重量，把它托举在空中。而这种力量主要是靠飞机的机翼产生的。飞机的机翼不是一块平板，而是一个从前缘到后缘不同厚度的曲面体，如果把机翼平行于飞机对称切开，露出的切面就是翼剖面，又称翼型。亚声速飞机的翼型前缘厚，较圆滑，后缘薄而尖锐，上翼面的弯度大，而下翼面比较平直。因此，当飞机飞行时，气流流经机翼上表面的路程长，流速快而压力低，流经下翼面的路程短，流速慢而压力高，由于上下翼面的压力差，产生一个向上且向后倾斜的总空气动力，其指向上方且与相对气流垂直的分力，就是托举飞行的升力。

当机翼产生的升力克服了飞机的重力时，飞机就腾空而起了。

一、升力

1. 迎角的概念

机翼前缘与后缘的连线称为翼弦，如果机翼前缘稍稍抬起，相对气流与翼弦之间形成的夹角，称为迎角（图 3.12），用 α 表示。根据气流指向不同，迎角可分为正迎角［图 3.12（a）］、负迎角［图 3.12（c）］和零迎角。当气流指向下翼面时，迎角为正；当气流指向上翼面时，迎角为负；当气流方向与翼弦重合时，迎角为零。

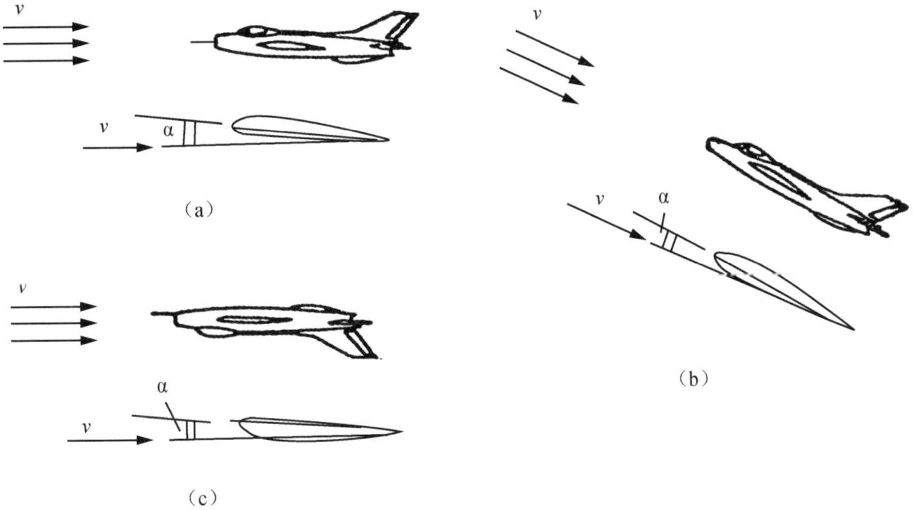

图 3.12　气流方向和飞机的迎角

2. 升力的产生

我们可以认为在空中飞行的飞机是不动的，而空气以同样的速度流过飞机，这样可以使问题简化。

如图 3.13 所示，当气流流过翼型时，由于翼型的上表面凸些，这里的流线变密，流管变细；相反翼型的下表面平坦些，这里的流线变化不大（与远前方流线相比）。根据连续性定理和伯努利定理可知，在翼型的上表面，由于流管变细，即流管截面积减小，气流速度增大，故压强减小；而翼型的下表面，由于流管变化不大，压强基本不变；这样，翼型上下表面产生了压强差，形成了总空气动力 R，R 的方向向后向上。按平行四边形法则，根据它们实际所起的作用，可把 R 分成两个分力：一个与气流速度 V 垂直，起支托飞机重量的作用，就是升力 Y；另一个与流速 V 平行，起阻碍飞机前进的作用，就是阻力 X。此时产生的阻力除了摩擦阻力外，还有一部分是由于翼型前后压强不等引起的，称之为压差阻力。总空气动力 R 与翼弦的交点叫做压力中心，好像整个空气动

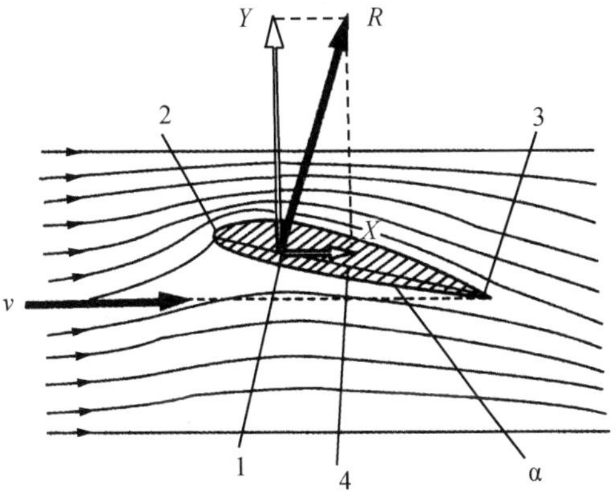

图 3.13　翼剖面上的空气动力

1. 压力中心；2. 前缘；3. 后缘；4. 翼弦

力都集中在这一点上，作用在机翼上。根据翼型上下表面各处的压强，可以绘制出机翼的压强分布图（压力分布图），如图 3. 14 所示。

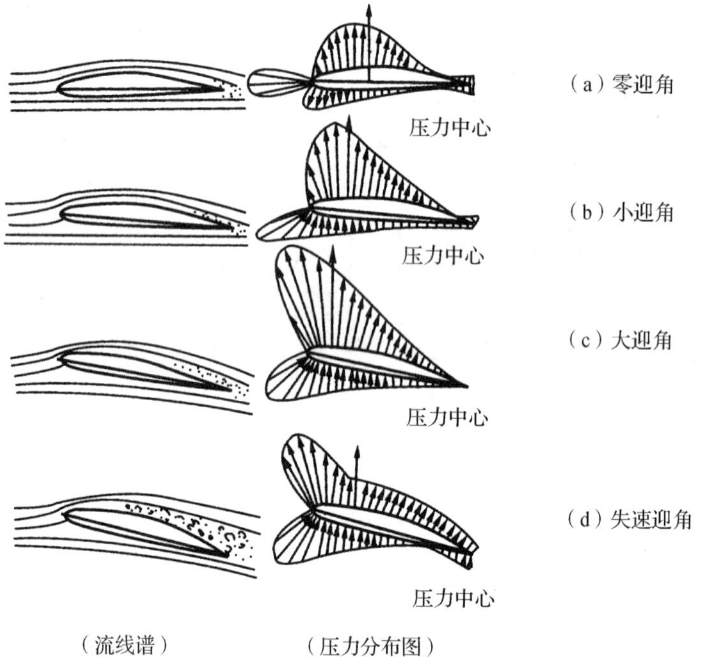

图 3. 14　迎角对压力分布的影响

图 3. 14 中自表面向外指的箭头，代表吸力；指向表面的箭头，代表压力。箭头都与表面垂直，其长短表示负压（与吸力对应）或正压（与压力对应）的大小。由图可看出，上表面的吸力占升力的大部分。靠近前缘处稀薄度最大，即这里的吸力最大。由图 3. 14 可见，机翼的压强分布与迎角有关。在迎角为零时，上下表面虽然都受到吸力，但总的空气动力合力 R 并不等于零。随着迎角的增加，上表面吸力逐渐变大，下表面由吸力变为压力，于是空气动力合力 R 迅速上升，与此同时，翼型上表面后缘的涡流区也逐渐扩大，在一定迎角范围内，R 是随着迎角的增加而上升的。

但当迎角大到某一程度时，再增加迎角，升力不但不增加，反而迅速下降，这种现象我们叫做“失速”。失速状态出现时对应的迎角就叫做临界迎角或失速迎角，如图 3. 15 所示，这一角度一般约为 15°~16°，有时达到 20°。飞机不应以大于或接近临界迎角的迎角飞行，因为这样会使飞机失去升力的支持，即陷入失速，发生螺旋（又叫尾旋）下降，造成危险，如图 3. 16 所示。

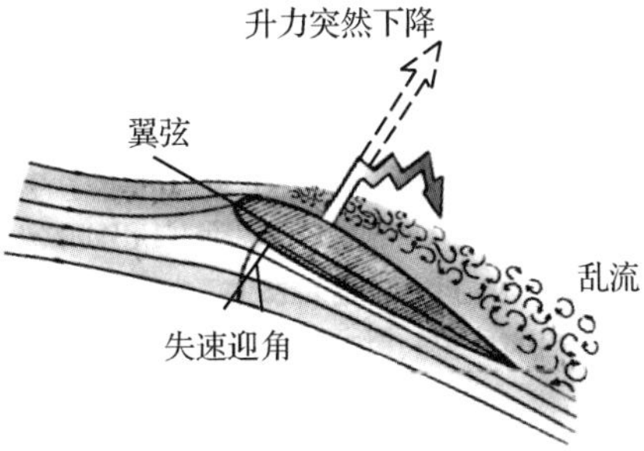

图 3.15　失速迎角

图 3.16　尾旋

3. 影响升力大小的因素

升力是飞机与空气之间有相对运动时产生的，所以影响升力的因素主要有以下几方面：

1）机翼面积（s）

机翼面积越大，则机翼上、下表面压力差的总和越大，所以升力也就越大。升力与机翼面积成正比变化。

2）翼型

翼型不同，所产生的流线谱也就不同，因此所产生的升力也就不同。

①翼型相对厚度

相对厚度大，机翼上表面的弯曲程度也大，空气流过机翼上表面流速增快，压力降低得多，升力大。

②最大厚度位置

最大厚度位置靠前，机翼前缘势必弯曲得厉害，导致流管在前缘变细，流速加快，吸力增大，升力增加。

3）飞行速度（v）

飞行速度越大，升力也越大。实验证明，飞机的升力大小与飞行速度的平方成正比。这可由伯努利定理来说明：以稳定的速度流动的气流流过机翼时，其动压与静压的和为一常量。当气流流过机翼时，机翼上表面流速增加，压力降低，下表面流速减少，压力增大，而压力的变化与飞行速度的平方成正比，所以升力与飞行速度的平方成正比。

4）空气密度（ρ）

空气密度大，表示单位体积内空气质量多，对机翼的作用力增大，所以升力增大。

5）迎角（α）

在一定迎角范围内，迎角增大，升力增大。机翼的升力随迎角增大而增加，这是因为随着迎角的增大，在翼型上表面的前部流线更加弯曲，流管更加变细，流速进一步加快，压力更加降低，机翼下表面阻挡气流的作用更强，流管变得更粗，流速更加减慢，压力更加提高，因而升力增大。

综上所述，升力的大小取决于机翼面积、空气密度、飞行速度、翼型和迎角。

足够的升力是保持飞机飞行的必要条件，决定升力大小的因素较多，但最主要的因素是飞行速度，升力大小与速度的平方成正比。故高速飞行时，飞机升力较大，但在低速时，特别是在起飞、着陆时，由于速度小而升力不足，因此有必要加装增升装置。常采用的增升装置有前缘缝翼、后缘襟翼、喷气襟翼以及边界层控制装置等。这些增加升力的措施能使飞机在尽可能小的速度下产生足够大的升力，保持平飞而不致坠地，从而大大减小飞机的起飞和着陆速度，缩短滑跑距离。

二、阻力

阻力是阻止飞机前进和上升的力，用 X 表示。阻力是飞机和空气相对运动时产生的，在飞机的很多部位都可能产生阻力。就原因来说有摩擦阻力、压差阻力、诱导阻力和干扰阻力四种。

1. 摩擦阻力

摩擦阻力是空气和飞机表面运动中发生摩擦而产生的。气流流过飞机表面时，因摩擦而阻滞了气流的流动，也就阻滞了飞机的前进。这种阻力的大小取决于空气的黏性、飞机表面的状况、飞机和气流的接触面积。空气黏性大，表面状况不好，表面面积越大，产生的阻力也越大。

2. 压差阻力

压差阻力是相对运动中物体前后形成的压力差。例如，一块平板与气流做垂直运动时，前面压力大而后面会形成很多旋涡，压力减小，前后形成了压力差。压差阻力的大小，决定于迎风面积、物体形状和物体位置的变化。

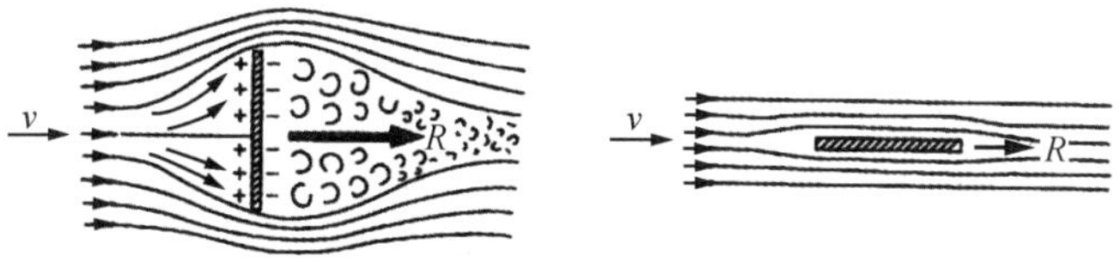

（a）平板和相对气流方向垂直　　　（b）平板和相对气流方向平行

图 3.17　压差阻力

3. 诱导阻力

诱导阻力是在机翼上伴随着升力而产生的并影响升力的力。机翼上产生升力的过程中，翼下部的高压气流不但向正后方流动，还会向四周扩散，尤其是绕过翼尖向机翼上方流动（向低压区流动）并随之产生部分涡流，增大了机翼上方的压强，结果减小了机翼上下的压力差，影响到升力的产生。

4. 干扰阻力

干扰阻力是飞行中飞机各部件相互干扰而产生的阻力。由于飞机各部件间相关位置的矛盾，产生了不少旋涡，抵消了正常的动能，影响了飞机的前进。

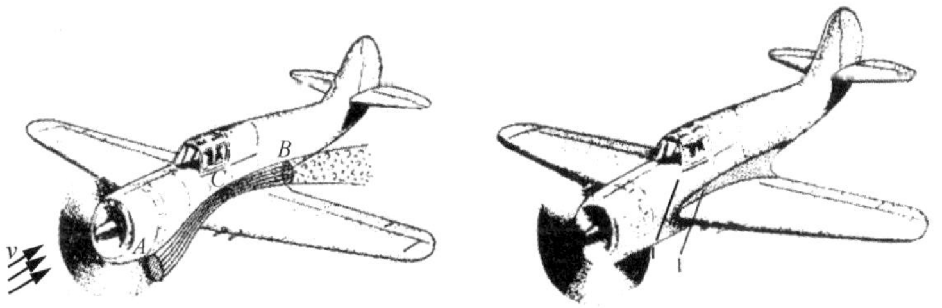

（a）机翼和机身之间的气流通道造成气流的干扰　　　（b）机翼和机身之间加装了整流片

图 3.18　干扰阻力

阻力无疑是飞行中有害的力，为改善飞行性能，就必须设法消除或减小阻力的产生。通常以增加飞机表面光滑度，减小飞机总面积，设计良好的流线体，改善机翼形状和处理好各部件的相关位置等手段来达到预想的目的。同时，我们还必须注意到，在机动飞行和着陆等情况时离不开阻力的存在，所以在飞机上设置了刹车、减速等装置用来增大阻力，利用阻力实现需要的飞行状态和飞行目的。

三、高速飞行的特点

前面我们讨论了低速飞行的空气动力特点，是以飞机不超过声速飞行为前提的。在超声速飞行时，必然会出现与低速飞行不同的特点。

1. 声速和马赫数

声速是声波的传播速度。声速在海平面标准大气条件下，每小时约1227千米（每秒341米）。声波在水中的传播速度则要快得多，约每小时5200千米，因为水的压强和密度要大于空气。所以大气的密度不同时，声波的传播速度也不同，低空飞行时因空气（介质）密度大，则声波速度就大，而高空飞行时空气密度小，声波速度就小。

讨论声速的目的在于了解空气的密度。在低速飞行中，机翼周围的空气，因压力变化所引起的空气密度变化量很小，其影响可以忽略不计。在高速飞行中这种密度变化量很大，就不能忽略。实验证明，在300千米/小时的气流速度下，如果空气流过机翼上表面增加流速10%，则周围密度仅拉小0.6%。而在900千米/小时的气流速度下，如空气流过机翼上表面也增速10%，则空气密度减小量达到5.3%。这说明高速度情况下，气流速度变化引起空气密度变化量显著增大。这必将引起空气动力额外的变化，甚至导致空气流动规律的改变。这就是高速气流特性所以区别于低速气流的根本点。

空气具有可压缩性（可压缩的程度）。在某一高度上飞行速度越大，飞机给空气的压力也越大，空气被压缩得越厉害。因而空气被压缩的程度与飞机飞行速度成正比，而与声波的传播速度成反比。通常将上述关系用M来表示，也即马赫数。它等于飞机飞行速度与当时飞行高度的声速之比，马赫数简称M数。

M数的划分如下：

M=0.6~0.8	亚声速
M=0.8~1.2	跨声速
M>1.2	超声速
M>5	高超声速

2. 激波

需要特别注意的是，当M=1时，即飞行速度=声波传播速度时，飞机前方会出现一个特殊现象——激波。这时，飞机阻力成直线上升，在强大的激波和波阻的影响下，飞机会发生强烈震动，难以操纵，严重时会造成飞机坠毁，此种现象曾一度被人称为“声障”。激波又称马赫波，这是因为激波形成原理是由奥地利物理学家恩斯特·马赫首先发现的。

机翼越凸，产生的升力越大的原因是机翼上方空气流速加大的结果。当飞机飞行速度尚未达到M为1时，在机翼或其他流线性较好的部件（或部位）有可能提前达到声速（或超过声速）而出现局部部位的激波，这就是局部激波。出现局部激波的 M 数叫临界 M 数。局部激波也会影响飞行性能，所以，当代大部分民用航空器、飞机的巡航 M 数都控制在 0.8~0.9，以防止临界 M 数的发生。

第四节 飞机的飞行控制

飞机具有的速度、升限和航程是飞机的基本飞行性能，而它的平衡特性、稳定特性和操纵特性对飞机的安全飞行也至关重要。在飞行中，如果飞机总是偏离预定的航向，或者稍受外界扰动飞机的平衡即被破坏而又不能自动恢复，需要飞行员经常花费很大的精力予以纠正；在改变飞行状态的时候，飞行员操纵起来非常吃力，而且飞机反应迟钝，那么像这样的飞机就不能算是一架性能良好的飞机。驾驶这样的飞机，驾驶员会被搞得精疲力尽，而且不能保证飞行安全和很好地完成预定任务。因此，对于一架飞机来说，不仅要求它速度大、爬升快、升限高、航程远，而且要求具备良好的平衡性、稳定性和操纵性。

一、飞机平衡的概念

研究飞机的运动，我们采用的是机体坐标轴系。这种坐标轴的原点 O 取在飞机的重心，X 轴在飞机的对称面内且与翼弦平行，称为飞机的纵轴，也叫横滚轴，以指向机头为正；Y 轴在飞机对称面内垂直于 X 轴，称为立轴，也叫偏航轴，以指向座舱盖为正；Z 轴通过重心和 OXY 平面垂直，也叫俯仰轴，以指向右翼为正，称为飞机的横轴，如图 3.19 所示。Z，X，Y 轴构成右手坐标系。纵轴和横轴形成的平面称为横向平面。纵轴与垂直轴形成的平面叫纵向平面，也是飞机的对称面。飞机绕纵轴的运动称为横滚，绕横轴的转动称为俯仰，绕立轴的转动称为偏航。

飞机在空中飞行，必须考虑三个轴上的运动，才能完成任务。

飞机在飞行时，所有作用于飞机的外力与外力矩之和都等于零的状态称之为飞机的平衡状态。飞机处于平衡状态时，飞行速度的大小和方向都保持不变，也不绕重心转动。反之，飞机处于不平衡状态时，飞行速度的大小和方向将发生变化，并绕重心转动。

飞机的平衡包括作用力平衡和力矩平衡两种。

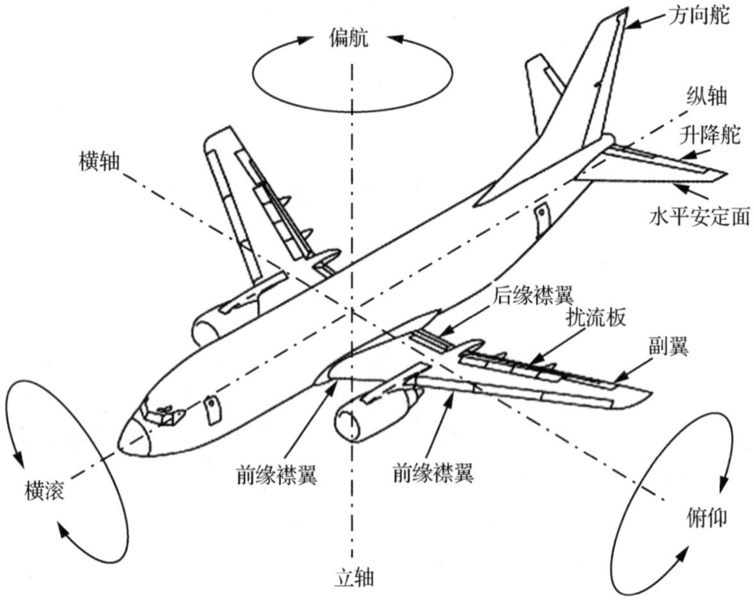

图 3.19　飞机坐标轴系

1. 作用力平衡

现在分析一下飞机的等速平飞是如何保持平衡的。

平飞中，作用于飞机的力有升力、重力、拉力和阻力，如图 3.20 所示（这里认为作用于飞机的各力矩已取得了平衡，故图中各力均通过飞机重心）。这四个力中能直接引起飞行高度变化的，是与飞机运动方向垂直的升力和重力，能直接引起飞行速度变化的，是与飞机运动方向平行的拉力和阻力。由此可知，平飞的条件是：

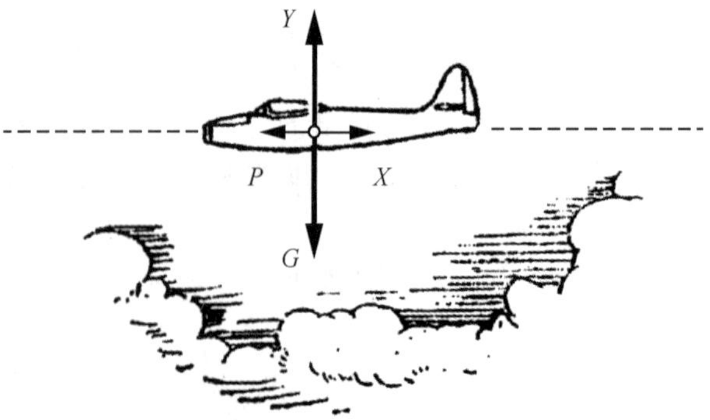

图 3.20　平飞中的作用力

为保持飞行高度不变，升力应同重力平衡：$Y=G$。

为保持飞行速度不变，拉力应同阻力平衡：$P=X$。

保持平飞的两个条件中，一个条件不能保持时，另一个条件也会变化。比如，拉力同阻力不平衡，速度必然变化，进而升力改变，使高度发生变化。

如果飞机做上升和下滑飞行，但速度和方向不变，这时重力会分解为两个力，与立轴平行的分力和升力平衡，与纵轴平行的力在上升飞行时与阻力相加，它们的合力与推力平衡，在下滑飞行时和推力相加，它们的合力与阻力平衡，这种速度与方向不变的飞行我们统称为稳定飞行。

2. 力矩平衡

作用于飞机的各空气动力，如不通过飞机重心，就会构成绕飞机重心的力矩。如果这些力矩互相平衡，也就是作用于飞机的各力矩之和等于零，即$\sum M=0$。由于飞机绕重心的转动，可以看成围绕本身的三轴的转动，故飞机的力矩平衡也可以分为下列三部分。

1）俯仰平衡

飞机的俯仰平衡，是指作用于飞机的各俯仰力矩之和为零。飞机取得俯仰平衡之后，迎角不改变，不绕横轴转动。

2）航向平衡

飞机的航向平衡，是指作用于飞机的左偏转力矩和右偏转力矩彼此相等，飞机不绕立轴转动。

3）横侧平衡

飞机的横侧平衡，是指作用于飞机的左滚力矩和右滚力矩彼此相等，飞机不绕纵轴滚转。

如果飞机上的作用力不平衡，飞机就要做加速或改变方向的运动。在垂直方向上的力不平衡，如升力大于重力，由于飞机在前进，飞机将向上做圆周运动，升力和重力之差变为向心力；在重力大于升力时，做向下的圆周运动。如果飞机侧倾时，这时飞机的升力不再垂直于地面，它的垂直分力和重力平衡，而水平分力侧变为向心力，使飞机向倾斜的一侧转弯，这种弯称为侧滑转弯。因而当利用副翼使飞机侧倾时，飞机就会转弯。如果飞机利用方向舵转弯，这时飞机不做倾斜，而由方向舵偏转引起的侧向力成为力矩，使飞机转弯。

二、飞机的稳定

在飞行中，飞机会经常受到各种各样的扰动，如气流的波动、发动机工作的不均衡、驾驶员偶然触动杆舵等，这些扰动会使飞机偏离原来的平衡状态，在偏离后，飞机能否自动恢复原状，这就是有关飞机的稳定或不稳定的问题。

要说明如何使飞机在空中稳定地飞行，先来看一下其他物体，比如说圆球的稳定情况。

一个物体的稳定和它是否平衡有关，例如一个圆球首先应能平衡，然后才有稳定，当圆球处于平衡状态时，如图 3.21 正稳定性的情况下，对它稍加一点力，使它离开原来的状态，外力一取消，它立刻就恢复到原来的状态，这种情况叫“稳定”。图 3.21 负稳定性的情况恰恰相反，加外力后它就离开了原位，外力取消后，并不能恢复到原来状态，这就叫“不稳定”。图 3.21 中性稳定性图的情况下，这时圆球随时处于稳定状态，无论是否加外力。

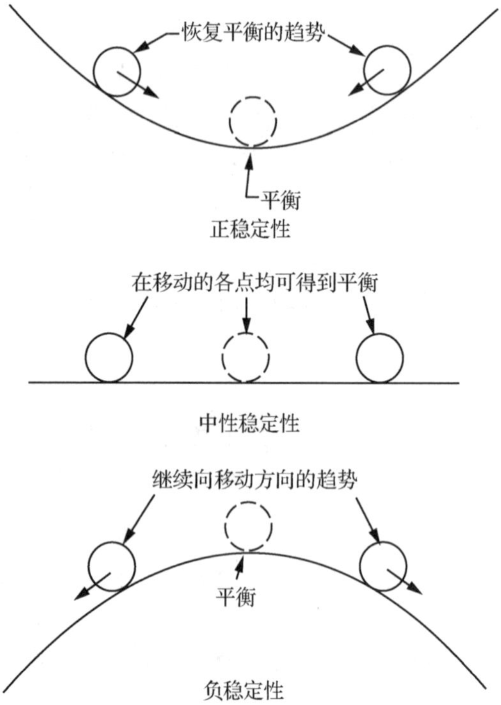

图 3.21　正稳定性、中性稳定性和负稳定性

飞机的情况也是一样，也有正稳定、负稳定和中性稳定三种情况。

如果飞机在空中做水平直线等速飞行，这时升力 Y 等于重力 G，拉力 P 等于阻力 X，各个力量互相抵消，同时各个力矩也互相抵消，那么，这架飞机处于平衡状态，正在平衡地飞行。

倘若飞机受到一个小的外力短瞬的干扰（例如突然吹来一阵风），破坏了它的平衡，在外力取消后，驾驶员不加操纵，飞机靠自身某个构件产生的力矩，就能恢复原来的飞行状态，这架飞机就是稳定的，否则就是不稳定的。如果始终保持一定的偏离，或转入一种平衡飞行状态，那么，这架飞机就是中性稳定的。

1. 纵向稳定

飞机绕横轴（OZ）的稳定运动叫纵向稳定，影响飞机纵向稳定的一个重要因素是飞机迎角的变化。当飞机在做平衡飞行时，若有一个小的外力干扰，使它的迎角变大或变小，飞机会抬头或低头，绕横轴上下摇摆。外力消除后，驾驶员如果不操纵飞机，而是靠本身的构造产生一个力矩，使它恢复到原来的平衡飞行状态，我们说这架飞机是纵向稳定的。如果飞机不能靠自身的机构恢复原来的状态，就叫纵向不稳定的（负稳定）。如果它既不恢复，也不远离，总是上下摇摆，就叫做纵向中性稳定。

飞机是否有静稳定性，主要取决于飞机本身的特性，取决于飞机平衡状态破坏后，飞机上产生的起稳定作用的力矩与起不稳定作用的力矩相互作用的结果。如果前者大于后者，飞机是稳定的，反之，便是不稳定的。我们知道，当迎角变化时，飞机各个部件的升力都要改变。飞机各个部件升力增量的合力的作用点，称为飞机的焦点，换句话说，飞机焦点就是迎角变化而引起的整个飞机升力增量的作用点。机翼、机身、尾翼的焦点都不随迎角改变，飞机的焦点也不随迎角的改变而改变。飞机重心和飞机焦点之间的相互位置，决定了飞机是否具有纵向静稳定性。若飞机重心位于焦点之前，如图 3.22（a）所示，则在飞机受到外界扰动后，例如迎角增加了 $\Delta\alpha$，那么在飞机的焦点上，就会产生一个向上的升力增量 ΔY，它对飞机重心形成使机头下俯的稳定力矩，使飞机具有逐渐消除而自动恢复到原来平衡迎角的趋势，即飞机是稳定的。反之，若飞机重心位于其焦点之后，如图 3.22（b）所示，升力增量对重心所形成的是不稳定的上仰力矩，使飞机迎角越来越大，而没有自动恢复到原来平衡迎角的趋势，因此飞机是不稳定的。由此可以得出一个重要结论：飞机的重心若位于飞机焦点之前，飞机具有纵向稳定性，飞机重心位于焦点之后，则飞机便会失去纵向稳定性。

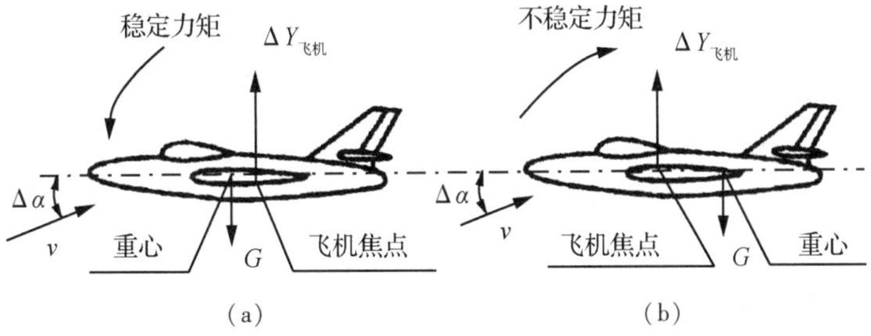

图 3.22　飞机重心和正稳定性的关系

低速飞行时，飞机的焦点是固定不变的，而飞机的重心位置却因燃料的消耗、装载的改变而发生移动。如果飞机重心原来位于飞机焦点之前，飞机是静稳定的。但由于上述原因，飞机重心逐渐向后移动，静稳定性逐渐降低。当重心后移到飞机焦点之后时，就产生了质的变化，原来静稳定的飞机转化为失去静稳定性的飞机。这也是为什么对飞机重心变化范围要有严格限制的原因。

2. 航向稳定

飞机绕立轴（OY）的稳定运动叫航向稳定（又叫方向稳定）。飞机航向稳定与否表现为偏航角的变化。所谓偏航角是指飞机纵轴同飞行方向之间所夹的角度（β），如图 3.23 所示。

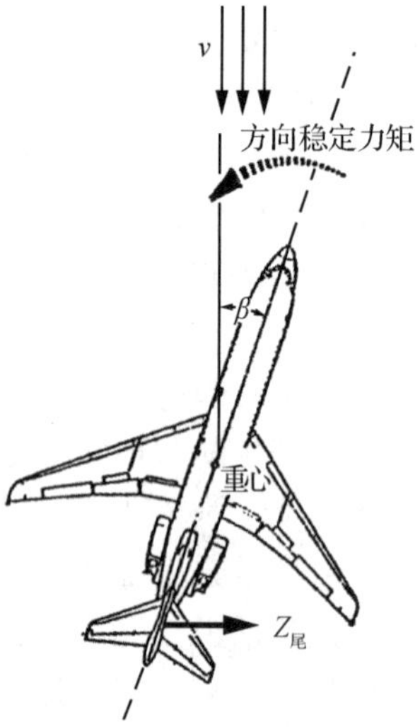

图 3.23　方向稳定

飞机稳定飞行时，偏航角等于零。如果飞机受到一个小的外力的干扰，破坏了它的平衡，就产生了偏航角。当外力取消后，飞机不用驾驶员操纵，靠其本身的构造就能消除偏航角，自动地恢复到原来的飞行状态，这架飞机就是方向稳定的，否则就是方向不稳定的。飞机的航向静稳定性主要由垂直尾翼来保证。例如，飞机原来处于航向平衡状态，由于外界扰动而使飞机偏离了原来的航向，产生了侧滑角 β，如图 3.23 所示。这时在垂直尾翼上便产生了侧向力 Z，该力对飞机重心形成消除侧滑角 β 的航向静稳定力矩，迫使飞机有自动恢复到原来航向平衡状态的趋势。

2. 横侧向稳定

飞机绕纵轴（OX）的稳定运动叫横侧向稳定。假定飞机在稳定状态下飞行，如果有一个小的外力干扰，使机翼一边高一边低，会使飞机绕纵轴发生倾斜。当外力取消后，不需要驾驶员的操纵，飞机靠本身的构造产生了一个恢复力矩，自动恢复到原来的飞行状态，这架飞机就是横侧向稳定的，否则就是横侧向不稳定的。

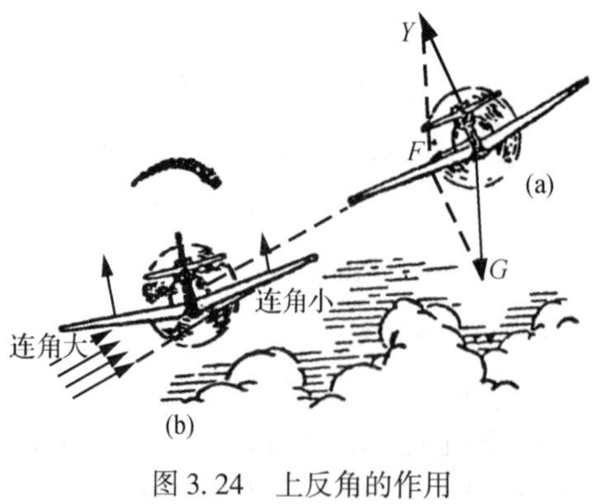

图 3.24　上反角的作用

保证飞机侧向稳定的因素，主要有机翼的上反角、后掠角和垂直尾翼。

例如平飞中，飞机受扰动向左倾斜时，出现左倾斜升力和重力的合力（图 3.24 的 F）使飞机向左前方运动，此时气流从左前方吹来，飞机产生左侧滑，因上反角的作用，左翼迎角增大，升力增大；右翼迎角减小，升力减小。加之左翼上表面的气流比较平顺，升力也比较大；而右翼上表面可能产生气流分离，升力较小。于是，两翼升力之差，对重心形成右滚力矩，使飞机自动恢复横向平衡。这个左右两翼升力之差形成的滚转力矩，就是横向稳定力矩。

此外，现代高速飞机的高垂直尾翼和机翼后掠角，也能产生横向稳定力矩。

三、飞机的操纵

所谓飞机的操纵性，就是指飞机在驾驶员操纵下，改变其飞行状态的特性。操纵性的好坏与飞机稳定性的大小有密切关系，稳定性太大，也就是说飞机保持原有飞行状态的能力越强，则要改变它也就越不容易，操纵起来也就越费劲。若稳定性过小，则操纵力也很小，驾驶员很难掌握操纵的分量，也是不理想的。所以要正确处理好稳定性与操纵性之间的关系。

飞机的操纵，主要是通过三个操纵面——升降舵（有时是全动平尾）、方向舵和副翼来实现的。这些操纵面可分为主要的、次要的和辅助的三类。

主操纵系统中，飞行员手脚直接操纵的部分，叫做操纵机构。它由手操纵机构（驾驶杆或驾驶盘）和脚操纵机构（脚蹬）组成，通过传动机构来带动操纵面转动。手操纵机构用来操纵升降舵和副翼，脚操纵机构用来操纵方向舵，如图 3.25 所示。

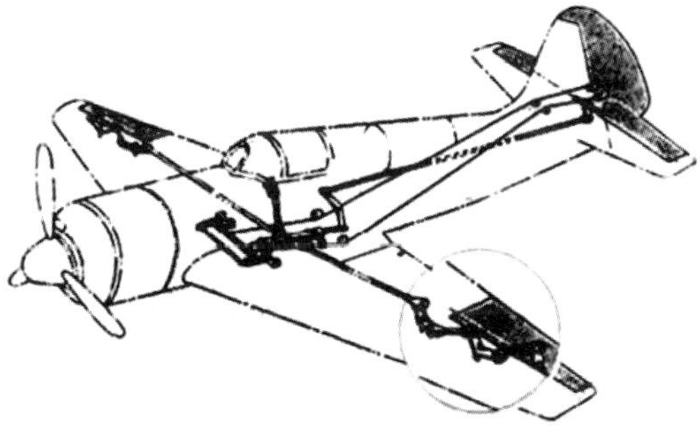

图 3.25　飞机主操纵系统

次要操纵面是用来帮助主操纵面运动的辅助操纵面，包括襟翼、前缘缝翼、扰流板、减速板等，如图 3.26 所示。它们用来供起飞或降落时增加升力，或用来减少升力、增加阻力。

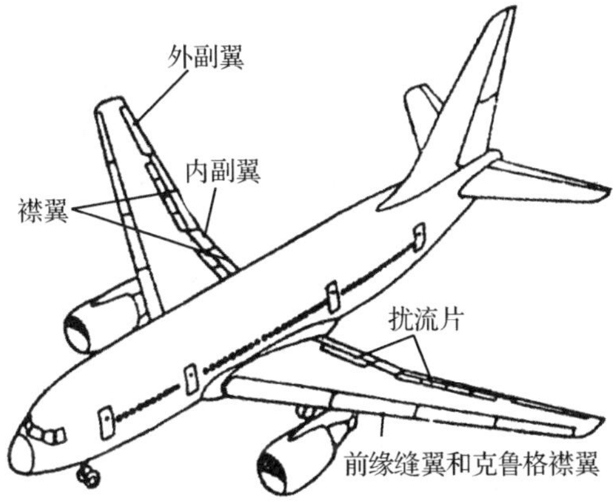

图 3.26　机翼上的活动翼面

驾驶员操纵舵面改变飞机飞行状态，应该和人体的自然动作趋势一致。比如说，用手向前推驾驶杆，身体向前俯伏，升降舵向下偏，使飞机低头，如图 3.27（b），二者动作是一致的。向后拉杆，如图 3.7（a），身体后仰，机头上抬，动作也是一致的。方向舵也是一样，用左脚踩左脚蹬，如图 3.27（d），方向舵向左偏，飞机向左转弯。用右脚踩右脚蹬，飞机就向右转弯，这也与人体的自然动作是一致的。副翼的情况也是一样，向左压驾驶杆，如图 3.27（c），人体左倾，飞机就向左倾侧。向右压驾驶杆，飞机就向右倾侧。这样，舵面的操纵、飞机飞行姿态的改变，同人体的自然动作一致。

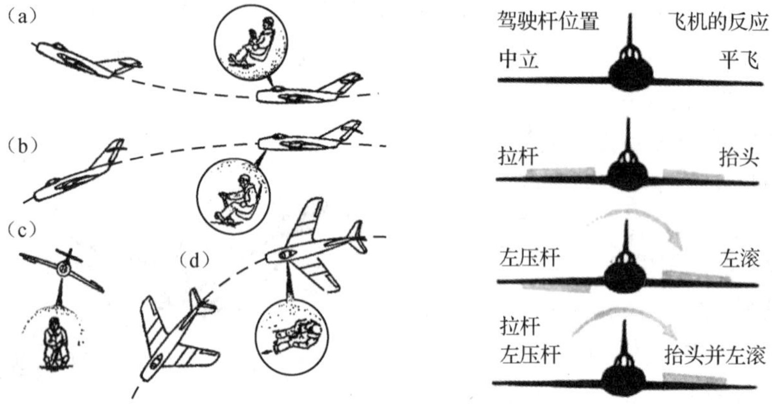

图 3.27　驾驶员操纵动作

四、飞机的飞行过程

飞机完成一次飞行任务要经过滑跑起飞/爬升、巡航、下降、着陆几个阶段。

1. 起飞

如图 3.28 和图 3.29 所示，飞机起飞是一个直线加速运动，是飞机功率最大和驾驶员操作最繁忙的时间。它分为两个阶段，飞机首先以最大功率在地面滑跑，在起始阶段由于速度不大，方向舵不起作用，驾驶员控制着前轮方向，以保持飞机直线前进。当速度达到每小时 80 千米时驾驶员用驾驶杆操纵飞机，但在达到决断速度 V_1 以前，驾驶员的手不离油门杆，以便在发生突然情况时中止起飞。超过 V_1 后驾驶员必须继续起飞，因为这时的速度太大，再中断起飞，飞机会冲出跑道造成事故，V_1 的数值根据飞机的大小、装置不同而不同。速度继续增加到一定数值时，机翼的升力和重量大致相等。驾驶员拉杆向后，飞机绕横轴转动，抬起机头，前轮离地，这个速度称为抬前轮速度，这时飞机开始升空，起飞的第一阶段滑跑完成，转入第二阶段，加速爬升阶段，飞机飞到规定的高度，起飞阶段结束。从启动到飞越 35 米高度的地面距离称为起飞距离，起飞距离越短越好。

从图 3.29 所述的起飞过程可以看到有若干个关键速度：决断速度 V_1、抬前轮速度 V_R、离地速度 V_{LO}和起飞安全速度 V_2，与这些关键速度有密切关系的是飞机本身的某些设计性能参数：失速速度 V_S，最小离地速度 V_{mu}及空中与地面最小操纵速度。下面对几个主要的速度的定义作简要的说明。

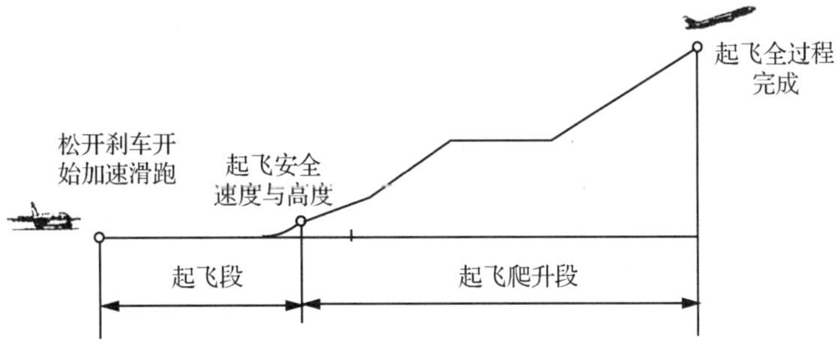

图 3.28　飞机起飞全过程

1）失速速度 V_S

它是飞机维持水平直线等速飞行的最小速度，是飞机设计性能的一个重要参数，与飞机的具体构形，即襟翼位置有关。

2）最小离地速度 V_{mu}

它是保证飞机尾部不触地的情况下安全地抬头和离地并继续爬升的最小速度，是一个重要的飞机设计性能参数。

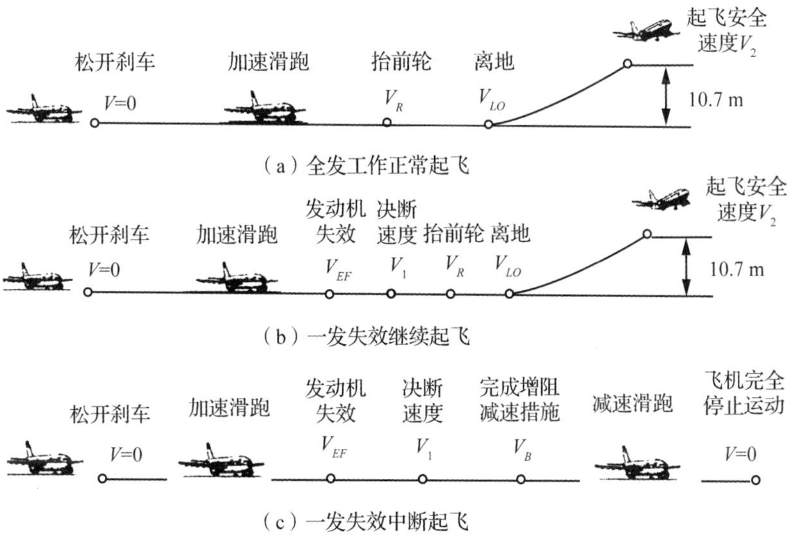

图 3.29　飞机起飞的三种情况

3）决断速度 V_1

这是决定飞机可否中断起飞的最大允许滑跑速度，是飞机在执行每一次航班之前必须确定的重要运行性能参数。在低于 V_1 的滑跑速度下，飞机可能安全地中断起飞，在给定的跑道长度内完全停止下来。若在高于 V_1 的情况下发动机失效，飞机已无法在剩余的跑道中减速到安全停止，只能继续起飞，别无选择。决断速度必须小于抬前轮速度 V_R，在飞机已达到抬前轮速度后，如发动机出现故障，飞机也只能先继续起飞，起飞后，如发动机故障仍未排除，则加入进场的机队，等待返场着陆。

4）抬前轮速度 V_R

飞机起飞滑跑加速到开始抬头，前轮离开地面时的速度，也是飞机在执行每一次航班之前必须确定的重要运行性能参数之一。抬前轮速度要保证在最大仰角（即可能的最大迎角）条件下，飞机能安全可靠地离地。

5）离地速度 V_{LO}

它是飞机安全离地的速度，也是飞机在执行每一次航班之前必须确定的重要运行性能参数之一。为保证飞机的安全离地，离地速度 V_{LO} 必须大于飞机的最小离地速度 V_{mu}。

2. 爬升阶段

爬升有两种方式，一种是按固定的角度持续爬升达到预定高度，这样做的好处是节省时间，但发动机所要的功率大，燃料消耗大；另一种方式是阶梯式爬升，飞机飞行到一定的高度，水平飞行以增加速度，然后再爬升到第二个高度，经过几个阶段后爬升到预定高度，由于飞机的升力随速度升高而增加，同时燃油的消耗使飞机的重量不断减轻，因而这种爬升最节约燃料。

3. 巡航阶段

飞机达到预定高度后，保持水平等速飞行状态，这时如果没有天气变化的影响，驾驶员可以按照选定的速度和姿态稳定飞行，飞机几乎不需要操纵。

4. 下降阶段

在降落前半小时或更短的飞行距离时，驾驶员开始逐渐降低高度，到达机场的空域上空。

5. 进近和着陆阶段

进近也叫进场，指飞机在机场上空由地面管制人员指挥对准跑道下降的阶段。这个阶段飞机需要按规则绕机场飞行后直接对准跑道，飞机减速，放下襟翼和起落架。

飞机的着陆同起飞相反，是一种直线减速运动，通常分为五个阶段——下滑、拉平、平飞减速、平飘和着陆滑跑。如图 3.30 所示。

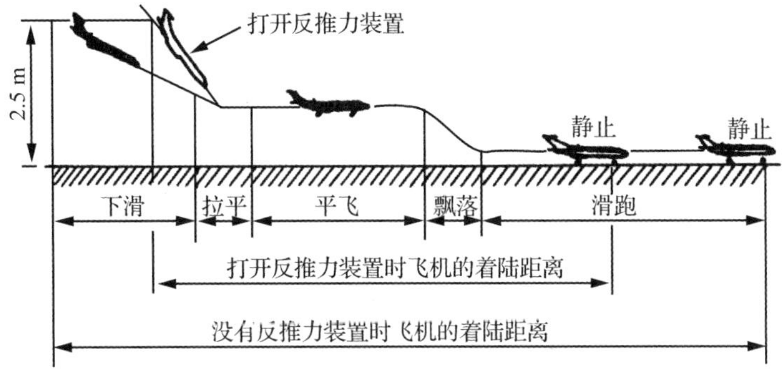

图 3.30　飞机的着陆过程

1）下滑阶段

降落之前，飞机大约在 300~400 米高度上，驾驶员将起落架放下，而在 200~300 米高度上放下襟翼，同时发动机转速减小到最小转速，飞机转入下滑状态，下滑到离地面 8~10 米的高度结束。

2）拉平阶段

下滑在离地面 8~10 米的高度上结束后，必须使飞机从下滑状态转到水平状态，这个过程叫做拉平。为此，驾驶员应及时向后拉驾驶杆，抬起机头，增加迎角，升力系数增大到最大，使升力增大而同时速度降低，以保持平飞，拉平在离地 0.5~1 米的高度上结束。

3）平飞减速阶段

飞机在拉平后速度仍然较大，不能立即着陆，必须继续进行一段平飞减速。

4）飘落触地阶段

平飞减速后，由于速度继续减小，升力也随之减小，当升力小于飞机重量，飞机便向下沉，产生了垂直速度，飞机就飘落而使机轮触地，和地面发生撞击，飞机飘落、机轮着地时的水平速度就是“着陆速度”。

5）着陆滑跑阶段

飞机着陆后，继续沿地面滑跑，在滑跑过程中，由于空气阻力、地面摩擦力、发动机反喷装置打开以及机轮刹车等作用，滑跑速度不断减小，最后停止运动。

整个飞行过程中，操作最复杂的是起飞和降落阶段。据统计，航空事故的 68%出现在这两个阶段，因而在飞机设计上和驾驶员的训练上这两个阶段都是重点，以确保飞行安全。

第五节　民航飞机的飞行性能

飞机性能可以定义为飞机完成一个特定飞行任务的能力的尺度，同时，也可以认为是飞机安全飞行的尺度。飞机性能包括飞机的设计性能和飞机的运行性能。飞机的性能狭义地讲是指飞机在飞行中各个阶段——起飞、巡航、下降、着陆时的运动性能，如速度、加速度、操纵性、稳定性，也包括在整个航行段的航程、燃油效率、续航时间等，广义的性能对民航飞机来说则包括飞机的可靠性、安全性、经济性、维修性、舒适性能等，对民航飞机评价的各方面都应该包括在广义性能之内。

（1）飞机的设计性能

飞机的主要设计性能是在飞机设计时确定，经过制造、试飞验证的在标准大气条件下的飞机性能，并通过适航当局的批准，成为该型飞机的设计性能。该性能通常包括如下指标：

①重量及载荷：飞机的最大起飞重量、飞机的最大着陆重量、飞机的最大无燃油重量和最大燃油容量。这些设计性能参数是与飞机结构、强度有密切关系的，在任何情况下都不允许超过。

②性能数据：额定座位数、设计航程、巡航速度、起飞场长和着陆场长。这些性能数据是根据海平面标准大气条件给出的，并不是每一个航班的真实性能数据，它还要受到具体条件的制约。

（2）飞机的运行性能

飞机的运行性能是指飞机在交付给航空公司之后，作为班机执行每一次具体航班飞行任务时的性能，它不仅与该型号飞机的设计性能有关，而且与该航班的航线情况、气候条件、起飞和降落机场条件、业务载荷情况等都有关系。由于飞机的运行性能不仅与飞机本身的设计性能有关，而且与外界大气条件（温度和风）、机场条件（跑道长度、路面情况、气压高度、周围环境）以及航班实际业务载荷情况等有关，飞机的运行性能就不是单纯的飞机结构和气动力特性的问题，而是结合飞机设计性能、空气动力学、发动机特性、大气状态、机场条件以及航空公司业务情况等的综合性工程问题，因此，又把它称为飞机性能工程。

下面我们来讨论民航客机的部分性能。

一、基本飞行性能

飞机的飞行性能最主要的是飞多快、飞多高、飞多远以及有多重，所以我们重点介绍速度、升限、航程、续航和业载。

1. 飞行速度

由于目前的高亚声速客机都在马赫数 0.75~0.9 的范围中飞行，速度的差异给航空公司收益上带来的差别并不太大，一般来说航空公司的主要着眼点在于节省燃油，而不追求速度。最具有代表意义的是空速、巡航速度和最大平飞速度。

1）空速

空速是飞机相对于空气的运动速度。它的大小由发动机的功率所决定，它也是其他速度的基础，因机型、大气条件、飞行高度的不同而不同。

2）巡航速度

巡航速度是飞行中大部分时间使用的速度。它是有利于发动机寿命、耗油较少、获得较大航程的综合有利速度，是人们常用的速度性能指标，通常是最大平飞速度的70%~80%。

3）最大飞行速度

实际上是指最大平飞速度。最大飞行速度（不是俯冲速度）只能在较短时间内进行，否则会使发动机负担过重而受到损坏，而且耗油也太大，很不经济。一般情况下，要想提高最大飞行速度，一方面是尽可能地增加发动机推力或拉力，另一方面要尽量地减小飞行阻力。所以，最大飞行速度的大小也是多种因素综合的结果。

很明显，经济巡航速度比最大平飞速度在营运上更为重要。对于远程客机来讲，一般的最大平飞速度可达 M0.9（波音 747），经济巡航速度在 M0.85 左右；而对中短程客机来讲，最大平飞速度为 M0.82（波音 737），而经济巡航速度在 M0.75~M0.78之间。

2. 升限和飞行高度

升限是飞机在最大重量条件下能够上升的最大高度。升限表明了飞机能飞多高的性能。一般而言，当前大部分民用客机的升限均在对流层顶、平流层底约 12000 米左右的高度，因此决定了 7000~12000 米为最有利的高度区间。相对于中、低空来说，在最有利的高度区间，飞机耗油率小（经济），且受对流影响小（舒适）。

飞机的升限可分为静升限和动升限两种。静升限是爬升速度等于 5 米/秒时，飞机能上升的最大高度。静升限也就是民机常用的实用升限。此外，我们把飞机通过跃升达到的最大高度叫动升限。

提高飞机升限的主要办法是改善发动机的适用性，也就是使它的拉力或推力尽量不随高度的升高而降低。因为高度越高，空气越稀薄，气压也越低，进入发动机的空气也越少，功率就越低，此外，减少飞机的飞行重量是增加升限最直接的方法。

飞行高度主要受发动机性能影响，飞行高度有两个主要指标，一个是巡航高度，一个是单发停车高度。巡航高度使飞机的高度选择增加，有利于选择航线及避开不利的气象因素；单发停车高度是飞机在一发停车时可以维持的最高巡航高度，它表示了飞机的安全性能，也表示了飞机对高原航线的适应能力。下面是一些飞机的这两项指标。

表 3-2　某些飞机的巡航高度和单发停车高度　（单位：米）

机　型	MD82	MD90-30	B737-300	B737-400	A320-200
巡航高度	9732	9500	10195	11000	11887
单发停车高度	4100	4100	5181	4627	4877

3. 航程

航程是飞机加满油（燃油和滑油）起飞后空中不加油、不着陆所能飞行的最大距离。现代客机划分为近程、中程和远程，其目的就在于使飞机和执行的任务相一致，即什么样航程的飞机用在什么样的航线上，这也可称作航线和飞机的匹配。

增加飞机航程的主要措施是增加飞机的载油量和减小发动机的燃油消耗率。如果简单采取多装燃油以便增加航程的方法，会直接影响商务载量，影响了飞机的经济性。

4. 业载

业载是指商务载重，是关系到运输能力的重要性能指标。载量的大小与飞机的性能因素有关，如起飞滑跑距离、上升率、飞行速度和升限等影响较大。尤其在起飞时，飞机载量过大，会导致爬升性能差，如果严重超载，还会造成因升力不能大于重力而不能起飞离地。因此，飞机出厂时，对其重量做了严格的规定和限制，各种飞机都规定了最大起飞重量。此外，由于一些受力最大的部位（如机翼、机身的结合部）受结构强度的限制，某些飞机还规定了最大无油重量和最大着陆重量。总之，为了防止飞机超载，保证飞行安全，在起飞前应该严格根据机场条件、大气数据计算飞机的各种重量。

1）飞机的重量的定义

①最大起飞重量（MTOW）：是飞机在跑道端开始启动的重量。它是起飞时结构能允许的最大总重量。

②最大着陆重量（MLW）：是飞机在着陆时允许的最大重量，它要考虑着陆时的冲击对飞机结构的影响，大型飞机的最大着陆重量小于最大起飞重量，对中小飞机来说两者差别不大。

③最大无燃油重量（MZFW）：是飞机没有燃油时的最大重量，在前面我们曾提到过现在运输飞机的机翼中存储燃油，燃油的重量在飞行时会抵消升力对机翼结构的作用力，如果没有燃油，机翼结构在空中的受力反而增大，因而这个重量对飞机载重有

一定的限制作用，即到一定程度后，不能减少燃油载量，否则将会超过最大无燃油重量。

④使用空机重量（OEW）：是飞机上除了燃油重量和业载之外的全部重量，包括空勤人员及厨房、座椅、资料等全部服务所需的物品的重量。

⑤业载：业务载荷，也称商载。指飞机可以用来赚取利润的商业载荷，它包括三个部分。

- 旅客：总重量为座位数×旅客平均重量，我国一般旅客的平均重量按 72 公斤计算。
- 行李：在下层货舱，占据一定的容积。
- 货物：在客机上和行李混装，由于行李是散装的，占体积较大，因而目前货物多采用集装箱或集装盘以留出一定的容积装运行李。最大业载应等于最大无燃油重量减使用空重，即最大业载=MZFW-OEW。

⑥燃油重量：油箱的容积是固定的，因而燃油的最大重量=油箱容积×燃油密度。燃油密度高，同体积燃油燃烧的热量大，航程增加，但高密度燃油价格也高，实际使用中由供应情况和价格因素决定用什么样的燃油。

2）飞机各种重量之间的关系

在以上的各种重量中，最大起飞重量和最大无燃油重量受到飞机结构的限制，是各种重量的基础，任何时候都不能超过。最大业载受到两方面的限制，一是受到最大无燃油重量的限制，另一方面最大业载还受到货舱容积的限制，对于货机它是货舱容积和货物比重的乘积，对于客机则等于全部旅客重量加上货舱容积限制的货物重量。

最大燃油重量也受到两方面的限制，一是受油箱容积限制，即最大燃油重量为油箱容积乘燃油比重，另外也受到最大无燃油重量的限制，最大燃油重量=MTOW-MZFW，但应注意，这时的最大燃油量是飞机处于最大业载时的油量。

二、经济性能

飞机的经济性能受到多种因素的影响，除去公司整体管理水平这个因素外，主要体现在以下几个方面。

1. 燃油利用率

它定义为每吨燃油所能完成的吨公里运输量，利用率越高，表示飞机的直接使用成本越低，一般燃油消耗占直接使用成本的1/4。

2. 维修性和可靠性

可靠性越高，故障越少，而维修性是指故障监控诊断能力和折装的方便性及厂家的支援能力，这几个方面的保证会使维修时间缩短，从而节省大笔费用。

3. 适应性

飞机的适应性是指飞机对机场和航线长度、货运能力与市场的适应，它不影响直接使用成本，但对飞机的经营竞争能力有重大影响。例如，尽管飞机飞行的航段越长，燃油利用率越高，但飞长航段的飞机在短程航线上飞行是不经济的，因为多次的起落会使飞机的寿命缩短。再如，对机场适应能力差的飞机在不发达地区运营时，有些机场不能降落，使经营范围变小。经济性不好，噪声标准不够的飞机在发达国家使用也会受到很大的限制。

4. 飞机的初成本

初成本指购买飞机的价格，从前面的几条已经可以看出，并非价格越低的飞机越经济，而是要从使用者的角度把各种因素综合考虑后，才能比较出它的经济性能。

三、安全性

任何时候飞行的安全都是航空公司运营的基本条件，各国的飞机在制造时都要经过主管当局的适航认定，应该说安全基本上是有保证的。但在各类飞机的比较中，安全性主要体现在主要部件的可靠性上，特别是发动机、液压系统等的可靠性上，其次体现在电子设施的先进性上，近20年来机载的电子系统发生了革命性的变化，其进展的主要方向是改善了飞行安全，减轻了驾驶员的负担，减少了人为因素失误的可能，使安全性能提高。

四、舒适性

舒适性主要体现在旅客座位的间距，机内噪声水平，环境的温度、压力控制以及厨房、厕所、娱乐设施（录像、广播）和通信设施如对地电话等的数量和水平上。旅客占用空间是一个主要的指标，一架飞机中旅客能占用的空间越多，它的舒适性就越高。

不难看出，舒适性和经济效益有一致性又有矛盾的地方，增加舒适程度会增加成本，但舒适性差会降低对旅客的吸引力，因而必须针对具体情况做综合考虑。在短程高流量航线上，可以降低舒适程度以增加座位来增加收入，而面对着商务人员或航班饱和的市场，则必须提高舒适性，才能在竞争中获得市场份额。

思考题：

1. 简述大气飞行环境的分层和特点。

2. 举例说明连续性定理和伯努利定理在自然界中的表现或在日常生活中的应用。
3. 说明升力和阻力产生的原因。
4. 说明影响升力大小的因素。
5. 说明飞机为什么会飞。
6. 说明阻力的分类。
7. 飞机稳定性的类型有哪些？各有何种部件和因素做保证？
8. 简述飞机主操纵系统。
9. 飞机的飞行过程有哪几个阶段？
10. 什么是飞机的运行性能？
11. 简述飞机的基本飞行性能。

第四章　机　场

第一节　概　述

一、机场发展的阶段

机场的发展经历了从简单到复杂，从仅提供飞机起飞、降落的单一功能到具备多种功能的历程，是由航空工业的不断进步来推动的。机场的发展历史可分为三个阶段：

1. 第一阶段

飞机最初出现的时候，由于尚无机场的概念，当时只要能找到一块平坦的土地或草地，能承受不大的飞机重量，就可以让飞机在上面起降了。1910 年德国出现了第一个机场，这个机场只是一片有专人管理的草地，并设有简易的帐篷用于存放飞机及其维护设备。

由于这个时期的飞机在安全性和技术方面尚不稳定，还没有被社会广泛接受，使用范围主要局限在航空爱好者的试验飞行或军事目的飞行，机场只是为飞机和飞行人员服务，基本上不为当地社会服务。这一阶段是机场发展的初始阶段，是“飞行人员的机场”。

2. 第二阶段

第一次世界大战结束后，欧洲开始建立最初的民用航线。随着民用航空运输和军用航空的发展，机场大量建设起来。在 20 世纪 30 年代，欧美国家的国内航线大量开通。为了加强对殖民地的控制，各宗主国和殖民地之间开辟了跨洲的国际航线，如英国开通了到印度和南非的航线，美国开通了到南美和东南亚的航线，与之相伴随的是机场在世界各地大量出现。

随着航空技术的飞速发展，飞机对机场的要求也越来越高，如航空交通管制对通信导航设备的要求，大型飞机对跑道强度的要求，一定数量的旅客进出机场的要求等，为了满足这些要求，出现了塔台、混凝土跑道、候机楼等设施，现代航空港的雏形已基本出现。在20世纪50年代中期，国际民航组织为全世界的航空港制定了统一标准和推荐要求，使世界航空港建设有了大体统一的标准。这一阶段的航空港进入到快速发展的阶段，主要为飞机服务，是“飞机的航空港”。

3. 第三阶段

20世纪50年代末，大型喷气式飞机在民航运输中投入使用，使飞机成为真正的大众交通运输工具，航空运输成为地方经济不可缺少的重要组成部分。航空港为所在地区的经济发展提供了巨大的动力，同时也为城市的发展带来许多矛盾和问题：随着航班数量的快速增加，航空港设施要进行改建或扩建，飞机起飞和降落时产生的噪声对航空港附近的居民区造成了巨大干扰。航空港已成为整个社会的一部分，这个阶段的航空港是“社会的航空港”，航空港的建设和管理要与城市的发展有机地协调、统一起来。

二、机场的分类

机场分为军用和民用两大类，用于商业性航空运输的民用机场称为航空港，分类如下：

- 机场
  - 军用机场
  - 民用机场
    - 航空港
      - 枢纽航空港
      - 干线航空港
      - 支线航空港
    - 单位或私人机场

军用机场用于军事目的，有时也部分用于民用航空或军民合用。

民用机场主要用于民航运输业务。按照国际惯例，用于商业性航空运输的机场一律被称为航空港。按照规模和完成的客、货运吞吐量可将航空港分为三种类型：枢纽航空港、干线航空港和支线航空港。

枢纽航空港：是指在国家民用航空运输中占据核心地位的航空港，这种航空港无论是运输旅客的吞吐量，还是运输货物的吞吐量，在整个国家民用航空运输中都有举足轻重的地位，其所在城市在国家经济中处于特别重要的地位。美国把运输量占全国1%以上的航空港划分为枢纽航空港，由于运输量与航空业强国存在着巨大差距，我国还没有真正意义上的枢纽航空港。

图 4.1　军用机场

图 4.2　民用机场

干线航空港：枢纽航空港之外的其他小型航空港，其所在城市通常是直辖市、省会、自治区首府、沿海开放城市、旅游城市或其他经济比较发达、人口密集的城市。这类航空港的旅客吞吐量和货物吞吐量都比较大，对其所在地区的经济发展起着重要作用。

支线航空港：除上面两种类型之外的民航运输航空港被划分为支线航空港。这类航空港的旅客吞吐量和货物吞吐量都比较小，但作为沟通全国航路的组成部分，发挥着重要作用。

单位或私人机场：在我国，除航空港和军用机场外，有些机场属单位和部门所有，如飞机制造厂的试飞机场，体育运动的专用机场和飞行学校的训练机场，在国外还有大量的私人机场，服务于私人飞机或企业的公务飞机，这种机场一般只有简易的跑道和起降设备，规模很小，但数量很大。

图 4.3 单位或私人机场

三、中国民用航空港发展概况

我国在 1920 年开通了京津航线后就在天津和北京出现了民用航空港，随后在全国各大城市建立了民用航空港，开辟了航线。在新中国建立之前，由于经历了较长时间的战乱，民用航空港的建设相当落后，在 1949 年中国大陆能用于航空运输的主要航行民用航空港只有 36 个。新中国建立之后，军委民航局立即着手进行了民用航空港建设工作，先是扩建天津张贵庄航空港、太原齐贤航空港和武汉南湖航空港，之后新建北京首都航空港、成都双流航空港等。

1978 年实施改革开放政策之后，民用航空港建设进入到飞速发展阶段，我国的四个经济特区和沿海开放城市及海南省，把民用航空港建设作为开发特区和发展本地经济必不可少的工作，相继新建、扩建了一批大型民用航空港。1984 年后，内地省会以及各大中城市也相继新建、扩建了一批中小型航空港。到 2001 年，我国在所有的直辖市、省会城市、自治区首府、沿海开放城市和主要旅游城市都拥有了设施齐全的民用航空港，在一些边远地区也拥有了规模较小的民用航空港，基本上满足了中国飞速发展的经济对民航运输业的要求。

四、航空港在经济发展中的作用

1. 航空港是交通联系的枢纽

航空港是国家运输系统中的重要结合点，是所在地区通向国内重要经济中心和通向国际的门户。如果一个地区没有空港，它就不能直接、快速和远距离地进行人员和货物的运输，就无法适应经济发展全球化的趋势。如果要通过其他陆路交通再连接到航空网，从时间和金钱上都是很大的损失。

2. 航空港是对外开放的窗口

现代航空运输不仅是本国经济建设的重要支柱，而且是对外开放的重要基础。在国际政治、经济、科技、文化的合作与交流过程中，现代航空港是一个极其重要的窗口，航空港的运营规模标志着该地区的政治、经济和文化的发达程度，并将其展现在世界面前。

3. 对投资者具有吸引力

由于航空运输的发展，工业和服务业开始向发展中国家和一些尚未开发的地区转移，以避开发达国家的昂贵的地价和高昂的人力成本。这些未开发地区要得到投资的先决条件之一就是要建立空中进出的门户，有了航空港这个门户，远处的公司才能有便利的人员和物资交通手段。自我国实行经济开放政策以来，发展交通的一个重要方面，就是扩建、新建航空港以改善投资环境，为外来投资参与本地经济建设提供现代化的便利条件。

4. 促进当地经济发展

航空港本身是一个小型社会，它的客、货运服务，航空配餐，油料消耗，各种供应，以及围绕旅客的各种服务都带来了可观的收益和大量的就业机会，外来的旅游者和相应行业的建设能很快改变一个城市的闭塞状态和落后面貌。

5. 推动房地产增值

航空港的出现首先使周边地区繁荣起来，地价随之上涨，房地产增值，随着城市地位改变，整个地区的地价增值，这意味着整个地区的财富增加。

五、航空港的选址

航空港的选址过程中需要仔细研究的主要因素有空域分析、周边障碍物、气象条件、建设的经济性、公众便利、噪声、城市建设与航空港自身的发展规划等。

在航空港地址选择的备选方案的比较上，应从成本角度出发，对前面叙述的因素进行定量和定性的比较，以确定一个最佳方案。定量分析包括对下列情况的评估：购置土地成本，大型公用事业设施，地面准入设施，旅客的地面旅程以及对航空港周边地区的影响，如噪声污染、空气污染和水污染等。定性分析考虑航空公司的可准入度，适宜的可扩建能力以及与空中交通管制的相容性等。

航空港区域包括地面和空中两部分，即航空港本身和为其划定的包括各种飞行空域的空间。航空港地面部分主要由飞行场地、技术和生活服务区等组成。空中部分包括起落航线和其他飞行空域。飞行场地由跑道、保险道、滑行道、迫降场和停机坪等组成。

第二节 航空港的构成

航空港主要由飞行区、候机楼、货运区、机务维修设施、供油设施、空中交通管理设施、安全保卫设施、救援和消防设施、行政办公区、生活区、地面运输区等组成。飞行区是飞机运行的区域，地面运输区是车辆和旅客活动的区域，候机楼是旅客登机的区域，是飞行区和地面运输区的接合部位。

一、飞行区

飞行区是航空港内供飞机起飞、着陆、滑行和停放的地区，分为地面部分和空中部分。地面部分包括跑道、滑行道、停机坪和登机门，以及一些辅助设施。空中部分指航空港的空域，包括飞机进场和离场的航路。

1. 跑道

航空港一般有一至数条跑道，保证飞机至少能从相反的两个方向起飞和着陆。主跑道一般沿常年风向修筑。跑道长度一般为1000~5000米，宽度45~100米。

1）飞行区等级

跑道决定飞行区等级。根据国际民航组织的规定，飞行区等级依据等级指标 I

（代码）和等级指标Ⅱ（代字）来划分，见表4-1。

飞行区等级用两个部分组成的编码来表示，第一部分代码是数字，表示飞机性能所对应的跑道性能和障碍物的限制。第二部分代字是字母，表示飞机的尺寸所要求的跑道和滑行道的宽度，因而对于跑道来说，飞行区等级的第一个数字表示所需要的飞行场地长度，第二位的字母表示相应飞机的最大翼展和最大轮距宽度。

表4-1 飞行区等级划分

飞行区等级指标Ⅰ		飞行区等级指标Ⅱ		
代码	飞行场地长度（米）	代字	翼展（米）	轮距（米）
1	<800	A	<15	<4.5
2	800~1200	B	15~24	4.5~6
3	1200~1800	C	24~36	6~9
4	>1800	D	36~52	9~<14
		E	52~65	9~<14
		F	65~80	14~<16

注：表中的飞行场地长度指飞机在最大起飞重量、海平面高度、无风、无坡度标准大气下起飞时所要求的最低场地（跑道）长度，飞行场地长度也表示在飞机中止起飞时所要求的跑道长度，因而也称为平衡跑道长度。

2）跑道的基本参数

跑道的基本参数包括方向和跑道号、基本尺寸、跑道的道面和强度、跑道的附属区域，包括跑道道肩、跑道安全带和净空道。

①方向和跑道号。航空港主跑道的方向一般和当地的主风向一致，跑道号按照跑道中心线的磁方向以10°为单位，四舍五入用两位数字表示。如磁方向为267°的跑道，其跑道号为27。这条跑道的另一端的方向是87°，跑道号为09，因此一条跑道的两个方向有两个编号。如航空港有两条跑道，则用左跑道和右跑道表示。

②跑道的基本尺寸。是指跑道的长度、宽度和坡度。跑道长度取决于允许使用的最大飞机的起降距离、海拔高度及温度。海拔高度高、空气稀薄、地面温度高等因素，会造成发动机功率下降，因而需要加长跑道。如西藏昌都的邦达航空港的跑道长度为5500米，是我国航空港中跑道最长的。

③跑道的道面和强度。跑道的道面分为刚性和非刚性两种。刚性道面由混凝土筑成，承载能力强，一般大型航空港都使用刚性道面。非刚性道面有草坪、碎石、沥青等各类道面，承载能力小，只能用于小型航空港。

④跑道的附属区域。跑道的附属区域包括跑道道肩、跑道安全带和净空道三部分。跑道道肩是在跑道纵向侧边和相接的土地之间的隔离地段，使飞机因侧风偏离跑道中心线时不致受损坏，一般每侧宽1.5米。跑道安全带是在跑道的四周划出的区域，其

目的是为了保障飞机在意外情况下冲出跑道时的安全。净空道是指跑道端之外的地面和向上延伸的空域，它的宽度为150米，在跑道中心延长线两侧对称分布。在净空道内，除了跑道灯之外不能有任何障碍物，但对地面没有要求，可以是地面，也可以是水面。

图4.4 跑道

2. 滑行道

滑行道的作用是连接飞行区各个部分的飞机运行通路，它从机坪开始连接跑道两端。在交通繁忙的航空港的跑道中段设有若干跑道出口与滑行道相连，以便降落的飞机迅速离开跑道。

滑行道的宽度由使用航空港的最大型飞机的轮距宽度决定，要保证飞机在滑行道中心线上滑行时，它的主起落轮的外侧距滑行道边线不少于1.5~4.5米。

滑行道的强度要和配套使用的跑道强度相等或更高，其原因是在滑行道上的飞机运行密度要高于跑道，飞机的总重量和滑行时的压强比在起降时要大。

滑行道在和跑道端的接口附近有等待区，地面上有标志线标出，这个区域是为了飞机在进入跑道前等待许可指令。等待区与跑道端线保持一定的距离，以防止等待飞机的任何部分进入跑道，成为运行的障碍物或产生无线电干扰。

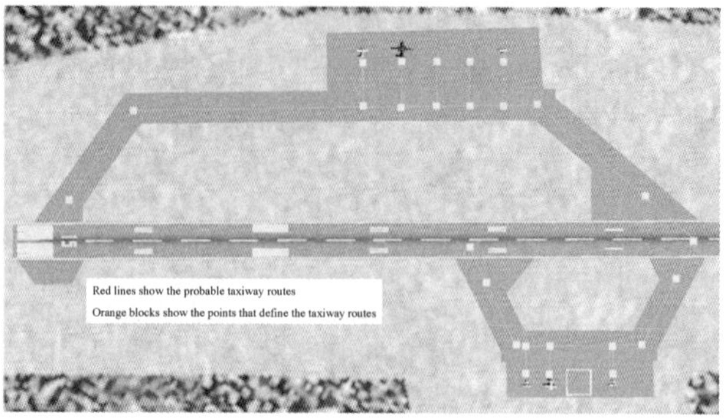

图 4.5　滑行道

3. 机坪

机坪是飞机停放和旅客登机的地方，机坪又分为登机机坪和停放机坪，飞机在登机机坪进行装卸货物、加油，在停放机坪过夜、维修和长时间停放。停机机坪的面积要足够大，以保证进行上述活动的车辆和人员的行动，机坪上用漆标出运行线，使飞机按照一定线路进出滑行道。

图 4.6　停机机坪与登机机坪

4. 航空港导航设备

航空港导航设施也称为终端导航设备，其作用是引导到达航空港附近的飞机安全、准确地着陆。航空港导航设备分为非精密进近设备和精密进近设备。

非精密进近设备通常是指全向信标台、测距设备台和航空港监视雷达，它们的作用是把飞机引导到跑道平面，但无法提供高度上的引导。

精密进近设备能给出准确的水平引导和垂直引导，使飞机穿过云层，在较低的能见度和云底高度的情况下，准确地降落在跑道上。目前使用最广泛的精密进近设备是仪表着陆系统，即俗称的盲降设备。

5. 航空港地面灯光系统

夜间飞行的飞机在航空港进近降落，需要航空港地面灯光系统的助航以保证安全。

航空港地面灯光系统主要包括跑道灯光、仪表进近灯光、目视坡度进近指示器等。

1）跑道灯光

跑道侧灯沿跑道两侧成排安装，提醒飞机驾驶员已经接近跑道端。跑道中心灯沿跑道中心安装，通过颜色的变化提醒飞机驾驶员跑道即将终结。接地区灯安装在从跑道端开始的750米区域内，提醒飞机驾驶员这是着陆的关键区域，飞机应该在此区域内接地。

2）仪表进近灯光

飞机在进近的最后阶段，一般要由仪表飞行转为目视飞行。这时夜航的飞机驾驶员使用仪表进近灯光来确定距离和坡度，从而做出决断。

3）目视坡度进近指示器

目视坡度进近指示器安装在跑道外着陆区附近，由两排灯组成。每排灯前装有上红下白的滤光片，经其前方挡板的狭缝发出两束光。如果飞机的下降坡度准确，驾驶员看到的是上红下白的灯光；如果驾驶员看到的只有白光，表明飞机飞得过高，需要向下调整；如果驾驶员看到的只有红光，表明飞机飞得过低，需要向上调整。

图4.7 跑道灯光设备

6. 航空港的进近和净空区

航空港要保证在飞机的起飞和降落的低高度飞行阶段不能有地面的障碍物来妨碍导航和飞行，因而要划定一个区域，这个区域的地面和空域要按照一定标准来控制，并把有关的地形情况标注在航图上，这个区域称为进近区或净空区。

7. 飞行区内的其他设施

（1）测量基准点，指航空港的地理位置基准点，是由国家的测绘机构定出精确的地理经度和纬度，作为这个航空港的地理坐标，这一点通常选在航空港主跑道的中点。

（2）标高校核位置，指航空港的标高，即它的海拔高度。这个位置在停机机坪的一个位置，用于飞机的高度表的校准。

(3) 空中交通管制服务设施，指空中交通管制中心、塔台、气象服务中心等。

(4) 地面维护设施，指机库、货运中心、飞机加油设施等。

(5) 消防和跑道维护设施。

二、候机楼区

候机楼区包括候机楼建筑本身以及候机楼外的登机机坪和旅客出入车道，它是地面交通和空中交通的结合部，是航空港对旅客服务的中心地区，候机楼区旅客流程如图 4.8 所示。

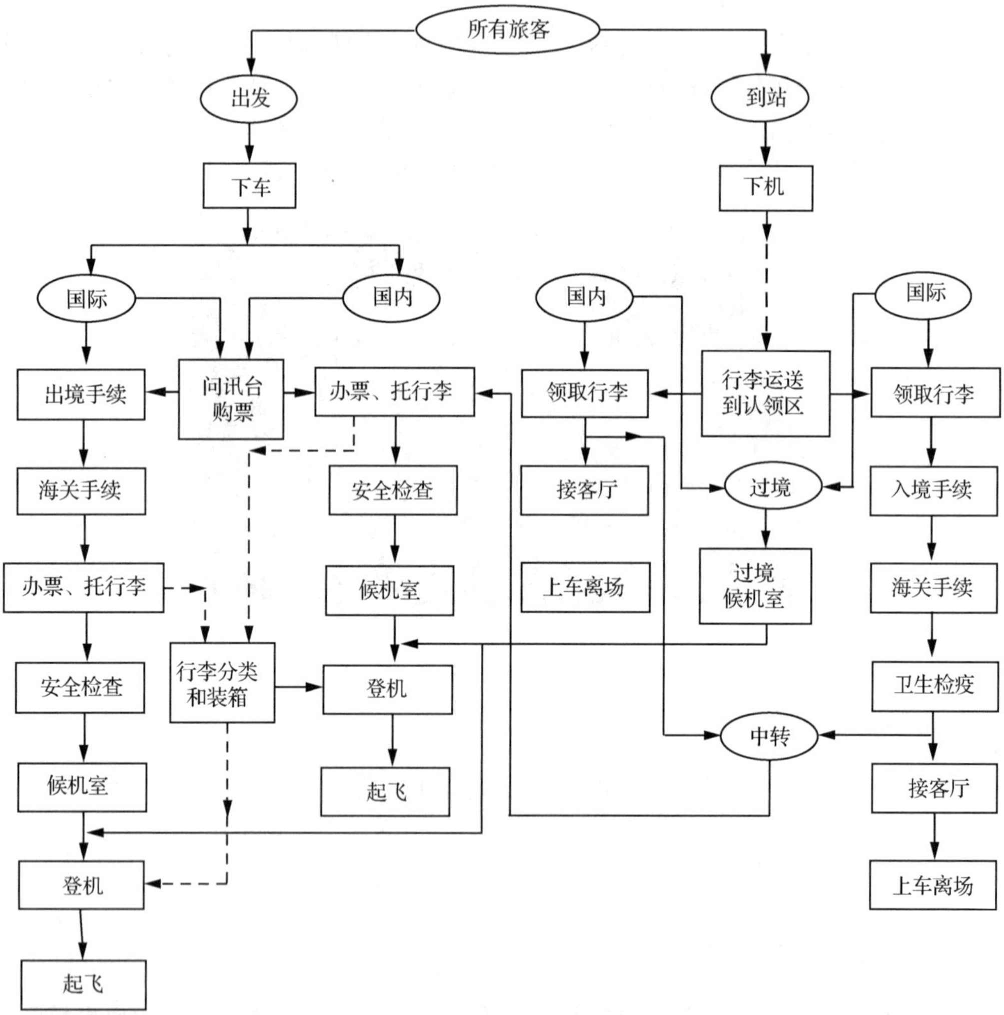

图 4.8　候机楼区旅客流程

1. 登机机坪

登机机坪是指旅客从候机楼登机时飞机停放的机坪，这个机坪要求能使旅客尽量减少步行登机的距离。按照旅客流量的不同，登机机坪的布局可以有多种形式，如图4.9所示。

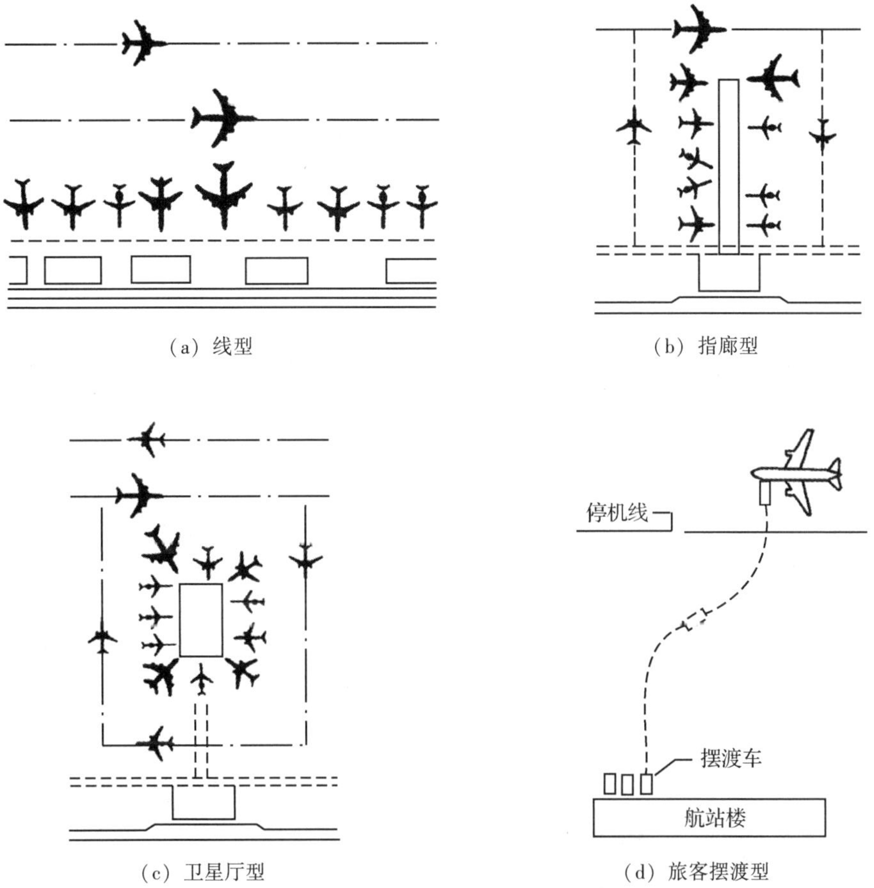

（a）线型　（b）指廊型　（c）卫星厅型　（d）旅客摆渡型

图4.9　各种类型的登机机坪

1）线型

即飞机停靠在候机楼墙外，沿候机楼一线排开。旅客通过登机桥上下飞机，如图4.9（a）和图4.10所示。这种形式是最简单的，旅客出了登机门直接登机，其好处是简单、方便，缺点是只能处理少量飞机，一旦交通流量很大，有些飞机就无法停靠到位，造成延误。

图 4.10　线型登机机坪

2）指廊型

由候机楼空侧边向外伸出若干个指形廊道，廊道两侧安排机位，从而延展了航站楼空侧边长度，如图 4.9（b）和图 4.11 所示。飞机停靠在指廊两旁，这样可停放多架飞机，是目前航空港中使用比较多的一种，指廊上通常铺设活动人行道，使旅客的步行距离减少。

图 4.11　指廊型登机机坪

3）卫星厅型

在候机楼主体空侧一定范围内布置一座或多座卫星式建筑物，这些建筑物通过地下、地面或高架廊道与航站楼主体连接。卫星建筑物周围设有机位，飞机环绕卫星建筑停放，如图 4.9（c）和图 4.12 所示。卫星厅和候机楼之间有活动人行通道或定期来往车辆沟通。它比指廊式优越的地方是卫星厅内可以有很多航班，各航班旅客登机时的路程和需要的时间大体一致，旅客在卫星厅内可以得到较多的航班信息，而指廊式的登机坪，旅客到最末端的登机门用的时间比卫星厅式的要长。卫星厅式的缺点是建成后不易进一步扩展。

图 4.12 卫星厅型登机机坪

4）旅客摆渡型

旅客摆渡型也叫做远距离登机坪，飞机不接近候机楼，而是停在比较远的机坪上，通过接送旅客的摆渡车来建立航站楼与飞机之间的联系，如图 4.9（d）所示。这种方式的好处是大大减少了建筑费用，并有着不受限制的扩展余地，但它的问题是机坪上运行的车辆增加，航空港的服务工作人员增加，旅客登机的时间增加，而且给旅客带来了容易受外界恶劣天气影响等不便，影响了服务质量。

以上各种形式并不是单一固定的，可以根据实际需要采用各种混合形式来减少延误。

2. 候机楼

航空港候机楼是供旅客完成从陆侧到空侧或空侧到陆侧的交通转换的场所，是机场的主要建筑，候机楼是机场的主要建筑物，通常由下列设施组成：

（1）连接地面交通的设施。有地铁站、出租汽车站及穿梭巴士车站等。

（2）办理各种离港手续的设施。有旅客办票、安排座位、托运行李的柜台以及安全检查和行李提取等设施。通航国际航线的航站楼还有海关、检验检疫、边防（也称联检）的柜台。

（3）连接飞行的设施。有靠近飞机机位的候机厅或其他场所，视旅客登机方式而异的各种运送、登机设施，中转旅客办理手续、候机及活动场所等。

（4）航空公司营运和机场管理部门必要的办公室、设备等。

（5）服务设施。有餐厅、商店、银行等。

航空港候机楼可以分为以下两大功能区：

1）旅客服务区域

旅客服务区域包括下列区域：值机柜台；安检、海关、检疫的通道和入口；登机前的候机厅；行李提取处；旅客信息服务设施；旅客饮食区域；公共服务区；商业服务区等。

图 4.13　航空港旅客服务区域

2）管理服务区域

管理服务区域包括下列区域：航空港行政办公室；后勤办公和工作场所；紧急救援设施；航空公司运营办公室、签派室和贵宾接待室；民航主管当局、卫生部门、海关、环保、边防检查部门的办公区域等。

图 4.14　航空港管理服务区域

三、地面运输区

地面运输区除包含候机楼外，还包括两个部分：航空港进入通道、航空港停车场和内部道路。

1. 航空港进入通道

航空港是城市的交通中心之一，有严格的时间要求，因而从城市进出航空港的通道是城市规划的一个重要部分。大型城市为了保证航空港交通的顺畅，都修建了从中心城区到航空港的专用公路或高速公路，以解决航空客运的旅客出行问题。

图 4.15 航空港进入通道

2. 航空港停车场和内部道路

航空港停车场的规划要满足乘机的旅客以及其他人员的车辆停放的需求，因此航空港的停车场必须有足够大的面积。但是航空港停车场面积太大也会带来不便，因此繁忙的航空港按车辆使用的急需程度把停车场分为不同的区域。离候机楼最近的是出租车辆和接送旅客车辆的停车区，以减少旅客步行的距离。航空港职工或航空公司使用的车辆则安排到较远位置。

航空港内部道路系统的规划要满足旅客和航空公司对顺畅的地面交通的要求。在候机楼外的道路区要进行科学管理，这里各种车辆和行人混行，而且要装卸行李，特别是在高峰时期，容易出现混乱和事故。与此同时要安排好货运的通路，使货物能通畅地进出航空货运中心。

第三节　机场的管理和运行

一、机场的管理体制

机场的管理体制与机场的性质密切相关。传统上所有的机场都是公有的。直到20世纪90年代，部分私有或私有的机场才开始明显增多。在欧美等航空发达国家，传统上私有机场只是通用航空或航空俱乐部使用的小型机场，因此，私有机场对机场业的影响非常有限。这样，地方或国家层次上的公有形式成为机场最常见的产权形式。我国的机场长期以来都是公有和国营的。机场运营的目标是完成上级下达的行政任务，赢利上缴国家，亏损由国家补贴，机场没有独立决策的自主权，只是个计划执行单位。改革开放后，我国机场的国有性质仍然保持，但机场的企业性质逐步增强，向纯粹的经济实体过渡，行为目标演变为以市场需求为导向，追求利润最大化。我国机场的国有性质决定了机场经营目标的双重性：既要实现机场利益最大化，又要满足社会公众的利益。但在市场经济条件下，机场承担社会责任的过程，已不再是单纯地执行行政命令，而是通过市场机制的作用来协调完成。机场通过提供社会需要的服务而获得利润，得到发展。

目前世界上的机场管理体制分国家管理、城市政府管理和私人企业管理三种。

1. 国家管理体制

这种管理方式在一些非市场经济国家比较流行。我国在民用航空体制改革前采用这种方式管理所有机场。国家管理是国家的民航主管部门直接管理机场，这种体制的优点是可以迅速适应国家政治任务的需要，并且容易和空中交通管制系统配合，集中力量统一调度。它的缺点是和当地政府、经济社团联系不密切，不能从地方经济社会的发展出发考虑问题，从而形成与地方经济发展的矛盾。

2. 本地政府管理体制

世界上的大部分机场都采取这种形式。机场是当地经济发展的重要组成部分，本地政府管理能把地方社会经济发展的要求和机场建设统一协调起来，也调动了地方投资的积极性，这种形式的管理效果较好，不足之处是会和民航管理部门及非本地的航空公司产生利益上的冲突，需要协调解决。

3. 私人企业管理体制

这种方式只有在英国和美国的一些小型机场中实行，它完全按照企业经营，但受到政府相关法规的限制。这种模式主要的目标是企业的利润和效益，带来的优点是经营的效率很高，但是缺点也很明显，那就是必须由政府来控制和协调它的经营的波动性和忽视社会效益的倾向。

二、我国机场的管理模式

改革开放以前，我国的机场管理模式比较单一，机场完全由中央政府统一管理。改革开放后，地方政府为促进当地社会经济的发展，积极参与机场建设，由于机场投资主体发生了变化，从而使单一的机场管理模式被打破，形成了多种管理模式并存的局面。我国的机场管理模式主要有以下几类：

1. 由民航局和地方管理局直接管理的机场

这类机场主要由政府投资，产权归政府所有。由政府组织当局对机场进行管理，机场有义务向民航局反映其运营的成本和收入情况。民航改制后，国家把除北京首都国际机场和西藏机场外的所有机场全部下放给省、市政府管理并转为企业化经营。

2. 由地方政府管理的机场

这类机场全部或大部分由地方政府投资和经营，民航局实行行业管理，如厦门机场、深圳机场、珠海机场、三亚机场等。机场归地方政府管理，可更好地满足地方和旅客的需要，提高机场的效率和效益。

3. 由中央和地方政府以及其他经济组织共同出资实行股份制管理的机场

这类机场直接与市场衔接，在一定程度上减轻了国家的投资负担。这些机场有的由地方政府控股，如福州长乐机场、广州白云机场等。

三、机场的运行

机场运行的基本目的是要保证其航空运输功能能够安全、顺利地实现。机场运行体系是由多个部分组成的，这些部分组合在一起为航空公司和旅客提供服务。

现代机场运行体系主要涉及以下内容。

1. 道面的维护

跑道像其他飞行场地道面一样，由于风化以及飞机往来活动的原因而逐渐地老化。这种道面老化会影响飞机起飞和降落的安全运行。跑道维护得好能延长道面的寿命。

跑道的建筑材料可以是柔性材料（沥青），也可以是刚性材料（混凝土）。混凝土道面，或者刚性道面，能保持使用20年到40年。这种道面通常在大型商用机场使用或者在以前为军事基地的机场使用。沥青这种柔性道面，天气寒冷时恶化得非常快，天气温和时恶化得慢，这种柔性道面常用在许多小型机场上。

飞机在跑道上高速运动，任何小的裂缝或隆起都有可能造成爆胎或对起落架的损害，从而引发大事故。

图 4.16　跑道清洗

大型航空港的跑道都使用混凝土道面，它是刚性的，承载能力高，但在温度变化时它的膨胀和收缩会引起很大的内应力，造成跑道道面的损坏。跑道维护人员要定期目视检查道面表面，在春季要增加检查次数，及时修补。中型航空港多用混凝土道面上铺一层沥青。这种道面是柔性的，不耐水汽侵蚀，如果道面积水时间较长，就会造成小孔裂缝等。由于道面强度低，飞机的重着陆和暴雨都会使道面上的软材料被带走，造成空洞。沥青道面虽然造价比混凝土低，但它的维修的次数和费用都要高于混凝土道面。因此，每隔一定时期要对跑道的强度和性能进行检验。

道面的摩擦力会由于道面的磨损、积水和污染而变化。

道面的磨损可以由及时的修补来解决。跑道上的薄层积水会使机轮打滑，甚至丧失全部摩擦力。解决的方法是在跑道道面上开出跑道安全槽，这些槽深只有6~7毫米，间隔为30毫米，它可以使道面上的水排干净，也可以排出由于轮胎摩擦造成的水蒸气和热量。

跑道污染主要是由于油漆、废物和轮胎上的橡胶颗粒黏附造成的，其中最主要的是橡胶颗粒黏附，这是由于飞机降落后制动时轮胎与跑道道面摩擦而产生的，这将大大减低道面的摩擦系数。清除这种污染比较费力，目前采用的方法有四种：一是高压水冲洗，水压在300大气压以上而且只能在5℃以上的气温中进行；二是化学溶剂溶解，酸性化学制剂用于混凝土跑道，碱性化学制剂用于沥青跑道，这种方法很有效，但会导致环境污染；三是高速冲击方法机械刷除，这种方法的设备比较昂贵；四是超声波清洗，成本不高，效果较好。

2. 除雪和除冰

在中高纬度地区的机场，除雪和除冰是保证航空港运行的重要工作，除雪要根据气象预报早做准备，一旦雪情妨碍飞行就要立即行动。除雪的方法分两种：机械的和化学的。化学方法的成本高、见效慢，对环境会造成污染，因此大多数机场使用机械方法除雪。除雪机械主要有推雪车、吹雪车和扫雪车。在有很厚积雪的机场，往往是三种车辆连续作业，推雪车在前除去厚雪，吹雪车在后，把铲雪车推到旁边的雪堆吹到远离跑道的地方，最后由扫雪车把道面打扫干净。

跑道结冰对飞机来说比积雪更危险，但除冰比除雪还难。如果扫雪车不能将冰扫走时，一般用撒沙子的方法，一方面增加跑道的摩擦力，同时也加快了冰融化的速度，更先进的办法是撒加热的沙子，使沙子嵌入冰层。在紧急情况下用喷气发动机喷出的热气流除冰也极为有效，但是噪声太大，成本很高。

图 4. 17 跑道除冰

3. 鸟害

鸟被吸入起飞飞机的喷气式发动机中可以导致危险的停车。最近的案例有：2009 年 1 月 15 日下午，全美航空公司一架空中客车 320 客机在起飞后不久，在 900 米高空撞上鸟群导致双发停车，成功迫降在哈得孙河中，机上 150 名乘客以及 5 名机组人员全部获救，如图 4. 18 所示。飞机起飞或降落时如果把鸟吸入发动机或与鸟相撞，都会造成很大的危险，因此机场驱散鸟类，使其远离机场空域是其主要的任务之一。

解决鸟撞的办法有很多，大多数鸟害控制技术的目的是促使在机场栖息或取食的鸟类飞往其他地方，并促使飞越上空的鸟类使用远离机场的不同路线。各种实用性的防治技术可以单独使用或者结合使用，具体包括：

（1）通过对机场用地范围内较好的规划以及落实植被管理制度来消除食物来源。

（2）消除树木、池塘、建筑架状突出物之类的栖息处及其他栖息之地。适当地进行水体保留管理在阻止鸟类的数量增长方面是特别重要的，这其中包括良好的排水以及消除湿地和低洼地。

（3）诸如噪声器、来自消防软管中的高压水，甚至用来吓唬鸟的纸制猫头鹰之类的物理干扰方法。

图 4.18　飞机因鸟撞迫降在水面上

（4）促使成群鸟类散开、飞走的化学处置方法。有效的昆虫防治也是化学处置中的组成部分。

（5）不间断地改进用于评估不同鸟类防治方法有效性的科学方法。

（6）更好地培训和管理一支专门从事鸟害管理方面的队伍。

（7）使用枪械或其他机械性的射杀方式。

鸟撞至今仍然是一个没能完全解决的问题，只能由机场加强对环境的清理，研究这一地区鸟类活动的规律，提醒飞机驾驶员提高警惕以防止事故发生。

4. 飞机救援、消防

所有航空事故中的75%发生在距离机场半英里以内的地方。飞机发生火灾是罕见的，但是一个机场没有高效的消防服务是不允许进行运营的。在有最细微的迹象表明一架着陆飞机出现不正常的情况下，如出现一只轮胎漏气、任何重要系统的一处电流断路、飞行控制面板上的一个警示灯闪亮等情况，飞机救援和消防车辆（ARFF）服务将处于全面的紧急待命状态。

飞机火灾是不同寻常的，这是由于它具有火势的快速蔓延和产生巨大热量的特性。救援的反应时间对于救援的效果有着决定性的影响，因而要求救援车队的第一辆车能在3分钟之内到达跑道的最远端，第二辆车在4分钟之内，其他车辆在4.5分钟之内到达。对于大型机场的救援、消防队，国际民航组织制定了推荐标准，如果达不到这个标准，就不能取得机场运行许可。机场救援、消防队的装备要比一般中小城市的消防队先进，反应迅速，它使用的车辆有快速救援救火车、轻型救火车和重型消防车。

图 4.19 重型消防车

5. 安全保卫

同其他公共设施一样，机场会受到 般的人为破坏和恐怖分子的袭击。这类犯罪可以是直接针对飞机，也可以是针对机场。作为机场管理部门，在做好运行管理的同时，还需要对机场建筑物及相关设施（包括飞机）提供高质量的安全保护，并保障旅客和工作人员的人身安全。

航空保安运行主要是指采取各种预防性的措施，防止可能对飞机、机上人员和航空设施造成威胁的人员及物品接近目标或登上飞机，这些措施以通行管制和安全检查为基础。所谓通行管制是指只允许经授权的人员进入相应的区域。为了实现航空安全保卫，通常根据不同的要求将相关区域划分为不同等级的保安限制区，只有工作需要必须进入的人员才可以进入相应区域。安全检查是按照法律法规的规定，对进入控制区的所有人员和物品进行检查，对可能对航空安全造成威胁的物品分别采取不同的措施进行管理，或采取限制措施，最终目的是为了防止这些物品被用来破坏飞机或伤害工作人员和旅客。

从运行的角度出发，可将航空保安措施分为以下几类：分区管理措施、旅客和客舱行李（随身携带物品）的保安措施、航空货邮的安全保卫措施、飞机的安全保卫措施以及空中的安全保卫措施。

防止对民用航空的非法干扰行为，重点在于地面的预防性保安措施。机场采取的保安措施一般有分区管理措施、通行管制措施和安全检查措施等。根据法律规定，不能对这些措施进行详细介绍，只能做简要介绍。

1）分区管理措施与通行管制措施

机场区域实行分区管理，不同的区域采取不同等级的保安措施。一般将机场范围划分为三个等级，即公共区、要害部位和保安限制。公共区一般包含陆侧停车场、道路及候机楼公共区等，是公众可以自由进出的区域。

要害部位是指对航空安全影响严重的区域，一般情况下，要害部位不允许无关人员进入；保安限制区是指为确保民用航空安全而对出入加以控制的机场空侧区，我国民航运行中通常又称为机场控制区。保安限制区对进出采取严格的管制，严禁一切未经许可的人员、车辆和物品进入。

2）安全检查措施

从20世纪60年代以来，恐怖主义的炸机和劫机事件有多起发生，给旅客和航空公司造成了巨大的生命和财产损失。为了应对这一威胁，各国发展了一系列的安检设备和技术手段。为了保证安全，旅客登机前，其携带的行李要通过一个X光检查台，如图4.20所示。这个检查台用X光透视，然后在显示器上成像，成像的焦距可变，以便检查人员能看清楚行李中的各个细节，行李由转送带运送，自动通过X光摄像机，以增加检查的速度。旅客则要通过一个金属探测门，在探测门的框内有电磁场，如果有一定体积的金属物品通过探测门就会有报警信号响起来。在X光检查机或金属探测门检查的结果不能确定时，旅客要接受开箱检查或搜身检查。

图4.20　安全检查设施

6. 机场总体安全检查

机场的安全是机场运行的突出问题。机场应该有一个总体安全检查计划，定期或随机地进行检查，建立起完善的安全制度和体系。存在的安全隐患应及时消除或改进，并且对职工进行安全方面的教育和技能的培训。

安全检查的目的是要防止由于天气引起的各种危险，由障碍物或移动物体（车辆、人员、动物等）引起的危险，道面或设施的损坏引起的危险以及人为的操作、维修不当引起的危险。

重点的检查区域：

（1）停机机坪和停机位。要求注意防火，禁止吸烟，然后确保道面平整，不得积水，以及飞机的固定。

（2）滑行道。道面的平整，有无杂物，各种标志线是否完好、清楚，灯光系统是否工作正常。

（3）跑道。要求跑道灯光设备和标志清晰可见，道肩完整，进近区的树木、地形障碍物在正常状态，车辆、行人、牲畜不得进入跑道。

（4）加油设施。要求燃油和其他油料存放区域必须远离停机机坪，消防设备齐全。加油设备定时检查，保证处于完好的工作状态。输油的接头、软管保持清洁。油罐防止水和污染物进入。

（5）机库和维修车间。要求保持清洁，防火工具、设备存放有序，各种标志（禁止吸烟、出口、车间号等）完整。

7. 地面勤务设备

在机场中，有一系列的地面车辆和设施为飞机的出港、进港、经停提供服务。这类设备的充足与可靠是保障航空公司运营效率和准点运行的一个主要因素。着陆之后，飞机在重新起飞之前，必须卸载、清洁、加油以及装运旅客、行李等，机场的这些服务都有一定的时限，这样可以提高飞机的利用率，也可以增加机场的效益。

图 4.21 表明了飞机在停机机坪上的地面勤务状况。飞机在经停时，一般要求在 30~45 分钟内完成地面勤务工作，环绕飞机周围，有十多辆服务车辆在进行服务。

地面勤务设备有很多种：为飞机活动和服务的地勤设备、装运货物的地勤设备、进行补给服务的地勤设备等。如图 4.22、图 4.23 和图 4.24 所示。

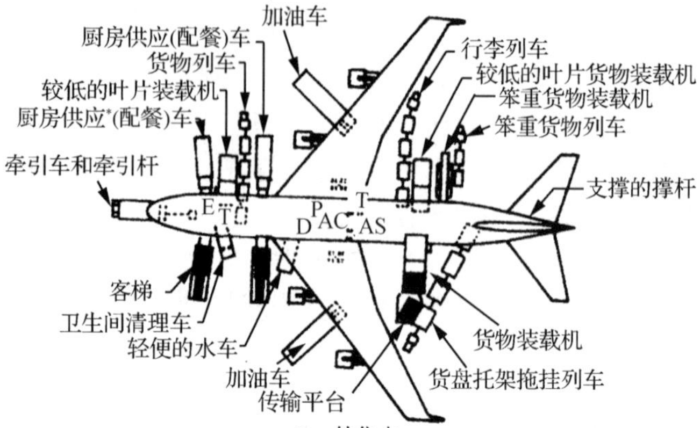

D　软化水
E　电源
AS 气动 } 由飞机辅助动力装置提供（APU）
AC 空调
*与机舱清洁车按顺序进行

图 4. 21　机场地面勤务

图 4. 22　加油车和行李牵引车

图 4. 23 供餐车

图 4. 24 飞机牵引车和清洁车

四、机场与航空公司的关系

在我国，民用机场和航空公司的行政管理属于中国民用航空局、民用航空地方管理局。对于那些利用地方资金共同建设的机场，地方政府参与管理，民用航空管理当局对机场的业务进行监督和协调。在经济上，如前所述，自体制改革以后，机场和航空公司都是独立经营，独立核算，自负盈亏。那么，民用机场与航空公司之间如何协调发展呢？

1. 协议关系

航空公司根据航班、客货运载量、使用机型等情况，与机场管理部门就机场的旅客候机或货物仓储场所的使用或租赁、飞机起降与停放、车辆使用、安全检查、登机门、入口、柜台等一系列有关设施的使用、服务和费用进行商谈，达成协议，签订合约。机场将按照协议提供有关服务，航空公司将按照协议支付相关费用。

为了降低成本，有些航空公司与机场之间签订了一份长期“一揽子”协议，向机场支付一笔费用，机场管理部门提供保障航空公司航班正常飞行所需的设施和服务。在国际上，航空公司与机场之间的长期服务协议期限可达20~30年。

需要说明的是，航空公司在使用机场的场地、登机门、入口、柜台等设施与服务的优先与便利程度上，也存在着价格竞争。

2. 股份关系

一些机场希望与航空公司签订长期协议，以保证机场经济收入的稳定性。但是，有的航空公司由于经营亏损，难以及时支付机场使用费用，严重影响了机场的经济收入与发展。因此，在新建机场的过程中，有的机场要求大型航空公司出资参股，分担机场投资风险。另一方面，有的机场赢利性好，建设和经营机场本身就有投资收益，一些大型航空公司也愿意成为机场投资方。在这样的情况下，航空公司与机场存在股份关系，航空公司参与机场的建设、运营或管理，并根据双方协议，航空公司从它们在机场的投资收益中支付机场使用费，用于偿还机场建设的借贷与利息。

航空公司与机场在航空运输市场中相互依存，相互影响，相互促进和发展。如上所述，机场提供服务的能力直接影响着航空公司的收益。与此同时，航空公司支付机场的费用与其客货运量、起降次数、机型等因素直接相关。因此，虽然机场没有航空公司所面临的高风险，但是航空公司的经营状况直接影响到了机场的收益。

第四节　机场的地面服务

对民航旅客运输业务来说，为旅客提供优质的服务是非常必要的。机场的地面服务与民航航班的客舱服务相比，是同等重要的。严格地说，机场的地面服务比客舱服务对旅客满意度的影响更大。服务出色的机场从各个方面关心着旅客，如候机的时间、休息厅的空间、地面交通的衔接、服务人员的优质服务等，旅客的满意度综合了地面服务的多方面因素。

一、旅客值机服务

值机服务是机场地面服务的一个重要组成部分，是为旅客办理登机手续、托运行李物品、引导登机等服务工作的总称。值机工作人员所提供的服务是否周到及时，对保证航班正点和飞行安全具有重要意义，因而直接影响到航空公司和机场的公众形象和商业信誉。民航运输业是我国对外交流及展示我国形象的窗口，提高值机服务的质量对提升我国的国际形象及增强我国民航运输业在国际市场上的竞争力都具有非凡的意义。

1. 旅客值机服务的基本程序

（1）值机服务人员对旅客持有的客票的有效性和订座情况进行确认。

（2）值机服务人员检查旅客的有效身份证件，安排旅客座位，接收旅客的托运行李物品。

（3）值机服务人员发放登机牌。

（4）旅客接受安全技术检查后进入隔离区内候机。

（5）旅客在值机服务人员的引导下登机。

2. 旅客的客票和有效身份证件的查验

旅客办理登机手续时，值机服务人员首先要对旅客持有的客票和有效身份证件进行查验。客票是航空公司与旅客之间的运输凭证。值机服务人员在查验客票时主要检查以下情况：

（1）客票是否在有效期之内。

（2）客票的旅客姓名、承运人、航段、航班号、座位等级、订座情况、乘机日期和目的地是否和旅客舱单一致。

（3）客票是否存在涂改、声明遗失、声明作废的情况。

（4）客票是否能够签转。

值机服务人员在对旅客客票进行查验之后，还要查验旅客的有效身份证件，如国内旅客的居民身份证、军官证、警官证等，国际旅客的护照、签证等。

3. 旅客托运行李的接收和登机牌的发放

托运行李是旅客不便于随身带上民用飞机而交给航空公司保管及运输的小件物品。持成人票和儿童票的旅客，每人免费交运行李的限额为：头等舱 40 千克，公务舱 30 千克，经济舱 20 千克。行李托运前必须经过安全检查。值机服务人员在接收旅客托运行李时，主要检查以下情况：

（1）武器、易燃易爆物、腐蚀性物品、有毒放射性物品等危险品不得作为旅客托运行李。

(2) 每件旅客托运行李的重量不得超过50千克，体积不得超过40厘米×60厘米×100厘米。

(3) 旅客托运行李是否上锁，外包装是否完好、牢固，能否承受一定的压力。不符合包装要求的托运行李，要请旅客重新整理、加固。

(4) 旅客托运行李上要写明旅客的姓名、详细地址和电话号码。

托运行李正常接收之后，值机服务人员在旅客客票上标明行李件数、重量及登机牌顺序号、座位号，贴上托运行李认领标签，在计算机离港系统中接收旅客，发放登机牌。

二、机场的计算机离港系统

民用航空运输市场竞争异常激烈，机场需要提高服务水平，为旅客提供更优质的服务。计算机离港系统是对现代化民航运输业的技术支持，是民航企业在竞争中争取主动地位的有效武器。

1. 计算机离港系统的发展历史

随着民航运输市场竞争的日趋激烈，旅客对机场地面服务提出了更高要求。如何为旅客提供优质服务，确保旅客迅速地办完登机手续，已成为机场和航空公司亟待解决的问题。

中国民航离港系统建设于1988年，是引进美国UNISYS公司的USAS产品，经过几次改造，建成覆盖全国各机场、连通全世界的通信网络。中国民航离港系统属于为航空公司和机场旅客服务的大型网络系统，与中国民航订座系统紧密联系，便于各航空公司和机场有效地管理旅客离港、行李运输和发布飞行信息。

中国民航使用离港系统的历史如下：

1988年，在广州白云国际机场投入使用；

1990年，在北京首都国际机场投入使用；

1991年，离港系统实行了升级，同年，上海虹桥国际机场投入使用；

1995年，香港国际机场的中国民航航班由使用英国航空公司的离港系统转为使用中国民航的离港系统，同年，澳门国际机场使用中国民航离港系统；

2002年，离港系统工程建设被列为“民航信息年”的八大标志性工程之一，同年，“百家机场离港系统”建设工程全面启动。

2. 计算机离港系统的功能简介

计算机离港系统为航空公司和机场在旅客服务质量、登机准确性、平衡配载精确程度以及各项工作效率等方面提供保障，它主要包括旅客值机、飞机配载平衡、航班数据控制三大部分，是通过卫星、光纤等网络技术连接起来的先进系统。

（1）旅客值机系统是一套自动控制和记录旅客登机活动过程的系统，能详细记录旅客所乘坐的航班、航程、座位证实情况，记录附加旅客数据，记录接收旅客情况或将旅客列为候补情况。旅客值机系统可以在任何有定义的航空公司的终端上使用，每个航班也可以在任何一台终端上办理。

（2）飞机配载平衡系统是计算机离港系统的一个子系统，它可以完全独立地使用，也可以与其他子系统联合使用。该系统协助配载工作人员进行业载分布工作，确保飞机处于制造商要求的重量和平衡条件之下。飞机配载平衡系统将配载人员从繁琐的手工配载中解脱出来，大大提高了配载工作效率，提高了配载准确性，在世界民用航空运输上得到了广泛应用。

（3）航班数据控制系统是为旅客值机、配载平衡系统提供后台数据支持的系统。它具有航班信息的建立、生效以及航班数据的维护等功能，同时具有离港信息数据库的完整性校验功能。航班数据可按周期一次性装载，也可以装载短期的临时加班航班的数据，工作人员可以对航班数据进行修改和删除。

航班数据控制系统在计算机离港系统整个运作过程中起着总控制者的作用，与各个子系统之间都有接口，航班数据控制系统主要向旅客值机系统和飞机配载平衡系统提供航班的各项数据信息，并对航班数据进行集中控制。

3. 计算机离港系统与其他系统的关系

计算机离港系统在航空公司和机场核心系统中扮演了数据源的重要角色，它提供的信息的及时性和准确性是其他信息来源不具备的。

1）计算机离港系统与订座系统

计算机离港系统的应用与订座系统紧密相连。在办理柜台值机前，订座系统向计算机离港系统传送旅客名单和旅客增减名单。在柜台值机结束后，计算机离港系统向订座系统提供最后登机人数、头等舱旅客名单、候补旅客人数、订座但未办理值机手续人数等重要信息，便于订座系统控制人员掌握航班实际使用情况。

2）计算机离港系统与常旅客系统

建立常旅客系统是航空公司保证高价值客户群体忠诚度的有效手段，也是航空公司获得稳定收益的基础。因此，很多航空公司都开展了常旅客服务，建立了常旅客系统。常旅客系统通过与计算机离港系统的连接，获得常旅客里程的准确信息，解决了航空公司常旅客系统对数据需求的准确性和及时性要求。常旅客系统是航空公司为旅客提供个性化服务、培育忠诚旅客、扩展市场份额的重要手段，对于经常进行公务旅行的白领阶层具有很大的吸引力。如果没有完善的计算机离港系统予以配合，旅客的飞行里程无法实现自动控制，常旅客计划的实施将难以进行。

3）计算机离港系统与收益管理系统

收益管理系统是正确预测市场、优化舱位结构、动态控制票价的重要手段，该系统需要大量准确信息。收益管理系统正常工作的关键是计算机离港系统、订座系统、货运与结算系统能够提供准确无误的数据。先进航空公司能够应用收益管理系统对其航线的客运/货运流量做出精确预测，使价格政策的制定建立在科学的基础上，从而使航空公司获取最大的市场份额和经济效益。计算机离港系统提供的数据是航空公司效益分析和结算的主要信息源，它拥有大量的航班和旅客数据资源，可以向收益管理系统发布旅客信息，对航空公司的收益管理系统起着重要的支撑作用。

4）计算机离港系统与机场信息管理系统

计算机离港系统与机场信息管理系统实现有机结合，可以为枢纽机场有效地提升信息化管理水平，为旅客提供更好的服务。枢纽机场要实现对旅客的无缝转机，必须得到计算机离港系统的支持，只有这样的系统才能实现联程值机。枢纽机场往往伴随代码共享的需求，而常旅客是枢纽机场的主要旅客，同时也是航空公司最稳定的经济来源和重点服务对象。计算机离港系统可以支持代码共享，并实现对常旅客的完全自动化处理。就机场业务而言，计算机离港系统是机场管理系统的核心，它不仅提供了机场业务的实现载体和实现方式，也是其他子系统最重要的信息来源。

三、排队与等待的管理

在机场的地面服务中，排队与等待的现象是普遍存在的。地面服务的很多环节，如办理登机手续、安全检查、等待登机、领取托运行李等，都需要等待。因此，整个地面服务的过程充满了等待，地面服务的管理就是排队与等待的管理。如何管理必要的排队与等待，如何给旅客带来满意感，尤其是对不正常航班服务时的等待管理，是地面服务管理中的一个核心问题。

（1）改进服务设计，充分考虑旅客的便利。在候机楼的服务流程设计上要体现出“以人为本”的理念，应当树立管理即为服务的概念，处处为旅客的便利着想。

（2）让地面服务尽早开始。等待中的旅客乐于看到机场候机楼的所有资源都已经为他们提供服务，这样的话，即使等待的时间较长，他们也不会有太多怨言。反之，若是在候机楼中，有很多关闭的值机柜台或安检通道，等待的旅客的满意度会大幅度下降。

（3）让等待的时间充满乐趣。一方面，通过采用新技术、新流程的手段，减少旅客等待时间；另一方面，为等待的旅客提供各种娱乐、购物的环境，使他们的等待时间充满乐趣。新加坡樟宜国际机场为了使旅客的等待时间不寂寞，向他们发放机场的宣传页，上面根据等待时间，为旅客提供了若干建议：等待时间短的旅客可以选购纪念品、欣赏候机楼的现场表演等；等待时间稍长的旅客可以到电影院看最新上映的电影；等待时间很长的旅客，可以在新加坡城旅游一趟。

（4）做好不正常航班的信息发布工作。遇到不正常航班，旅客最看重的是知情权。地面服务人员通过航班动态系统和现代化的通信手段了解信息，并及时向旅客通报最新情况，使不正常航班的信息通报实现制度化和规范化。最不可取的做法是对旅客隐瞒真相、发布虚假消息、不发布信息，这些做法将成为引发地面服务人员和旅客冲突的导火索。

四、机场的商业服务

（1）机场为旅客提供优质服务，是世界上各机场的首要职责。除此之外，机场吸引“非旅客”到机场进行消费，是机场经营收益多元化的重要手段。与航空公司不同，如果仅仅为来去匆匆的旅客提供服务，机场是很难实现赢利的。为此，国外的许多枢纽机场将“非旅客”服务作为赢利的保证。德国慕尼黑机场启用以来，将为“非旅客”服务纳入其市场开发计划，使机场的经营取得了很大成功。在“非旅客”看来，机场是他们休闲、商务、消遣、购物的理想之地。

（2）我国机场商业服务的努力方向。

由于种种原因，我国的机场商业服务起步较晚，与国外优秀的机场相比，存在着很多不足之处：商业服务区位于隔离区之外，而旅客通常是在办完登机手续，进入隔离区之后，才有购物的轻松心情。机场提供的商品价格过高，使得旅客不愿意在机场购买商品，更不要说吸引“非旅客”了。

在我国民航体制改革之后，机场运营开始朝市场化方向努力，主要采取的有以下措施：

①引进更具竞争力的产品和服务；

②将国际名牌商品引入机场候机楼；

③引入商品的特许经营方式；

④营造高质量的购物环境；

⑤通过常规价格检查和独立的商业区价格检查保证价格的公平。

第五节 机场的安全技术检查服务

机场的安全技术检查并不是伴随着民航运输业的产生而产生的。在民航运输业发展初期，飞机的数量和载客量都很小，因而安全问题的影响也不大。第二次世界大战结束之后，国际民航运输业得到快速发展，与此同时，针对民用飞机的犯罪行为也日益猖獗，劫机、炸机等恐怖事件每时每刻都可能造成机毁人亡的悲剧，严重影响了民航运输业的发展。为此，世界各国政府、机场和航空公司不得不采取必要的防范措施。民航运输业发达国家首先在机场进行了安全技术检查，并迅速发展成了全球性的航空保卫工作，以保证民用飞机和旅客的安全，维护民航运输业的声誉。

机场的安全技术检查简称安全检查，是指在机场实施的为防范劫持、爆炸民用飞机和其他危害民用航空安全事件的发生，保障旅客、机组人员和飞机安全所采取的一种特殊的具有强制性的技术性检查，具有强制性和专业技术性。

一、安全技术检查工作的任务、原则和基本程序

（1）安全技术检查工作的任务是对乘坐民用飞机的旅客及其行李、进入候机隔离区的其他人员及其物品、空运货物、邮件的安全技术检查；对候机隔离区内的人员、物品进行安全监控；对执行飞行任务的民用飞机实施监护。

（2）安全技术检查工作的原则是：安全第一，严格检查；坚持制度，区别对待；内紧外松，机智灵活；文明执勤，热情服务。

（3）安全技术检查工作的基本程序是：

①值班领导在检查开始前，了解航班动态，传达上级有关指示和通知，提出本班要求及注意事项。

②安全技术检查时，要求旅客按照秩序排好队，准备好证件，由验证人员首先查验旅客的有效身份证件、机票和登机牌。

③旅客通过安全门，对有疑点者要进行手工检查。旅客的手提行李物品、托运行李物品和货物快件、邮件应通过 X 射线安全检查仪进行检查，发现可疑物品要开箱检查。在无仪器设备或仪器设备发生故障时，应当进行手工检查。

④安全技术检查人员对进入候机隔离区等待登机的旅客实施监控，防止与未经安全技术检查的人员混合或接触。安全技术检查人员在候机隔离区内巡视，对重点单位进行监控。

⑤在本班结束后，安全技术检查当班人员必须认真记录当天工作情况和仪器设备使用情况，并做好交接班工作。

二、安全技术检查的证件检查

1. 安全技术检查的证件检查的程序

（1）人、证对照。验证检查人员从旅客手中接过证件时，就要注意观察持证人的五官特征，再看证件上的照片与持证人五官是否相符。

（2）核对“三证”。一是核对身份证件上的姓名与机票上的姓名是否一致；二是核对机票是否有效，有无涂改痕迹；三是核对登机牌所注明航班是否与机票一致；四是查看身份证件是否有效，同时查对持证人是否为查控对象。

（3）查验无误后，按规定在登机牌上加盖验讫章放行。

2. 乘机有效身份证件的种类

按照公安部、民航局有关规定，乘机有效证件可归纳为四大类：居民身份证件、军人类证件、护照类证件和其他有效证件。

1）居民身份证件

国内大陆地区的居民身份证和临时居民身份证。

2）军人类证件

军官证、武警警官证、士兵证、军队文职干部证、军队离（退）休干部证等。

3）护照类证件

护照、港澳同胞回乡证、港澳居民来往内地通行证、外国人居留证、外国人出入境证、外交官证、领事官证、海员证等。

4）其他有效证件

全国人民代表大会代表证、全国政治协商会议委员证，16 岁以下未成年人凭学生证、户口簿或户口所在地公安机关出具的身份证明等。

3. 证件检查的注意事项

（1）验证人员注意查看证件上的有关项目是否有涂改的痕迹。

（2）验证人员注意发现冒名顶替的情况，观察持证人的外貌特征是否与证件上的照片相符。发现可疑情况，应对持证人仔细查问。

（3）验证人员在查验证件时要注意方法，做到自然大方、态度和蔼、语言得体，以免引起旅客反感。

（4）验证人员注意观察旅客穿戴有无异常，如戴墨镜、戴围巾、戴口罩、戴帽子等有伪装嫌疑的穿着，应让其摘下，以便于准确核对。

（5）验证人员要集中精力，防止漏验证件或漏盖验讫章。

（6）验证人员在验证过程中发现疑点时，要及时报告。

三、安全技术检查的人身检查

人身检查就是安全技术检查人员采用公开的仪器和手工相结合的方式，对旅客人身进行安全检查，其目的是为了发现旅客身上藏匿的危险、违禁物品，保障民用飞机及其所载人员的生命和财产安全。

1. 安全技术检查的人身检查的程序

（1）引导员将衣物筐放于安全门一侧的工作台上。

（2）引导员站立在安全门一侧，面对旅客进入检查通道的方向。当有旅客进入检查通道时，引导员提示旅客将随身行李有序地放置在 X 射线机传送带上，同时将随身金属物品取出放入衣物筐内，若旅客穿着较厚的外套，应请其将外套脱下，一起放入衣物筐进行检查。然后由引导员引导旅客按秩序逐个通过安全门，但要注意掌握好旅客流量，避免出现拥挤现象。

（3）旅客经过安全门后，对人身检查的重点对象进行手持金属探测器检查，以确保安全。若发现疑点，由手工检验员进行手工检验。X 射线机操作员发现旅客的随身行李有疑点时，要进行开包检查。

2. 安全技术检查的人身检查的方法

对旅客进行人身检查有两种方法：仪器检查和手工检查。在现场工作中通常可采用仪器与手工相结合的检查方法。

仪器检查是指安全技术检查人员按规定方法对旅客进行安全门检查或采取手持金属探测器进行检查，以发现违禁品、危险品。

手工检查是指安全技术检查人员按规定方法对旅客的身体采取摸、按、压等检查方法，以发现违禁品、危险品。

四、安全技术检查的开包检查

当 X 射线机操作员发现旅客的随身行李有疑点时，要由开包检查人员进行开包检查。

1. 开包检查的程序

（1）观察外层。开包检查人员看箱、包的外层，检查外部小口袋及有拉链的外夹层。

（2）检查内层和夹层。开包检查人员用手沿行李包的各个侧面上下摸查，将所有的夹层、底层和内层小口袋检查一遍。

（3）检查包内物品。开包检查人员按 X 射线机操作员所指的重点部位和物品进行检查。在没有具体目标的情况下应一件一件检查。已查和未查的物品要分开，放置整齐有序。对物主要采取看护措施。

（4）善后处理。开包检查人员在检查后，如发现问题要及时向领导报告，或交由公安机关处理。没有发现问题的，应协助旅客将物品放回包内，并对其合作表示感谢。

2. 开包检查的要求及注意事项

（1）开包检查时，物主必须在场，并请物主将包打开。

（2）开包检查时要认真细心，特别要注意重点部位，如包的底部、角部、外侧小兜，注意有无夹层。

（3）加强监控措施，防止已经查验的行李包与没有查验的行李包互相调换。

（4）注意不要损坏旅客的物品，如有损坏，要照价赔偿。检查完毕，要帮助旅客将物品放回。

（5）对开包的行李必须再次经过 X 射线机检查。

思考题：

1. 简述机场的概念及机场的分类。
2. 空港由哪几部分组成？如何区分机场、空港及航站等概念？
3. 机场等级是如何划分的？
4. 简述旅客进港及出港的进程。
5. 空港有哪些管理机制？
6. 简述我国机场的管理模式。
7. 确保机场正常运行的工作有哪些方面？
8. 如何进行机场安全保卫？机场安全保卫主要使用什么设备？
9. 什么是地面勤务？机场地勤设备主要有哪些？
10. 简述民用机场对地区经济发展的作用。

第五章　空中交通管理

第一节　概述

一、空中交通管理的发展阶段

飞机发明之后，世界历史开始进入了航空时代。在航空活动开展的早期，由于飞机数量和飞行次数都很少，无需对空中交通进行规范的管理。随着航空工业的发展和民用航空商业飞行业务的开展，空中飞行日益繁忙。为了保证空中交通的安全和高效，与地面交通类似，要求飞行活动也要按照一定的规则来组织进行，这就是空中交通管理。

空中交通管理可分为两个阶段：空中交通管制阶段和空中交通管理阶段。

第一阶段是从20世纪20年代至20世纪80年代，在这个阶段，空中交通管制的目的只有一个：保证飞机从起飞到降落的安全运行。在20世纪30年代之前，飞机的数量很少，飞行速度和高度都很小，只能在白天天气好的情况下飞行，因此只按照目视的原则制定了简单的目视飞行规则。1934—1945年期间，由于第二次世界大战的催化作用，航空工业得到了飞速的发展，出现了载客量大、飞行速度快的大型飞机，机身和机场都安装了无线电通信和导航设备，管制员可以通过无线电和驾驶员相互通话，使飞机驾驶员在看不到地面的情况下也能确定飞机的位置和姿态，从而增加了飞行的安全性。在这个阶段，目视飞行规则已经难以满足空中交通的需要，各航空发达国家纷纷成立了空中交通主管机构，制定并使用了仪表飞行规则。第二次世界大战后，民航工业进入了一个飞速发展的时期，各国原有的相对独立的空中交通管理体制已不能适应这样的变化。在此背景下，国际民航组织于1945年建立，以实现航空法规的国际标准化。这个时期空中交通管理有两个重要进展：一个是在20世纪50年代中期开始把战争时期发展起来的雷达技术应用于空中交通管制领域；另一个是仪表着陆系统的使用，仪表着陆系统可以通过无线电信号来引导飞机在能见度和云底高度很低的情况下安全着陆，使航空运输在很大程度上摆脱了天气条件的限制，极大地促进了民航事业的发展。

第二阶段从20世纪80年代后期开始，在这个阶段，空中交通管理需要保证整个空域的空中交通的通畅、安全和高效运行，空中交通管制成为空中交通管理的一个重要组成部分。这一时期的主要进展是电子技术的飞速发展、计算机在机载设备和空管地面设施上的广泛应用以及卫星系统在空管中的应用。从 1985 年开始，国际民航组织根据新技术的发展，组织了对未来新航行系统的研究与规划，标志着空中交通管理进入了一个新的发展阶段。

二、空中交通管理系统简介

空中交通管理系统分为空域管理、空中交通流量管理、空中交通服务。其中，空中交通服务又分为飞行情报服务、空中交通管制、告警服务。

空中交通管理是以通信、导航和监视系统为基础的新航行系统的应用，也是新航行系统的实施目标。

空中交通管理的目的：

（1）考虑空中及地面系统的运行能力以及经济上的需要，为用户提供空域利用上的最大效能；

（2）考虑飞机装备的等级和运行目的不同，灵活地组织不同用户之间共享空域资源；

（3）向用户提供从起飞到着陆的有效服务和管制，确保安全，并保证空中交通管理的总效率；

（4）国际上进行协调，保证国境飞越顺利进行。

空域管理是依据既定空域结构条件，实现对空域的充分利用，尽可能满足经营人对空域的要求，实现对空域资源的充分利用。

空中交通流量管理是在某区域空中交通流量超出或即将超出该区域空中交通管制系统的可用能力时，适时进行调整，保证空中交通流量最佳地流入或通过相应的区域，尽可能提高机场、空域可用容量的利用率。空中交通流量管理有助于实现空中交通管制的目的，来达到对机场和空域容量的最大利用率。

空中交通服务是指对飞机的空中活动进行管理和控制的业务。

三、空中交通管制部门

民用航空空中交通管制工作由空中交通管制部门实施，管制单位包括区域管制室、进近（终端）管制室、机场塔台管制室。中国民用航空局空中交通管理局（简称民航局空管局）是民航局管理全国空中交通服务、民用航空通信、导航、监视、航空气象、航行情报的职能机构。中国民航空管系统现行行业管理体制为民航局空管局、地区空管局、空管分局（站）三级管理；运行组织形式基本是区域管制、进近管制、机场管制为主线的三级空中交通服务体系。主要职责是：贯彻执行国家空管方针政策、法律法规和民航局的规章、制度、决定、指令；拟定民航空管运行管理制度、标准、程序；实施民航局制定的空域使用和空管发展建设规划；组织协调全国航班时刻和空域容量等资源分配执行工作；组织协调全国民航空管系统建设；提供全国民航空中交通管制和通信导航监视、航行情报、航空气象服务，监控全国民航空管系统运行状况，负责专机、重要飞行活动和民航飞机搜寻救援空管保障工作。

第二节　空域管理与空中交通流量管理

一、空域

根据《中国民用航空空中交通管理规则》，我国将用于民用航空的空中交通管制空域划分为飞行情报区、管制区、危险区、限制区和禁区。空域一般以代码或地理名称命名，并明确其水平范围、垂直范围、开放时间和空域管理单位。

1. 飞行情报区

飞行情报区是指为提供飞行情报服务和告警服务而划定范围的空间，在飞行情报区内的飞行情报和告警服务由有关空中交通管制单位提供。中国现有的飞行情报区共有 8 个（除台北、香港和三亚）：沈阳、北京、上海、广州、昆明、武汉、兰州、乌鲁木齐，如图 5.1 所示。

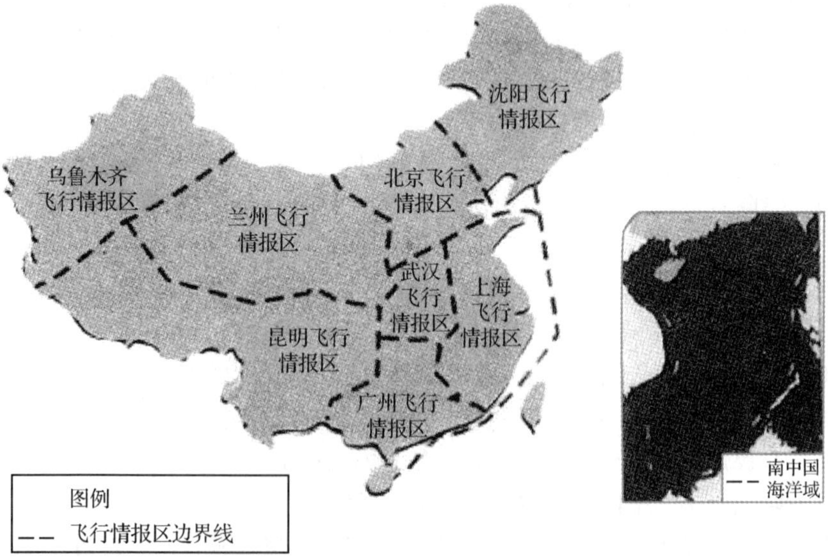

图 5.1　民航飞行情报区分布示意图

2. 管制空域

管制空域根据所划分空域内的航路结构和通信、导航、气象、监视能力进行划分。管制区分为A、B、C、D四类。每一个管制空域都是一划定范围的三维空间，在其内，按照空域的分类，对飞机飞行提供有效的空中交通管制服务。

1）A类空域（高空管制区域）

在我国境内，高空管制区的高度范围为6000~12000米。在此区域内飞行的民用飞机必须按照仪表飞行规则飞行，接受空中交通管制服务。我国高空管制区共计28个，分别是沈阳、哈尔滨、大连、海拉尔、北京、太原、呼和浩特、上海、合肥、济南、青岛、南昌、厦门、广州、长沙、南宁、桂林、三亚、湛江、昆明、成都、贵阳、拉萨、武汉、郑州、兰州、西安和乌鲁木齐。如图5.2所示。

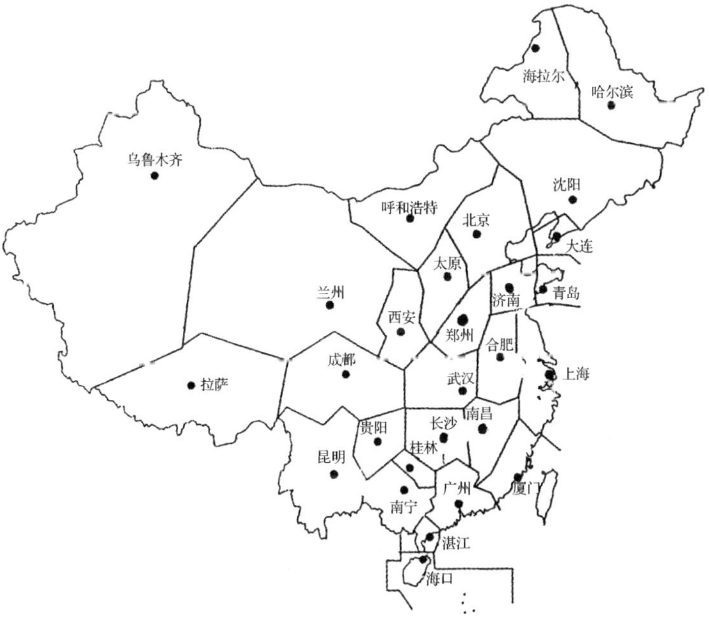

图5.2 中国民航高空管制区分布示意图

2）B类空域（中低空管制区域）

在我国境内6000米（不含）以下最低高度层以上的空间，划分为若干个中低空管制区。在此区域内飞行的民用飞机，可以按照仪表飞行规则飞行，如果符合目视飞行规则的条件，由飞机驾驶员申请，经过中低空管制室批准，也可以按照目视飞行规则飞行。所有飞行，必须接受空中交通管制单位的管制。我国共有37个中低空管制区，如图5.3所示。

图 5.3　中国民航中低空管制区分布示意图

3）C 类空域（进近管制区域）

通常是一个或几个机场附近的航路汇合处划设的进场和离场飞机的管制区域。它是中低空管制区和塔台管制区之间的连接部分，其垂直范围通常在 6000 米（含）以下，最低高度层以上；水平范围通常为半径 50 千米或走廊进出口以内的除机场塔台管制范围以外的空间。在此区域内飞行的飞机，可以按照仪表飞行规则飞行，如果符合目视飞行规则的条件，经飞机驾驶员申请，并经进近管制室批准，也可以按照目视飞行规则飞行，并接受空中交通管制服务。

4）D 类空域（塔台管制区域）

通常包括起落航线、第一等待高度层以及第一等待高度层以下地球表面以上的空间和机场机动区。在此区域内飞行的民用飞机，可以按照仪表飞行规则飞行，如果符合目视飞行规则的条件，经飞机驾驶员申请，并经塔台管制员批准，也可以按照目视飞行规则飞行，并接受空中交通管制服务。

3. 特殊空域

特殊空域是指国家某些单位为了政治、军事或科学试验的需要，经国务院、中央军委批准，划设一定的空域，限制或禁止民用飞机进入。特殊空域通常分为危险空域、限制空域、禁航空域，也称危险区、限制区、禁航区。

1）危险空域

在我国境内或在毗邻我国公海上空限定空域内进行军事活动或科学试验活动，将要影响民用飞机安全飞行时，使用这些空域的单位，应当征得中国民航局的同意，报请国务院、中央军委批准，划定危险空域。预先警告民用飞机驾驶员，某些规定时间在此空域内飞行将有潜在危险。只有经过空域使用和管理单位的同意，民用飞机方可进入该空域内飞行。

2）限制空域

在我国境内某个区域范围内进行军事活动或科学试验活动，将要影响民用飞机安全飞行时，使用这些空域的单位，应当经中国民航局同意，报经国务院、中央军委批准，划定限制空域。在时间上或高度上限制民用飞机在该空域内飞行。

3）禁航空域

在我国境内，为了特殊用途和保证公众利益，经国务院、中央军委批准划定禁航空域。未经批准，任何人不得驾驶民用飞机在禁航空域内飞行。

危险、限制或禁航空域的使用或管理单位，应当于危险、限制或禁航空域生效前，按照中国民航局的要求，负责向中国民航局空中交通管理局提供危险、限制或禁航空域的资料。空中交通管制单位应当掌握并适时向民用飞机发出危险、限制或禁区的通告，这些通告包括空域的名称、空域的范围（垂直和水平）和空域的活动时间。

4. 航路和航线

航路是由无线电导航设施确定中心线，并具有一定宽度的空中走廊，是管制空域的一部分。

1）空中交通服务航路

空中交通服务航路是为提供空中交通服务，将空中交通纳入其中而划设的航路。我国民航划设的空中交通服务航路宽度一般为 20 千米，空中交通管制航路的高度下限为最低高度层，上限与巡航高度层上限一致。空中交通管制航路应当设置导航系统。空中交通服务航路分为地区性航路或国际航路、国内高空空中交通服务航路、国内中低空空中交通服务航路、终端区空中交通服务航路、进离场航路。地区性空中交通服务航路或国际航路是根据国际民航组织亚太地区航行规划确定的或我国确定的对外开放航路。其航路走向由地区航行会议确定，航路代码由国际民航组织亚太地区办事处指定，分别为 A、B、G 和 R。国内空中交通服务航路由国家确定，分别为 H 和 J。

2）区域导航航路

区域导航航路是为区域导航的飞机建立的空中交通服务航路，分为地区性区域导航航路和国内区域导航航路。

3）航线

根据空域的使用要求，在机场与机场之间或机场与航路之间及航路与航路之间建立的航迹线，即为航线。航线的宽度由当地的军民航管制部门确定，可提供精确导航的航线宽度不得小于 8 千米或 10 千米。

二、空域管理

空域管理是指依据既定空域结构条件，实现对空域的充分利用，尽量满足空域使用各方的需求。空域管理有三大原则：主权原则、安全性原则和经济性原则。空域管理包括空域划分、流量平滑、航路优化设计、飞行程序设计和飞行管制等内容。

对空域进行规划和管理，是为了充分有效地利用天空资源，建立合理有序的空中交通秩序；合理科学的空域规划，可以在充分保证空中交通安全的前提下，最大限度地增加飞行流量，提高对空域的利用效率。

空域管理的实现方式是对空域的“时分共用”，以及经常性地按照种种短期需求划分空域，以满足不同类型用户的需要。

三、空中交通流量管理

1. 空中交通流量管理的意义

空中交通流量管理是指科学安排空中交通，以保证空中交通管理系统的交通量与其容量相适应，即充分利用空中交通管制系统的可用容量，使得空中交通安全、高效、有序，提高空间和时间的利用率。

空中交通流量管理的任务是完成收集各航空单位的飞行计划，统计空中航路飞行量和单位时间通过空域和机场的飞行量，合理安排飞行计划，减少延误和等待，保证进入空中交通管制网络的民用飞机能顺利通过瓶颈地段，使空中交通通畅高效。

空中交通流量管理应做到以下几点：

①尽可能满足用户的要求；

②充分利用空域和机场容量；

③最大程度地利用空域结构；

④为空中交通管制机构和用户提供最新情况，使流量分配有序；

⑤预测空中交通管制系统的拥挤情况，使需求与系统容量匹配。

2. 空中交通流量管理的原则

空中交通流量管理可以分为先期流量管理、飞行前流量管理和实时流量管理。

①先期流量管理，包括对全国和地区航线结构的合理调整、制定班机时刻表和飞

行前对非定期航班的飞行时刻进行协调。其目的是防止民用飞机在某一地区或机场过于集中和出现超负荷流量，危及飞行安全，影响航班正常。

②飞行前流量管理是指当发生恶劣天气、通信设备故障、预计区域流量超负荷等情况时，采取改变航线、改变民用飞机起飞时刻等方法，疏导空中交通，维持正常飞行秩序。

③实时流量管理是指当飞行中发现或按照飞行预报将要在某一段航路、某一区域或某一机场出现飞行流量超过限额时，采取改变航段，增开扇区，限制起飞、降落时刻，限制进入管制区时刻，限制通过导航设备上空时刻，安排民用飞机空中等待，调整飞行速度等方法，控制飞机按规定间隔有序运行。

实施飞行流量管理的原则是以先期流量管理和飞行前流量管理为主，实时流量管理为辅。

3. 空中交通拥挤的原因

航空运输飞行包括军事航空飞行和民用航空飞行两部分。在军事航空飞行方面，随着我国国防力量的不断增强，军队的作战能力得到了前所未有的提高，各种新机型、大航程、高机动性机种不断装备空军部队。为了适应不断变化的国际、国内形势，军航担负的日常作战训练、转场和军事演习日益增多，使得空域内的军航飞行量显著增加。然而，快速增长的军民航空的空中交通流量造成了军航穿越民航航路的飞行不断增加，部分地区训练空域紧张，军、民航协调工作日益繁重，部分民航空域，例如京沪穗经济发达地区，已经开始出现饱和，空中交通拥塞，航班延误增加，严重威胁着空中交通安全。空中交通流量的不断增加，给我国相对滞后的空中交通管制系统带来了越来越大的压力。

空中交通拥挤产生的主要原因：

- 在公共性的节假日，或者在每周、每日的交通高峰期，容易爆发大量的交通量；
- 恶劣天气的影响；
- 各个管制区的空中交通管制系统所具备能力的差异；
- 军民协调不够充分，飞行指挥不统一，造成军民航飞行间的冲突；
- 缺乏可靠的流量管理方法和辅助系统去分析交通流量，不能提前发现并排除将来可能造成交通拥挤的潜在瓶颈，因此引起流量汇聚过多等。

4. 解决空中交通拥挤的方法

针对空中交通拥挤的问题，传统的解决办法可分为三大类：硬件设施建设、空中交通管制和空中交通服务，如表 5-1 所示。

表 5-1 空中交通拥塞解决方法比较

类别	组成	解决技术手段		功能	类别	优点	缺点
传统空中交通管制	硬件设施建设	新建/扩建机场、跑道、滑行道、停机位等设施		扩大交通设施容量，增强空地之间的通信、导航和监视的能力，提高整体 ATC 系统的最大可容纳交通容量和能力	战略	物理上直接提升了 ATC 系统的最大可用能力和交通容量	投资额巨大，建设周期长，见效慢
		新建/扩建/增强地面通信、导航、监视等设施					
	空中交通管制（ATC）①	限制飞机的放行时间/距离间隔，划出临时禁飞区等		防止机动区内飞机与飞机、飞机与障碍物之间的碰撞，加速空中交通活动，维持空中交通有序	实时	保障了飞行安全，加速了空中交通活动	缺乏对交通流的预见性，不仅容易产生交通拥塞，增大管制员交通负荷，而且也无法有效利用机场和空域的资源
	空中交通服务（ATS）②	飞行情报服务（FIS）		提供可用于飞行活动的安全和高效率的咨询及信息		机场话音通播，实施简单	频率拥挤，容易误听，增加飞行员的工作量
		航空气象服务（AWS）		提供飞行活动相关的空域、航路和机场气象预报、实况、警报等信息		话音通播、传真、电报等，实施简单	缺乏实时性，缺乏信息综合分析能力
现代空中交通管理（ATM）	空中交通流量管理（ATFM）	地面	地面等待	当对 ATC 系统的需求超出或即将超出其可用能力时，保证空中交通流量最佳流入，或通过相应的区域，协助 ATC 实现管制服务的目的，最大可能地利用机场和空域的可用容量	战略战术	能够根据对未来交通容量的预测，提前合理安排交通流，避免交通拥塞，使得机场和空域资源得到最大化利用，投资小，见效快	其有效性取决于对未来交通系统容量预测的准确性以及采用算法的有效性
		空中	中途速度控制				
			交通流量调节				
			中途改航、高空盘旋等				
	空域管理（ASM）	空域规划	划设调整飞行情报区、管制区、航路（航线）、特殊空域等	在规定的空域结构条件下，实现对空域的充分利用，这是通过对空域的“时分共用”，或经常性地按各种短期需求划分空域，以满足不同类型用户的需要	战略战术	提高了空域的利用效率，物理上增大了空域系统的最大可容纳量	投资额较大，建设周期较长，见效较慢
		程序规划	调整规划进港程序/出港程序等				
	空中交通服务（ATS）	空中交通管制（ATC）		同①	同①	同①	同①
		飞行情报服务（FIS）		同②		以数据通信为主，出错率低，易与 ATFM 信息集成，效率高，降低了管制员的工作负荷	系统复杂度提高，信息采集量和处理量大

第一种解决办法是新建/扩建机场、跑道、滑行道、停机位、通信、导航、监视等设施；第二种解决办法是限制飞机的放行时间/距离间隔等措施；第三种解决方法是提供飞行情报服务（FIS）和航空气象服务（AWS），主要为空中交通管制提供飞行辅助信息服务。前两种办法都从物理上直接提升了 ATC 系统的最大可用能力和交通容量，加速了空中交通活动，但是所需投资额巨大，而且建设时间周期很长，见效慢，对未来交通流缺乏预见性，往往在发现交通拥塞时为时已晚，只能被动应付，不仅增大了管制员的工作负荷，对飞行运营者造成了巨大的经济损失，而且也无法有效利用机场和空域的资源。

由于空中交通是由一系列的起降飞行过程组成，飞机在任何一个机场或空域发生交通拥塞而产生延误，都会影响其后续飞行活动和其他相关飞机的飞行活动，导致拥塞传播到其他空域或机场，引起交通拥塞。空中交通管理是解决空中交通拥塞的最有效、最经济的方法。世界上许多发达的航空运输国家和地区，例如美国和欧洲，已经开始研究空中交通流量管理问题，并正在建立和完善各自的空中交通流量管理系统，取得了巨大的经济效益。

空中交通服务是指对飞机的空中活动进行管理和控制的业务，是空中交通管制服务、飞行情报服务和告警服务的总称。空中交通服务的主要目的是防止飞机之间、飞机与障碍物之间发生碰撞，使空中交通活动保持有序和高效。

第三节 飞行规则

飞机是在高空高速运动的先进交通工具，具有速度快、乘坐舒适等特点，但如果出现碰撞现象，将会导致机毁人亡的可怕后果。为此，在飞机飞上天空不久，为了保证飞行的安全，有关管理部门就制定了空中交通飞行规则。世界各国的空中交通的使用者和管理者只有遵守和依据这些规则操作，才能保证空中交通活动的安全和高效。

一、飞行规则

飞行规则分为三个部分：通用飞行规则、目视飞行规则和仪表飞行规则。

1. 通用飞行规则

通用飞行规则是所有的民用飞机需要共同遵守的飞行规则。通用飞行规则主要包括以下内容：飞行中，首先要保障空中和地面的人员的安全，在这一前提下，尽量保障飞机和货物的安全；飞机之间要避免出现危险接近现象，保证安全的情况下实行右侧通行权，飞机必须按规定装防撞灯和导航灯；飞机机组在飞行之前要向空管部门提交飞行计划；飞机在飞行过程中，要在飞越指定的报告点后及时向空管部门报告。

2. 目视飞行规则

飞机飞行的过程中，在保证安全的前提下，可以根据实际情况，灵活选择执行目视飞行规则或仪表飞行规则。在气象条件良好的情况下，飞机对其他飞机和地面相互能看见或被看见，就可以执行目视飞行规则。为了进行有效管理，国际民航组织对于最低的能进行目视飞行的天气制定了目视飞行气象条件，要求飞行最低能见度为云层外1500米，以保证飞机驾驶员有适当的条件看到其他飞机或障碍物，避免相撞。如果达不到以上要求，必须禁止目视飞行规则的飞行。

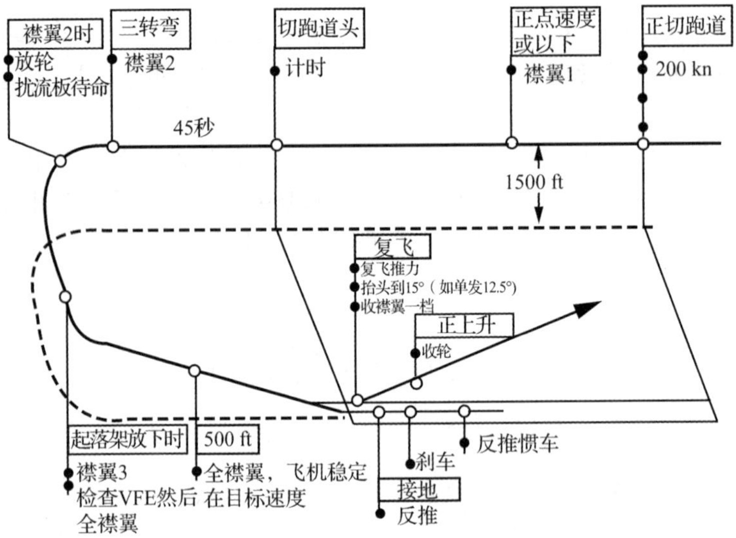

图 5.4　目视飞行起落示意图

目视飞行规则的要求比较低，对飞机驾驶员只要求有基本的飞行和通信技能，对飞机的仪表要求也仅限于保证飞行安全的基本仪表而已。目视飞行规则主要适用于低速、低空飞行的小型飞机，在机场上空，在天气条件很好、能保证安全的情况下，大型飞机也可以采用目视飞行规则。

3. 仪表飞行规则

在航空活动开展的早期，飞机能否进行飞行主要取决于天气情况的好坏。如果出现了能见度较低的恶劣天气，飞机的飞行只能取消。随着科技的进步和航空工业的发展，装有无线电通信和定位仪表的飞机可以依靠仪表而不依靠驾驶员的视觉来飞行，这种飞行称为仪表飞行。在气象条件比较差，无法执行目视飞行规则的情况下，飞机驾驶员可以执行仪表飞行规则。为了保证飞行的安全，与目视飞行规则相似，国际民航组织制定了相应的仪表飞行气象条件。

在执行仪表飞行规则的情况下，飞机驾驶员看不到其他飞机，空中交通的安全是由空中交通管制员负责的。仪表飞行的整个过程处于空中交通管制员的控制之下，每次飞行之前都要向空中交通管制机构提交一个详细的飞行计划，空中交通管制员根据飞行计划为每一架执行仪表飞行规则的飞机分配合适的航路、高度，并对飞机在空中的飞行进行全程的监控和引导。

在空中飞行的飞机，可以根据实际需要进行仪表飞行和目视飞行的相互交换，但是要在得到空中交通管制员的许可之后，才可以进行变换。

图 5.5　仪表飞行降落示意图

二、飞行间隔标准

在地面交通管理中，为了避免发生碰撞，管理部门会要求高速运行的车辆之间要有足够的安全距离，在高速公路上，就设置了许多供车辆驾驶员确认安全距离的设施。而飞机作为高速运行的高空运输工具，为了确保航空活动的安全，更需要在飞机之间有足够的安全距离以避免发生空中的碰撞现象。在空中交通管理中，将这些安全距离称为间隔标准，就是在空中交通管理过程中将飞机在纵向、横向和垂直方向隔开的最小距离。如图 5.6 所示。

按照飞机执行的飞行规则不同，间隔标准可分为仪表飞行管制间隔和目视飞行管制间隔。

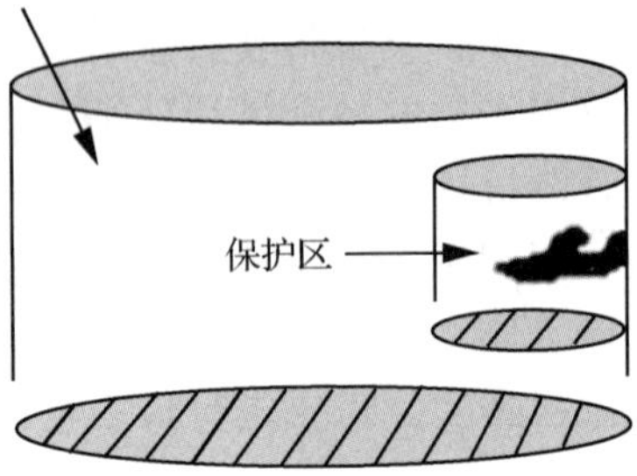

图 5.6　间隔标准示意图

1. 仪表飞行管制间隔

飞机在 A、B、C、D 类空域内进行仪表飞行时，空中交通管制员应当根据仪表飞行规则的条件，配备垂直间隔、纵向间隔和侧向间隔，防止飞机与飞机、飞机与障碍物相撞。

1）垂直间隔

执行仪表飞行规则的飞机的最低垂直间隔标准应当符合如下规定：

- 飞机与地面障碍物之间的最低垂直间隔：航路、航线飞行或者转场飞行的安全高度，在高原和山区应当高出航路中心线、航线两侧各 25 千米以内最高标高 600 米；在其他地区应当高出航路中心线、航线两侧各 25 千米以内最高标高 400 米。
- 飞机与飞机之间的最低垂直间隔按飞行高度层的规定进行配备。
- 在指定高度飞行的飞机报告脱离该高度后，可以将该高度指定给其他飞机，但飞机之间的垂直间隔不得少于规定的最低标准。
- 在接到脱离指定高度的飞机已到达飞机与飞机之间的最低标准以上间隔的高度的报告前，不得将所脱离的高度指定给其他飞机。

2）纵向间隔

使用测距台时，飞机之间的最低纵向间隔标准应当符合如下规定：

- 在同一巡航高度层的飞机同航迹飞行，同时使用航路上的同一测距台测距时，飞机间最低间隔标准为 60 千米；前机真空速度大于后机真空速度 40 千米/小时，飞机间最低间隔标准为 40 千米。
- 在同一巡航高度层的飞机在交叉航迹上飞行，同时使用位于航迹交叉点的测距台测距时，飞机间最低间隔标准为 60 千米；前机真空速度大于后机真空速度 40 千米/小时，飞机间最低间隔标准为 40 千米。
- 飞机同时使用航路上的同一测距台测距，并且用同一时间的测距台读数建立间隔，当无垂直间隔时，其中一架飞机保持其高度层，另一架飞机在同航迹上升或者下降，改变高度穿越被占用的高度层时，飞机之间的距离间隔不少于 40 千米。

- 逆向飞行的飞机同时使用航路上的同一测距台，经测距台定位，证实两架飞机确已相遇且相距 20 千米以上，可以允许飞机上升、下降或穿越另一飞机占用的高度。

使用测距台配备纵向间隔时，应当符合下列条件：

机载和地面测距设备经过校验符合规定标准，并经正式批准开放，且位于其测距有效范围之内；有关的飞机之间以及飞机与管制员之间已建立同频双向联络；实施测距台管制间隔标准的两架飞机同时使用经核准的同一测距台测距。

在 C、D 类空域内（塔台和进近管制区），仪表飞行飞机之间的最低纵向间隔标准应当符合如下规定：

- 同向飞行且符合下列条件的飞机，其最低间隔为 5 分钟：

同速飞机在同一空中走廊内同高度飞行，并且该走廊内有导航设备；在同一空中走廊内或夹角小于 45° 的两个空中走廊内，两架飞机飞越同向飞行的其他飞机的高度层。

- 逆向飞行时必须保持规定的高度差，只有证实飞机已彼此飞越后，方可准许相互占用或穿越高度层。
- 无空中走廊时，在同巡航高度仪表飞行进入 C 类空域的飞机，不论其航向如何，其到达导航设备上空的时间间隔不得少于 10 分钟。

在 A、B 类空域内，飞机之间的最低纵向间隔标准应当符合如下规定：

- 同航迹、同巡航高度、同巡航速度的飞机之间为 10 分钟。同航迹、同巡航高度、同巡航速度将做跨海洋飞行的飞机之间，不少于 20 分钟。与有关管制单位签有协议的，按照协议规定执行。
- 同航迹、同巡航高度、不同巡航速度的飞机，前方飞机真空速度比后方飞机真空速度快 40 千米/小时以上的，两架飞机飞越同一位置报告点后应当有 5 分钟的时间间隔；前方飞机真空速度比后方飞机真空速度快 80 千米/小时以上的，应当有 3 分钟的时间间隔。
- 改变高度的飞机，在预计穿越同向飞行的另一飞机的高度层时，不得少于下列最小时间间隔：

被穿越的飞机飞越导航设备后 20 分钟内，改变高度的飞机在其前后 10 分钟穿越；被穿越的飞机飞越导航设备后 20～30 分钟内，改变高度的飞机在其前后 15 分钟穿越；被穿越的飞机是用推测定位时，改变高度的飞机在其前后 20 分钟穿越。

- 改变高度的飞机，在预计穿越逆向飞行的另一飞机的高度层时，不得少于下列最小时间间隔：

在与被穿越的飞机预计相遇点前 10 分钟，可以上升或者下降至被飞越飞机的上一下或下一个高度层；在预计相遇点时间 10 分钟后，可以相互穿越或者占用同一高度层；如接到报告，两架飞机已飞越同一无方向信标台、测距台定位点 2 分钟后，可以相互穿越或者占用同一高度层。

- 两架飞机在两个导航设备（距离不小于 50 千米）外侧相对飞行时，在飞越导航设备前可相互穿越，并保持飞越导航设备时彼此已经上升或者下降到符合垂直间隔规定的高度层。

3）侧向间隔

在 A、B 类空域内，仪表飞行飞机的最低侧向间隔标准应当符合如下规定：

- 飞机穿越航路，应当经管制员同意。管制员应当将允许穿越的条件（航段、时间、高度）和飞行情报通知有关飞机；在穿越航路中心线时，保持与该高度上其他飞机不少于如下的时间间隔：

穿越处无导航设备时，为 15 分钟；穿越处有导航设备且工作正常时，已飞越导航设备的飞机为 10 分钟，未飞越导航设备的飞机为 15 分钟。

- 飞机使用导航设备汇集或者分散飞行（使用全向信标台，飞机之间航迹夹角不小于 15°；使用无方向信标台，飞机航迹夹角不小于 30°），相互穿越或者占用同一高度时，距离导航设备的距离间隔规定如下：

汇集飞行时，距离导航设备应当不小于 100 千米；分散飞行时，距离导航设备不小于 50 千米。对于速度 450 千米/小时以下的飞机，航迹夹角不小于 90°时，过台后飞行时间不少于 5 分钟；在航迹夹角小于 90°时，过台后飞行时间不少于 3 分钟。

- 飞机可以在不同的规定航路（航线）上同向或逆向飞行，互不交叉穿越，但这些航路（航线）的宽度和保护空域不得互相重叠。
- 飞机可以在不同的定位点上空等待飞行，但这些等待航线空域和保护空域不得互相重叠。

在 C 类空域内执行仪表飞行时，同时进、离场的飞机相互穿越或占用对方高度层的最低间隔标准应当符合如下规定：

- 航迹差在 0°～45°范围内：

不论进场飞机在什么位置，离场飞机加入航线 3 分钟后，均可相互占用或穿越高度层；航空走廊口有导航设备且能正常工作，进场飞机位置在距离机场 3 分钟以外时，离场飞机起飞后，均可相互占用或穿越高度层。

- 航迹差在 46°～90°范围内：

不论进场飞机在什么位置，离场飞机加入航线 5 分钟后，可相互占用或穿越高度层；航空走廊口有导航设备且能正常工作，进场飞机在距离机场 5 分钟以外时，离场飞机起飞加入航线后两机可相互占用或穿越高度层。

- 航迹差在 91°～135°范围内：

离场飞机加入航线 10 分钟后，或根据机长报告已彼此飞越时，才可以准许相互占用或穿越高度层；航空走廊口有导航设备，进、离场飞机距离机场均在 30 千米以外时，两机可相互占用或穿越高度层。

- 航迹差在 136°～180°范围内时，只有证实飞机已彼此飞越后，才可以准许相互占用或穿越高度层。

D类空域内，执行仪表飞行规则的飞机离场放行的最低间隔标准应当符合如下规定：

- 放行同巡航速度的飞机：

同航迹、同巡航高度飞行的，为10分钟间隔；跨海洋飞行时，为20分钟间隔；同航迹、不同巡航高度飞行的，为5分钟间隔；在不同航迹上飞行，航迹差大于45°，并在起飞后立即实行侧向间隔时，为2分钟间隔；但在同一空中走廊飞出时，为5分钟间隔。

- 放行不同巡航速度的飞机：

航迹相同，快速飞机在前，慢速飞机在后，为2分钟间隔；航迹差大于45°，并在起飞后立即实行侧向间隔，快速飞机在前，慢速飞机在后，为1分钟间隔；航迹差大45°，并在起飞后立即实行侧向间隔，慢速飞机在前，快速飞机在后，为2分钟间隔。

航迹相同，慢速飞机在前，快速飞机在后时：

（1）如在较高的高度层上飞行，应当保证快速飞机穿越前方飞机的高度层时有5分钟以上的间隔；如机场区域内具备目视气象条件，慢速飞机起飞后立即实行30°（含）以上侧向间隔；慢速飞机离开快速飞机起飞、上升航迹，则可按尾流间隔放行快速飞机起飞，待快速飞机的高度超越慢速飞机的高度后，慢速飞机再加入航线。

（2）如在同高度飞行，飞越同一位置报告点或者到达着陆机场的导航设备上空时，为10分钟以上的间隔。

2. 目视飞行管制间隔

飞机在管制空域执行目视飞行规则时，空中交通管制员应当根据目视飞行规则的条件，配备垂直间隔、纵向间隔和侧向间隔。

1）垂直间隔

飞机与地面障碍物的垂直间隔：

- 机场区域内目视飞行最低安全高度：

巡航表速250千米/小时（不含）以上的飞机，按照机场区域内仪表飞行最低安全高度的规定执行；巡航表速250千米/小时（含）以下的飞机，距离最高障碍物的真实高度不得小于100米。

- 航线目视飞行最低安全高度：

巡航表速250千米/小时（不含）以上的飞机，按照航线仪表飞行最低安全高度的规定执行；巡航表速250千米/小时（含）以下的飞机，通常按照航线仪表飞行最低安全高度的规定执行，如果低于最低高度层飞行时，距航线两侧各5千米地带内最高点的真实高度，平原和丘陵地区不得低于100米，山区不得低于300米。

2）纵向和侧向间隔

B、C类空域内，目视飞行飞机的最低纵向和侧向间隔标准应当符合如下规定：

- 在同一航迹、同一巡航高度飞行时，飞机之间的纵向间隔标准：

巡航表速250千米/小时以下的飞机，不得小于2千米；巡航表速250千米/小时以上的飞机，不得小于5千米。

- 超越前面飞机时，应当从其右侧，保持500米以上的侧向间隔超越。

D类空域内，目视飞行飞机的最低纵向和侧向间隔标准应当符合如下规定：

- 昼间飞机之间的纵向间隔：A类飞机不得小于1.5千米，B类飞机不得小于3千米，C、D类飞机不得小于4千米，并应当注意飞机尾流的影响；同型飞机之间不得超越；只有获得许可，在转弯以前，快速飞机才可以从外侧超越慢速飞机。
- 昼间飞机之间的侧向间隔：A类飞机不得小于200米；B、C、D类飞机不得小于500米；除需迫降的飞机外，不得从内侧超越前面的飞机。
- 夜间飞行时，飞机在起落航线或者加入、脱离起落航线时，飞机驾驶员能够目视机场和地面灯光，空中交通管制员可允许其做夜间起落航线飞行；在夜间起落航线飞行中，不得超越前面的飞机，各飞机之间的纵向间隔不得小于4千米，由空中交通管制员负责其纵向间隔配备，飞机与地面障碍物之间的垂直间隔由飞机驾驶员负责。
- 同时有执行目视飞行规则和仪表飞行规则的飞机飞行时，执行目视飞行规则的飞机之间的间隔按照仪表飞行规则的规定执行；空中交通管制员在必要时应当向执行目视飞行规则的飞机提供交通情报，通知其应当使用仪表间隔标准。

3. 起飞、着陆间隔

执行目视飞行规则的飞机使用同一跑道起飞、着陆时，其最低间隔标准应当符合如下规定：

- 前面的飞机已飞越跑道末端或在跑道上空改变航向已无相撞危险前，或者根据目视或前面的飞机报告确认该飞机已脱离跑道前，后面的飞机不得开始起飞滑跑；
- 前面的飞机已飞越跑道末端或在跑道上空改变航向已无相撞危险前，或者根据目视或前面的飞机报告确认该飞机已脱离跑道前，后面的飞机不得飞越跑道进入端。

执行目视飞行规则的直升机使用同一起飞、着陆区起飞、着陆时，最低间隔标准应当符合如下规定：

- 先起飞、着陆的直升机离开起飞、着陆区之前，后起飞的直升机不得开始起飞；
- 先起飞、着陆的直升机离开起飞、着陆区之前，后着陆的直升机不得进入起飞、着陆区；
- 起飞点与着陆点的间隔在60米以上，起飞、着陆航线不交叉时，可以准许同时起飞、着陆。

4. 飞机相遇时的间隔调整

执行目视飞行规则的飞机相遇时，应当按照下列规定避让并调整间隔：

- 两架飞机在同一高度上相对相遇时，应当各自向右避让，相互间保持5千米以上间隔；
- 两架飞机在同一高度上交叉相遇时，飞机驾驶员从座舱左侧看到另一架飞机时，应当下降高度；从座舱右侧看到另一架飞机时，应当上升高度；
- 飞机在同一高度上（小于对称面夹角70°）超越前面飞机时，应当与前面飞机右侧保持500米以上的间隔进行，避免小于规定间隔从对方上下穿越或从其前方切过，超越的飞机要对保持两架飞机之间的间隔负责；
- 单机飞行的飞机，应当避让编队飞行的飞机；
- 有动力装置、重于空气的飞机应当避让飞艇、滑翔机或气球，飞艇应当避让滑翔机或气球，滑翔机应当避让气球；
- 有动力装置的飞机，应当避让拖曳物体的飞机；
- 飞行中的或在地面上、水面上运行的飞机，应当避让正在着陆或正在进近着陆的飞机；
- 正常飞行的飞机，应当避让需要迫降的飞机；
- 同一类型的飞机为了着陆而在同一机场同时进近时，高度较高的飞机，应当避让高度较低的飞机；但后者不得利用此规定切入另一架正在进入着陆最后阶段的飞机前方或超越该飞机；
- 滑行的飞机，应当避让正在起飞或即将起飞的飞机。

第四节　空中交通管制服务

空中交通管制的主要任务是对飞机从起飞到着陆的全过程进行管理和控制；防止飞机与飞机、飞机与地面障碍物相撞，确保飞行安全；维护空中交通秩序，提高飞行时间和空间的利用率。

按照管制范围的不同，可将空中交通管制系统分为三部分，即区域管制、进近管制和机场管制；按照管制手段的不同，又可将空中交通管制系统分为程序管制和雷达管制。在机场范围内起落航线上为飞行提供的管制服务称为机场管制，由机场管制塔台提供服务。这个区域主要使用目视飞行规则，管制的对象多是目视可见的飞机。对按照仪表飞行规则在仪表气象条件下起飞或降落的飞行所提供的服务称为进近管制，由进近管制室或终端控制中心提供该服务。飞机进入航路后，其空中交通管制服务由区域管制中心提供。

在雷达被引入空中交通管制之前，管制主要是通过规定的程序通过无线通信来完成的，因此称之为程序管制。在引入雷达后，空中交通管制员的管理能力和可控制的范围都有了很大提高，能及时精确地识别飞机位置，在间隔距离、情报的传递上有了很大的改进，但是在基本程序上并没有太大的变化，因此程序管制仍然是整个空中交通管制的基础。

一、空中交通管制的组成

航空业发达国家的空中交通管制系统按照空中交通管制范围的不同，分为四部分：机场管制、进近管制、终端管制和区域（航路）管制。具体分工如下：

1. 机场管制

机场管制服务由机场管制塔台提供，机场管制人员通常称为塔台管制员。在航空活动开展的早期，塔台管制员主要靠目视来管理飞机在机场上空和地面的运行。一般在机场塔台上设有四个管制员：一人负责地面准备，一人负责场面监控，一人负责飞机在跑道上滑行，一人负责飞机的起飞和降落。根据机场的规模和繁忙程度，还可以依据实际情况，增加或减少管制人员。如图 5.7 所示，大型枢纽航空港的塔台人员配置就在此基础上增加了若干人员。

机场管制服务的范围包括：飞机在机场管制区的空中飞行，飞机的起飞和降落，飞机在机坪上的运动，防止飞机与地面车辆、地面障碍物或其他飞机发生碰撞。

图 5.7　塔台管制示意图

1）机场地面交通管制

机场地面交通管制员负责管制起飞、降落跑道之外的机场地面（包括滑行道和机坪）上所有飞机的运行。在大型枢纽机场的机坪上，通常有多架飞机同时在运动，此外还有各种车辆、行人的移动，地面交通管制员负责所有这些运动物体的运行，避免发生碰撞事故。对于到达的飞机，当飞机滑出跑道进入滑行道后，由地面管制员安排飞机运行至停机坪或候机楼，如图 5.8 所示。

图 5.8　机场地面交通管制示意图

2）机场空中交通管制

机场空中交通管制员负责对飞机进入跑道后的运行，并对按照目视飞行规则在机场控制的起落航线上飞行的飞机实施交通管制。机场空中交通管制员的主要任务是给出飞机起飞或着陆的许可，安排飞机的起降顺序，安排合理的飞机放行间隔，以保证飞行安全，如图 5.9 所示。

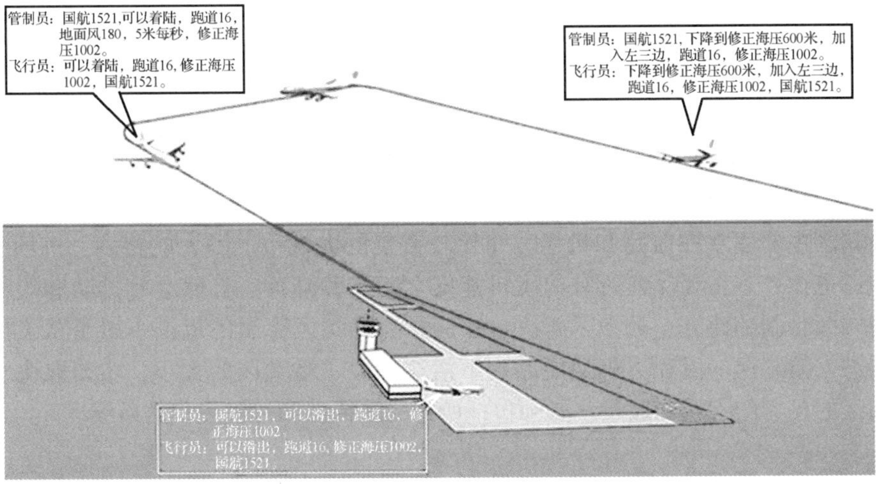

图 5.9　机场空中交通管制示意图

3）起落航线管制

起飞和降落的飞机，由塔台管制员控制，要按指定的航线飞行，这种飞行航线叫做起落航线，航线由五段组成，分别称为逆风边、侧风边、顺风边、基本边、末边。起落航线通常是左旋，称为左航线，如图 5.10 所示。根据实际情况需要，也可以采用右航线。起飞和降落的飞机都要按照这个航线飞行，对降落飞行，飞机可以按塔台管制员的调度，只飞后面几个边或一个边。对于执行仪表飞行规则的飞机，各个机场有仪表着陆程序，飞机可以按程序规定的航线降落。

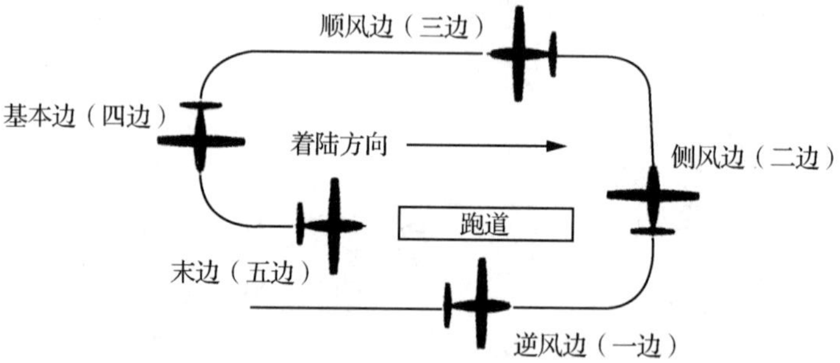

图 5.10　起落航线（左航线）

2. 进近管制

进近管制是对执行仪表飞行规则的飞机所实施的管制，主要负责飞机的离场进入航线和进近着陆。进近管制是塔台管制和航路管制的中间环节，塔台管制和航路管制的管制存在转交的过程，容易出现衔接不好的现象，所以这个区域是事故的多发区，需要有关管制人员具有高度的责任心和良好的沟通能力。

进近管制的范围称为进近控制区，它下接机场管制区，上接航路管制区。为了保证安全，这几个区域之间有重叠的部分，进近管制的范围大约在机场 90 千米半径之内，高度为 5000 米以下。

图 5.11 所示为广州新白云国际机场的进出港航线示意图，粗线范围内即为进近管制区域。

3. 终端区管制

终端区主要建立在航路和机场分布比较密集的大城市。因为航路多，机场多，使用的跑道也比较多，要保证所有的飞机能安全起飞和降落，必然会有排队和等待的问题。终端区管制的建立正是为了解决这一问题，终端区管制的范围一般是从飞机起飞爬高到进入航路这一段和飞机从航路到下滑这一段。终端区的大小，主要取决于分布在终端区的机场的大小和数量，必须包括所有的等待区和过境飞机的航线。

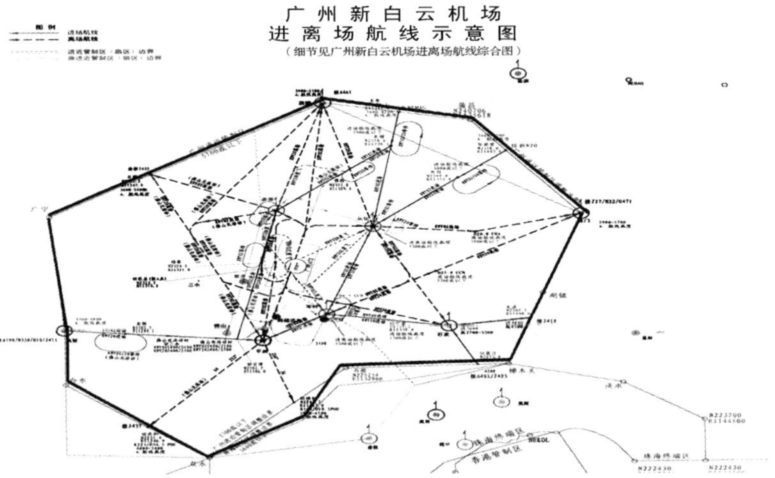

图 5.11　广州新白云国际机场的进出港航线示意图

4. 区域管制

飞行在航路上的飞机由区域管制中心负责提供空中交通管制服务，每一个区域管制中心负责一定区域上空航路、航线网的空中交通管理。区域管制所提供的服务主要是针对飞行高度 6000 米以上运行的大型飞机。

我国划分了 28 个高空管制区，按照行政大区建设高空管制中心，每个管制中心负责在整个区域内的空中交通管制。如在华北大区建立北京区域管制中心，负责整个华北上空的管制服务；在华南大区建立广州区域管制中心，负责整个华南上空的管制服务。区域管制中心通常都设在大城市附近，便于保障繁忙的通信网络和复杂设备的使用。图 5.12 为北京区域管制中心示意图。

由于区域管制具有管制范围广，航线结构复杂，不同飞机的相对飞行、追赶飞行、交叉飞行较多的特点，因此区域管制员的工作重点就是防止飞机之间发生危险接近，保证飞行安全，然后把飞机移交到相邻区域管制中心，或把到达目的地的飞机移交给进近管制。在繁忙的空域，区域管制中心把空域分成几个扇面，每个扇面只负责特定部分空域或特定的几条航路上的管制。区域管制员依靠空地通信和远程雷达设备来确定飞机的位置，按照规定的程序调度飞机，保持飞行的间隔和顺序。

通常，区域管制员采取以下措施来防止飞机之间的危险接近：

（1）利用高度调配飞行冲突是防止危险接近最可靠的方法。对于有相对飞行、追赶飞行、交叉飞行的航线飞行，在不超过流量控制限制架数的条件下，一般都要安排垂直间隔。

（2）在允许飞机改变高度层时，应严格遵守间隔规定，并掌握好飞机上升或下降的时机。

图 5.12　北京区域管制中心示意图

（3）当同航线、同高度同时有数架飞机飞行或两架飞机同高度汇集飞行时，要严格监视每一架飞机的飞行动态，出现间隔不符合规定的现象或趋势时，立即加以调整。

（4）区域管制员在工作中密切协作、主动配合，严格遵守交接班制度，及时通报有关飞行动态，认真做好管制移交工作。

二、空中交通管制的责任和移交

1. 责任

在一个空域内，一架飞机的运行只能由一个管制单位来负责，防止因责任不清而导致事故。

2. 移交

空管单位的责任明确，关系重大。因此一架飞机从一个管制区进入另一个管制区的移交必须十分严格和明确，以防止因程序混乱和责任不清而出现重大事故。

三、管制许可

空中交通管制员向飞机提供服务的基本手段是发出各种类型的许可。

1. 许可内容

许可是由飞机驾驶员提出请求后，管制员发出的下一步行动的指示和指令。

2. 控制空中交通流量

当一个管制空域上飞行流量过大，超过了管制单位的处理能力时，这个管制单位要通知其他单位控制许可，控制空中交通流量，避免出现严重的延误现象。

四、程序管制

在雷达被使用之前，空中交通管制主要是使用无线通信按照规定程序来完成的，这种管制方式被称为程序管制。程序管制方式对设备的要求较低，空中交通管制员主要通过飞机驾驶员的位置报告来分析、了解飞机间的位置关系，推断空中交通状况及变化趋势，指挥飞机飞行。

飞机起飞前，机长必须将飞行计划呈交给报告室，经批准后方可实施。空中交通管制员将批准的飞行计划的内容填写在飞行进程单内。在飞机飞行的过程中，空中交通管制员根据飞机机长报告的位置和有关资料，同飞行进程单的内容进行比较，当发现飞机之间的危险接近现象时，立即采取措施，调配间隔，避免航空事故的发生。由于主要依靠空中交通管制员进行管制，存在速度慢、精确度差的缺陷。为了保证航空安全，需要对空中飞行设置很多限制条件，导致了空域的使用效率偏低的后果，难以适应日益繁忙的空中交通的需要。

随着民用航空事业的迅速发展，飞行量不断增长，中国民航加强了雷达、通信、导航设施的建设，同有关部门逐步改进管制方式，在主要航路、区域已实行了先进的雷达管制。在雷达引入后，空中交通管制员的感知能力和范围都有了明显提高，在间隔距离上、情报的传递上有了很大的改进，但在基本程序上并没有太大的变化，因此程序管制是整个空中交通管制的基础。

前面讲到的飞行规则、间隔标准等都是程序管制的基本依据，但在具体管制飞行时，程序管制员的基本信息和管制手段主要来自于飞行计划和飞行进程单。

1. 飞行计划

飞行计划是由飞机使用者（航空公司或驾驶员）在飞行前提交给空中交通管制人员的关于这次飞行的详细说明，它的目的是：

（1）空中交通管制人员根据批准的计划为飞机提供管制、情报等服务；

（2）在飞机发生事故时，飞行计划是搜索和救援的基本依据。

飞行计划一般需要提前一天交给起飞机场的空中交通管制部门，紧急情况下可在起飞前一小时交付。空中交通管制部门在考虑了空中交通的总体情况并对计划进行审核后，批准计划或与提交人员协商做出修改后批准。飞机起飞后，飞行计划发送至各飞行情报中心、相关的区域管制中心和目的地机场的管制单位。飞机到达目的地机场后，需要立即向目的地机场空管人员做出到达报告，飞行计划随之结束。

2. 飞行进程单

飞行进程单是空中交通管制员根据现行飞行计划和本管制区的航路、航线及导航台、站和位置报告点等资料编制的，是提供管制服务的依据。在提供管制服务的过程中，空中交通管制员将飞机的飞行动态情报和管制指令的详细情况，详细记录在进程单上，供其他管制员辨认飞行和管制情况。

飞行进程单反映出空中交通情况，因此飞行进程单需要根据空域结构和时间顺序摆放在进程单架上适当的位置，随着飞行的进行，每一条进程单都要进行相应的移动。在程序控制中，始发机场的塔台控制员的一项主要工作就是接受飞行进程单，并根据进程单发放飞行许可，然后按实际飞行情况填写进程单，由飞行数据转发打印机自动将这些情报发送出去。

区域管制中心根据飞行计划和飞机驾驶员的报告位置及有关信息填写自己的飞行进程单，根据飞机到达的前后顺序和飞行的路线，配置合适的空中间隔，保证飞行安全。

五、雷达管制

在程序管制方式中，管制员通过飞行员的位置报告分析、了解飞机间的相对位置关系，由于飞机驾驶员和空中交通管制员之间的通信的可靠性不高，如果管制员或飞机驾驶员得到了不准确或错误的信息，将会使得空中的飞机处于高度危险之中，甚至造成机毁人亡的悲剧。为此，在程序管制的基础上，空中交通管理部门采用了可靠性更高的雷达管制方式。雷达管制员可以根据雷达显示，了解本管制空域雷达波覆盖范围内所有飞机的精确位置，因此能够大大减小飞机之间的间隔，使管制工作变得主动，管制人员由被动指挥转变为主动指挥，提高了空中交通管制的安全性、有序性、高效性。

目前在民航管制中使用的雷达种类为一次监视雷达和二次监视雷达。一次监视雷达发射的一小部分无线电脉冲被目标反射回来，并由该雷达收回加以处理和显示，在显示器上只显示一个亮点而无其他数据。二次监视雷达由地面询问机和机载应答机配合而成，采用的是问答方式。地面二次雷达发射机发射询问脉冲信号，向机载设备发出询问；机载应答机在接收到有效询问信号后，产生相应的应答信号向地面发射。地面二次雷达接收机接收到应答机信号，经过计算机系统处理后获得所需的各种信息，并在显示器上显示出标牌、航班号、高度和运行轨迹以及一些其他的特殊编号。如图 5. 13、图 5. 14 所示。监视雷达可以很容易地确定飞机的位置和辨认飞机的类型和号码，因而使用雷达间隔相对用非雷达手段间隔可以把间隔的距离缩小，从而使机场跑道上空和航路的利用率大为提高。管制员除了用雷达识别和定位飞机并间隔飞机外，还可以为驾驶员提供导航协助、仪表着陆引导、不安全状态告警等交通管制服务。

图 5.13　雷达管制示意图

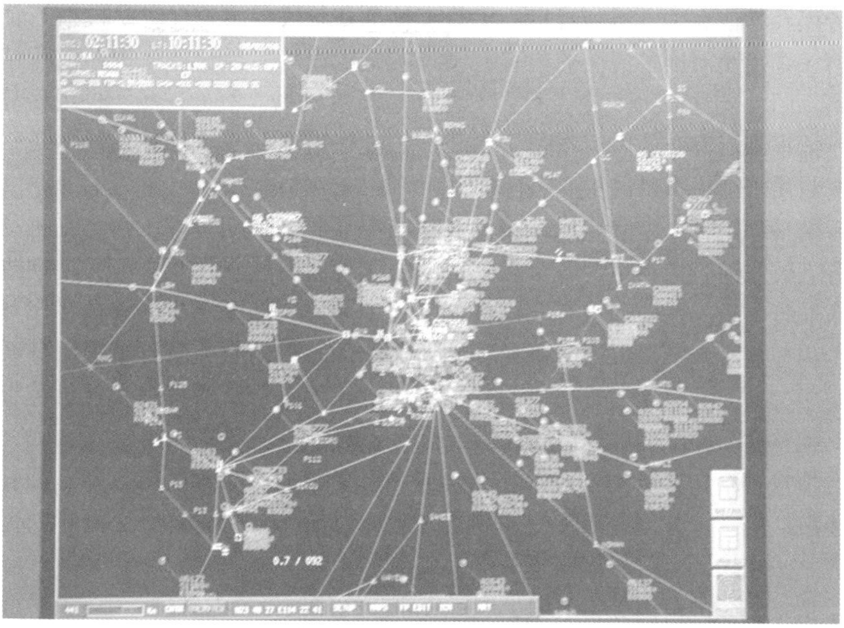

图 5.14　雷达屏幕显示图

第五节　航行情报服务

一、航行情报服务的机构和内容

航行情报服务是指在指定区域内，负责为空中航行的安全、正常和高效提供所需的航行资料/数据而建立的服务。航行情报工作是航行业务管理工作的重要组成部分，它的职能是收集、编辑、设计制作和发布各种航行情报资料。有关机场选址、进场/离场程序设计、通信导航设施布局、航线规划等都需要航行情报部门提供准确、可靠的资料。

航行情报与空中交通管制有着十分密切的关系。在每次执行飞行任务前，空中交通管理人员制订飞行计划和指挥预案时，都必须了解和研究各种航行情报资料，特别要着重了解各降落机场和备降机场的情况，空中交通管制和航行飞行数据与规定等。以飞行来说，每个机组从飞行预先准备开始到飞行结束为止，每个阶段都离不开航行情报服务。飞行预先准备阶段的主要任务是研究航行情报部门提供的航线、机场资料、天气报告以及其他有关资料和规定；飞行直接准备阶段的主要任务是向航行情报部门校核资料，并接受对准备情况的检查；飞行实施阶段的主要任务是按照航行情报部门提供的离场图、航线图等实施飞行；飞机到达降落机场，不论进场、进近、复飞等都得按航行情报部门发布的航行情报资料飞行。在民航运输飞机和通用航空飞行中，航行情报资料属于随机携带的主要飞行资料。

航行情报部门是一个完整的系统，和空中交通管制部门协同工作，在机场有航行情报服务人员或航行情报室，各个大航行情报区都设有航行情报中心，定期或连续地向外发布航行情报，民航局设有全国性的情报中心。它保证飞机驾驶员在飞行情报区覆盖范围内任何一点都可以通过电信得到所需要的航行情报，航行情报服务系统不直接控制空中交通，它只是一个提供信息的网络，它把各航行情报站和航行情报中心联系起来，把整个航路上的各种信息提供给管制员和驾驶员。

航行情报资料如有差错或残缺不全，或者已变动的资料未及时更新，都有可能导致飞机迷航、迫降，甚至造成飞行事故。因此，为各种飞行和空中交通管制提供航行情报服务，必须做到及时、准确、完整。

航行情报服务的范围分为航图、航行资料和气象报告三大类。

二、航图

航图是把各种和航空有关的地形、导航设施、机场等有关数据全部标出来的地图，主要分为两大类：一类是标出地形和航行情况的航空地图，另一类是标出无线电导航标志和局部细致地形图的特种航图。

1. 航空地图

主要用于目视空中领航及指定飞行计划，按照所表示的范围分为：

1）世界航空地图

世界航空地图采用 1∶1000000 的比例，主要用于大型飞机的远距离飞行，每年修订一次。

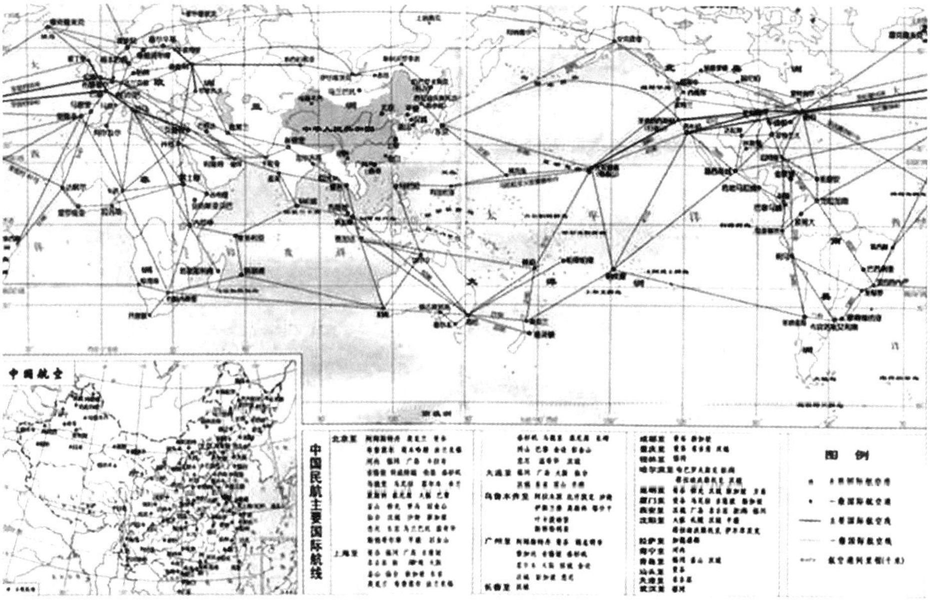

图 5.15　世界航空地图

2）区域航空地图

区域航空地图一般以一个特定区域为范围，它的比例为 1∶500000。由于范围较小，它比世界航空地图更加详尽地标出了地形、目视标志点、无线电导航点、机场、空域、障碍物、航路、距离等，图上的各种标志都用不同的颜色加以区分，方便使用。区域航空地图每半年修订一次。

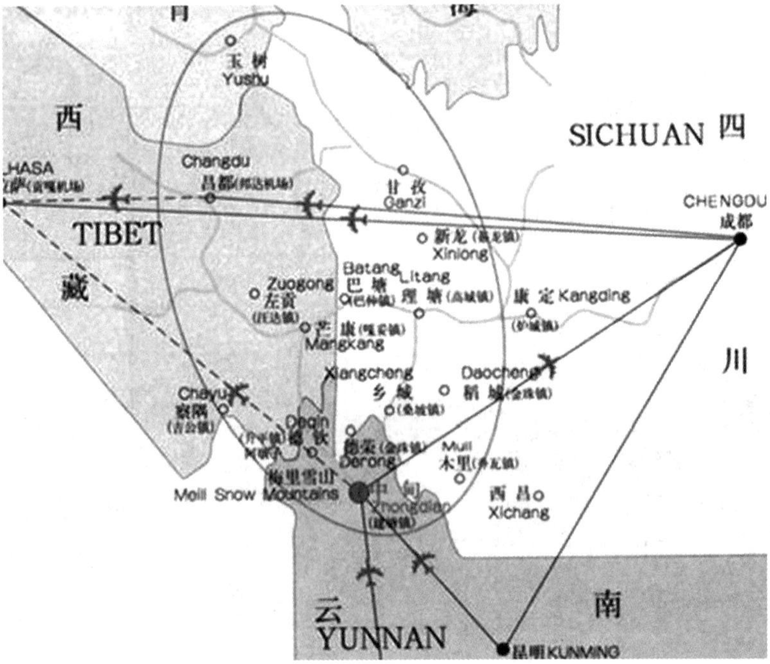

图 5.16　区域航空地图

3）航空计划地图

在飞机执行飞行任务之前作为飞行计划使用，它的比例在 1：2000000 到1：500000 之间。航空计划地图一般印成两部分：一部分为目视飞行规则使用，上面标明各种地面情况；另一部分为仪表飞行规则使用，上面标出无线电导航台的位置和标志。

2. 特种航图

特种航图是为执行仪表飞行规则的飞行使用，比较重要的有航路图、仪表进近图、机场图和机场障碍图四种。

1）航路图

航路图用于向机组提供航路的航行资料，包括了航路上的所有无线电导航信息，航路图的比例按实际飞行的需要来选定，每四个星期修订一次，能及时地给出无线电通信和导航的最新信息。

图 5.17　航路图

2）仪表进近图

仪表进近图是供执行仪表飞行规则的飞机进近和着陆时使用，图中详细标出了导航设施的位置、频率和进近时的路线，确保飞机在机场区域按规定航线和高度飞行，避免和其他飞机或障碍物相撞。

3）机场图和机场障碍图

在这些图中标明了飞机将要使用的机场附近的航行情况、限制以及障碍物的情况，使飞机驾驶员能够详细了解机场的情况，确保飞行安全。

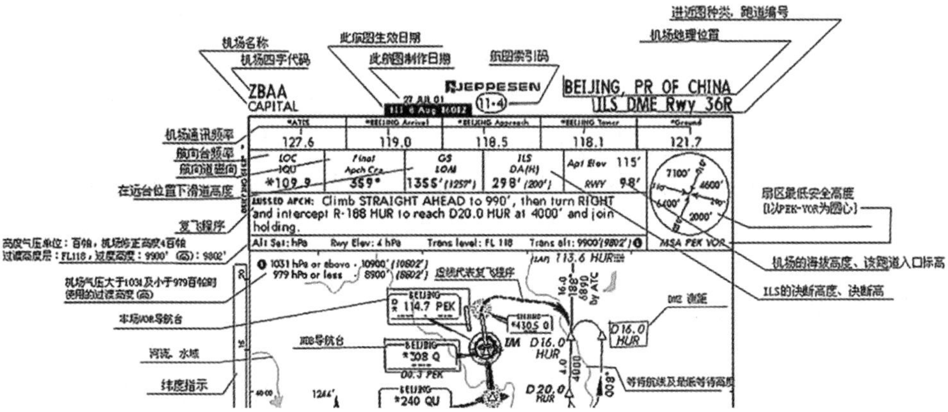

图 5.18　仪表进近图

三、航行资料

航行资料按照有效时间、发布类型和内容多少，可以分为以下几类：

1. 航行资料汇编

按照国际民航组织的要求，航行资料汇编提供一个地区或国家航行方面的基本数据，用于国际航线。航行资料汇编的大小和规格都有规定，航行资料汇编以散页形式装订，每页上都有发布日期。为了让使用人员得到最新的信息，航行资料汇编的修订间隔是一个月。

2. 航行通告

航行通告是航行情报服务的重要资料，它及时向飞行有关人员通知航行设施、服务和程序的建立及状况变化，以及航路上出现的危险情况，是飞机驾驶员及有关人员需要及时了解的信息。为了给出及时的信息，航行通告在生效前 7 天通过电信网发布，如有紧急情况，需要随时发布。航行通告在航行情报系统中也称为一级航行通报。

3. 航行资料通告

分为定期航行资料通告和航行资料通告。定期航行资料通告的有效期为 28 天，因此要保证用户在 28 天前收到。航行资料通告是不定期的，在生效前 15 天发出，用于公布关系到飞行安全的各种情况。定期航行资料通告和航行资料通告也可以包括到航行资料汇编中，作为它的一部分。

4. 飞行员资料手册

飞行员资料手册是一种定期出版的航行资料汇编，它不断更新公布有关航行情况的变化，对于飞机驾驶员、航行人员和空中交通管制员都是非常有用的。它包括以下部分：第一部分是关于空中交通管制的程序和飞行基本数据，每三个月修订一次；第二部分是机场手册，包括各机场的进近、离场程序、航行情报中心和气象服务电话号码等，半年修订一次；第三部分是操作数据和有关的航行通告；第四部分是航图和补充材料，三个月修订一次。

四、航空气象服务

由于气象条件对航空活动的安全具有重要影响，各国的民航管理部门和气象部门都组织了气象服务部门及时地为空中交通管制人员及飞机驾驶员提供及时准确的气象信息，保证飞行的安全。

1. 组织

我国的航空气象服务由航空气象观测站、机场气象台和区域气象预报中心组成。气象观测站设在机场和主要航路点上，用于观察和记录最新的天气情况。机场气象台的任务是编制机场和航路天气预报，与有关方面和地方气象台交换气象情报，向飞行机组和其他航务人员提供气象资料。区域气象预报中心的任务是提供区域内重要天气预报图和特定高度上的高空风的情况。

2. 气象报告

气象报告主要包括下列几种：

1）机场气象观测报告

这是由设置在机场的气象观测站发布的地面风、能见度、云层高度、降水、气温、露点、气压的报告。为了做到信息发布的及时，气象观测报告每小时发布一次，遇到特殊的天气变化，要及时进行发布。在一些大机场都有自动气象发布设施，每隔一小时自动发布气象观测报告。

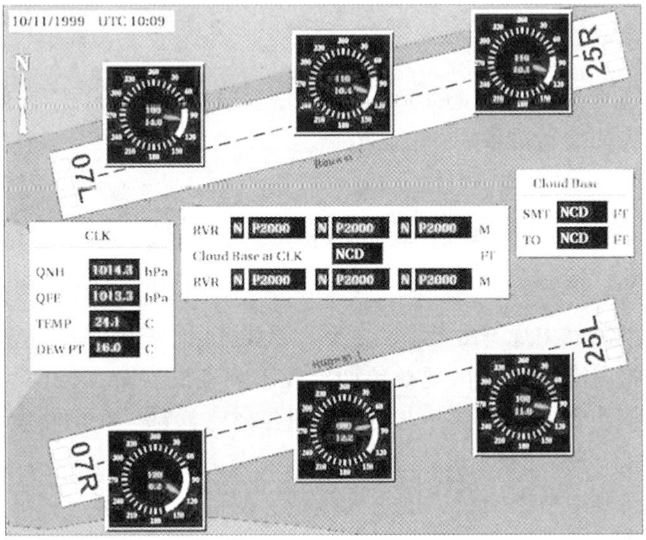

图 5.19　机场气象观测报告

2）机场预报

机场预报的主要内容是机场的云层高度、能见度、风速、风向、降水在 24 小时内的变化，一般每 6 小时发布一次。

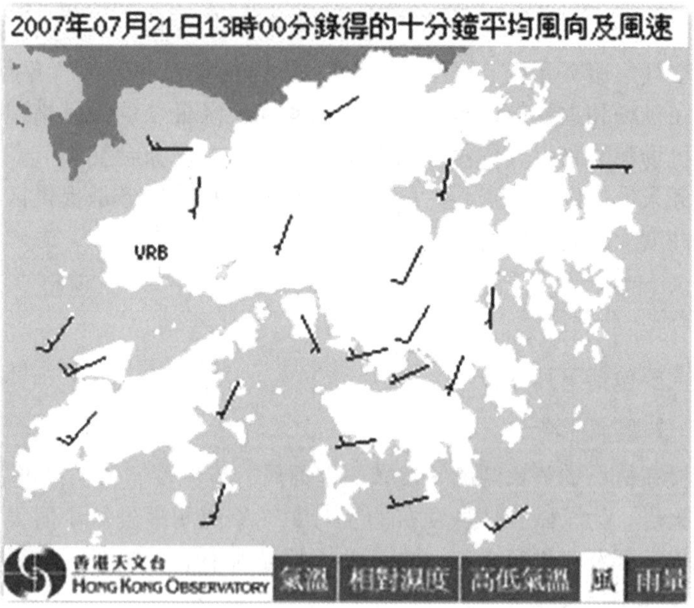

图 5.20　机场预报

3）起飞预报

起飞预报对机场跑道上的地面风、气温、气压等气象信息提前 3 小时做出预报，以帮助飞行人员做出飞行准备。

4）高空风预报

高空风预报主要报告在一段时间内不同高度上的风速、风向、温度。

5）航路预报

航路预报由航路气象观测站发出，主要有重要气象情报和航路气象信息。

重要天气情报是在航路上出现或预期出现影响飞机安全飞行因素时的气象情报，内容包括巡航高度上的雷暴、热带气旋、严重结冰、沙暴、火山喷发等，在发布后的最初 1 小时内每 15 分钟发布 1 次，之后每小时发布 2 次。

航路气象信息是对航路飞行高度上天气情况的预报，内容包括高空风、气温和重要天气情况，每小时发布 2 次。

6）天气图

天气图是根据航空部门的需要，由国家气象系统制作的气象图，又称为航空天气图。

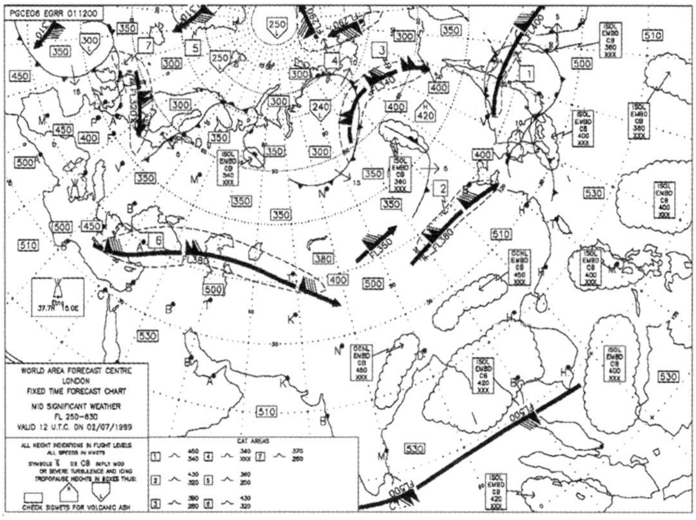

图 5.21　天气图

7）雪情通告

雪情通告由机场航行情报室根据雪情发布，一般附加在每小时 1 次的天气报告之后，通常每小时 1 次，如果跑道雪情有重大变化，要增加发布次数，有效期不超过 24 小时，使飞机驾驶员和其他人员能在飞行前或飞行中及时得到信息，制定或修订飞行计划。

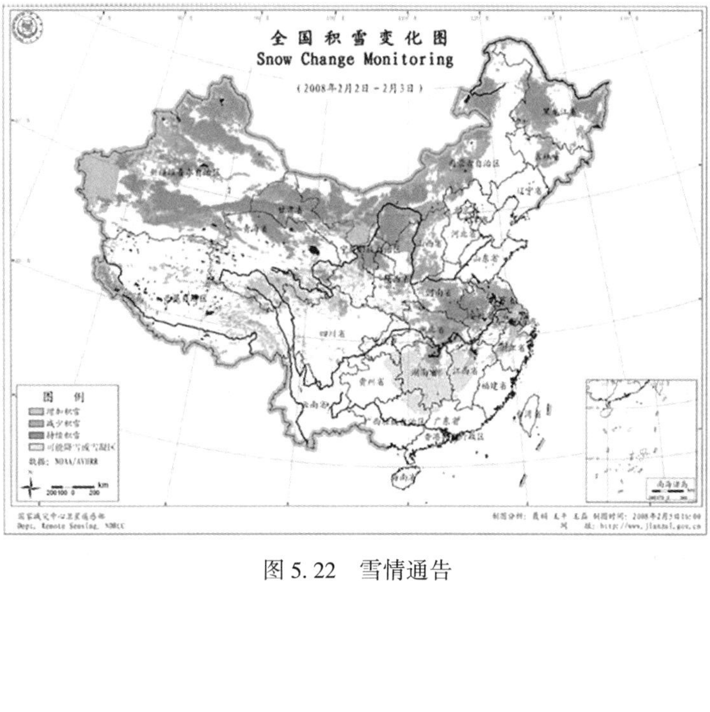

图 5.22　雪情通告

随着科技的进步，如气象雷达的使用，使得气象报告和气象预报越来越准确。准确和详尽的气象服务的提供，保证了民航运输的安全和高效。

图 5.23　多普勒气象雷达

第六节　新航行系统

一、新航行系统的组成及特点

基于对未来商务交通量增长和应用需求的预测，为解决现行航行系统在未来航空运输中的安全、容量和效率不足等问题，国际民航组织于 1983 年提出在飞机、空间和地面设施三个环节中，应用卫星和数字信息提供的先进的通信、导航和监视技术，即 CNS 技术。由于当时有些系统设备仍在研制中，尚不具备所需运行的条件，国际民航组织将该建议称为未来航行系统方案。

随着各种可用通信、导航和监视技术的日趋成熟，人们越来越认识到，为了在全球实现安全有效的航空运输，空中交通管理是通信、导航和监视互相关联、综合利用的关键，它的运行水平成为体现通信、导航和监视系统技术的焦点。国际民航组织于 1993 年将 FANS 更名为 CNS/ATM 系统，即新航行系统。1998 年，国际民航组织全体成员大会再次修订了全球新航行系统实施规则，其内容涉及技术、运营、经济、财政、法律、组织等多个领域，为各地区新航行系统的实施提供了更具体的指导。

新航行系统由通信（C）、导航（N）、监视（S）和空中交通管理（ATM）四部分组成，其中通信、导航和监视系统是基础设施，空中交通管理是管理体制、配套设施和应用软件的组合。新航行系统主要在“星基”上，即系统是以空中卫星为基本特征的。导航是核心，通信是必要条件，监视是系统安全保障的手段，三者缺一不可。新航行系统在航空中的应用将为全球航空运输的安全性、有效性和灵活性带来巨大的变革，使民用航空进入新的发展时期。

新航行系统主要是“卫星技术+数据链技术+计算机网络技术”这些新技术的应用。如图 5.24 所示，系统在采用新技术方面有如下特点：

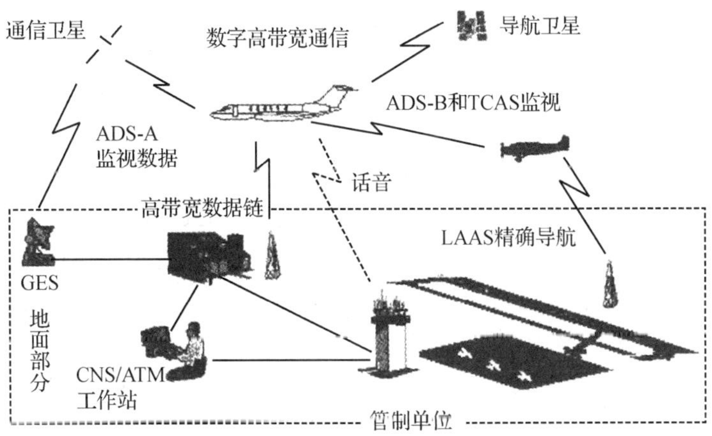

图 5.24　新航行系统

（1）利用卫星技术，从路基通信、导航、监视系统逐步向星基通信、导航、监视系统过渡，逐步以星基系统为主；

（2）数据链技术的开发利用，实现空—地、地—地可靠的数据交换，并进一步实现空—空数据交换；

（3）系统采用数字化、计算机处理，即联网。星基系统是保证空中交通形成空地一体化、全球连续无隙通信的有效手段，数据链和计算机网络是空中交通管理实现高度自动化、智能化的前提，也是保证空中交通安全有序、减轻驾驶员和管制员负担的有效手段。

新航行系统同现行的空中交通管理系统相比，在技术、安全和经济效益方面有着巨大的优越性。新航行系统具有以下三个主要特点：

（1）具有充分的覆盖性，不受山区、沙漠和海洋的限制，能随时准确掌握空情，从而大大提高飞行安全性和空域利用率，使飞机可以灵活选择最佳的飞行航线，节约飞行时间和油料消耗。

（2）能够充分利用信息资源，实现一定程度上的集中管理，发挥流量管理中心和管制中心计算机的自动数据处理能力，也有利于航行系统实现全球统一协调运行，提高飞机的自治飞行能力。

（3）大大减少地面空管设施的数量，大幅度降低建设和维护费用。

二、通信系统

在新航行系统中，导航和监视系统所形成的各种数据都是通过通信系统来传输的，因此，通信系统是新航行系统的基础。通信系统主要涉及数据链通信、航空移动卫星业务和航空电信网。

数据链通信包括高频数据链通信、甚高频数据链通信以及二次监视雷达的 S 模式。

高频话音/数据通信不仅可用于北极和南极区域的自动相关监视，而且在国内干线飞机上的应用也被看好。甚高频话音/数据通信的延时低，数据通信速率比航空移动卫星业务高，且音质好、费用低，因此在终端交通密集区可应用于新系统中。

S 模式的二次监视雷达数据链，在对空中交通进行非相关监视的同时提供空—地数据链路，它比甚高频数据链速率高，被用于终端与其他交通密集区。

航空移动卫星业务包括话音/数据通信两种方式，它使空中飞机在任何地方都能与地面进行实时有效的通信，且在空管中心的实时监视之中。它与机载卫星导航接收机相结合，可提供飞机的自动相关监视。

空—地通信采用高频数据链通信、甚高频数据链通信、二次监视雷达的 S 模式和航空移动卫星业务数据链，在飞行过程中根据需要进行自动选择。地—地通信主要依靠现有局域网来完成，它们按照国际标准化组织的开放系统互联标准互联，使机场、航空公司及航管部门之间实现通信链接。

空中交通通信网络是新航行系统的一个重要组成部分，是新航行系统中通信系统的主体，融地面与空地数据通信为一体，实现各空中交通管理计算机系统之间、数据处理系统之间以及各类航空用户之间的数据交换。其优点是使整体的航空电信网在设计、管理和控制每个子网方面十分灵活，而每个子网又很容易实现其网络环境中的各种应用，可以区分安全通信和非安全通信并按航空电信要求建立优先等级。各种空地通信的数据均能连接到地面空中交通管制计算机系统和航空通信单位的计算机系统，并可在这些计算机系统中按规定地址进行端到端的连接和高速数据交换。

与传统的通信系统相比，新航行系统的通信系统主要增加了数据通信、卫星通信、二次雷达 S 模式数据链和空中交通通信网络。它具有如下特点：有更为直接和有效的地空数据链；数据处理上的改善，减少信道拥挤，减少通信差错；应用中的共用性，减少工作量；更为精确的数据，减少误码率，节约成本。

三、导航系统

导航系统主要涉及全球卫星导航系统、所需导航性能、广域增加系统、本地增加系统。

星基空中交通管理系统的核心就是全球卫星导航系统，它包括美国的全球定位系统（GPS）、俄罗斯联邦的全球定轨导航卫星系统（GOLNASS）和国际海事卫星通信系统（INMARSAT），以及其他的卫星导航系统。

全球定位系统于1994年3月布设（24+3）颗全球卫星导航星座（24颗工作星+3颗备用星），分布在6个轨道上，每个轨道上布设4颗卫星，并正式投入使用，如图5.25所示。它提供P码信号精确定位和C/A码信号标准定位两项服务。P码信号精确定位只有美国军方以及特许用户才能使用，定位精度优于10米；C/A码信号标准定位为民用，定位精度水平位置为100米，垂直位置为156米。

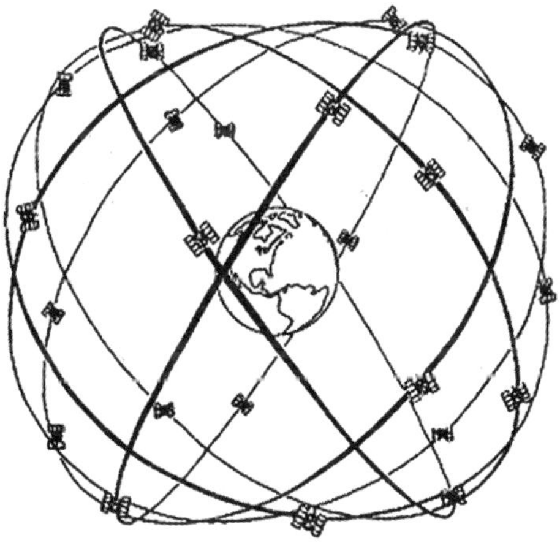

图5.25 GPS卫星

全球定轨导航卫星系统类似于全球定位系统，于1995年12月完成了空中24颗卫星的布设，分布在3个轨道上，每个轨道布设8颗卫星。全球定轨导航卫生系统早在20世纪80年代就宣布免费向全世界民用用户提供民用码信号服务，其定位精度与全球定位系统的C/A码接近。

国际海事卫星通信系统的INMARSAT-Ⅲ卫星主要用于舰船的导航，4颗卫星于1995年底入轨运行，它发送附加的测距信号，转发来自地面基准网的广域电离层校正值与差分全球导航卫星系统信号的修正值，还转发来自地面监控网的全球定位系统和全球定轨导航卫星系统的完善性信息。

新航行系统的全球导航卫星系统主要依靠全球定位系统和全球定轨导航卫星系统，国际海事卫星通信系统作为辅助，以改善其实时定位精度，增强民用导航的可靠性。

使用全球导航卫星系统，飞机就可以直线飞行，既缩短了飞机间隔，又省时省油，并提高了安全性、准点率与空间利用率，而且还能以此为基础做自动相关监视。

所需导航性能是指在指定空域和航路内，装备各种导航系统（或设备）的飞机在规定的概率上能够保持在指定轨迹的允许偏差以内飞行的能力。

全球定位系统的广泛应用证明了卫星导航技术的发展与成熟。目前，更进一步相关研究的开发工作正在积极地安排和进行，有可能把精度提高到符合Ⅱ/Ⅲ类着陆的要求。在全球定位系统的监视和增强方面广泛采用差分技术来提高精度，使系统成为“增强系统”。当前航空界正在部署本地增强系统和广域增强系统。广域增强系统是目前优选的方法，它可以解决海洋及边远荒漠地区的导航性能。在那些地方，既不能设置导航台，也不能设置任何本地差分台，唯有依靠卫星导航及其广域增强系统。

新的导航系统具有如下优点：可提供全球性高精度、高完善的导航服务，可以提供四维导航的精度，能够减少地面导航设施的成本投入，提高跑道的利用率。

四、监视系统

新航行系统中的监视系统主要包括 A/C 模式或 S 模式的二次监视雷达，自动相关监视和广播式自动相关监视。

一次监视雷达将逐步消失。二次监视雷达由于雷达波束的直线传播，形成了大量雷达盲区，因此主要用于终端区和高密度陆地空域的监视。自动相关监视用于其他空域，最终将要普及使用，并且可以和二次监视雷达重叠使用。利用广播式自动相关监视技术，本机收到邻机位置报告后能实现空对空相互监视功能；同时，利用自动相关监视技术和甚高频数据通信，在繁忙的机场上可以进行场面监视，防止车辆等非法进入跑道，以保证机场活动的安全。

自动相关监视技术是新航行系统新增的监视方式之一，由卫星导航、空地数据链、先进的地面处理和显示系统组成。与地面主动监视的雷达监视不同，自动相关监视技术系统是依靠飞机报告位置的被动监视方式——机载电子设备（卫星导航或惯性导航）导出的位置数据通过数据链传送到地面，然后在自动相关监视终端（即新航行系统工作站）上形成空中交通信息，最终在管制员荧屏上显示出来。

新的监视系统具有如下特点：可以减少位置报告的误差，可对非雷达空域进行监视，提供更为精确的位置数据，可以提供更便捷的航线，允许飞机飞行的临时改变，从而提高灵活性，大大节约成本。

五、空中交通管理系统

在新航行系统中，空中交通管理是以通信、导航和监视系统为基础的高级应用，也是新航行系统的实现目标。空中交通管理系统的组成如图 5.26 所示。

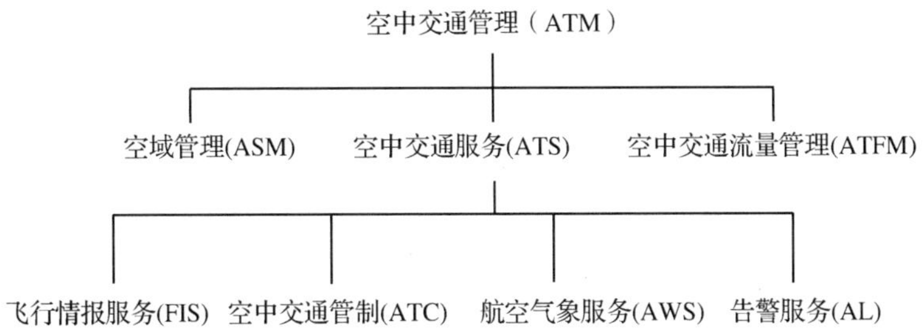

图 5. 26 空中交通管理系统的组成

空中交通管理的目的是：考虑空中及地面系统的运行能力以及经济上的需要，为用户提供空域上的最大效能；考虑飞机装备的等级和运行目的的不同，灵活地组织不同的用户之间分享空域；保证空中交通管理系统的总效率；向用户提供从起飞到着陆的连续协调、有效服务和管制，确保安全；与国际上协调一致，保证飞越国境的顺利进行。

思考题：

1. 简述空中交通管理的概念。
2. 简述空中交通管制的概念，并列举各分类的主要功能。
3. 比较程序管制与雷达管制的特点。
4. 空中交通有哪些飞行规则？
5. 简述空域、空域管理的概念以及空域规划的目的。
6. 空域包括哪些类型？我国是怎样具体实施空域划分的？
7. 简述航行情报服务的主要内容。
8. 简述新航行系统的组成部分及其各部分的主要作用。

第六章　民航运输

第一节　民航运输概况

一、交通运输业的性质

运输是人类社会的基本活动之一，是每个人生活中的重要组成部分，同时，也是现代社会经济活动中不可缺少的重要内容。人类社会由散乱走向有序，由落后迈向文明，交通运输发挥了不可估量的作用。纵观历史发展的长河，人类社会发展过程中的每一个重要进程或重要事件，几乎都与运输有关。古埃及的强大与尼罗河息息相关，世界奇观金字塔的修建，离开了运输是不可想象的。中国古老灿烂的文化与黄河、长江密切相连，丝绸之路是古老的中国走向世界的一条漫漫长路，促进了中国与世界文化的交流，促进了经济发展，却也映衬了原始运输方式的艰辛与落后。机械运输业的出现，对经济发展和社会进步产生了更大的影响。汽轮船的采用提高了海上运输速度、能力与平均运输距离；铁路及公路的使用与发展，使得人类在陆地上克服空间障碍的能力大大提高；航空运输的发展促使交通运输在速度方面产生了质的飞跃。

今天，运输已经渗透到人类社会生活的方方面面，成为最受关注的社会经济活动。

1. 运输业的性质

运输业既是从事旅客和货物运输的物质生产部门，同时也是公共服务业，属于第三产业，是国民经济的基础结构之一。它必须为社会生产服务，为消费者服务，这是运输业存在的前提。

相对于其他行业和部门来说，运输业具有明显的特征：

（1）运输业是一个不生产新的实物形态产品的物质生产部门，运输产品是运输对象的空间位移，用旅客人公里或货物吨公里计量。

（2）运输业的劳动对象是旅客和货物，运输业不改变劳动对象的属性或形态，只改变它的空间位置。运输业提供的是一种运输服务，它对劳动对象只有生产权（运输权），不具有所有权。

（3）运输是社会生产过程在流通领域内的继续。在完成了生产过程后，必然要从生产领域进入到消费领域，这就需要运输。产品只有完成这个运动过程，才能变成消费品。

（4）运输生产和消费同时进行，运输业的产品不能储存，不能调配，生产出来的产品如果不及时消费就会被浪费。运输产品的效用是和运输生产过程密不可分的，生产过程开始，消费过程也就开始；生产过程结束，消费过程也就结束。这一特点要求运输业一方面应留有足够的运输能力储备，以避免由于能力不足而影响消费者需求，另一方面应对运输过程进行周密的规划和管理，因为运输过程中出现的任何差错都无法通过对运输产品的“修复”而使消费者免受侵害或影响。

（5）运输业具有“网络型产业”特征，运输业的生产具有“网状”特征，它的场所遍及广阔空间。运输业的网络性生产特征决定了运输业内部各个环节以及各种运输方式相互间密切协调的重要性。

（6）运输业的资本结构有其特殊性，运输业的固定资本比重大，流动资本比重小，资本的周转速度相对较慢。

2. 运输方式与综合运输网

现代运输业是一项社会性生产行为，与其他社会生产行为相互依赖、相互制约和相互促进，形成一个紧密联系的社会经济机体。国家社会经济的发展，要求运输系统在社会生产过程中应具有先行性，科学地确定各种运输方式在运输系统中的地位和作用，建立一个经济协调、合理发展的综合运输系统。

就交通运输业的总体而言，现代运输业有五大运输方式：铁路运输、公路运输、水路运输、航空运输和管道运输。五种运输方式结合成综合运输网，同心协力，分工合作，既可以扩大运输能力，又能提高经济效益。

铁路是国民经济的大动脉，是运输系统的骨干，具有运输能力大、成本低、连续性强的特点，是大宗物资和中长途客货运输的主力。

公路运输机动灵活，适应性强，时效性好，能实现门对门的运输，是客货短途运输中的主力，它可以深入到边远山区、穷乡僻壤，是运输脉络中的微血管。

水路运输能力大，投资省，能耗和占地少，成本低，适宜于中长途大宗散货的运输，在我国能源和矿产品运输中占有重要地位，在对外贸易中有明显优势。

航空运输速度快，安全舒适，建设周期短，在长途客运和精密仪器、鲜活易腐货物运输中具有明显的优势。随着对外贸易的迅速增长、旅游业的发展和国际交流的不断加强，民用航空事业将有更大的发展。

管道运输能力大，占地少，成本低，运输连续性好，污染少，是石油和天然气运输的最佳方式，也是煤炭和矿石运输的新方式。我国的石油和天然气蕴藏量很大，管道运输有着极大的发展潜力。

我国幅员辽阔，各地区的自然条件不同，资源和生产力分布极不平衡，各地自然条件与经济发展水平差异很大，各种运输方式对自然条件的适应程度也不一样，这就要求我们在规划国民经济与交通运输协调发展时，必须充分考虑各种运输方式的优劣和适用条件，结合国土综合开发规划和生产力布局，实行合理分工与协作，在线路建设的布局上，要因地制宜，宜水则水，宜陆则陆，根据各地自然经济特点，各有侧重，以形成完整的运输体系，更好地发挥运输系统的整体功能和综合经济效益。

二、航空运输的特点

航空运输的迅速发展，是和其本身具有的经济特性分不开的，它的主要特点可以概括为：

1. 速度快

速度快是航空运输最大的优势和主要的特点。涡轮螺旋桨和喷气式民用飞机的时速一般为500至1000千米，与地面运输相比，航空运输的运输距离越长，所能节约的时间就越多，快速的特点就越显著。同时，航班正点率、办理旅客出发以及到达手续的速度、机场与市区之间的交通运输方式的便利、是否有经停点等多方面的因素都直接或间接地影响航空运输的速度。利用航空运输节省的时间、所创造的机会和经济价值是难以估量的。

2. 机动灵活

航空运输是由飞机在空中完成的运输服务，在两地之间只要有机场和必备的通信导航设施就可以开辟航线。与其他交通运输方式相比较，航空运输不受地面条件的限制，运输距离也比其他运输方式短。飞机可以按班期飞行，也可以在非固定航线上飞行，而且还可以根据客货流量的大小和流向的变化及时调整航线和机型。民用航空可以在短时间内完成政治、军事、经济上的紧急任务，例如抢险救灾、医疗急救、近海油田的后勤支援工作等。

3. 安全舒适

喷气式民航运输飞机的飞行高度一般为1万米左右，不受低空气流的影响，飞行平稳、舒适。宽体飞机的客舱宽敞，噪声小，机内设有餐饮娱乐设施，舒适程度又大有提高。由于航空技术的发展，航空运输的安全性大大提高。

4. 准军事性

由于航空运输所具有的快速性和机动性，以及民航所拥有的机场和空勤人员对军事交通运输的潜在作用，各国政府都视民航为准军事部门。一旦发生战争或紧急事件，军事部门可依据有关条例征用民航设施和人员。

5. 国际性

航空运输从一开始就具有国际性的特点。随着世界航空运输相互依赖和合作关系的发展以及多国航空公司的建立，航空运输国际化的特点更加明显。国际化的目的是要任何一位旅客、一吨货物或邮件，能够随时从世界上任何一个地方，快捷、方便、安全、经济、可靠地被运送到另一地，这是航空运输对国际交往和人类文明做出的巨大贡献。

6. 营运成本高

飞机的商务业载小，即使大型宽体飞机的业载也仅有 100 吨左右。而航空运输又属资金和技术密集型行业，投资大，飞行成本高。由于航空运输运营成本高，与其他运输方式相比较，航空客货运价高。目前，航空运输只适用于人员往来和时间性较强的货物和邮件等的运输。

三、航线及航线网的建立

民航运输飞机的飞行路线称为航空交通线，简称航线。

从事民航运输业务的承运人在获得经营许可证后，可以在所允许的航线范围内提供航空运输服务。航线不仅确定了飞机飞行的具体方向、起讫与经停点，还根据空中交通管制的需要，规定了航线的宽度和飞行高度，以维护空中交通秩序，保证飞行安全。

航线不同于航路，它是航空运输承运人授权经营航空运输业务的地理范围，是航空公司的客货运输市场，是航空公司赖以生存的必要条件。

航路是由民航主管当局批准建立的一条由导航系统划定的空域构成的空中通道，在这个通道上，空中交通管理机构要提供必要的空中交通管制和航行情报服务。

1. 常见的航线网络结构

从目前航线网络的构成分析，主要的单元结构形式为城市对式以及中转辐射式两种。

1）城市对式

城市对式是空运网络中的基本单元结构。它的特点是两地间的直飞航线。由于其形式简单、实用，便于进行运力上的调配，因此成为空运网络中最基本的单元结构，也是我国航线结构中所采用的主要形式。但是当航线两端的流量较低时，采用城市对航线，则使航班的密度降低，从而使地面等待的时间过长，航空运输的快速优势就无法体现。因此在流量较小的机场之间采用城市对式航线并非明智之举。

2）中转辐射式

中转辐射式航线是目前较为成熟的网络结构，也是目前空运发达国家的航线网络中最常见的形式。中转辐射式结构由城市对航线和枢纽机场的辐射航线构成。通常要确定全国或区域范围内的枢纽机场，枢纽机场应该是区域范围内的航空客货集散地，同时与区外的其他枢纽机场之间有便利的空运联系，具有明显的内联外引的功能。枢纽机场之间采用城市对式航线直飞，再以每个枢纽机场为中转站建立其辐射航线。这样，流量较小的城市之间就无需采用对飞形式，而是通过枢纽机场中转而实现通航。

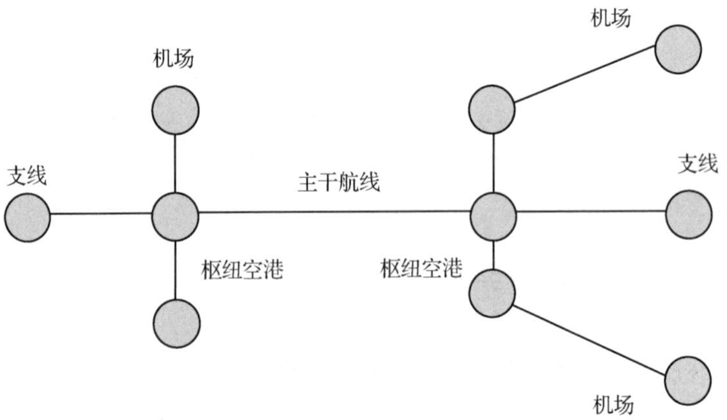

图 6.1 "枢纽"空港运输服务体系示意图

中转辐射式网络结构具有使空运网络衔接通畅，使空运网络适应市场需求，有利于机场网络的规划建设，有利于提高飞机的客座率和载运率等优势。应该指出，中转辐射式网络的实现，一要建立枢纽中心机场，二要有便利的辐射航线。在保证干线飞行的同时，还必须使辐射航线上保持较高的航班密度，才能发挥航空运输快速的特点。

2. 航线的分类

1）按起讫点所涉及的范围分类

我国的航线可以分为国内航线、国际航线和地区航线。

飞机飞行的始发地、经停地、目的地都在同一个国家境内的航线称为国内航线；

飞机飞行的始发地、经停地、目的地不在同一个国家境内的航线称为国际航线；

地区航线是指一国之内，各地区与有特殊地位地区之间的航线，如我国内地城市与香港、澳门和台湾之间的飞行路线。

2）按通达城市的政治经济地位分类

我国的国内航线又可以分为干线航线和支线航线。干线航线是指连接首都北京和各省省会、直辖市或自治区首府以及各大城市之间的航线，形成省际或大城市之间的空中交通干道。支线航线是指一个省或自治区之内的各城市之间的航线。一般来说，干线上的流量大，使用的机型载运力强；支线主要是汇集或疏散客货流，辅助干线运输。

3. 航线网的建设

建设航线网把航线相互连接成为一个网络，最大限度地利用航路，方便旅客，扩大市场。从航空运输企业方面要考虑市场需求，建立自己的航线网；从政府方面要利用调控手段使航线布局合理，要照顾到政治上和社会上的需求，还要避免“热线”上的恶性竞争和垄断。

第二节　民航旅客运输业务

一、民航旅客运输市场

民用航空运输是指在国内和国际航线上使用航空器以营利为目的从事定期和不定期飞行，运送旅客、行李、货物和邮件的运输，是民用航空的组成部分。而民用航空运输按照其运输的对象可以分为旅客运输（包括行李）和货物运输（包括邮件）。

在对旅客运输市场进行划分的时候，根据旅客旅行的目的，可以分为公务旅客和闲暇旅客。

1. 公务旅客市场的特点

①公务旅客与其他旅客相比，对票价的变化反应不敏感；

②公务旅客具有高度集中性，每年乘机旅行的次数远远超过其他的旅客；

③公务旅客由于无法提前预订座位，因此对出行的航班密度和航班的时间有着较高的要求；

④机上服务的水平和地面服务的标准都会影响公务旅客对航空公司的选择。

2. 闲暇旅客市场的特点

①由于需要自付旅行的费用，票价的变化对旅客旅行产生很大的影响；

②闲暇旅客对时间的要求不像公务旅客那么迫切；

③闲暇旅客旅行的费用与旅行其他费用之间有着密切的关系，因此其他价格的变化会影响旅客对旅行方式的选择。

此外，还有一部分不同于公务旅客和闲暇旅客的旅行，如探亲访友、出外求学、参加婚礼或葬礼、医疗原因、移民和其他一些原因等，在进行民航旅客运输组织时，应给予高度重视。

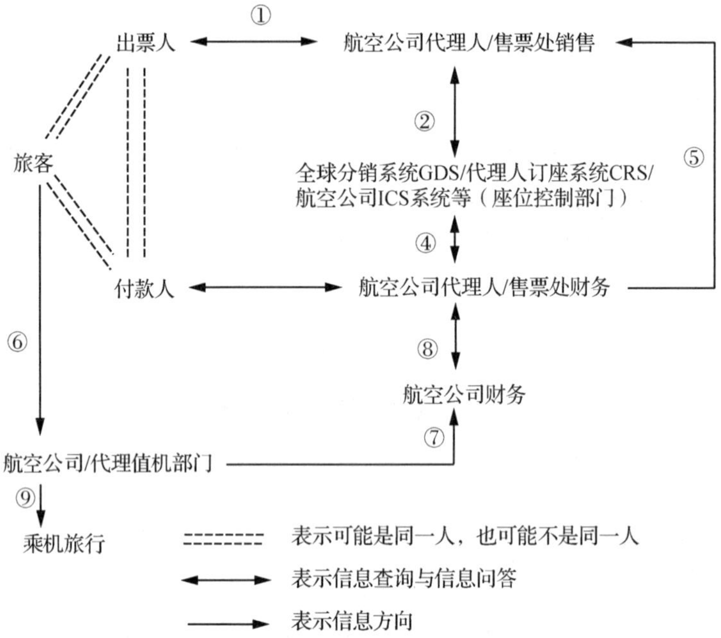

图 6.2　民航旅客运输基本流程图

二、航班组织

1. 航班的定义及分类

按照民航当局批准的民航运输飞机班期时刻表、使用指定的航空器、沿着规定的航线，在指定的始发站、经停站、目的站停靠的客货行邮的经营性运输飞行，称为航班。

航班按照不同的性质有不同的分类方法：

1）按经营区域可以分为国际航班、国内航班和地区航班

始发站、经停站或目的站有一站以上在一国国境以外的航班称为国际航班。

始发站、经停站或目的站全部在一国境内的航班称为国内航班。

始发站、经停站或目的站中有一站在一国内有特殊地位的地区中的航班称为地区航班，这些地区如我国的港澳台地区。

2）按经营的时间分为定期航班和不定期航班

定期航班是指列入航班时刻表，有固定运行时间的航班。定期航班是民航运输的主要运输形式，是航空公司赖以生存的主要生产方式。因此在衡量航空公司的生产水平时，总是以定期航班的运输周转量为主要生产指标。

不定期航班是指航空公司根据临时性任务需要，没有固定时刻的运输飞行，如包机和某些加班飞行。不定期航班是航空公司的辅助生产方式。

3）按照运输飞行的方向分为去程航班和回程航班

去程航班指从航空公司飞机基地出发的飞行航班。

回程航班指返回飞机基地的飞行航班。

2. 航班的组织及安排

1）航班时刻表

航班时刻表是航空运输企业生产活动的整个流程的安排次序。对内它是运输企业每天生产活动的安排和组织的依据，企业围绕它来调配运力，安排人员，进行协调和管理；对外则是向用户提供服务信息和销售竞争的手段。旅客根据航班时刻表提供的航班时刻、机型、服务内容来选择他要乘坐的航空公司、机型和时间。航班时刻表根据季节和市场需求进行调整和修正，我国有关业务部门每年修订两次航班时刻表，每年大约 4 月至 10 月使用夏秋时刻表，11 月至次年的 3 月使用冬春时刻表。

2）航班号

为了便于组织运输生产，每个航班都按一定的规律编以不同的号码，以便于区别和管理，这个号码就是航班号。

①国内航班的航班号

国内航班的航班号由执行该航班任务的航空公司的两字代码和 4 个阿拉伯数字组成。航空公司两字代码由民航局规定公布，后面的 4 位数字第一位代表航空公司的飞机基地所在地区，第二位数字表示航班的基地外目的地所在地区，第三、第四位表示这次航班的序号，单数表示由飞机基地出发的去程航班，双数表示飞回基地的回程航班。

例如：CZ3101，广州—北京航班，CZ 是中国南方航空公司，第一位数字 3 表示中南地区，南航的基地在广州，属中南地区；第二位数字 1 表示航班的基地外目的地北京，北京属华北地区；01 为航班序号，其中末位 1 表示去程航班。

②国际航班的航班号

由航空公司代码加 3 位数字组成，第一位数字表示航空公司所属的地区，后两位是航班序号，单数为去程，双数为回程。

例如：CA938，伦敦—北京航班，由中国国际航空公司承运的回程航班。

3）航班的组织

组织一个航班并保证它的正点飞行，需要航空公司的多个部门相互配合。

维修部门要对飞机进行维修和检查，决定飞机是否能飞行。

航务部门收集气象情报，安排机组和制订飞行计划，把这个计划通知航管部门。

销售部门销售机票，办理货物托运。

供应部门供应机上用水，配餐，加油。

运输部门为旅客办理手续，旅客通过安检，登机，货运部门把货物和行李装入机舱，计算载重和平衡，由货邮舱单、旅客名单和平衡图组成的随机文件交付机长，经放行后，飞机才可以起飞。飞机到站后，又重复这个过程，飞往下一站或飞回目的地。

整个流程形成一个工作链，一环紧扣一环。任何一个环节脱节都会影响到航班正常运行，如果有任何的改动，也会影响到各个不同的部门工作。各个部门协调配合得好，就会缩短时间，提高飞机的利用率，使整个公司的效益增加。

三、客票销售

客票指由承运人或其代理人所填开的被称为“客票及行李票”的航空旅客运输凭证，包括运输合同条件、声明、通知以及乘机联和旅客联等内容。

1. 客票的作用

客票是旅客和航空公司之间签署的运输契约，是承运人和旅客订立的航空运输合同条件的初步证据，是旅客办理乘机手续、托运行李的凭证；

客票是航空公司之间及航空公司与代理人之间进行结算的依据；

客票是旅客退票时的凭证；

客票是一种有价证券。

2. 客票的分类和构成

根据客票提供者的不同，我们通常把客票分为航空公司客票、BSP 客票和电子客票三种。

1）航空公司客票

航空公司客票在客票的封面上印有该票所属航空公司的名称、航徽及其代码等标记。如图 6.3 所示。

图 6.3　航空公司客票

国内航空公司客票是由会计联、出票人联、乘机联、旅客联组成的。

2）BSP 客票

BSP（Billing and Settlement Plan）（开账与结算计划）采用统一规格标准运输凭证，即中性客票，经加入中国国内 BSP 的航空公司授权，代理人直接代理这些航空公司的业务，并按照统一和简化的程序制作销售报告，实施结算和转账，由此提高代理人的销售能力和服务质量。在代理人确认之前，没有任何航空公司的标志。一旦在票证上印刷了承运人识别标牌，该票证就成了该航空公司的财产。BSP 客票的封面上印有国际航协的标志及专门设计的图案。

BSP 客票与国内各航空公司的客票在格式上的区别主要表现在“付款栏”（仅在会计联和出票人联中有，乘机联和旅客联与此栏对应的位置为条形码）和航空公司的确认盖章栏。

目前代理人以 BSP 航空公司的名义填开的标准运输凭证包括客票及行李票（二联）。

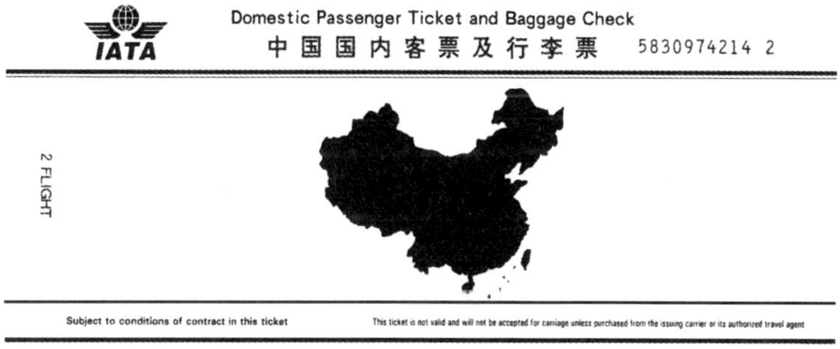

图 6.4　IATA BSP 客票

3）电子客票

所谓电子客票（Electric Ticket），是普通纸质机票的一种存在于计算机系统内的电子映象，是一种电子号码记录，简称电子客票。目前，它作为世界上最先进的客票形式，依托现代信息技术，实现无纸化、电子化的订票、结账和办理乘机手续等全过程。简而言之，它是通过计算机对旅客的订座、支付、乘机全过程进行严密的管理，实现旅客“无纸化乘机”，给旅客带来便利以及为航空公司降低成本。

2001 年以来，全世界已陆续有 43 家骨干航空公司和 58 个 BSP 机构开始使用电子客票，其中尤以美国为主导，像美国大陆和西北及联合航空公司电子客票的销售比例已经达到 80%甚至接近 100%，而日航、韩亚的电子客票国内航线销售比例基本达到 100%，并已普及到国际航线。电子客票的销售已经达到总可提供座位量的 80%以上。在油价高位运行、运力相对过剩和市场竞争激烈的大环境下，越来越多的航空公司已经开始认识到：电子客票的推广和使用将是其降低运营成本、规避运作风险、简化商务流程和提高效率的最佳选择。国际航空运输协会（IATA）已经把在全球范围内推广、普及电子客票的使用技术作为其近期工作的主要内容加以实施。在我国三大航空集团中，南航率先在2000年推出了第一张电子客票，国航和东航相继在2003年的7月和9月推出了电子客票。2004年9月1日，我国海南航空公司正式实施了第一张BSP电子客票销售。在2008年奥运会来临之前，中国已与全球同步实现100%无纸化，为旅客奉献一种全新的旅行方式。

电子客票的性质：电子客票相比纸质客票，只是信息的载体发生变化，其客票的根本性质没有任何改变，电子客票的信息依然是以纸质客票为基础，电子客票是纸质客票的一个电子映象；电子客票是由航空公司或代理人销售的，是一种不通过纸票来实现客票销售、旅客运输以及相关服务的有价凭证；电子客票的用途与普通纸质客票相同，所区别的是电子客票中的所有数据，如航程、运价、舱位等级、支付方式和税费等信息均以数据的形式存储在出票航空公司的电子记录中，以电子数据交换替代纸票单证交换；确认生效的承运人是对电子出票业务管理和授权的单位，即出票航空公司，它有权在征得旅客同意的情况下将旅客签转给其他航空公司，把旅客的有效电子数据传输到相应数据库即可。出票航空公司以电子数据形式追踪一个旅客运输的全过程。

```
* * ELECTRONIC TICKET PNR * *
 1. 张小敏 R6D03
 2. CZ3101 Y   MO18OCT   CANPEK RR1     0810  1120          E
 3. CAN/T CAN/T 020-66701769/GUANG ZHOU KAI SHENG INDUSTRY CO. LTD. / ABCDEFG
 4. NC
 5. T
 6. SSR FOID CZ HK1 NI110101700101001/P1
 7. RMK CA/BQH5E
 8. FN/FCNY1700. 00/SCNY1700. 00/C3. 00//TCNY50. 00CN/ACNY1750. 00
 9. TN/784-5440202032/P1
10. FP/CASH, CNY
11. CAN128
```

图6.5 电子客票票样

电子客票行程单：电子客票其实是没有任何凭证的，旅客只凭借一个电子客票的记录号码和有效身份证件即可到机场值机柜台换取登机牌。那么什么是航空运输电子客票行程单呢？这个源于我国的财会制度的要求，原来纸质客票的旅客联是作为会计报销凭证使用的，而电子客票开始时在我国推广效果不佳，其症结就是在报销凭证上，因为完全的电子化使旅客没有任何凭证作为其乘机的证明，那时电子客票也就无法进入高端公务、政务运输市场。为了打破瓶颈，财政部和税务总局推出航空运输电子客票暂使用航空运输电子客票行程单作为旅客购买电子客票的付款凭证或报销凭证的政策。行程单采用一人一单，不作为机场办理乘机手续和安全检查的必要凭证使用。正规的航空运输电子客票行程单为蓝色花纹纸，左上方有“国家税务总局监制”的字样，右上方有一排印刷序号，正下方有验证码，样式如图 6.6 所示。航空运输电子客票行程单自 2006 年 6 月 1 日起试行，试行期为两年；试行期间，该行程单纳入税务机关发票管理，由国家税务总局监制。

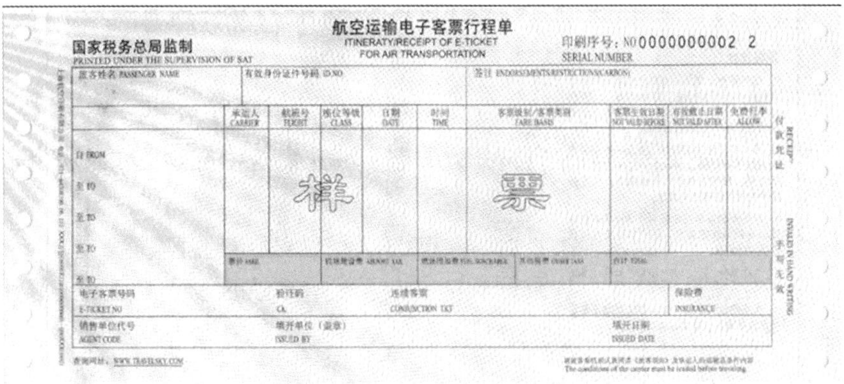

图 6.6　航空运输电子客票行程单

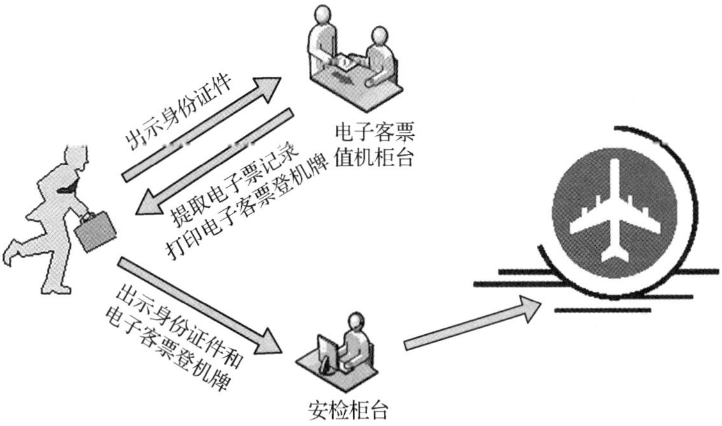

图 6.7　离港业务流程图

3. 电子客票的使用

客票是旅客运输凭证，使用时有严格的规定。

(1) 电子客票为记名式，只限客票上所列姓名的旅客本人使用，不得转让。

(2) 电子客票不可签转到其他航空公司。

(3) 使用电子客票的旅客，在办理乘机手续时，必须提供本人居民身份证或其他有效身份证件。

（4）电子客票的有效期与普通客票相同。

（5）旅客应在客票有效期内完成客票上列明的全部航程。

（6）含有国内航段的国际联程客票，其国内航班的乘机联可直接使用，不需换开成国内客票。

（7）定期客票只适用于客票上列明乘机日期的航班。

4. 客票的有效期

（1）普通客票的有效期自旅行开始之日起，一年内运输有效；如果客票全部未使用，则从填开客票之日起，一年内运输有效。

（2）特殊客票的有效期，按照承运人规定的该特殊票价的有效期计算。

（3）客票有效期的计算，从旅行开始或填开客票之日的次日零时起，至有效期满之日的次日零时为止。

5. 客票的销售方式

目前客票的销售方式由航空公司的直销网络和航空公司销售代理网络共同完成，而电子客票的应用和普及将为航空公司通过电子商务平台直销客票提供机会。

我国自 1987 年开始出现航空销售代理企业，1993 年 8 月，中国民航总局颁布了《民用航空销售代理业管理规定》，规定把销售代理企业分为两类：一类企业可以经营国际和地区航线的销售代理业务，要向民航总局提出申请，注册批准；二类企业只经营国内航线业务，向民航地区管理局提出申请，取得批准。

航空公司间的代理销售是根据双方签订的协议进行的，通常采用的协议销售方式有两种，一种是随售随报，一种是自由销售。随售随报的方式规定承运企业向销售企业提供协议中指定的航班或航段中的“座位可利用情况通知”，销售企业以此为依据直接出售承运企业的客票，销售后用电报通知承运企业，为防止超售，每份电报出售的座位数量都有限额，如超过限额要进行申请，在承运方同意后才能出售。

自由销售方式是在协议中规定停止销售的时限、座位限额、销售的限制后，销售企业可以自由地销售承运企业的机票。自由销售的限制是为了防止超售，如果航线拥挤，业务量大，一般不采用自由销售的方式。

四、航空公司收益管理

1. 航空运输产品特点

1）航空运输产品的不可存性

航空公司的核心产品是提供运输服务，而这种服务具有不可存性，当飞机起飞的一刹那，如果机票还没有卖出去，或者旅客还没有登机，飞机上的空置座位所提供的运输服务无法储存，相应的成本已经产生，但是无法取得收益。

2）航空公司产品的预售性

所有运输业的产品都具有预售性，这个特性在航空业体现得更为明显，一个航班的机票可以在数月前进行预订，也可以临时购买。预售机票可以帮助航空公司提前获得收入，但是有些订妥座位的旅客就常常因为某种原因临时取消或改变行程，其原有座位由于无法及时销售给其他人而白白虚耗掉，给航空公司带来了不必要的损失。为了增加收入，航空公司会通过预测，超额销售一定比率的机票。

3）市场需求的多样性

旅客按照其旅行行为可以分为多种类型，有些旅客对价格比较敏感，如学生、旅游者；有些旅客则对服务比较在意，如公务旅客。航空公司应当将其市场按照旅客的不同需求进行划分，为不同类型的旅客确定不同的运价等级。实践证明，市场划分得越细，价格差异就会越大，收益管理的作用也就越显著。

4）航空公司运输产品的高固定性、低边际变动成本性

对于某一具体航班来说，大部分成本，比如航油消耗、飞机折旧和机组薪酬等都可以看作是固定的，而旅客服务的变动成本，如餐食等，所占的比例相对很小。所以航空公司应当尽可能地销售现有航班中的座位，以增加收入，而不能单纯依靠增加班次提高市场份额。

由于航空运输服务具有这些特性，航空公司需要在科学分析和预测市场信息的前提下，进行收益管理，以实现收益最大化。

2. 航空公司收益管理核心内容

航空公司收益管理的核心内容包括以下几个方面：

1）超售管理

航班超售指航空公司所售机票数量超过了航班上实际的配额座位数，座位虚耗必然带来损失，航空公司如果不超售，除了收益将减少外，还会让很多急于成行的旅客因座位虚耗而无法出行。如果因超售而造成旅客溢出，航空公司则无法让部分客人登机，必然产生拒载等一系列问题。

按照国际惯例，各航空公司都会实行一定比例的超售，争取更大的超售收益。基于市场客源预测、往年同期相关订座数据和离港数据分析，同时参考前期容易出现“实超”的航线和航班、被延误行程人数、补偿费用以及现场处置的难易程度，来决定是否对航班进行超售及超售数量，目前国内航班超售比率一般控制在2%左右。

2）多等级票价、座位优化控制、团队管理

不同的旅客类型有不同的需求价格弹性，比如休闲探亲旅客对票价比较敏感，而

对时间性要求不高，可以提前预订机票，一旦机票价格超过预期，可能选择其他出行方式。对于商务旅客来讲，因为机票费用由企事业单位承担，而且出行日期无法提前确定，所以对机票价格并不敏感，而是希望能有高质量的服务和灵活的选择。

因此航空公司可以通过多等级票价体系来增加收入。一方面通过低票价吸引休闲旅客乘坐飞机，另一方通过高票价满足高端旅客的出行需求，并且对不同的票价水平设置相应的限制条件，比如机上服务、签转、改期和退票等，以防止能支付高票价的旅客购买低票价，通过这样的体系，使每一航班的收入最大化。以下为多等级票价实例。

2013 年 3 月 8 日，南航广州—悉尼的 CZ325 航班

舱位	票价（元）	限制条件		
		变更费（每次）	退票费	签转
头等舱	23810	免费	免费	不得签转
公务舱	21280	免费	免费	无客票签转限制
高端经济舱	4659	手续费 1000 元	手续费 1000 元	不得签转
经济舱	6050	手续费 1000 元	手续费 1000 元	不得签转

图 6.8　中国南方航空公司航班经济舱

图 6.9 中国南方航空公司航班公务舱

图 6.10 中国南方航空公司航班头等舱

3）市场需求分析与预测及数据处理

成功收益管理的基础是掌握大量的市场信息，并科学进行分析。比如航班超售比率，如果设置过高，可能导致已购买机票的旅客被拒载，航空公司得不偿失；如果设置过低，可能影响航班客座率，使得座位空耗，减少收入。所以不同的区域、不同的航班，到底应该设置多高的超售率，必须是建立在科学市场分析的前提之上。

通过售票系统、座位控制系统、值机系统以及常旅客计划，航空公司日常可以掌握大量的旅客出行信息，采用科学的数据模型进行分析，才可以制定合理的超售率和多等级票价体系，才能实现成功的收益管理。

五、航班座位管理

中国民航于1986年建立计算机订座系统（简称CRS系统），该系统分为两大部分：订座操作和座位管理，订座操作由柜台售票人员完成，座位管理则由座位控制人员完成。

座位控制人员使用计算机订座系统对航班的座位进行优选控制和管理，并可通过该系统了解航班座位利用情况，进行预留或收回座位配额，锁定座位，限制座位销售，限制代理人销售，超订座位，实行多等级舱位管理，清理航班座位等工作，能最大限度地减少人为的虚耗，提高座位的利用率。因此，计算机订座系统已成为航空公司管理航班座位的主要手段。各地售票处、销售代理人根据订座规定或订座协议，通过计算机订座系统进行自由销售。

六、值机与行李运输

1. 值机服务

1）乘机手续的定义

乘机手续是指始发站或转机旅客到达机场后，在登机前所需办理的各项手续，包括行李安全检查、查验客票、换取登机牌、托运行李、人身安全检查等一系列与乘坐航班有关的手续。

2）值机工作的内容

航空公司的旅客运输服务部门为旅客办理乘机手续，主要内容是：办理乘机手续前的准备工作，查验客票、安排座位、收运行李及旅客运输服务和旅客运输不正常情况的处理等。

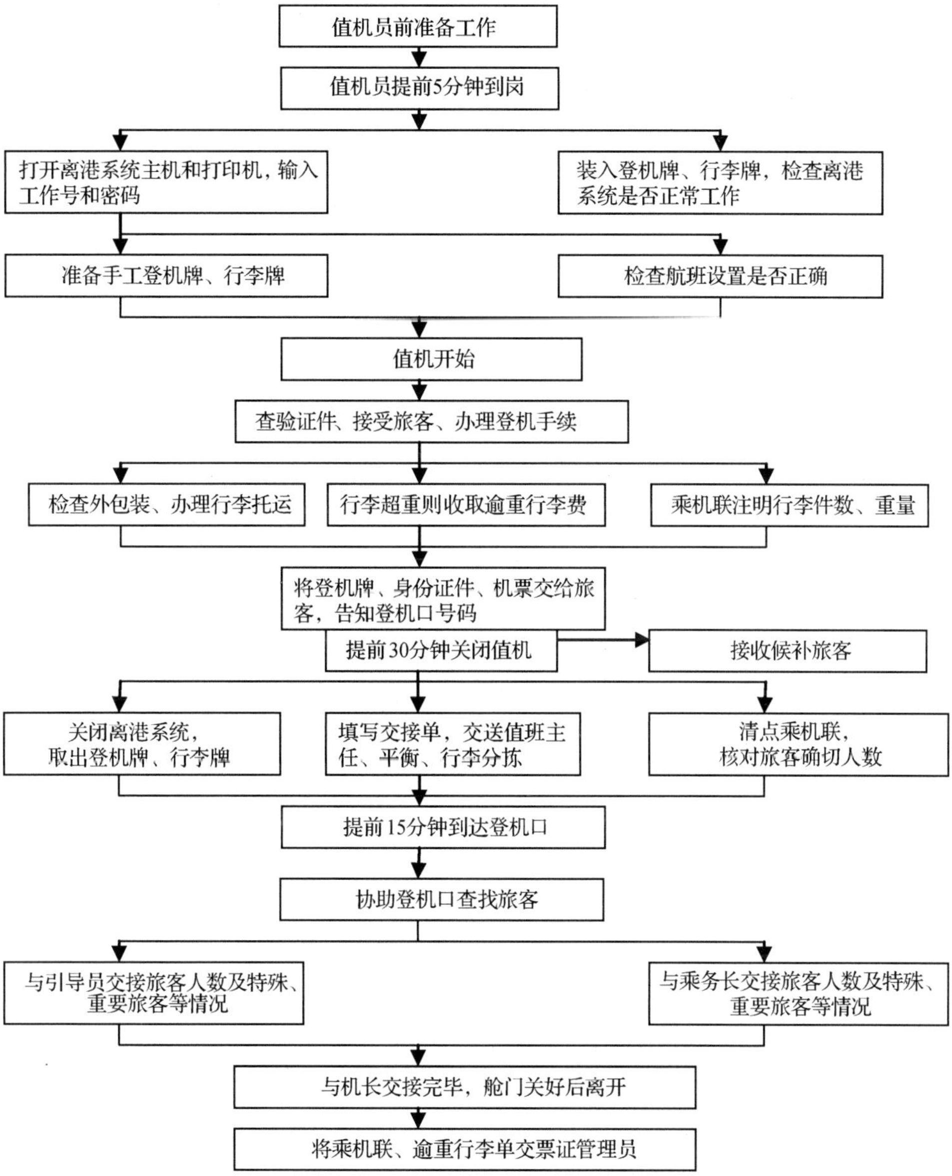

图 6.11 值机岗位工作流程图

3）自助值机

自助值机是区别于传统机场柜台值机的一种全新办理乘机手续的方式。使用自助值机的旅客无需在机场值机柜台排队等候服务人员为自己打印登机牌、发票，分配座位，取而代之的是旅客可以通过特定的值机凭证在自助值机设备上获得全部乘机信息，并根据屏幕提示操作选择座位、确认信息并最终获得登机牌、发票。整个过程完全由旅客自行操作，旅客无需一到机场就忙着去排队找工作员换登机牌，这是一种全新的DIY 值机方式。

自助乘机服务是基于电子客票的一项延伸服务项目，为旅客出行提供了一种新的服务体验。只要持有电子机票且无需行李托运的旅客即可享受自助值机服务。自助乘机登机前后只需要一分多钟的时间，缩短了旅客在柜台前的等候时间，满足了旅客的方便、快捷、自主的需求。旅客将从最大程度上拥有挑选座位的自主权，从而实现一种高品质的自助体验，彻底改变了传统意义上只能由航空公司工作人员在专门的值机柜台为旅客换发登机牌的现状。

图 6.12　旅客在深圳机场的深航自助值机柜台办理乘机手续

2. 行李运输

行李运输是旅客运输工作的组成部分，行李工作的好坏直接影响到旅客的生活、旅行需要、飞行安全、航班正常和服务质量。

1）行李的定义及分类

①定义

行李是指旅客在旅行中为了穿着、使用、舒适或者便利而携带的必要或者适量的物品和其他个人财物（Baggage）。

②行李的分类

根据运输责任，承运人承运的行李可以分为：

——托运行李（Checked Baggage）

托运行李是指由旅客交由承运人负责照管和运输的行李。托运行李放置在飞机的行李舱或货舱中运输，承运人在收运行李时，必须在客票的行李栏内填写托运行李的件数和重量，并把行李牌识别联交给旅客作为认领行李的凭证。

——自理行李（Unchecked Baggage）

自理行李是指经承运人同意由旅客自行负责照管的行李。如易碎物品、贵重物品、外交信袋等特殊物品可以作为自理行李由旅客带入客舱内。每一旅客携带自理行李的重量一般不能超过10千克，体积每件不能超过20厘米×40厘米×55厘米。自理行李与托运行李合并计算免费行李额，并在行李上拴挂自理行李牌。

——随身携带物品（Carry on /Cabin Baggage）

随身携带物品是指经承运人同意由旅客自行携带进入客舱的小件物品。它区别于自理行李，是旅客在旅途中需要或使用而携带的个人物品，不计入旅客的免费行李额。持头等舱客票的旅客每人可随身携带两件物品；持公务舱或经济舱客票的旅客，每人只能随身携带一件物品。

2）行李的收运

（1）收运行李时要检查旅客的机票，行李运送地与客票上的到达地相符，行李要过磅并将重量填入客票的行李栏内。

（2）行李上要贴挂行李牌和行李标贴，行李牌是托运行李的凭证，有上、下两联，上联填写到达地，贴在行李上，下联由旅客保存，到站后凭此领取行李。

（3）为保证航空运输安全，根据国际民航组织的规定，如果旅客交运行李后没有登机，在他的行李撤下飞机后，飞机才可起飞。

3）不正常行李运输

①不正常行李运输的定义

不正常行李运输是指行李在运输过程中，发生不正常情况，如错装、漏装、漏卸、污损、迟到和遗失等，造成承运人不能按照客票及行李票上约定的时间和地点将旅客托运的行李及时、完好地交付给旅客。

②行李不正常运输的处理

行李运输发生不正常情况时，应及时、迅速、认真、妥善地处理，尽量避免或减少因行李不正常运输造成的损失，挽回影响。

③行李赔偿

临时生活用品补偿费：由于承运人的工作差错造成行李迟运、错运等运输差错事故，未能与旅客同机到达，给旅客日常生活带来困难，承运人可根据实际情况，按规定主动付给旅客临时生活补偿费。补偿费由航空公司按所在地的价格确定标准发放，并填写临时生活用品付款单。

行李赔偿：旅客的托运行李在承运的过程中，如发生遗失、损坏、污染、短缺或延误运输，承运人应负赔偿责任。旅客的自理行李和随身携带物品发生损失除能提出证明是承运人过失所造成外，承运人不负赔偿责任。

旅客提出行李赔偿要求时，应由目的站或事故发生的航站受理，并要求出示行李事故调查记录，旅客填写旅客行李索赔单，写明受损行李的实际价值，在受理站查明责任确实属于承运人后，给予赔偿。不同情况提出赔偿的时限不同，关于赔偿责任的诉讼时效期限为两年，从飞机到达目的地之日起，或从飞机应当到达之日起，或从运输停止之日起计算，否则就丧失了任何损失的诉讼权。

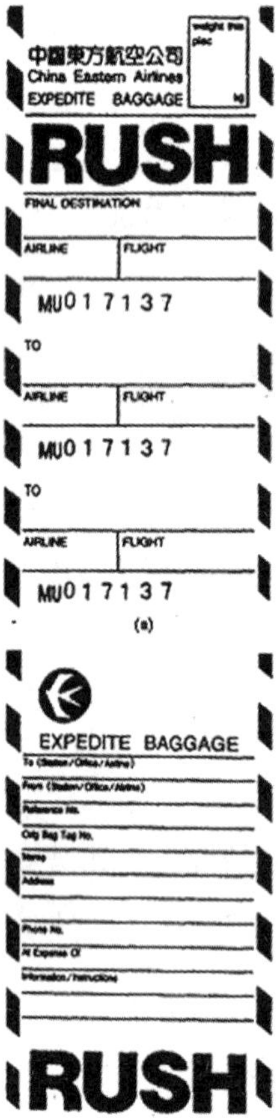

图 6. 13　速运行李牌

图 6. 14　免除责任行李

七、特殊旅客运输

特殊旅客是指需给予特殊礼遇和照顾，或由于健康、用药和精神状况，在旅途中需特殊照料并符合一定条件才能运输的旅客。

1. 重要旅客

（1）重要旅客航班的载运限制。重要旅客乘坐的航班上严禁押送犯人，严禁接收重病号或担架旅客。在接收婴儿、儿童及无成人陪伴的儿童时，应严格按规定办理。座位不得超售。

（2）重要旅客乘机手续的办理。重要旅客及其随行人员的乘机手续在头等舱柜台办理。办理乘机手续的时间，按一般旅客的要求，如重要旅客未按指定时间到达机场，将信息及时反馈到航班控制部门。对于重要旅客随行人员的认定，以所获得的重要旅客信息为准。重要旅客办理乘机手续时，应为重要旅客本人和持头等舱客票的随行人员填发头等舱服务卡。在旅客舱单上填写重要旅客姓名后，需在舱单备注栏内注明“VIP”字样。

（3）引导重要旅客登机。重要旅客登机时，提供相应的引导服务。

（4）重要旅客服务电报的拍发。航班起飞后 10 分钟内，应给经停站和到达站拍发重要旅客服务电报。

（5）重要旅客进港服务。重要旅客服务部门应及时了解重要旅客信息，掌握航班的进港动态，做好服务准备。在飞机到达前一小时，重要旅客服务部门将航班信息通知接待单位；在飞机到达前 10 分钟，将接待人员引导至停机位。重要旅客到达后，引导重要旅客下机。行李部门应立即按照重要旅客行李到达信息卸机，无信息时，应优先卸下机上带有“VIP”字样标志和头等舱旅客的行李。

（6）航班不正常时，应及时将航班延误的情况电告各有关经停站和到达站要客服务部门，要客服务部门应及时报告有关领导、部门和接待单位。

2. 婴儿

（1）办理乘机手续。优先为携带婴儿的旅客办理乘机手续。在办理乘机手续时，应索取婴儿的出生证明以核实其年龄。应将携带婴儿的旅客安排在设有婴儿摇篮的座位，不能安排在飞机的紧急出口处。为婴儿发无座位号的婴儿登机牌。填写舱单时，应在婴儿姓名后的备注栏内注明“INF”字样，以区别成人旅客。

（2）旅客服务电报的拍发。航班起飞后，应尽快给航班的经停站和到达站拍发一份旅客携带婴儿信息的旅客服务电报。

3. 有成人陪伴儿童

（1）办理乘机手续。在办理乘机手续时，应索取儿童的有效证明，以核实其年龄。应将携带儿童的旅客安排在较宽敞、舒适的座位上，不能安排在飞机的紧急出口处。为儿童提供座位发登机牌。填写舱单时，应在儿童姓名后的备注栏内注明“CH”或“CHD”字样，以区别成人旅客。

（2）旅客服务电报的拍发。航班起飞后，应在 10 分钟之内给航班的经停站和到达站拍发一份旅客携带儿童信息的旅客服务电报。

4. 无成人陪伴儿童

（1）一般规定。指年龄在5周岁或5周岁以上至12周岁以下的无成人陪伴、单独乘机的儿童，年龄在5周岁以下的无成人陪伴儿童不予承运。（年龄在12周岁以上至15周岁以下的儿童，若其父母申请，也可按无成人陪伴的儿童办理。）

（2）无成人陪伴儿童符合下列条件者，方能接收运输：无成人陪伴儿童应由儿童的父母或监护人陪送到上机地点并在儿童的下机地点安排人予以迎接或照料。如儿童的父母或监护人，在上述航班衔接站安排人有困难，而要求由承运人或当地雇佣服务人员照料儿童时，应预先提出并经承运人同意后，方可接收运输。儿童父母或监护人所提供安排的接送人，需经承运人接到上列地点复电，核实无误后，方可接受运输。

（3）办理乘机手续。应将儿童安排在乘务员易于照顾的座位上，不得安排在飞机的紧急出口处或上客舱。填写舱单时，在儿童姓名后的备注栏内注明“UM”字样，以区别成人旅客。

（4）登机。安排无成人陪伴儿童优先登机。将无成人陪伴儿童及其所携带的文件袋与乘务长进行交接。请乘务长在“UM Travel Documents”上签字，交地面留存。

（5）无成人陪伴儿童服务电报的拍发。航班起飞后，有关部门应尽快给航班的经停站和到达站拍发旅客服务电报。

5. 孕妇

由于飞机在高空飞行，飞机内氧气成分相对减少，气压降低，而孕妇或新生儿对运输条件变化的适应能力比较低，因此怀孕不足32周的孕妇乘机，除医生诊断不适合乘机者外，按一般旅客运输。怀孕满32周但不足35周的孕妇乘机，应办理乘机医疗许可。该乘机医疗许可应在乘机前7天内签发有效。出生不满14天的新生儿不予载运。

6. 酒醉旅客

由于酒精、麻醉品等中毒，将给其他旅客带来不愉快或造成不良影响的旅客，属于酒醉旅客，承运人不接受承运。

7. 病残旅客

由于身体或精神上的缺陷或病态，在航空旅行中，或不能自行照料自己的旅途生活，或需由他人帮助照料的旅客，称为病残旅客。

不予承运的病残旅客：患有传染性疾病或给其他旅客造成不便者；精神病患者；易于发狂，可能对其他旅客或自身造成危害者；如果旅客的身体或医疗状况（包括神经或精神状况）使他们在旅行中没有专门的协助就无法自理者。

8. 犯人

由于犯人是受到我国和有关国家现行法律管束的，在办理犯人运输时，必须与我国公安部门或通过外交途径与有关国家外交部门取得密切联系和配合。

(1) 接受运输犯人的批准权限。运输犯人必须由运输始发地最高一级的运输业务部门负责人根据有关规定负责审核批准。

(2) 犯人的接收与运输条件。运输犯人，应有公安部门的书面批准。运输犯人的全航程，必须有公安部门至少两人监送。犯人运输，必须事先在承运人或承运人授权的售票处办理订座和购票手续，提出申请，经承运人同意后方可运输。犯人运输应注意保密，其信息不得向无关人员透露。

(3) 登机。犯人及其监送人员应安排先于一般旅客登机。应要求监送人员在进入客舱前以及在整个飞行过程中给犯人戴上手铐，并做适当伪装，以免影响其他旅客。航班离站后，应拍发特殊旅客服务电报（PSM），将犯人乘机的信息通知经停站和到达站。

9. 额外占座旅客

额外占座旅客指为了个人舒适而要求占用两个或两个以上座位的旅客。旅客额外占座，应在订座时提出申请，经承运人同意后方可运输。办理乘机手续时，为旅客发放一个登机牌，在登机牌上注明旅客占用的全部座位的号码。旅客的座位，应根据旅客本人的情况安排。如属于特殊旅客，应遵守有关特殊旅客座位安排的规定。额外占座旅客的免费行李额，按其所购客票票价等级和所占座位数确定。

八、常旅客计划

常旅客计划是航空公司向经常乘坐本公司航班的旅客实行的一种里程累积促销方式，旅客每乘坐一次航班，都可以获得相应数目的里程累积，当里程总额达到一定级别时，旅客可以获得升舱或者免票的奖励。通过常旅客计划可以吸引旅客重复购买，提高旅客的忠诚度，从而避免价格战，实现航空公司收益最大化。

下面以国航为例，了解一下航空公司的常旅客计划。

1. 国航常旅客计划

“凤凰知音”常旅客计划是中国国际航空股份有限公司特别设计的一项遍及世界的里程奖励活动。“凤凰知音”联合众多合作伙伴，为会员提供了多种里程累积途径和可供兑换的奖品。会员无论是搭乘国航或合作伙伴航班，还是在签约合作伙伴处消费，均可累积里程，从而换取奖励机票、奖励升舱、“知音商城”产品等多种奖励。国航“凤凰知音”卡分为普通卡、银卡、金卡、白金卡，其中银卡、金卡和白金卡称为贵宾卡，根据旅客一定时间内的乘机次数进行升级。持普通卡的会员在连续 12 个月内乘机达到一定标准，可升级为贵宾会员。白金卡、金卡会员自动成为星空联盟金卡会员，银卡会员自动成为星空联盟银卡会员，同时享受国航和星空联盟成员航空公司相应级别的贵宾服务和尊贵礼遇。

表 6-1 国航“凤凰知音”常旅客计划舱位累积率

舱位	订座舱位	舱位累积率（%）
头等舱	F A P	200
公务舱	C D Z J	150
超级经济舱	W	110
经济舱	Y B M H K L	100
经济舱	Q G S V U T E	50
其他舱位	O I X R N	0

注：银卡会员额外奖励 25%，金卡会员额外奖励 30%，白金卡会员额外奖励 50%。

以北京—杭州航线为例，该航线航程是 1135 千米，按照旧规则，头等舱累积里程 1703 千米，公务舱累积里程数为 1476 千米；按照新规则，该航程头等舱和公务舱累积里程分别达到 2270 千米和 1703 千米。

表 6-2 国航“凤凰知音”常旅客计划中国大陆里程兑换表（单位：千米）

航程距离（千米）	经济舱		公务舱		头等舱	
	单程	往返	单程	往返	单程	往返
（A1）0~800	8000	15000	12000	20000	15000	25000
（A2）801~1200	12000	22000	16000	28000	20000	30000
（A3）1201~2000	15000	26000	20000	36000	23000	40000
（A4）2001 以上	20000	36000	26000	47000	32000	54000

以北京—杭州航线为例，该航线航程是 1135 千米，兑换经济舱单程机票需要里程 1.2 万千米，往返只要 2.2 万千米。

表 6-3 国航“凤凰知音”常旅客计划国际、地区奖励机票更改兑换标准一览表（单位：1000 千米）

从/至	舱位	B 区		C 区		D 区		E 区		H 区	
		港澳		北亚		东南亚		南亚		北美	
大陆		单程	往返	单程	往返	单程	往返	单程	往返	单程	往返
	经济	25	45	25	45	30	50	30	50	60	100
	公务	40	65	35	65	45	70	45	70	100	160
	头等	50	85	50	85	65	100	65	100	145	220

以北京—香港航线为例，兑换经济舱单程和往返分别只要 2.5 万里程与 4.5 万里程。

以北京—纽约为例，兑换头等舱单程和往返需要 14.5 万里程和 22 万里程积分。

2. 常旅客计划的作用

1）带来稳定的收入来源

随着民航市场的不断开放，市场竞争加剧，各种类型的航空公司加入到分享“蛋糕”的行列。以我国为例，一方面国内出现多家民营航空公司，另一方面国际航权不断开放，旅客出行有了更多的选择。航空公司为了提高收益，必须有稳定的客户，通过常旅客计划可以吸引高价值的旅客，降低旅客需求价格弹性，提高航班客座率，增加收益。

2）常旅客计划可以提高旅客的满意度

提高服务质量，和旅客建立良好的互动，才能保留忠诚的客户，尤其是商务出行的高价值旅客。通过常旅客计划，经常出行的旅客可以获得免费升舱和免票服务，在机场享受贵宾服务，这些都提高了旅客的满意度。

3）及时了解市场信息

常旅客计划建立了完善的旅客信息系统，对旅客的行业分布、收入水平、出行习惯等重要信息都有详细的记录，通过统计分析这些数据，有助于航空公司有的放矢，制订相应的营销计划，在市场竞争中处于主动位置。

3. 我国部分航空公司的常旅客计划

我国部分航空公司的常旅客计划如表 6-4 所示。

表 6-4　我国部分航空公司的常旅客计划

航空公司	常旅客计划
国航	凤凰知音
南航	明珠俱乐部
东航	东方万里行
海航	金鹏俱乐部
厦航	白鹭卡
川航	金熊猫计划
春秋航空	绿翼会员积分计划

九、责任与赔偿

1. 责任

承运人应保证旅客及其行李运输的安全，应对发生在其承运航线上的损失承担责任。如果旅客未遵守国家法律，政府规定、命令和要求而引起的任何损失，承运人不应承担责任。旅客在运输中由于年龄、精神或身体状况，对本人形成危害和危险，由此造成和加重其本人的任何疾病、受伤、残疾或死亡，承运人不承担责任。

承运人责任的任何免除或限制适用并有利于承运人的代理人、雇员和代表以及将飞机提供给承运人使用的任何人及其代理人、雇员和代表。承运人和上述代理人、雇员、代表以及任何人可以支付的赔偿总额不得超过承运人的责任限额。

2. 赔偿限额

根据《国内航空运输承运人赔偿责任限额规定》，国内航空运输承运人（以下简称承运人）应当在下列规定的赔偿责任限额内按照实际损害承担赔偿责任，但是《民用航空法》另有规定的除外：

（1）对每名旅客的赔偿责任限额为人民币 40 万元；

（2）对每名旅客随身携带物品的赔偿责任限额为人民币 3000 元；

（3）对旅客托运的行李和对运输的货物的赔偿责任限额，为每千克人民币 100 元。

旅客自行向保险公司投保航空旅客人身意外保险的，此项保险金额的给付，不免除或者减少承运人应当承担的赔偿责任。

第三节 民航货物运输业务

航空运输发展的历史，其实就是航空货邮业务发展的历史，人类历史上首次开通的定期航班就是用于邮件运输的，之后的相当长的时间内，航空公司收入的主要部分是邮件的运送。一直到第二次世界大战以后，由于飞机机型的改进以及飞机性能的提高和电信事业的发展，航空运输被越来越多的公众所接受，航空客运逐渐占据了航空运输的主要部分。随着宽体客机投入航空运输，飞机的载运能力得到了很大的提高。从20世纪80年代开始，由于经济全球化的发展，产品的自动化和小型化，航空货运的市场迅速发展，尤其是全货机的出现，使得航空货运在整个空运市场中所占的比例逐年扩大，极大地促进了世界各国贸易与经济的发展。

一、航空货物运输的特征

交通运输业是国民经济运行的动脉，是国民经济发展的基础产业。航空货物运输作为交通运输业的一个重要组成部分，对国民经济和贸易往来的发展发挥着重要作用。航空货物运输是指通过航空器，把货物从一地运往另一地的空中交通运输。与其他行业、其他运输方式相比，航空货物运输具有一定的经济和社会特征，这里主要说明其经济特征。

1. 航空货物运输的经济特征

1）运输速度快

利用飞机作为运输货物的工具，其最大的特点就是速度快，尤其是高性能、大容量和更快速的先进机型不断投入使用，对于运输距离比较远或者对时间要求比较高的货物来说，航空运输能够快速地将货物运送到目的地，极大地增强其市场竞争力。

2）安全性高

与其他运输方式相比较，航空货物运输有严格的运输要求，运输中间环节少，少了地面运输方式的颠簸，货物在运输过程中发生破损等意外的可能性大大减少，因此对安全性要求比较高的货物，如精密仪器、易碎物品等尤其适合。

3）特别适合鲜活易腐及生存周期短货物的运输

由于对运输时限的要求，鲜活易腐货物（如鲜花、水果、海鲜等）如果运输时间得不到保证，货物的损耗将远超过它的运价；对于生存周期短的货物（如时装、报刊杂志)，一旦超过流行期，这些产品的价格就会直线下降，因而运价不是这部分商品的重要组成部分，时间才是最主要的。而对于这样的货物来说，航空运输具有其他运输方式所不具备的优势。

4）可节省包装费用

大型宽体客机主要采用集装设备装载货物，在货物运输过程中，减少了货物在收运、运输、中转、到达交付等环节对单件货物的装卸，因此对货物的包装要求相对比较低，可以在一定程度上节约由于航空货物运输对包装要求的成本以及各种费用。

5）成本和运价高，运量有限

由于飞机的载运量和航班数量有限，航空运输的载运量相对较小。租赁、购买飞机及航材的费用不菲，加上世界范围的能源危机日益严重，航空燃油价格持续上涨，致使航空运费比其他运输方式偏高。

随着新技术革命的深化和知识经济的到来，销售方式不断变化，适合于航空运输的商品无论从范围还是从种类上都会越来越丰富。尽管航空货物运输在整个运输业中所占的比例还不大，但作为一种快速、方便、安全的现代化交通运输方式，在国民经济发展过程中所发挥的作用会越来越显著。

2. 航空货运与客运的不同

（1）航空货运处理的货物类型多样，尺寸、价格、重量变化很大，因而运价体系复杂。

（2）货物运送需要装箱，装卸、储存等需要较多的设施、场地和服务，而旅客运输时旅客可以自主办理登机手续，场地和服务人员相对较少。

（3）货物的运输一般要涉及发货人、收货人、运输公司、航空承运人、仓库、海关等多个参与方，而旅客运输通常只是旅客和航空公司双方参与。

（4）货运只要求按时间到达，对运输路线没有特殊的要求，航空公司可以在时限之内灵活安排航班和路线以提高航班的载运率，而旅客运输原则上不能改变航班和运输路线。

（5）航空货运的单向性强，而客运总的来说是双向的。

3. 航空货物运输的分类

按运输形式大致可以分为普通货物运输、急件运输、特种货物运输、包机运输、航空快递等。

1）普通货物运输

普通货物指托运人没有特殊要求，承运人和民航局对货物没有特殊规定的货物，这类货物按一般运输程序处理，运价为基本价格。

2）急件运输

急件运输是指必须在24小时之内发出，按普通货物运价的150%计算运费，航空公司优先安排的运输。

3）特种货物运输

与普通货物相比，特种货物运输对运输的条件、运送、储存、装卸设备以及机型等都有严格的要求，操作难度大，容易出现问题，因此对不同特种货物都有特殊的规定。

4）包机运输

包机是指包机人和承运人签订包机合同，按照双方约定的日期、时间、航线、机型等条件，由包机人充分利用飞机业载运输货物的一种方式。包机的最大载重量和运输的货物要符合飞行安全的条件和民航局的有关规定。

5）航空快递

由承运人组织专门人员，负责以最早的航班和最快的方式把快递件送交收货人的货运方式。快递的承运人可以是航空公司、航空货运代理或专门的快递公司。快递运输安全、快速、准确，目前已经形成了航空货运的一个重要部分，运输的货物以文件、样品、小件包裹为主，主要以门到门的方式进行。

二、航空货物运输的有关规定

在货物运输过程中，为了保证飞行安全、运输质量和操作方便，对货物的重量、体积、包装和标志标贴提出了严格的要求。

1. 货物的重量和体积

1）航空货运受重量、体积的限制

一般情况下不承运超大超重货物，但如果不超过机舱地板承受力和飞机货舱门尺寸限制，在始发地、经停地、目的地可以解决装卸问题的可以根据运力情况收运，并按规定收取超限货物附加费。

2）机舱地板承受重量

货物压在机舱地板上的重量就是机舱地板所承受的重量，在承运货物特别是承运体积小、重量大的集重货物时，要注意机舱地板每平方米面积所承受的重量是否超过机舱地板每平方米的额定最大负荷（即地板承受力），如果超过要考虑加垫板，否则不予承运。

3）轻泡货物

每千克的体积超过6000立方厘米的货物称为轻泡货物。轻泡货物按体积折算计费重量，即每6000立方厘米折合1千克。

2. 货物包装

货物包装对保证货物的安全运送有着十分重要的作用。航空货物运输具有中转、装卸次数较多和兼在地面运送的特点，为了保证飞行安全、运输质量和操作便利，货运工作人员应认真执行货物包装的有关规定，并根据货物的性质、大小、轻重、形状、中转次数、气候以及飞机装载等条件，要求发货人选用适当的材料及包装方法，进行妥善包装。

（1）货物包装基本要求为坚固、完好、轻便。在一般运输中能防止：包装破裂、内件漏出散失；因码垛、摩擦、震荡或因气压、气温变化而引起货物损坏或变质，伤害人员或污染飞机、设备及其他物品。

（2）包装的形状除应适合货物的性质、状态和重量外，还要便于搬运、装卸和堆放，包装外部不能有突出的棱角及钉、钩、刺等；包装要清洁、干燥，没有异味和油腻。

（3）在特定条件下运输的货物，如鲜活易腐货物等，其包装应符合对各该货物特定的要求。

（4）凡用密封舱飞机运送的货物，不得用带有碎屑、草末等的材料做包装（如稻草袋、绳等），包装内的衬垫材料（如谷糠、木屑、纸屑等）不得外漏，以免堵塞飞机密封设备。

（5）货物包装内不准夹带禁止运输或限制运输的物品、危险品、贵重物品、保密文件和资料等。

（6）对包装不符合要求的货物，应要求发货人改进或重新包装后方可乘运。

3. 货物标志

货物标志是贴挂或书写在货物外包装上的发货标记、货物标签和指示标志的总称。货物标志对准确地组织货物运输，防止差错事故发生，提高运输质量都有重要的作用。

（1）包装储运指示标志：适用于在储运中怕湿、怕震等有特殊要求的货物的外包装，如“防湿”、“小心轻放”等。其作用是要求有关人员按标志的要求进行操作，达到运输安全和保护货物完整的目的。

（2）危险货物包装标志：适用于危险货物的外包装，如“易燃品”、“放射性物品”等。其作用是要求有关人员按危险货物的特性进行操作，预防发生危险事故。

图 6.15　“谨防潮湿”标贴

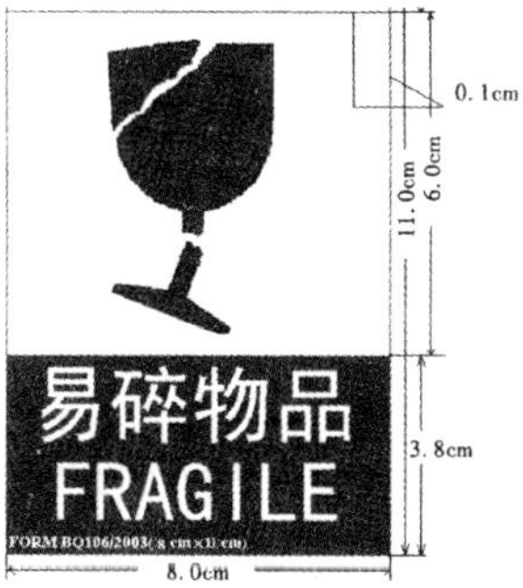

图 6.16　“易碎物品”标贴

图 6.17　“禁止倒置”标贴

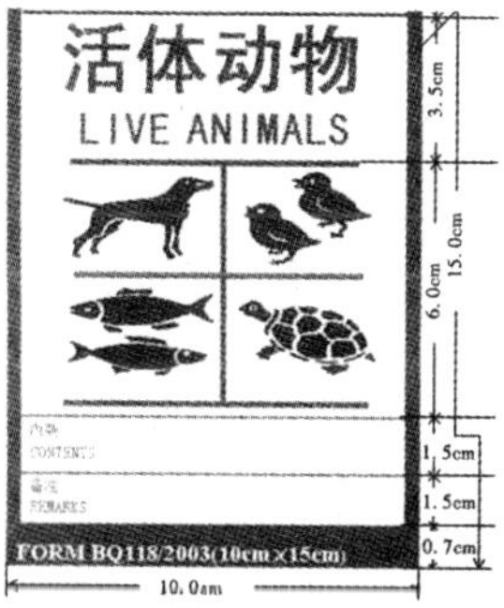

图 6.18　“动物”标贴

图 6.19　“实验动物”标贴

图 6.20　“急件”标贴

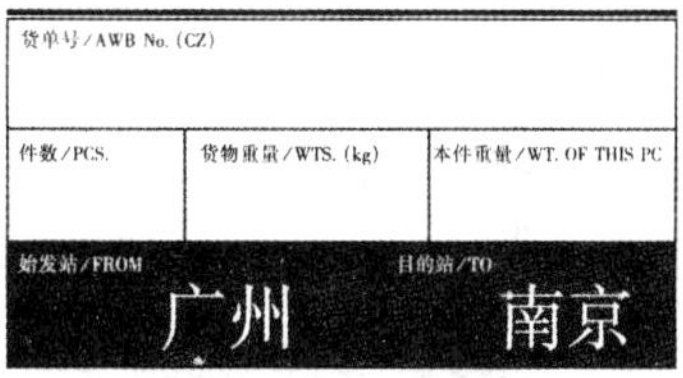

图6.23　粘贴标签

图 6.21　“货物”标贴

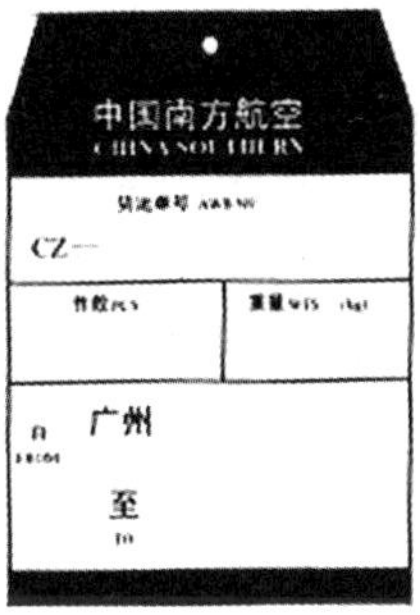

图 6.22　“悬挂标签”标贴

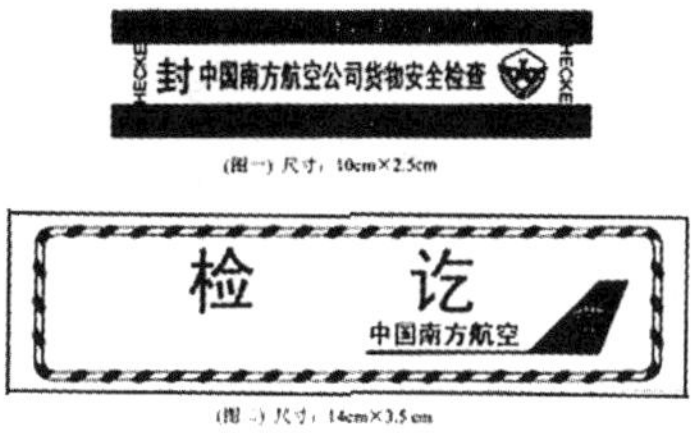

图 6.24　货物安检标贴

4. 货物运输凭证

1）货物托运书

托运人托运货物，应先填写货物托运书一份，提供货物运输的有关证明，并对所填写内容的真实性与正确性负责。托运书是托运人和承运人之间的运输文件的一部分，货运人员在检查托运书和发送的货物相符后才能受理。货物托运书如表 6-5 所示。

表 6-5　中国南方航空公司货物国内运输托运书

现委托你公司空运以下货物，一切有关事项并列如下：

<table>
<tr><td>始发站</td><td colspan="3"></td><td colspan="2">目的站</td><td colspan="3"></td></tr>
<tr><td>托运人姓名
或单位名称</td><td colspan="6"></td><td colspan="2">邮 政 编 码</td></tr>
<tr><td>托运人地址</td><td colspan="6"></td><td colspan="2">电 话 号 码</td></tr>
<tr><td>收货人姓名
或单位名称</td><td colspan="6"></td><td colspan="2">邮 政 编 码</td></tr>
<tr><td>收货人地址</td><td colspan="6"></td><td colspan="2">电 话 号 码</td></tr>
<tr><td colspan="7">储运注意事项及其他</td><td>声明价值</td><td>保险价值</td></tr>
<tr><td>件数</td><td>毛重</td><td>运价种类</td><td>商品代号</td><td>计费重量</td><td>费率</td><td colspan="3">货物品名（包括包装、尺寸或体积）</td></tr>
<tr><td></td><td></td><td></td><td></td><td></td><td></td><td colspan="3"></td></tr>
<tr><td colspan="6" rowspan="6">说明：1.托运人应当详细填写或审核本托运书各项内容，并对其真实性、准确性负责。
2.有不如实申报价值的货物发生丢失、损坏或被冒领的赔偿价值以此托运书注明的为准，造成赔偿不足的责任由托运人或收货人负责。
3.承运人根据本托运书填开的航空货物单经托运人签字后，航空运输合同即告成立。
托运人或其代理人
签字（或盖章）：
托运人或其代理人
身份证号码：</td><td colspan="3">货 运 单 号 码</td></tr>
<tr><td colspan="3">784 —</td></tr>
<tr><td rowspan="4">经
办
人</td><td>X 光机检查</td><td></td></tr>
<tr><td>检查货物</td><td></td></tr>
<tr><td>计算重量</td><td></td></tr>
<tr><td>填写标签</td><td></td></tr>
<tr><td colspan="6"></td><td></td><td colspan="2">年　　月　　日</td></tr>
</table>

2）航空货运单

货运单是托运人和承运人之间签订的运输合同，是货物运输的凭证，同时也是计收货物运费的凭证。按照货物运输的有关规定，货运单应由托运人填写，货运单内容填写的不正确造成的损失由托运人承担。

表 6-6 国内航空货运单

始发站 Airport of Departure	[1]	目的站 Airport of Destination	[2]	不得转让 NOT NEGOTIABLE 航空货运单 AIR WAYBILL　航空公司中文名称 航徽 英文名称 印发人 ISSUED BY　地址、邮编
托运人姓名、地址、邮编、电话号码 Shipper's Name, Address, Postcode & Telephone No. [3]				航空货运单一、二、三联为正本，并具有同等法律效力 Copies 1, 2 and 3 of this Air Waybill are originals and have the same validity
收货人姓名、地址、邮编、电话号码 Consingnee's Name, Address, Postcode & Telephone No. [4]				结算注意事项及其他 Accounting Information [22]
				填开代理人名称 Issuing Carries's Agent Name

航线 Routing [5]	到达站 To 5A	第一承运人 By First Carrier 5B	到达站 To 5C	承运人 By 5D	到达站 To 5E	承运人 By 5F

航班/日期 Flight / Date [6]A	航班/日期 Flight / Date [6]B	运输声明价值 Declared Value for Carriage [7]	运输保险价值 Amount of Insurance [8]

储运注意事项及其他 Handing Information and Others [9]

件数 No. Of Pcs 运价点 RCP	毛重（公斤）Gross Weight (KG)	运价种类 Rate Class	商品代号 Comm. Item No.	计费重量（千克）Chargeable Weight	费率 Rate / KG	航空运费 Weight Charge	货物品名（包括包装、尺寸或体积）Description of Goods (incl. Packaging, Dimension or volume)
[10]	[11]	[12]	[13]	[14]	[15]	[16]	[17]
10A	11A					16A	

预付 Prepaid [18]		到付 Collect [21]	其他费用 Other Charge [20]
18A	航空运费 Weight Charge	21A	本人郑重声明：…………………
18B	声明价值附加费 Valuation Charge	21B	
18C	地面运费 Surface Charge	21C	
18D	其他费用 Other Charge	21D	托运人或代理人签字、盖章 Signature of Shipper or His Agent
			开票日期 Executed on (Date) 23A　填开地点 At (Place) 23B　填开人或代理人签字、盖章 Signature of Issuing Carried of its Agent 23C
18E	总额（人民币）Total (CNY)	21E	
付款方式 Form of Payment		[19]	

正本（开票人财务联）乙

国内货物运输的货运单一式 8 份（国际运输 1 式 12 份），其中正本 3 份，第一份交承运人，由托运人签字或盖章；第二份交收货人，由托运人和承运人签字或盖章；第三份交托运人，由承运人接受货物后签字或盖章。三份具有同等效力。其余为副本，承运人可根据需要增加副本。托运单的承运人联应当自填开货运单次日起保存两年。

5. 货物的运输

1）货物托运

托运人托运货物应遵守国家的法律，政府规定、命令或要求，以及承运人关于货物包装、运输的相关规定。必要时，托运人应提供与托运货物有关的文件，并对其提供文件的真实性和准确性负责。

2）货物收运

货物收运的一般程序：

（托运人）填写托运书→（承运人）检查证件→检查包装→货物安全检查→重量核准→尺寸检查→托运书检查→填制货运单→制作、贴挂标签→收款→交接货物、货运单→编制销售日报

3）货物运送

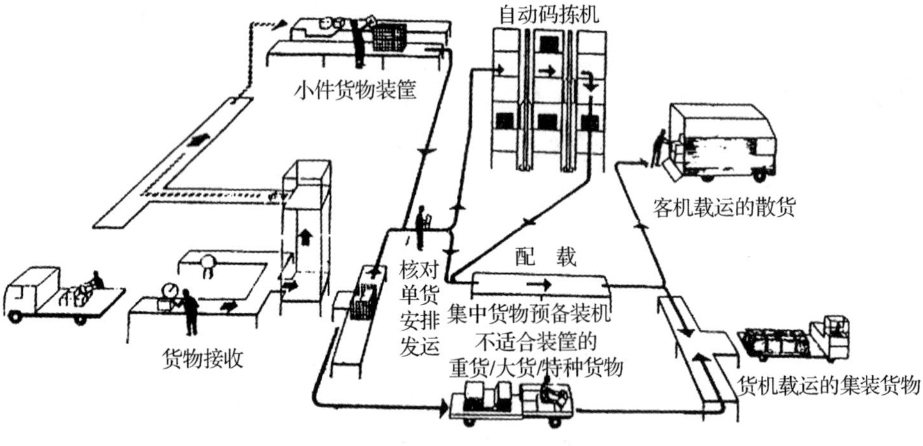

图 6.25 货物出港图

①货物运送流程

货物交接→货物仓储→货物组装→货物配载→制作舱单→货物出仓→货物装机（监装）

②货物运输的组织原则

在一定的经济效益下，按照保证重点，照顾一般，合理运输，安全、迅速、准确、

经济的原则组织货物运输，充分体现人民航空为人民的宗旨。承运人应根据运输能力，按照货物的性质和急缓程度，有计划地安排货物吨位，并从宏观上合理利用每一航段的最大吨位，充分发挥航空运输快捷的时效性，有效地提高运输服务质量。

4）货物到达和交付

货物到达和交付是货物运输的最后环节，到达站应迅速、准确地办理提货通知和货物交付，以便于收货人及时使用。

①货物进港的一般程序

接业务袋→分拣货运单→分拣货物→货物入仓→到货通知→查验有效证件→货物交付 ›货物销号

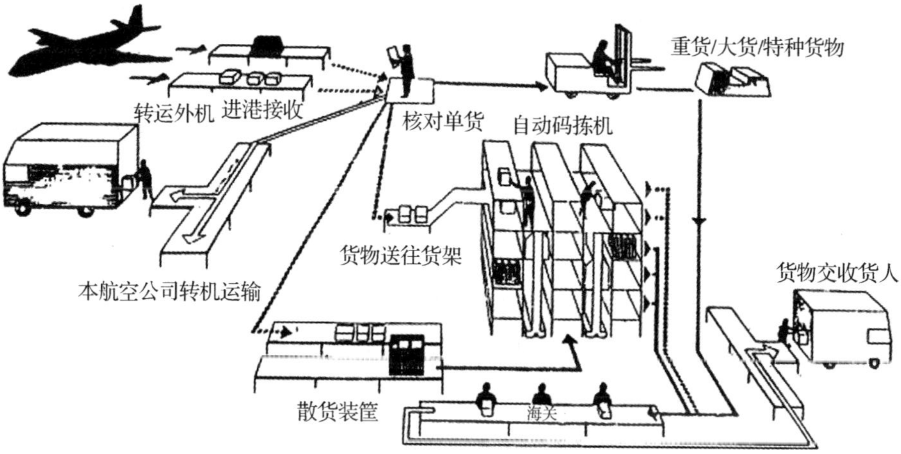

图 6.26 货物进港图

②货物到达

货物到达后，应分清货物是在机场还是在市区提取。对于在市区提取的货物，应填写货物交接清单，一般应在到达当日送市区，最迟不能晚于次日。

③通知提货

货物到达以后，承运人应该在规定时间内用电话或书面通知的形式及时通知货主提货。

④货物交付

收货人应在承运人指定的提货地点提取货物。

三、特种货物运输

特种货物是指在收运、储存、保管、运输及交付过程中，因货物本身的性质、价值、体积或重量等条件需要采取特殊措施，给予特殊处理的货物，包括贵重货物、活动物、尸体骨灰、危险物品、作为货物托运的行李、鲜活易腐货物、超大超重货物等。由于运输特种货物，操作难度大，容易出现问题，因此，除按一般运输规定运输特种货物外，还应严格遵守每一类特种货物的特殊规定，才能保证飞行安全。

1. 贵重物品

（1）贵重物品的包装应坚固完好，不得有任何破损迹象，最好装在木制或铁制的箱内，必要时外面用“#”字形铁条加固。包装上应有托运人的封志，如蜡封、铅封等。封志上托运人的名称、地址必须与货运单上一致。

（2）货运单上必须写明托运人和收货人的详细姓名和地址，始发站机场的全称，并注明贵重物品字样，不可与其他货物混用一份货运单。

（3）贵重物品的运输尽量选用直达航班，必须中转的话，应检查续程航班承运人载运贵重物品的能力。

（4）贵重物品运输应设置保安措施较好的贵重物品库，并严格交接手续，保证贵重物品的运输安全。

2. 活动物

由于航空运输的特点，活动物的运输在航空运输中占有非常重要的地位。活动物不同于其他货物，对环境的变化很敏感，而且活动物的种类繁多，各具特性，因此在活动物运输过程中应该根据不同活动物的特性，按照活动物运输的规定组织运输。

3. 鲜活易腐货物

鲜活易腐货物是指在装卸、储存和运输过程中，由于气温变化和运输延误等因素可能导致其变质或失去原有价值的物品，因此要求在运输和保管过程中需要采取特别的措施，以保持其鲜活或不变质。

4. 尸体、骨灰

（1）尸体、骨灰属于等级货物，并具有很高的感情色彩，因此，应把这类货物视为较敏感货物，没有特殊原因承运人不会受理此类货物的运输。

（2）尸体必须是非传染性疾病死亡，并经过防腐处理、在防腐期限内或焚化后（即骨灰）方可收运，并且要确认已订妥吨位。

（3）托运人应备齐有关国家对进出口及转口运输尸体、骨灰的所有文件，如死者所在国主管当局出具的死亡证明，骨灰还应出具焚化证明，我国运输尸体还应提供殡葬部门出具的入殓证明和有关部门出具的准运证。

（4）货运单上应详细注明托运人和收货人的全称和地址，以便于及时交付。

（5）尸体、骨灰的运输应预定航班，并在航班起飞前2小时由托运人送往机场。

（6）装机时回避旅客，并安排在全货机或与客舱分开的货舱内运输；与活动物分开放置。

5. 作为货物运输的行李（无人押运行李）

作为无人押运行李，仅限于旅客本人的衣服和与旅行有关的私人物品，包括手提打字机、小型乐器、小型体育用具等。

（1）凡作为货物运送的行李，只能在旅客客票中所列各地点的机场之间运输，并且行李的交运不能晚于旅客乘机的当天。

（2）旅客必须如实申报行李内容、提供有关的文件、自行办理海关手续，并支付所需费用。

（3）作为货物运输的行李不能与旅客同机到达目的站，如果旅客要求同机到达，应预定吨位。

6. 危险品

危险品是指在航空运输过程中，凡具有燃烧、爆炸、腐蚀、毒害、放射等性质，在运输装卸、保管过程中能引起人身伤亡和财产损毁而需要特别防护的货物。IATA的《危险品运输规则》将危险货物按其主要特征分为9类，具体的运输规定在专门的教材中有详细阐述，这里就不赘述了。

四、货物运输变更的业务处理

托运人对已托运的货物，提出下列的变更要求，称为运输变更：

——始发站退运

——中途站停运

——将货物运回始发站

——变更目的站

——变更收货人

承运人在承运货物以后，由于机场关闭、航班中断等原因致使货物不能按时空运至目的站，征得托运人同意后做某种变更，也属于货物运输变更。不论何种原因、何种情况，货物运输变更的运费，统一由始发站向托运人结算，有关站办妥有关手续后，应及时通知始发站，以便结算。

第四节　航空运输管理体系

一、国际民用航空运输管理机构

国际民用航空运输管理机构负责制定国际民用航空运输活动的行为规范，协调国际民用航空运输的业务关系，以保障国际航空运输的航行安全和有序发展。因此，通过国际民航管理机构的协调与管理，世界各国民航运输企业在国际民用航空活动中实行统一的技术标准、航行标准、操作规程，执行统一的运价体系和运输凭证；遵循统一的国际法规准则，公正地处理国际航空事务等。

1. 国际民航组织（ICAO）

国际民用航空组织（International Civil Aviation Organization）是《芝加哥公约》的产物，是协调各国有关民航经济和法律义务，并制定各种民航技术标准和航行规则的政府间的国际组织。第二次世界大战后，为解决民用航空发展中的国际航空运输业务权等国际性问题，1944 年 11 月 1 日至 12 月 7 日在芝加哥召开了有 52 个国家参加的国际民用航空会议，签订了《国际民用航空公约》，简称《芝加哥公约》，并根据国际民用航空临时协定成立了临时国际民用航空组织。1947 年 4 月 4 日，《国际民用航空公约》生效，国际民航组织（ICAO）正式成立，同年 5 月成为联合国的一个专门机构。国际民用航空组织的总部设在加拿大的蒙特利尔。

图 6.27　国际民用航空组织标志

1）组织机构

国际民航组织由大会、理事会和秘书处三级框架组成。

大会是国际民航组织的最高权力机构。大会由理事会在适当的时间和地点，每三年至少召开一次，遇有特别情况时经理事会召集或经五分之一以上的缔约国向秘书长提出要求，可以随时举行大会特别会议。

理事会是向大会负责的常设机构，由大会选出的 33 个理事国组成，由每届大会选举产生。理事国分为三类：第一类是在航空运输领域中居特别重要地位的成员国，第二类是对提供国际航行设施做出突出贡献的成员国，第三类是区域代表成员国。理事会下设航空运输委员会、航行委员会、财务委员会、防止非法干扰委员会、联营导航委员会和法律委员会。

2）宗旨和目的

国际民航组织的宗旨和目的是发展国际航行的原则和技术，促进国际航空运输的规划和发展：

（1）保证全世界国际民用航空安全地和有秩序地发展；

（2）鼓励为和平用途的航空器的设计和操作技术；

（3）鼓励发展国际民用航空应用的航路、机场和航行设施；

（4）满足世界人民对安全、正常、有效和经济的航空运输的需要；

（5）防止因不合理的竞争而造成经济上的浪费；

（6）保证缔约各国的权利充分受到尊重，每一缔约国均有经营国际空运企业的公平的机会；

（7）避免缔约各国之间的差别待遇；

（8）促进国际航行的飞行安全；

（9）普遍促进国际民用航空在各方面的发展。

以上 9 条共涉及国际航行和国际航空运输两个方面的问题。前者为技术问题，主要是安全；后者为经济和法律问题，主要是公平合理，尊重主权。两者的共同目的是保证国际民航安全、正常、有效和有序地发展。

该组织的主要活动是：通过制定《国际民用航空公约》的 18 个技术业务附件和多种技术文件以及召开各种技术会议，逐步统一国际民航的技术业务标准和管理国际航路的工作制度；通过双边通航协定的登记，运力运价等方针政策的研讨，机场联检手续的简化，统计的汇编等方法以促进国际航空运输的发展；通过派遣专家、顾问，建立训练中心，举办训练班及其他形式，以执行联合国开发计划署向缔约国提供的技术援助；管理公海上的联营导航设备；研究国际航空法，组织拟订和修改涉及国际民航活动的各种公约；根据缔约国的建议和议事规则，通过大会、理事会、地区会议以及特别会议讨论和决定涉及国际航空安全和发展的各种重要问题。

我国是国际民航组织的创始成员国之一，中国国民政府于 1944 年签署了《国际民用航空公约》，并于 1946 年正式成为会员国。1971 年，国际民航组织通过决议承认中华人民共和国为中国唯一合法代表。1974 年，我国承认《国际民用航空公约》并参加国际民航组织的活动。中国从 1974 年起连续 8 次当选为二类理事国，2004 年 10 月 2 日，在国际民航组织第 35 届大会上，中国以高票首次当选该组织一类理事国。在蒙特利尔设有中国驻国际民航组织理事代表处。

2. 国际航空运输协会（IATA）

国际航空运输协会（International Air Transport Association）是世界航空运输企业自愿联合组成的非政府性的国际组织。其宗旨是“为了世界人民的利益，促进安全、正常而经济的航空运输”，“对于直接或间接从事国际航空运输工作的各空运企业提供合作的途径”，“与国际民航组织以及其他国际组织通力合作”。

凡国际民航组织成员国的任一经营定期航班的空运企业，经其政府许可都可成为该协会的会员。经营国际航班的航空运输企业为正式会员，只经营国内航班的航空运输企业为准会员。

协会总部设在加拿大的蒙特利尔。在蒙特利尔和瑞士的日内瓦设有总办事处，在纽约、巴黎、新加坡、曼谷、内罗毕、北京设有分支机构或办事处，在日内瓦还设有清算所。协会的最高权力机构为全体会议，另有 4 个常务委员会分管法律、业务、财务和技术。

图 6.28 国际航空运输协会会徽

协会的主要活动：

(1) 协商制定国际航空客货运价；

(2) 统一国际航空运输规章制度；

(3) 通过清算所，统一结算各会员间以及会员与非会员间联运业务账目；

(4) 开展业务代理；

(5) 进行技术合作；

(6) 协助各会员公司改善机场布局和程序、标准，以提高机场运营效率等。

应该指出的是，国际航协从组织形式上是一个航空企业的行业联盟，属非官方性质组织，但是由于世界上的大多数国家的航空公司是国家所有，即使非国有的航空公司也受到所属国政府的强力参与或控制，因此航协实际上是一个半官方组织。它制定运价的活动，也必须在各国政府授权下进行，它的清算所对全世界联运票价的结算是一项有助于世界空运发展的公益事业，因而国际航协发挥着通过航空运输企业来协调和沟通政府间政策、解决实际运作困难的重要作用。

目前，中国大陆所有的国有航空公司（集团）都是国际航协会员公司。

二、中国民用航空管理机构

CAAC 中国民用航空局 Civil Aviation Administration of China

图 6.29 中国民用航空局徽标

中国民用航空局是国务院的直属机构，是中国政府管理和协调中国民用航空运输业务的职能部门，对中国民用航空事业实施行业管理。

1. 中国民用航空局的职能

1980年，中国民用航空局进行了重大的体制改革，不直接经营航空业务，主要行使政府职能，进行行政宏观管理调控。2002年，全民航经过了重组这一重大改革后，中国民用航空局确立了以下新的职责。

（1）研究并提出民航事业发展的方针、政策和战略；拟定民航法律、法规草案，经批准后监督执行；推进和指导民航行业体制改革和企业改革工作。

（2）编制民航行业中长期发展规划；对行业实施宏观管理；负责全行业综合统计和信息化工作。

（3）制定保障民用航空安全的方针政策和规章制度，监督管理民航行业的飞行安全和地面安全；制定航空器飞行事故和事故征候标准，按规定调查处理航空器飞行事故。

（4）制定民用航空飞行标准及管理规章制度，对民用航空器运营人实施运行合格审定和持续监督检查，负责民用航空飞行人员、飞行签派人员的资格管理；审批机场飞行程序和运行最低标准；管理民用航空卫生工作。

（5）制定民用航空器适航管理标准和规章制度，负责民用航空器型号合格审定、生产许可审定、适航审查、国籍登记、维修许可审定和维修人员资格管理并持续监督检查。

（6）制定民用航空空中交通管理标准和规章制度，编制民用航空空域规划，负责民航航路的建设和管理，对民用航空器实施空中交通管理，负责空中交通管制人员的资格管理；管理民航导航通信、航行情报和航空气象工作。

（7）制定民用机场建设和安全运行标准及规章制度，监督管理机场建设和安全运行；审批机场总体规划，对民用机场实行使用许可管理；实施对民用机场飞行区适用性、环境保护和土地使用的行业管理。

（8）制定民航安全保卫管理标准和规章，管理民航空防安全；监督检查防范和处置劫机、炸机预案，指导和处理非法干扰民航安全的重大事件；管理和指导机场安检、治安及消防救援工作。

（9）制定航空运输、通用航空政策和规章制度，管理航空运输和通用航空市场；对民航企业实行经营许可管理；组织协调重要运输任务。

（10）研究并提出民航行业价格政策及经济调节办法，监测民航行业经济效益，管理有关预算资金；审核、报批企业购买和租赁民用飞机的申请；研究并提出民航行业劳动工资政策，管理和指导直属单位劳动工资工作。

（11）领导民航地区、自治区、直辖市管理局和管理民航直属院校等事业单位；按规定范围管理干部；组织和指导培训教育工作。

（12）代表国家处理涉外民航事务，负责对外航空谈判、签约并监督实施，维护国家航空权益；参加国际民航组织活动及涉民航事务的政府间国际组织和多边活动；处理涉香港特别行政区及澳门特别行政区、台湾地区民航事务。

(13) 负责民航党群工作和思想政治工作。

(14) 承办国务院交办的其他事项。

2. 中国民用航空局管理机构

中国民航局现有内设机构是：办公厅、航空安全办公室、政策法规司、规划发展司、财务司、人事科教司、国际合作司、运输司、飞行标准司、航空器适航审定司、空管行业管理办公室、机场司、公安局、党委办公室（机关党委）、民航局纪委（监察部派驻民航局监察局）、全国民航工会、离退休干部局、机关服务局。

民航局下设 7 个地区管理局，即民航华北地区管理局、民航华东地区管理局、民航中南地区管理局、民航东北地区管理局、民航西北地区管理局、民航西南地区管理局、民航新疆地区管理局。每个地区管理局向其所辖省（市、自治区）派出民航安全监督管理机构。

三、民用航空法概述

航空活动从一开始就需要一定程度的法律规则来进行约束，因为航空运输不仅对旅客和机组成员具有危害性，而且对地面人员和一般公众也具有极大的危害性。因此当蒙哥尔菲兄弟成功地进行了热气球的升空和飞行后，法国政府在 1784 年 4 月 23 日颁布了治安法令，规定没有事先的许可，气球不得飞行。

随着航空运输的发展，尤其是第一次世界大战后的 1919 年初，欧洲各国之间的国际定期航行已经建立起来，制定一个国际层次的法律框架成为必然。1919 年的巴黎和会特别讨论了民用航空的国际规则，并签订了第一个国际民用航空运输规则的基础性文件，这就是历史上的第一部国际航空法典《巴黎公约》。

1. 国际航空运输的公法规则与《芝加哥公约》

国际航空运输公法是国家之间关于规范国际航空运输活动的法律，其渊源主要是 1944 年的《芝加哥公约》、双边航空运输协定以及相关的国内立法。国际公法所规范的是国家与国家、国家与航空承运人以及有关国际机构之间的法律关系。

《芝加哥公约》的全称是《国际民用航空公约》，1944 年 12 月 7 日签订于芝加哥，并于 1947 年 4 月 4 日正式生效，是国际航空公法的基础和宪章性文件。鉴于目前已有 150 多个国家批准或加入了这个公约，它制定的法律原则和规则已具有普遍国际法效力。

《芝加哥公约》共 96 条，按其内容可归纳为以下几个主要的方面。

1) 主权原则

公约第一条是“每一个缔约国对其领土之上的空气空间具有完全的和排他的主权”。主权原则的另一个表现是将本国领土范围内的两个地点之间的航空营运权保留给本国，即“国内载运权”（cabotage）。“缔约各国有权拒绝准许其他缔约国的航空器为取酬或出租在其领土内载运乘客、邮件和货物前往其领土内另一地点。缔约各国承允不缔结任何协议在排他的基础上特准任何其他国家或任何其他国家的空运企业享有任何此项特权，也不向任何其他国家取得任何此项排他的特权。”

2）航空器及其国籍原则

《芝加哥公约》规定的另一个基本原则，该公约的许多条款都是直接或间接地在这个概念的基础上做出规定或表述的，离开航空器的国籍，这些条款就会难以理解或表述。“航空器具有登记的国家的国籍”，“航空器在一个以上国家登记不得认为有效，但其登记可以由一国转移到另一国”，“航空器在任何缔约国登记或转移登记，应按该国的法律和规章办理”等都是有关航空器国籍原则的描述。

3）统一规则与方便航行

《芝加哥公约》根据主权原则在规定一系列国家权利的同时，也规定了一系列相应的国家义务。从这个意义上说，这些义务也是对各国主权权利的制约，并在此基础上力求统一国际规则，方便国际航行。

4）航空事故调查

航空事故调查，不仅关系到查验航空设备和技术上的缺陷，改进航空安全的重大问题，而且也是民事责任和刑事责任的取证和确定的基础或根据，因此涉及空中交通管制部门、飞机制造人与维修人员、机场及气象部门以及航空法中的《华沙公约》、《罗马公约》等诸多方面的重要法律问题。第二十六条规定：“一缔约国的航空器如在另一缔约国的领土内失事，致有死亡或严重伤害或表明航空器或航行设施有重大技术缺陷时，失事所在地国家应在该国法律许可的范围内，依照国际民用航空组织建议的程序，着手调查失事情形。航空器登记国应有机会能派观察员在调查时到场，而主持调查的国家，应将关于此事的报告及调查结果通知航空器登记国。”

5）遇难救助

公约第二十五条规定：“缔约各国承允对在其领土内遇险的航空器，在其认为可行的情况下，采取援助措施，并在本国当局管制下准许该航空器所有人或该航空器登记国的当局采取情况所需的援助措施。缔约各国在搜寻失踪的航空器时，应按照本公约随时建议的各种协同措施方面进行合作。”

2. 国际航空运输的私法规则和《华沙公约》

理论上，国际航空运输私法应定义为规范与国际航空运输有关的全部物权、债权（合同、侵权）法律关系的法律规则，由三部分组成：规范航空承运人和使用者之间民事关系的法律、规范损害责任的规则、规范航空器权利的规则。其主要渊源是《华沙公约》及相关文件。

1929 年的《华沙公约》全称为《统一国际航空运输某些规则的公约》，建立了造成旅客、行李、货物损害，以及延误造成损害的航空承运人应承担有限责任的制度。这个公约名称虽然称作“某些规则”，实际上却相当完备地规定了运输凭证和航空承运人责任的一整套国际统一规则，至今已有超过 120 个国家参加了这个公约，我国也于 1958 年 7 月 20 日加入。因此，《华沙公约》已在世界范围内具有普遍性约束力。

《华沙公约》只适用于国际航空运输，规定了承运人的责任限额，主要包括：

（1）承运人在旅客人身伤害或死亡时，对每一旅客所付的责任限额以 125000 金法郎或其他等值货币为限。1955 年的《海牙议定书》将此限额提高到 250000 金法郎。

（2）如果国际运输中有任一地点在美国，则承运人同意对每一旅客死亡、受伤或其他伤害负责任限额，包括法律费和诉讼费应为 75000 美元。

（3）规定国际运输中旅客交运行李以及货物的丢失、破损最高赔偿为每千克 250 法郎，约等于 20 美元。

（4）旅客随身携带的手提行李，每位旅客最多赔偿 5000 金法郎，约为 400 美元。

3. 国际航空运输与刑法

在 20 世纪 60、70 年代期间，针对国际民用航空的犯罪行为特别是劫机、破坏及机上犯罪扰乱了航空器的安全，成为经常性的严重问题，为抵制劫机和类似的犯罪，国际上缔结了三个公约，即 1963 年东京《关于在航空器上犯罪及其他某些行为的公约》（通称“1963 年《东京公约》”），1970 年海牙《制止非法劫持航空器公约》（通称“1970 年《海牙公约》”）和 1971 年蒙特利尔《制止危害民用航空安全非法行为的公约》（通称“1971 年《蒙特利尔公约》”）。

这三个公约对保障飞行安全，制止针对国际民航飞行的犯罪行为起了很大的作用。与此同时，国际民航组织及各国政府制定了一系列的措施与法规，进行机场安全检查，设立机上警卫，对登机物品做出限制等，对预防和制止犯罪也起到了巨大作用。

四、多边管理与双边管理

国际航空运输服务的管理一直是在双边体制下进行的，其内容主要涉及航线、运力、运价、所有权和控制权、从事商务活动以及航空公司之间的合作安排等，原有的双边协议在这些方面进行严格的管制。近年来随着欧美国家国内航空运输管制的放松，在国际航空运输双边协议中也出现了放松管制的趋势，而且区域性的以及诸边协议不断产生，管理的内容也不断减少和更加自由。国际航空运输服务体制的这种变化和整个世界经济环境以及经济全球化的发展是密不可分的。

1. 国际航空运输服务管理体制的形成

第二次世界大战以后的国际航空运输管理体制源于《国际民用航空公约》（即《芝加哥公约》）的规定。这些规定在国际航空运输服务贸易领域里最重要的内容有两个方面：第一是各国对其国土上的空域享有完全的主权，第二是要进入其他国家进行商业经营需要该国的授权规定。因而在过去的五十多年里，国际航空运输上的市场准入主要是通过国家之间的双边协定来管理的，这些协定是建立在互惠和利益（包括机会）均等基础上的。

其实在国际民用航空协定制定当初也曾考虑建立一个多边体制。1944 年在芝加哥举行的国际航空会议上曾通过的最初文本包括两个多边文件，为国际民用航空建立了多种自由权。第一个文件《国际航空服务过境协议》（The International Air Services Transit Agreement），要求所有的成员给予其他成员飞越东道国领土而不经停的权利和以非运输目的在东道国经停的权利。有 115 个成员国签署该文件，一直到目前仍然有效。而第二个文件《国际航空运输协议》（The International Air Transport Agreement）则未能生效。它规定的 5 种自由权是：飞越他国领土而不经停的权利；以非运输目的在他国经停的权利；在他国进行旅客、邮件和货物卸离的权利，而这些旅客、邮件和货物是在飞机国籍所在国装载的；在他国装载旅客、邮件和货物前往飞机国籍所在国的权利；在他国装载旅客、邮件和货物前往任何其他成员国的权利以及在他国卸离来自任何其他领土旅客、邮件和货物的权利。后来为达成有关的多边协议又进行了努力，将多边协议中的市场准入限于运力和运价，这就是《国际民用航空运输中商业权利的多边协议》草案。该部分后来也没有列入《芝加哥公约》，于是各成员转而寻求双边解决。1946 年，当时的两个主要航空大国美国和英国率先达成了被称为“百慕大 I”（Bermuda 1）的双边航空运输协议，成为后来所有双边协议的模式。

2. 国际民用航空运输服务协议变化简介

20 世纪 70 年代末以来，随着新一轮自由化的推进，在管制严格的航空运输业里，也兴起了一股放松管制的浪潮。航空领域的放松管制发端于单个国家对内管制的放松，逐渐扩展到以双边关系为主的国际民用航空运输服务领域，再扩展到区域性（包括不相邻的多个国家），最后发展到了多边贸易体制下。

美国在 1978 年通过《1978 年美国航空公司放松管制法》（The U. S. Airline Deregulation Act of 1978）。该法取消了民用航空委员会（Civil Aeronautics Board）对美国国内航空运输业的控制、票价管制和行业进入限制。随后其他的欧美国家也开始了放松管制的进程。

欧盟在区域性航空运输放松管制中走在了最前面。从 1993 年开始，欧盟法令在航空运输领域的诸如认证、市场准入、定价、运力、竞争、CRS 以及机场使用等方面适用。从 1997 年开始，成员国国内载运权对其他成员国全部开放。同时欧盟委员会也对当时的双边通航协议提出了挑战。1998 年，欧盟委员会向欧洲法院提出诉讼，指控其成员国和其他国家达成的双边通航协议违反了欧盟的法律。2002 年 1 月，欧洲法院已经初步认定其 9 个成员国同美国达成的双边“开放天空协议”违反了欧盟法律，欧盟委员会的目的在于将同其他国家的双边通航协议谈判权收归欧盟所有，特别是在同美国的“开放天空”中，欧盟准备用“一个声音”同美国讨价还价。它标志着传统的双边体制受到挑战，对国际航空运输服务体制将产生深远的影响。

另外，APEC、东盟、安第斯公约组织、加勒比共同体和南锥体共同市场在国际航空运输服务自由化上都做出了各自不同的努力。APEC在1999年9月的奥克兰经济领导人非正式会议上正式提出了区域内航空运输服务自由化的8项内容，有关经济体随后提出了有关双边航空运输服务协议范本（即新加坡和新西兰之间的双边协议）和设想中的多边航空运输服务协议范本，以此促使APEC各经济体加快航空运输服务自由化。

此外，WTO也在乌拉圭回合中达成的《服务贸易总协定》中将航空运输服务首次纳入到多边贸易体制中去，虽然目前管理的范围还很小，并不涉及有关交通权的问题，各成员方承诺的范围也很有限，但是毕竟改变了过去五十多年航空运输服务贸易游离于多边体制之外的状况。

五、《服务贸易总协定》

《服务贸易总协定》包括29条8个附件（其中之一为航空服务运输）和两份服务贸易总协定时间表（TATS），一份是免除提供最惠国待遇的要求，另一份是市场准入和国民待遇的具体承诺。

《服务贸易总协定》将服务贸易定义为"国际间服务的提供"，包括某项服务的生产、分配、营销、销售等一系列活动。

《服务贸易总协定》认为，服务贸易的形式包括：

（1）跨境服务：表示从一国境内向其他国家境内提供的服务，它没有人员、物资的流动，而是通过电信、邮电、互联网等实现的；

（2）境外消费：表示在一国境内为来自其他国家的消费者提供的服务；

（3）商业存在：某一国的服务者通过到其他国家境内成立公司、分支机构等实体来为其他国家的用户提供服务，它是服务贸易中最普遍的形式；

（4）自然人移动：某一国的自然人通过在其他国家的存在来为有关用户提供服务。

《服务贸易总协定》通过这四种形式来促进服务贸易在国际间的发展，进而实现《服务贸易总协定》的宗旨，即"通过建立一个具有各项准则和规则的服务贸易多边纪律框架，在政策透明和逐步自由化的条件下，扩大服务贸易，并以此作为促进所有贸易伙伴及发展中国家和地区经济增长的一种手段"。

《服务贸易总协定》除确定了适用于所有服务行业的一般性规则及适用于各项特定服务行业共性方面的规则外，还以8个附件及其他相关文件为一些特定的服务行业确定了具有针对性的补充规定。

在民航运输服务领域里，早在1990年，国际民航组织就与当时的关税与贸易总协定达成共识：在民航运输业的"硬约束"方面，即航空权、航路、航空器适航、飞行安全、人员执照等方面要受国际民航组织签署的协议和颁发的规则的约束；在民航运输业的"软约束"方面，即民用航空器贸易、民航客货运输销售、计算机订座、航空器及附件的维修方面，需要受到当时的关税与贸易总协定的原则和规则的约束。

以上述共识为基础，《服务贸易总协定》中的民用航空运输服务附件要求各参加方将最惠国待遇、国民待遇、市场准入、政策透明等贸易自由化的原则应用于航空器维修服务、航空客货运输市场营销服务、计算机订座服务等方面，并将这些市场的开放列入各自的义务承诺表。

第五节　航空运输企业

航空运输企业是指利用民用飞机为主要手段从事生产运输，为社会机构和公众提供服务并获取收入的企业，即航空公司。根据主营业务的不同，航空公司可以分为客运航空公司、货运航空公司、通用航空公司等三类。

一、航空运输企业的经营特征

（1）航空运输企业是一种资本集中、技术集中的企业，进入市场的要求高。航空运输企业的主要生产工具——飞机是高技术、高价值的产品，没有足够的资本是无法进入航空运输市场的。由于安全的要求，政府对运载工具和人员的技术水平都有着严格的要求，使得航空运输企业的资本集中程度和技术要求要远高于其他运输企业。

（2）航空运输企业要求一定的规模经济。由于航空运输企业的高投资，就需要达到一定的产量才能降低成本，取得高回报，同时高技术的专业人员需要一定的生产规模才能充分发挥作用。再加上航空运输严格的时间要求，必须有一定量的运载能力才能保证运输的持续、顺利周转。通常只有在具备三架以上的同一级别的运输飞机时，航空运输企业才能在市场竞争中生存。

（3）航空运输企业之间有较紧密的依存关系。航空运输企业之间开展联运或者相互代理会使双方的市场拓展并且减少经营的成本。同时在市场竞争中，如果航空市场份额达到了一定的平衡状态，通常是依靠服务或广告竞争，而不依靠价格竞争，因为价格竞争的最终结果只会降低总体利润，两败俱伤。

（4）航空运输企业通过合并来扩大规模。由于航空运输企业的高投资、高成本和高技术，以及它的规模效益，只靠扩大投资来扩大规模往往是不成功的。从航空运输业的发展上看，大多数的小公司是通过合并形成了大的集团才能在航空运输业中站稳脚跟，或是大的企业吞并小企业使它的规模迅速扩大。目前从世界范围看，正兴起着跨国的大航空公司合并或联合的浪潮，我国的航空运输企业也正经历合并扩大的过程。

二、航空运输企业的组织和运营

任何航空公司的基本业务职能及相对应的基本组织结构都包括飞行与航务、机务维修、市场营运和行政管理四个部分。

1. 飞行与航务

飞行与航务机构主要负责处理整个公司有关飞行和空中服务的事务，一般分为：

（1）飞行人员的管理机构：针对本公司使用的机型及现有飞行人员状况进行科学有效的日常管理，制订符合公司正常运营所要求的飞行人员工作计划。

（2）空中乘务人员的管理机构：对公司的乘务人员进行日常管理，并根据公司不同机型对乘务人员的配备要求进行培训，保证公司正常运营对乘务人员的数量和技能水平要求。

（3）空中交通和安全部门：负责飞行安全的检查、保障导航设备的完好和无线电通信的通畅，以保证飞行安全。

（4）飞行程序和训练部门：制定程序与标准、安排模拟器训练及管理人员训练。

（5）飞行签派机构：组织安排公司内航空器的放行和运行，必须与民航各级空中交通服务部门密切协作才能使整个空中交通有序进行。

2. 机务维修

主要任务是负责保持航空公司飞机处于“适航”和“完好”状态，并保证航空器能够安全运行。“适航”意味着航空器符合民航当局的有关适航的标准和规定，“完好”表示航空器保持美观和舒适的内外形象和装修。

3. 运输营销

此机构管理着航空公司整个运输的销售、集散和服务环节，航空公司的收入主要依靠这些环节来完成，分为：

（1）广告和市场部：负责媒体上和实际上的广告策划和显示、研究及预测市场情况，制订航班计划和确定实际运价。

（2）销售部：负责客运和货运的销售，并协调代理客货运公司、其他航空公司之间的业务。

（3）运输服务部门：负责飞机客舱内的乘务服务、物品的配发和机场及地面的各项服务。

（4）饮食服务部门：主要负责航班的配餐服务。

（5）各地区的办事处及营业部：作为二级机构负责处理当地的上述各项业务。

4. 行政管理

行政管理机构是航空公司的核心管理部门，负责整个航空公司的管理和运行，包括财务管理、人事管理、计划管理、公共关系、信息服务、法律事务以及卫生等部门。

三、中国主要的航空运输企业

1. 中国航空集团公司（CA）（http：//www. airchina. com. cn/）

中国航空集团公司（简称为中航集团公司），英文全称 China National Aviation Holding Company，是以中国国际航空公司为主体，联合中国航空总公司和中国西南航空公司等企业，组建的特大型国有航空运输集团公司，是经国务院批准、国家授权的投资机构和国家控股公司，于 2002 年 10 月 11 日正式成立。

中国航空集团公司拥有包括国家唯一载旗航空公司——中国国际航空股份有限公司在内的二级企业 8 家，三级以上企业 130 多家。作为以航空运输业为主、相关服务业为辅，集生产经营和资本运营为一体的企业集团，中国航空集团公司的经营业务涵盖航空客货运及销售地面服务、飞机维修、航空物流、机场管理、航空旅游、金融理财、基本建设开发、传媒广告等相关产业。

2004 年 9 月 23 日，中国航空集团公司、中国航空（集团）有限公司作为发起人，召开了中国国际航空股份有限公司的创立大会。2004 年 9 月 30 日，经国务院国有资产监督管理委员会批准，中国国际航空股份有限公司在北京正式成立。2004 年 12 月 15 日，中国国际航空股份有限公司在香港和伦敦成功上市。改制后的国航股份仍为中国唯一有权装涂国旗标志和承担中国共产党和国家领导人专机任务的航空公司。

2. 中国东方航空集团公司（MU）（http：//www. ce-air. com/）

中国东方航空集团公司是中国三大国有大型骨干航空企业集团之一，于 2002 年在原东方航空集团的基础上，兼并中国西北航空公司，联合云南航空公司重组而成。

集团总部位于中国经济最活跃、最发达的城市——上海，拥有贯通中国东西部，连接亚洲、欧洲、澳洲和美洲的庞大航线网络。集团注册资本为人民币 25. 58 亿元，广泛涉及进出口、金融、航空食品、房产、广告传媒、机械制造等行业。

中国东方航空股份有限公司是东航集团的核心企业，是中国第一家成功在香港、纽约和上海三地上市的航空公司，中国东方航空集团拥有其 60%以上的股权。

3. 中国南方航空集团公司（CZ）（http：//www. cs-air. com/）

2002 年 10 月 11 日，以南方航空（集团）公司为基础，联合中国北方航空公司、新疆航空公司组建而成的中国南方航空集团公司正式成立。中国南方航空股份有限公司是中国南方航空集团公司属下航空运输主业公司，是拥有国内运输飞机最多、航线网络最密集、年客运量最大的航空公司，形成了以广州、北京为中心枢纽，密集覆盖国内，全面辐射亚洲，连接欧美澳洲的强大航线网络。

4. 海南航空集团公司（HU）（http：//www. hnair. com/）

海南航空股份有限公司是中国民航第一家 A 股和 B 股上市的航空公司，开创了中国民航业资本市场融资的先河，拓宽了中国民航业新的资本运作模式。公司于 1993 年 1 月由海南省航空公司经规范化股份制改造而成，1993 年 5 月 2 日正式开航运营。海南航空股份有限公司（以下简称海航），是海航集团下属航空运输板块的龙头企业，对所辖的中国新华航空有限责任公司、长安航空有限责任公司、山西航空有限责任公司实施行业管理。

海航是中国第一批通过 CAAC121 部运行合格审定的 4 家航空公司之一，是中国第一家全面通过 ISO 9000 质量体系认证的航空公司。海航凭借“内修中华传统文化精粹，外融西方先进科学技术”的中西合璧企业文化创造了一个新锐的航空公司，并迅速成长为中国第四大航空公司。

5. 上海航空股份有限公司（FM）（http：//www. shanghai-air. com/）

上海航空公司成立于 1985 年，是中国国内第一家多元投资商业化运营的航空公司。上航成立以来，始终坚持“安全第一，顾客至上，优质服务，追求卓越”的经营宗旨，以把上海航空公司办成“国内最好、顾客首选、具有国际水平的航空公司”为战略目标。2005 年，基于上航与星空联盟伙伴的密切、极具空间的合作，上航向星空联盟提出了加入申请。2005 年 12 月 9 日，星空联盟 16 家成员全票通过了上航成为星空联盟观察员，并将适时批准上航成为星空联盟的正式成员。

2010 年 1 月 28 日，以东航换股吸收合并上航的联合重组顺利完成，上航成为新东航的成员企业。2010 年 5 月 28 日，作为东航全资子公司的上海航空有限公司正式挂牌运营。

6. 深圳航空有限责任公司（ZH）（http：//biz. shenzhenair. com）

深圳航空有限责任公司（以下简称深航）1992 年 11 月成立，1993 年 9 月 17 日正式开航，是由深圳汇润投资有限公司、中国国际航空股份有限公司、全程物流（深圳）有限公司和亿阳集团有限公司四家企业共同投资经营的股份制航空运输企业，主要经营航空客、货、邮运输业务。

自创立以来，深航以深圳特区为基地，以市场为导向，完善管理，加强经营，优化航线，注重销售，客座率、载运率、飞机日利用率在全国民航业中名列前茅。深航还本着“安全第一，正常飞行，优质服务，提高效益”的经营理念，不断创造出骄人业绩，成为中国民航界资产优良、主业突出、人机比例最低、最具活力和生机的航空公司。

7. 山东航空集团有限公司（SC）（http：//www. shandongair. com. cn/）

山东航空集团有限公司是由中国国际航空股份有限公司、山东省经济开发投资公司等12家股东组控的从事航空运输相关产业经营的企业集团公司，于1994年3月12日经民航总局和山东省委、省政府批准成立，总部在济南。成立以来，山航始终把“确保安全，狠抓效益，力求正点，优质服务”放在首位。山航拥有飞往全国多个大中城市的航线航班，并开通香港、澳门、新加坡、韩国等地区和国际航线，在济南、青岛、烟台、成都、深圳等地设有飞行基地。

8. 厦门航空有限公司（MF）（http：//www. xiamenair. com. cn/）

厦门航空有限公司是1984年7月25日成立的全国第一家企业化航空公司，自主经营的法人实体，实行董事会领导下的总经理负责制。现股东为中国南方航空股份有限公司（占60%股权）和厦门建发集团有限公司（占40%股权）。厦航是我国民用航空体制改革初步尝试的产物，成立以来，经过6年的艰苦创业、5年的稳步发展和5年的二次创业，自2001年开始进入持续发展期，成为一家中等规模航空公司。厦航坚持改革创新，走规范化管理之路，自成立以来，在安全、服务、效益上居中国民航业前列。

9. 四川航空集团（http：//www. scal. com. cn/index. asp/）

四川航空股份有限公司的前身是四川航空公司，该公司成立于1986年9月19日，1988年7月14日正式开航营运。四川航空股份有限公司成立于2002年8月29日，是由四川航空公司为主联合中国南方航空股份有限公司、上海航空股份有限公司、山东航空股份有限公司、成都银杏餐饮有限公司共同发起设立的跨地区、跨行业、跨所有制、投资主体多元化的股份制航空公司。现行的股份合作，使川航、南航、上航、山航实现了航线联营、航线共飞、代码共享、票价控制、常旅客计划、销售代理的运输销售网络。

四、中国的航空运输服务保障企业

1. 中国航空器材进出口集团公司

中国航空器材进出口集团公司是在中国航空器材进出口总公司基础上组建的，以民用航空产品进出口业务为主的综合性服务保障企业。经营范围包括飞机、发动机、航空器材、各种设备、特种车辆的进出口、租赁、维修、寄售以及与民用航空有关的各种工业产品和原材料的进出口业务，从事与此相关的招投标、国内外投融资、技术咨询、培训、服务、展览、航空表演业务，开展合资经营、合作生产、加工装配以及多种形式的对外贸易。

2. 中国民航信息集团公司

中国民航信息集团公司是以民航计算机信息中心为主体，将中国航空结算中心整体并入组成的国有企业，经国务院同意进行国家授权投资的机构和国家控股公司的试点。集团公司组建后，对其全资企业、控股企业、参股企业逐步依照《中华人民共和国公司法》进行改组和规范。

3. 中国航空油料集团公司

中国航空油料集团公司（简称中国航油集团公司，英文缩写为 CAOHC），是在中国航空油料总公司基础上组建的国有大型航空运输服务保障企业，是国务院确定的国家授权投资的机构和国家控股公司的试点企业。成员单位包括中国航空油料总公司、中航油津京管道运输中心、北京中航油建筑工程设计研究院、北京航油工程咨询公司、中航油大厦管理中心等 5 个全资企业和中国航油（新加坡）股份有限公司（75%股权）1 个控股企业。中国航油集团公司主要经营航空油料及其他成品油的批发、储存和零售业务；航空油料、航油供应设备及与航油供应有关的特种车辆的进出口业务；供油系统工程及其他配套设施的工程设计、施工业务；国家批准经营的其他业务。

五、世界三大航空联盟

航空运输的主要特点是速度快，因此航空运输从一开始就具有国际性的特点，优秀的航空公司必须拥有完善的国际性航线网络。随着世界航空运输竞争的加剧，航空公司为了建立在全球市场上的形象，有效降低运营成本，并克服在外国航空市场合并和设立新航空公司的限制，联盟理所当然成为了众多航空公司的一种战略选择。

1. 加入联盟的好处

1）代码共享，优化航线网络

仅凭自己的力量，任何一个航空公司都无法满足所有旅客的出行需求，而通过代码共享，合作伙伴都可以共享对方的航线网络，将自己的服务延伸到更广阔的目的地，提高市场竞争力。而加入航空联盟就可以提供全球范围的航线网络，增加更多的航班到达城市。

2）航班时刻协调

加入到联盟以后，通过联盟的内部机制，成员航空公司协同制定航班进出港时刻，优化多方联系，这样可以使航班的衔接更为顺畅，大大减少旅客转机时的等待时间，提高服务质量。

3）旅客服务共享

每一家航空公司提供的机场旅客服务，比如值机柜台、咨询窗口和贵宾休息室，只能在自己的枢纽机场和基地机场占有优势，不可能在所有的目的地机场都设立完善的旅客服务设施。加入联盟以后，通过共享合作伙伴在世界各地的服务设施，可以为旅客提供更好的服务。

4）常旅客计划的点数分享

为了留住宝贵的旅客资源，目前世界上大部分航空公司都有常旅客计划，联盟成员之间互享里程积累，乘坐任一家航空公司的航班，就可以积累所有联盟成员航空公司的里程，随着里程数的增加，能够在整个联盟内部享受更周到的服务，这样可以显著提高对旅客的吸引力。

5）降低运营成本

联盟成员通过共用维修设施、运作设备、职员，相互支援地勤与空厨作业以及全球范围内的广告宣传等合作途径，可以优化成本结构，减低成本。

2. 世界主要航空联盟概况

1）星空联盟（STAR ALLIANCE）

星空联盟是于1997年5月14日成立的国际性航空公司联盟，初期是由加拿大航空、德国汉莎航空、北欧航空、泰国国际航空和美国联合航空创建。公司总部位于德国法兰克福。

2）天合联盟（SKY TEAM）

天合联盟于2000年6月22日由法国航空公司、达美航空公司、墨西哥国际航空公司和大韩航空公司联合成立，总部位于荷兰的阿姆斯特丹。

3）寰宇一家（ONE WORLD）

寰宇一家是1999年2月1日正式成立的国际性航空公司联盟。由美国航空、英国航空、国泰航空和澳洲航空共同创建，总部设在加拿大温哥华。

思考题：

1. 简述运输业的性质以及现代五种交通运输方式的区别。
2. 简述航空运输的特征。
3. 比较城市对式航线与中转辐射式航线的特点。
4. 简述民航旅客运输的定义以及分类。
5. 简述航班的定义以及分类。
6. 客票有哪些作用？电子客票与传统客票有什么区别？

7. 比较计重行李与计件行李的免费行李额的规定。
8. 简述值机工作流程。
9. 熟悉货物运输的全过程。
10. 简述货物运输的重量和体积的限制、包装要求。
11. 了解特种货物运输的简单规定。
12. 比较国际航空运输协会与国际民航组织的性质、组织机构和宗旨。
13. 简述航空法的分类以及法律体系。
14. 简述航空运输企业的经营特点。

第七章　客舱管理

第一节　机组资源管理

在航空运输发展进程中，民航安全在不同的历史发展阶段呈现出不同的特点。

在人类航空运输发展的初级阶段，由于飞机技术不成熟、设备可靠性差，源于机械原因的飞行事故相当频繁，促使人们不断改进飞机结构及设备，制定了相关的管理民用航空的法规，飞机的安全性得到了显著的提高。

随着技术进步、设备可靠性增加，技术因素引发的飞行事故大大减少，但人为因素导致的飞行事故逐步上升，有关专家开始关注在飞行安全中人和飞机的相互关系，解决航空安全问题的主要方式由技术角度转变为人的角度，提出了驾驶舱资源管理（Cockpit Resource Management）等概念。

从 20 世纪 90 年代开始，飞行事故率保持在一个比较稳定的较低水平（百万飞行小时 0.7~1.2）。随着航空运输量高速增长，运输量持续上升，为了防止事故次数的增加，必须进一步降低事故率。通过研究人员深入研究事故原因，人们发现事故链中的大部分环节都在组织控制之下，人只是导致事故发生的关系链上的最后一环，要保证系统安全，必须加强组织方面的控制和管理。

一、机组资源管理的含义

美国国家航空航天局（NASA）在对 20 世纪 60 至 70 年代喷气式客机事故进行分析时发现，大约 70%的事故涉及人的因素，而且多数失误的起因并非由于技术上的缺陷，而是在交流、协作和决策等方面出现的问题，出错较高的机组成员在人际交流、领导决策和工作负荷分配上的能力较差，而出错少的机组成员在这些方面的能力较强。注重加强驾驶员之间的配合和机组间的协作，改变人的行为方式，减少飞行中人为因素所造成的失误，这就是最初的驾驶舱资源管理的概念。

1. 机组资源管理的定义

随着客舱安全管理的研究逐渐深入，训练条件日臻完善，这一概念发生了一系列的变化，从驾驶舱发展到整个机组（包括驾驶舱机组和客舱乘务组），现在被称为机组资源管理（Crew Resource Management——CRM）。

机组资源管理是指充分、有效、合理地利用一切可以利用的资源来达到安全有效运行的目的。

C：Crew，机组，包括飞行机组、乘务组、机务维护人员、签派人员、清洁人员、航空食品人员、飞机设计人员、航空管理人员、旅客等。

R：Resource，资源，主要可分为四类：

第一类：是以机组成员为代表的人力资源，从广义上应包括一切与飞行相关的人员；

第二类：是以飞机、设备为代表的硬件资源，包括飞机、机载设备、机场车辆和导航设备等资源；

第三类：是以法规、政策为代表的软件资源，包含手册、检查单、地图和性能图表等一切软件因素的资源；

第四类：是以航空油料、航空食品、人的精力和飞行时间等为代表的宝贵资源，属于消耗品，称为易耗资源。

M：Management，管理，为达到某一目的而综合有效地利用一切可利用资源的过程。

2. 机组资源管理的意义

机组资源管理的核心是调动人的主观能动性，加强机组的协调配合，创造良好的沟通和平等友好的环境，有效地整合飞行员可用的所有资源，以保持最大的安全和效率。在机组资源管理中，高水平的个人技术能力是安全运行的基础，机组协作是在此基础上纠正个人失误、提高安全水平的有力保障。为了提高运行环节中飞行机组和其他成员之间的工作效率，机组资源管理的训练应扩大到驾驶舱外，应包括航空器签派员、客舱乘务员、维修人员及其他相应的公司小组成员。

客舱乘务员学习机组资源管理不仅可以加强团队合作，还可以了解飞行员工作的特点，特别是需要双方协同解决的问题，如航班延误、客舱中个人电子设备的使用及应急撤离、水上迫降、颠簸及其他天气的程序、管理旅客的程序、飞行中的医疗问题、禁烟和灭火程序、手提行李、机长的授权等，培养很好的沟通和处理问题的能力。

二、人为因素

在航空事故调查的过程中研究者发现，人为因素是导致航空器事故和事故征候的主要因素。理解人为因素问题，广泛、主动地使用人为因素，可以有效地降低事故率。

1. 人为因素的影响

人为因素对飞行安全起着至关重要的作用。飞行是一项复杂的体力和脑力劳动相结合的综合活动，是在机长领导下的机组集体行为。在各种情况下，机组各成员之间能否协调配合，分工协作，有条不紊地处理各种瞬息万变的情况是保证飞行的关键。因此在CRM训练时每个参与者都应该把自己当作是整个“链条”中的一环，与其他人紧密联系。这个链条的强大取决于“最薄弱一环”的强度，只有作为一个团队来工作，才能保证飞行运行任务的安全和有效。

2. 人为因素研究理论模型

1）墨菲定律

1942年，美国航空工程师墨菲（Murphy）基于经验总结出一条定律：凡是有可能搞错的地方，一定会有人搞错，而且是以最坏的方式，发生在最不利的时机。

其数学解释为：如果事件A发生的概率不为零，则在n重贝努里（Bernoulli）试验中，试验次数趋向无穷大时，事件A一次也不发生的概率趋于零；事件A至少发生一次的概率趋于1，即如果有可能搞错，则一次差错也不发生是不可能的，至少发生一次差错是肯定的。

2）海恩法则和差错冰山

美国安全工程师海恩利奇（H. W. Heinrich）对约55万起生产事件进行了统计分析，提出1∶29∶300法则。其含义是在人的每300次行为失误中，会有30次造成伤害，其中有一次造成重伤以上伤害。

后来，日本的安全科学界把1∶29∶300称为海恩法则，其意思是在1起重大事故下，有29件不安全事件（我们通常称为事故征候），且在其下还有300次差错。

“差错冰山”与海恩法则类似，是在航空系统统计分析基础上得出的。“差错冰山”告诉我们：重大事件和事故都有相同的背景，露在表面的冰山是我们看到的一角，隐藏在海水下的巨大冰山实体，才是可怕的随时可能撞沉大船的暗礁。根据航空事件的统计分析，发生1起事故或严重事件，有40起是已报告过但未引发事故的事件（空中停车、返航、改航、延误、取消等），还有600起是未报告的差错事件。

3. 事件链理论

系统安全理论指出，事故的发生通常不是孤立事件的结果，而是多种系统缺陷凑到一起的不幸后果。事故的发生是由于一系列事件，如天气不好、机械故障、判断决策错误、操纵处理不当等等，一环扣一环，最终酿成的。阻断这个链条的任何一个环节，事故就可以避免。

4. SHELL模型

造成人的错误的原因有人的生理和心理因素，还有自身的技能、经验、理论水平、责任心和行为习惯，这些是造成人的错误的内在原因。但人的行为一定要受其所在的人机环境的制约，这是造成人的错误的外因。人的错误与环境和管理方式有密不可分的关系。因此，忽视环境因素和设备因素，单纯只找人本身的差错，这种做法是错误的。

霍金斯的SHELL模型以人为中心，研究人与硬件（飞机、设备）、人与软件、人与人、人与环境的关系。

1）人与硬件（飞机、设备——Hardwear）

人如何操作飞机，熟练使用设备，就是人与硬件的关系。驾驶员学习飞行和改装训练的目的是要建立良好的人与硬件的关系，深入了解飞机与机载设备的性能和操作方法。通过训练使所有机组成员都能熟练地操作所有设备，协同一致。

2）人与软件（Softwear）

人们把飞机使用手册、训练手册、飞行规则等文件称为软件。飞机是一个复杂的现代技术的组合，程序复杂，且不断优化，软件不断更新，机组必须不断学习，并且及时更新资料，防止因软件不完善而造成严重后果。

3）人与环境（Environment）

人与工作空间、设备配置的关系就是人与环境的关系。人本身不适合在活动受限制的场所和在相同或相似的场所进行长时间的工作，一方面，有时候无聊会引起催眠作用；另一方面，身体不活动，会出现腰腿疼等身心变化。机组成员，尤其是国际航班上长时间飞行的机组还会受到时差和磁场的影响，产生疲劳感，降低工作效率，影响飞行安全。

4）以人为中心

在飞行过程中，机组成员间存在着年龄、地位、经验、知识、技术水平等个性差异，管理工作、机组运行和飞机维修都涉及人，事故预防工作应侧重于“人”，提高航空安全的方向应转移到系统中人的身上。

5. Reason模型

1990年，英国的詹姆斯·里森（James Reason）教授通过对世界上发生的重大事故的调查分析，提出了系统安全状况分层模式，即Reason模型，也称为“瑞士奶酪”人为差错模型。

Reason模型一般包括不安全行为、不安全行为的先决条件、不安全管理以及组织影响等四个层面。它强调任何系统均可根据自身属性、特点分成不同层面，在现实情况中无论哪个层面都可能存在不足或缺陷，但层面缺陷不一定发生事故，只有在系统多层面的相关部分均出现漏洞而且形成事件链的情况下，才导致事故的发生。它强调了用系统优化来解决人为因素问题。这是目前比较先进的人为因素安全理论。

三、差错与差错管理

1. 差错

差错是所做的与所预期的结果有偏差，通常是由于注意力分配不当或注意力分散而产生的。差错从本质上而言是无意识的，并不是所有的差错都导致事故。

1）差错的种类

人的错误（Human Error），也称人的差错或人的失误，分为认读错误、思维过程错误和操作错误三种。

认读错误是当一个人对客观情况的认知与实际情况不同时发生了差错，主要包括视觉幻觉，失去方位感和判断距离、大小、颜色失误等。

思维过程错误是指需要人们进行多个程序或方案选择时发生了错误，虽然本意上都想把工作做好，但是由于受主、客观条件的影响和制约，导致决策差错。

操作错误是指在执行任务的过程中，进行某项操作时发生了错误，通常由于注意力分散或记忆错误所导致。

2）差错的表现

差错的表现主要包括做了不该做的事，该做的事不够充分或不完整，该做的事没有去做。

2. 差错的管理

1）造成差错的内部环境

疲劳、身体不适、缺乏技术知识以及个体间的冲突，都会造成判断力的削弱或失误，从而导致差错或事故的发生。

2）造成差错的外部环境

无法预料的气象条件、飞机故障、不良的技术标准或维护、错误的信息等，如果飞行员或乘务员没有良好的业务知识和操作技能，极易导致差错或事故的发生。

3）差错的管理

差错是人类行为所固有的，我们不可能完全消除，但可以控制，尽量减少差错的发生，这就是差错的管理。

①接受差错

接受差错指系统有能力接受差错而不会产生十分严重的后果。如对于装有多台发动机的飞机，不安排在同一次完成磁性堵塞检查清洗工作，就是为了避免由于未安装密封圈造成滑油漏光，从而导致飞机所有的发动机空中停车。

②防止有威胁（关键）的差错

一些有威胁的差错往往导致事故或产生严重后果。

③提高技能

在飞行事故调查中，许多错误的产生都是由于飞行员缺乏基本的航空理论知识或操作技能不熟练造成的，因此提高技能是减少人为差错的基础，还可以在意外情况发生时消除紧张情绪，从容应对，避免事故的发生。

④改善机组的不良行为

加强机组资源管理，良好的沟通和密切的合作有助于差错的防范，如检查和交叉检查会查到正常和已知情况下的大多数普遍的差错。

四、团队协作

实践证明，要保证安全飞行，飞行员的个人技能不再是决定因素，安全与否取决于机组成员之间是否协调配合，取长补短，最大限度地发挥机组的整体功能。要有良好的表现，首先要求机组的每一位成员必须能够胜任各自的工作。一个机组就是一个团队，一个好的团队不一定由最好的成员组合，各成员之间的协作将影响团队的表现。

团队协作不是简单的人员叠加，如果成员之间不能很好地配合，同步协作的效果将会变得很差。团队中除了每个人做好本职工作外，还应具有明确的工作目标、建立良好的沟通机制、建立有效的激励机制，只有这样团队才能表现出远大于1+1的效果。

第二节　客舱设备管理

一、客舱设备运行与管理

1. 客舱设备概述

民用航空器的客舱主要由驾驶舱、前乘务员服务舱、旅客头等舱、旅客公务舱、中乘务员服务舱、旅客经济舱和后乘务员服务舱组成。驾驶舱、乘务员服务舱根据不同机型设计有所不同，旅客座位也因飞机的大小不同排列也不一样。客舱中的盥洗室分别位于前、中、后乘务员服务舱的附近，紧靠乘务员工作室。

一般而言，飞机上直接与飞行相关的设施主要包括：驾驶舱内的正、副驾驶员座椅，旅客舱内的旅客座椅以及机上乘务员座椅，衣帽间、储藏室和包括分舱板、侧舱板、天花板、顶部行李箱、座椅面罩和地毯在内的客舱内装饰；厨房柜；机组人员与旅客应急撤离和救生设备；盥洗室；供水系统与污水处理系统等。这些设备和设施将根据用户的要求，可以有各种不同的布局和数量。

2. 飞机客舱各区域的设备分布

驾驶舱内除了各种飞行所需的仪表和设备外，还备有石棉手套、救生斧、救生绳、手电筒、手提式氧气瓶、手提式灭火器、救生衣、防烟面罩、防烟眼镜。

乘务员服务舱内分服务区域和乘务员座位。服务区域内有烤箱、烧水杯、烧水器、断路器、长短餐车、加水表、洗手池和垃圾箱。乘务员座位附近存放着许多重要的紧急设备和客舱控制系统，如氧气面罩、旅客广播/内话系统、旅客娱乐系统、客舱照明系统、救生衣、乘务员座椅、乘务员安全带、手电筒、防烟面罩、麦克风、定位发报机、手提式灭火器、手提式氧气瓶、客舱记录本、衣帽间等。

客舱旅客区域内设有：旅客座椅、安全带、小桌板、呼唤铃、通风口、氧气面罩、阅读灯、救生衣、遮光板、行李架、安全须知、清洁袋、紧急出口、急救药箱、灭火瓶、氧气瓶、娱乐播放器和音响喇叭。

盥洗室配备的设备有：氧气面罩、呼唤铃、烟雾探测器、马桶污水处理系统、洗手池、垃圾箱、婴儿板和摆放卫生纸、擦手纸、香皂的空间。

3. 客舱设备管理与乘务员专业能力

在民航乘务员国家职业标准中，对乘务员的专业能力的要求大部分和客舱设备管理的内容紧密相关，每个操作环节都涉及客舱设备管理的内容。

表 7-1 乘务员工作内容与技能和知识要求

职业功能	工作内容	技能要求	相关知识
一、客舱服务	（一）旅客登机前准备	1. 能检查经济舱、厨房、洗手间等服务设施状况 2. 能检查经济舱食品、酒水、卫生等服务用品配备状况 3. 能检查经济舱卫生状况	1. 预先准备程序及要求 2. 服务设施检查标准 3. 服务设施管理标准及要求 4. 清舱规定
	（二）起飞前准备	1. 能迎接旅客并引导入座 2. 能为旅客提供报纸、杂志 3. 能指导旅客摆放行李 4. 能操作客舱门分离器	1. 旅客行李物品存放与保管的要求 2. 特殊行李占座规定 3. 报纸、杂志分发要求 4. 分离器操作规定
	（三）空中服务	1. 能在正常情况下进行两种语言广播 2. 能指导旅客使用客舱服务设施 3. 能保持客舱、厨房和洗手间清洁	1. 正常情况下广播要求 2. 服务设施操作规范 3. 客舱服务管理规定
	（四）餐饮服务	能为经济舱旅客冲泡茶水、咖啡	1. 烘烤餐食的方法和要求 2. 经济舱茶、咖啡冲泡的要求及方法
	（五）落地后管理	1. 能处理飞机滑行期间旅客站立、开启行李架等不安全行为 2. 能对客舱、厨房、洗手间进行清舱检查	1. 落地后安全管理规定 2. 客舱检查规定

续表

职业功能	工作内容	技能要求	相关知识
二、安全保障	（一）应急设备检查与使用	1. 能识别应急设备标志及中英文名称 2. 能检查和使用灭火器、氧气瓶等应急设备 3. 能在正常和应急情况下开启、关闭舱门和应急出口	1. 应急设备标志 2. 应急设备中英文名称 3. 应急设备的使用和注意事项 4. 舱门和应急出口操作标准要求
	（二）安全介绍	能进行氧气面罩、救生衣等客舱安全演示	1. 客舱安全简介内容 2. 客舱安全演示规范动作的要求
	（三）安全检查	1. 能对旅客安全带系扣、行李架关闭等情况进行客舱安全检查 2. 能对经济舱客舱、厨房、洗手间设备进行安全检查	1. 客舱安全检查标准 2. 进、出驾驶舱的有关规定 3. 禁烟规定
三、应急处置	（一）失火处置	1. 能处置烧水杯失火 2. 能处置烤箱失火 3. 能处置洗手间失火	烧水杯、烤箱、洗手间失火处置方法
	（二）应急处置	1. 能进行陆地有准备的应急撤离 2. 能进行水上有准备的应急撤离 3. 能进行无准备的应急撤离	1. 应急撤离程序 2. 撤离时的指挥口令 3. 撤离后工作程序

二、客舱设备的使用

1. 旅客设备的使用

1）旅客座椅

大多数旅客座椅是可以调节的。调节时按压座椅扶手内侧的按钮便可将椅背向后倾斜15°，同时椅背也可向前压倒。但是部分靠近舱门和紧急窗口的旅客座椅是固定不能调节的。旅客座位之间的扶手是活动的，可以任意抬起。我国飞机上紧靠客舱通道座位的扶手通常也是固定不动的，不过有些航空公司尤其是国外航空公司会要求选装所有活动的座椅扶手，以方便轮椅及残疾旅客使用。头等舱的旅客座椅增加了脚蹬的功能，加大了座椅向后倾斜的角度，而且在地板之间安装了滑轨可前后移动，加宽

图 7.1　旅客座椅

的座椅使旅客乘坐时更加舒适。

2）安全带

在每个旅客座位上都装有安全带。当机上“系好安全带”的指示灯亮起时，必须提醒旅客系好安全带。操作时拉出安全带，将一端的钢片插入另一端的锁扣中，释放时掀起锁扣一侧的连接片，拉出钢片。另外飞机上还备有加长的安全带，供特殊旅客使用。在配备加长安全带时，应注意检查确认安全带的型号与机上其他安全带的通用性。

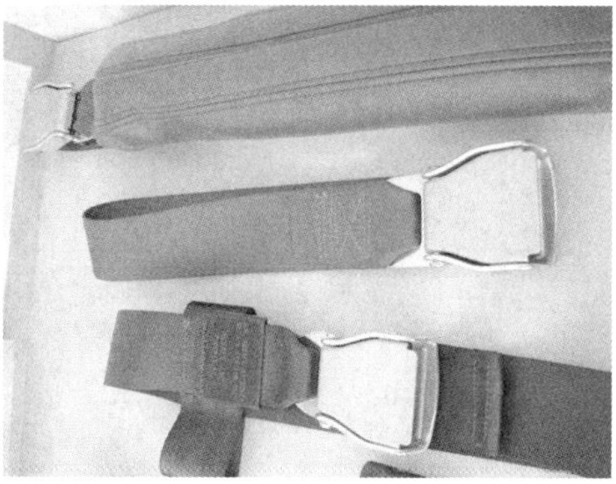

图 7.2 安全带

3）小桌板

小桌板固定在前排座椅的背后，可供旅客摆放物品、书写文档、进行就餐等。在飞机起飞和下降时要收起并固定小桌板。

4）座位上方的服务面板

在旅客座位上方的服务板上备有呼唤铃、阅读灯、通风口和氧气面罩。呼唤铃供旅客发生紧急情况和需要提供帮助时呼叫乘务员使用。呼叫时按压呼唤铃，红色警示灯亮起，与服务员服务舱舱顶的蓝色警示灯同步显示。当乘务员完成服务后再次按压呼唤铃，红色警示灯会熄灭。阅读灯供旅客阅读时使用，尤其在夜间飞行或在飞机起飞降落时，由于客舱灯光被调暗，需要阅读的旅客可按压阅读灯按钮，阅读灯亮起，关闭时再次按压按钮即可。通风口用来调节空气，在天气过热或当旅客发生晕机、昏厥的时候，可将通风口顺时针旋转打开，对准旅客释放新鲜空气。氧气面罩是在客舱发生释压的情况下进行救助的吸氧设备。

5）旅客行李架

在客舱顶部两侧各备有封闭式行李架。宽体客机除客舱两侧的行李架外，在客舱中部的旅客座位上方同样设有背靠背的两排行李架，供旅客摆放和固定行李。使用行李架时乘务员应注意确认行李架的安全锁锁住扣牢，以防飞机在起飞、下降或发生颠簸时行李滑落砸伤下方的旅客。同时旅客座位下方也可以摆放行李，但是在舱门和紧急出口处不能摆放任何物品。

6）遮光板

遮光板与客舱的舷窗连接，遮挡阳光用。但在飞机起飞和下降时必须将遮光板打开。

7）救生衣

救生衣通常存放在旅客座椅下方或头顶的行李架内。当飞机进行水上迫降时，取

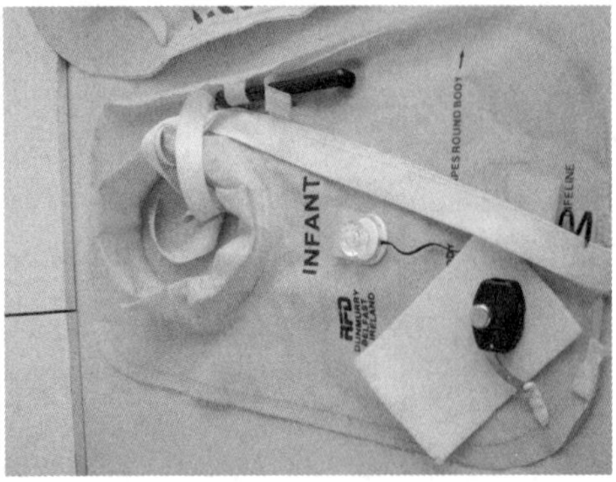

图 7.3　婴儿救生衣

出救生衣经头部穿过，将带子由后向前扣好系紧。在飞机停稳打开舱门，离开机体时拉动救生衣两侧的红色充气手柄充气，发生充气不足时，拉出救生衣两侧的充气管，用嘴向里充气。夜间迫降时注意拔掉救生衣下端的电池销，救生衣上的灯会自动发亮。为了在紧急情况下区分旅客和机组成员，机组人员救生衣的颜色为橘红色，旅客的为明黄色或黄色。

8）盥洗室

飞机的盥洗室位于客舱的前、中、后部。使用时从里面拴好，门外显示有人。乘务员在服务过程中要经常检查清理洗手间。洗手间内还备有氧气面罩和呼唤铃等紧急设备。当发生释压时，正在洗手间的旅客要立即拉下氧气面罩，坐在马桶上吸氧。当洗手间的呼唤铃被按压时，门外壁板右上方的琥珀灯和乘务员服务舱舱顶的警示灯同时同色亮起，当看到琥珀灯亮起时，乘务员要迅速去确认情况，帮助旅客。洗手间内的烟雾探测器可以探测烟雾和火灾。当洗手间内的烟雾或温度达到一定标准时，烟雾探测器会自动发出响亮的警报声，机组成员要立刻到达现场确认状况，及时处理。烟雾探测器安装在洗手间的天花板上，在正常情况下，烟雾探测器的指示灯显示为绿色，发生报警时指示灯为红色。当烟雾或火灾排除后，警报声自动停止，指示灯恢复绿色。

9）紧急出口

紧急出口也称翼上出口，位于客舱中部靠近机翼前后的位置。发生紧急情况时，客舱内所有的出口指示灯和通道指示灯会自动亮起，指引旅客从最近的出口撤离。操作时，乘务员应注意翼上出口外的现场状况，遵循开启原则，确认无烟、无火、无障碍物的情况下，自己或请求援助者帮助打开并抛出紧急出口，迅速拉出警示绳并挂在机翼上的小孔中，组织旅客快速撤离。

10）安全须知

安全须知摆放在旅客座位前方的口袋内，上面有详细的设备介绍、机型介绍、紧急设备介绍和应急处置的方法及图示。乘务员应提醒旅客尽早阅读。

11）清洁袋

清洁袋同安全须知一样摆放在旅客座位前方的口袋内。使用时取出清洁袋，撕开粘连，放置垃圾或呕吐物。乘务员要注意检查安全须知和清洁袋的数量，及时补充。

12）娱乐设备

普通飞机的娱乐设施只有音乐，由乘务员统一操作。新式的飞机机型备有无线通讯系统可供旅客使用，并且客舱中或每个座位前还安装了视频装置，座椅扶手内侧装有耳机的插孔，旅客可收看、收听多个频道的节目。乘务员会在飞机平飞后发放耳机，并在下降前回收耳机、关闭娱乐系统。

2. 乘务员设备的使用

1）乘务员座位附近的设备

①座椅

乘务员的座椅是自动折叠式的，当乘务员离开座位时座椅会自动叠起节省空间。乘务员座位大多靠近舱门和出口，发生紧急情况时叠起的座位可以留出更大的空间迅速撤离，同时在准备服务的过程中也可以节省空间。

②氧气面罩

每个乘务员座位上方备有两个氧气面罩，发生释压时拉下面罩进行吸氧，使用方法与旅客的相同。

③旅客广播/内话系统

内话系统是用来与机组、旅客之间进行通话的设备。不同的机型内话系统的操作略有差异，但都具有乘务员与驾驶舱通话、乘务员各服务舱之间的通话、驾驶舱和乘务员对旅客进行广播的功能。

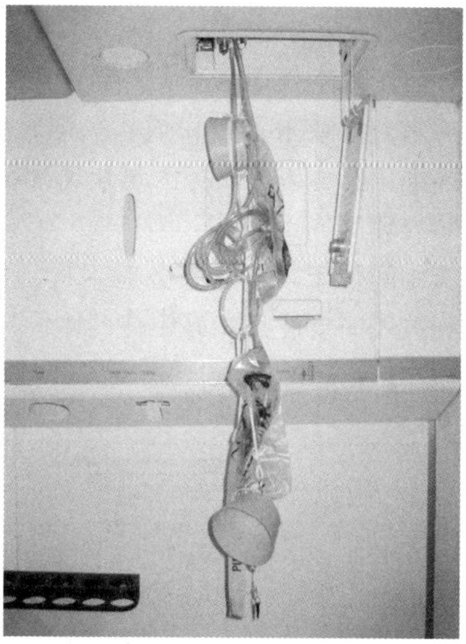

图 7.4　氧气面罩

④客舱照明系统

在内话系统的操作面板上还有客舱和厨房电源的控制按钮，可以控制客舱和厨房中的照明效果。在飞机起飞和下降过程中乘务员会调暗客舱灯光，服务时将客舱灯光全部打开，而在夜间飞行时只留下顶灯。乘务员回到座位后可以关闭厨房的部分灯，打开自己座位上方的阅读灯，但在起飞、下降时要关闭服务舱内的灯。乘务员登机后要注意检查操作面板上应急灯的正常显示。

⑤手电筒

每个乘务员座椅下方的柜子里都有一个机上手电筒。乘务员登机后要检查手电筒的电源，确认手电筒被固定在支架上，绿色显示灯亮表明充电完后可正常使用。机上手电筒只有在发生紧急情况、电源切断和迫降后方可使用。使用后要放回支架，手电筒会自动充电，并要登记在客舱记录本上。

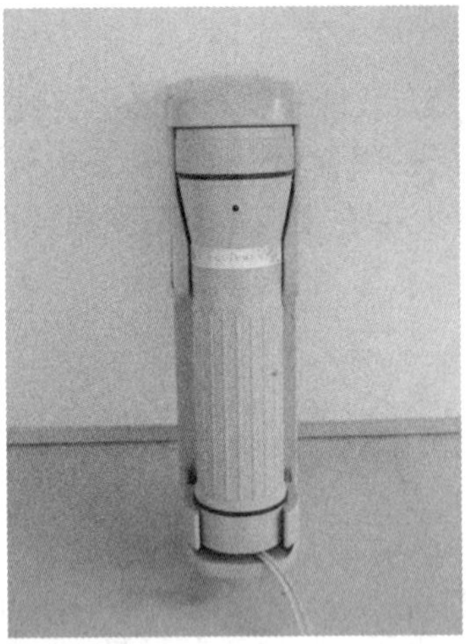
图 7.5 机载手电筒

⑥防烟面罩

防烟面罩在乘务员和机组人员在客舱封闭区域失火或出现浓烟时使用，可以保护灭火者的眼睛和呼吸道不受火和烟的侵害。防烟面罩的种类大致可以分为两种，即头部防烟面罩和至胸部的防烟面罩。防烟面罩的使用时间为 15 分钟左右，戴上面罩后只能通过面罩前部的送话器与外界联系。机组人员登机后要仔细检查确认防烟面罩的位置、数量、包装是否完好，使用完毕后要放回原位固定，并且要记录在客舱记录本上。

⑦麦克风

麦克风通常位于前后舱门内壁板中，是在飞机电源被切断、内话系统失灵或撤离时用来联系、组织机上人员的设备。使用时按压把手上的按钮，对准话筒进行喊话。

⑧应急发报机

应急发报机是在飞机遭遇紧急情况时向外界发出求救信号的紧急设备。

⑨客舱记录本

客舱记录本仅用来登记、记录客舱设备的使用、损坏和发生问题的情况。通常由前舱的乘务员或乘务长完成，登记时要注明设备的使用情况、数量、种类、位置、名称等详细信息，以便机务人员快速准确地更换和修理设备。

⑩衣帽间

衣帽间位于乘务员服务舱附近，主要是为机组人员和旅客挂放西服或大衣用的。开启和关闭时要注意扣好锁住门体。

2）服务区域内的设备

图 7.6 机上厨房

①烤箱

机上的烤箱只能用于加热食物，通常不具备微波功能。烤箱的数量根据飞机型号和旅客座位而定。启动烤箱前要设定温度和时间，时间达到后烤箱会自动关闭。加热前应确认烤箱内无纸片、塑料、干冰等物品。严禁在烤箱内存放任何服务用品、用具和餐盒，并且注意不要将食物过近地靠在烤箱内的工作风叶上，以免风叶转动打破餐盒将食物卷入烤箱内机中引起火灾。在飞机起飞和着陆前必须切断烤箱电源。

②断路器

断路器由若干个黑色按钮组成，用来控制服务舱内的各种电器服务设备。当飞机发生紧急情况时，要立即拉出全部断路器，切断电源。当情况恢复正常后，可将断路器按下重新接通电源。断路器自动跳出后，要仔细观察是否有意外，如确认没有意外，在断路器冷却 3 分钟后可恢复原位继续工作。当断路器再次跳出时，坚决不可再使用和恢复，并告知机长和乘务长，登记在客舱记录本上。起飞和降落时注意切断断路器电源。

③烧水器和烧水杯

烧水器和烧水杯是用来加热饮用服务用水的设备。当烧水器上的绿色灯亮时，证明水已被烧开，沸水温度为 80℃，可以使用。当水温低于 80℃时，红色灯亮，需要等待加热。在使用烧水杯时注意先将杯体插入电源插座，然后再接通电源；加热完毕后，也要先切断电源再拔出烧水杯。

④餐车

飞机上的餐车可以分为全车和半车。无论哪一种餐车的功能都是用来存放各类食品、饮料、服务用品和用具的。使用长餐车服务时，必须有两人同时操作，餐车上摆放的食物不要过高过多；半餐车可由一人操作，服务过程中注意刹车的踩放。服务后要及时将餐车归位扣好，踩上刹车锁好车门。

⑤加水表

通常位于后服务舱辅助舱门的上方或左侧乘务员座位上方的控制板上，用来确认飞机载水量的多少。加水表有 5 个水位显示：E（无水）、1/4、1/2、3/4、F（满水）。按下水表中间的按钮，水表显示载水量。乘务员应在旅客登机前完成水表检查工作，确保飞行中的服务用水。

⑥垃圾箱

服务舱内的垃圾箱是乘务员用来投放垃圾的，使用前应先套上垃圾袋。

⑦洗手池

服务舱内的洗手池可供乘务员洗手和排放剩水，切忌不可向里倒牛奶、咖啡、果肉饮料等。因为洗手池内连接的设备可以将水质物品气化然后排出机体外，而不是将污水储存起来带回地面处理，所以过浓或者带有杂质的物品进入洗手池后，内机无法将其气化，便会造成洗手池堵塞的严重后果。

三、机上应急设备介绍

1. 机上应急设备的种类（见图 7.7）

1）旅客的供氧系统（PAX Oxygen System）

（1）氧气面罩

氧气面罩位于每一排旅客座椅上方、卫生间马桶上方的天花板和乘务员座椅上方的氧气面罩储藏室内。氧气面罩是旅客用于吸氧的工具，当座舱高度达到 14000 英尺时，氧气面罩会自动脱落。

（2）供氧方式

自动方式：当客舱释压后，氧气面罩储藏室的门自动打开，氧气面罩自动脱落。

电动方式：当自动方式失效或在任何高度层，操作驾驶舱内的一个电门，氧气面罩储藏门也能打开，氧气面罩脱落。

人工方式：当自动和电动都无法打开氧气面罩储藏室的门时，可使用尖细的物品，如笔尖、别针、发卡等打开氧气面罩储藏室的门，使氧气面罩脱落。

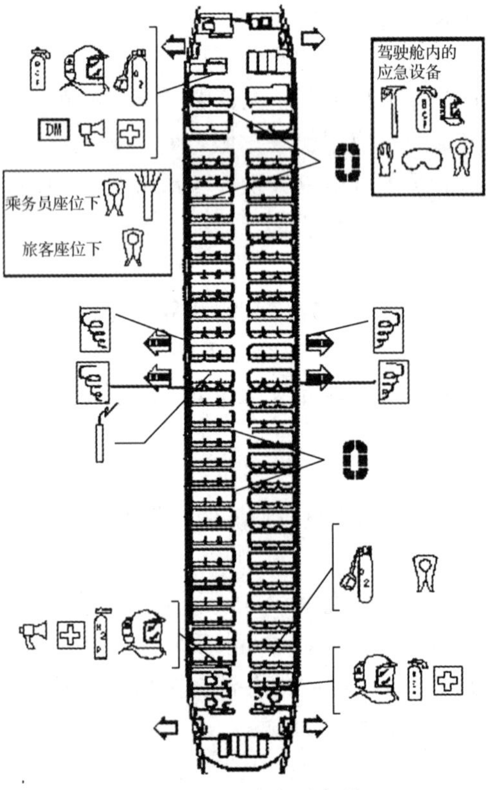

图 7.7　机上应急设备放置

2）手提式氧气瓶（Portable Oxygen Bottle）

①结构（见图 7.8）

②容量和用途

手提式氧气瓶用于飞行中遇到突发的危重病人时和乘务员在紧急情况下使用。

当氧气瓶充满氧气后，氧气瓶上有两个氧气流量出口，这两个氧气流量出口分别为高流量出口和低流量出口：

（1）311 升型氧气瓶：氧气流量为（HI）4 升/分钟可用 77 分钟，氧气流量为（LO）2 升/分钟可用 155 分钟；

（2）120 升型氧气瓶：氧气流量为（HI）4 升/分钟可用 30 分钟，氧气流量为（LO）2 升/分钟可用 60 分钟；

图 7.8　手提式氧气瓶

（3）60 升型氧气瓶：氧气流量为（HI）4 升/分钟可用 15 分钟，氧气流量为（LO）2 升/分钟可用 30 分钟；

（4）9700/9800 型氧气瓶：氧气流量为（HI）4 升/分钟可用 65 分钟，氧气流量为（LO）2 升/分钟可用 130 分钟；

（5）P/N5500-AIA-BF20B 型氧气瓶：氧气流量为（HI）4 升/分钟可用 30 分钟，氧气流量为（LO）2 升/分钟可用 60 分钟；

（6）P/N5500-CIA-BF20A 型氧气瓶：氧气流量为（HI）4 升/分钟可用 78 分钟，氧气流量为（LO）2 升/分钟可用 155 分钟；

（7）P/N5600-2CIA-Z20A 型氧气瓶：3 升/分钟可用 99 分钟；

（8）P/N176965-31 型氧气瓶：4 升/分钟可用 75 分钟。

3）灭火瓶（Extinguisher Bottle）

①海伦灭火瓶（Portable Halon Fire Extinguisher）

海伦灭火瓶适用于任何类型（A、B、C、D）的火灾。海伦灭火瓶喷出的是雾，但很快就被气化了，而这种气化物是一种惰性气体，可以隔绝空气并将火扑灭。

②水灭火器（Portable H_2O Extinguisher）

水灭火器适用于一般性火灾的处理（A 类），例如纸、木、织物等，不能用于电器和油类火灾。

4）卫生间灭火系统（Fire Extinguisher System in the Lavatory）

①烟雾报警系统

包括烟雾感应器和信号显示系统，可以及早地发现突发的火情并自动发出警告。

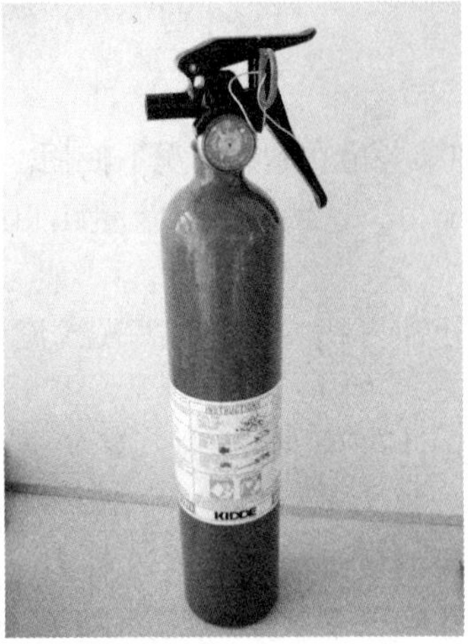

图 7.9　灭火器

（1）烟雾感应器：安装在卫生间内顶部，当卫生间内的烟达到一定浓度时，通过它感应传给信号显示系统。

（2）信号显示系统：位于烟雾传感器的侧面，并通过它的感应传给信号显示系统，当烟雾达到一定浓度时，信号系统的红色指示灯闪亮，并发出刺耳的叫声，同时卫生间外部上方琥珀色灯闪亮。当需要关断信号系统时，按下按钮（传感器侧面）即可截断声音，关闭指示灯。

②自动灭火装置

在每个洗手池下面都有一个自动灭火装置，每个灭火装置包括一个海伦灭火瓶和两个指向废物箱的喷嘴，当达到很高温度时，两个喷嘴都将向废物箱内喷射海伦灭火剂。

通常情况下，温度显示器为白色，两个喷嘴用密封剂封死。当环境温度达到77°C~79°C 时，温度显示器由白色变成黑色，喷嘴的密封剂自动溶化，灭火瓶开始喷射，当灭火剂释放完毕后，喷嘴尖端的颜色为白色。

5）防烟面罩（Smoke Hood）

乘务员和机组人员在客舱封闭区域失火和有浓烟时使用，它可以保护灭火者不受烟雾、毒气的伤害，保护灭火者的眼睛和呼吸道不受火和烟的侵害。

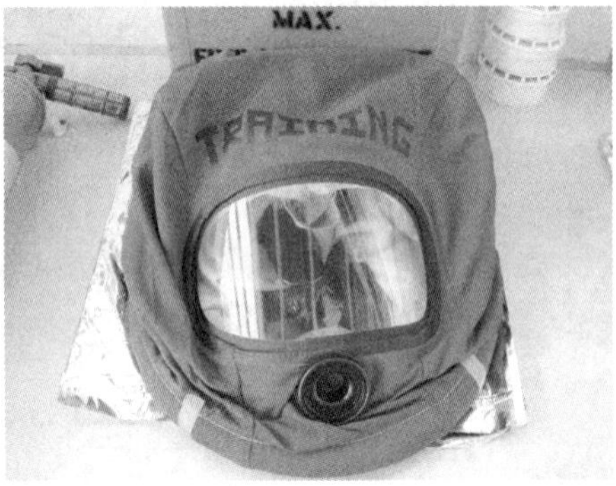

图 7.10　防烟面罩

防烟面罩的氧气由面罩上的氧气发生器提供，当触发拉绳被断开后，发生器中的化学元素发生化学反应并释放出热量，使化学氧气发生器中的温度上升并与使用者呼出的 CO_2 反应，化学发生器开始工作，生产出氧气。

6）应急发报机（Emergency Locator Transmitter）

在飞机遇险后，向外界发出救生信号。在紧急情况时发射无线电频率，频率为民用 121.5 兆赫和军用 243 兆赫。

应急发报机在海水中 5 秒钟后即可发报，在淡水中要 5 分钟后才发报。一旦接通，发报机将持续发射 48 小时，作用范围半径大约 350 千米。关闭时，将发报机从水中取出，天线折回，躺倒放在地上。陆地使用时，周围不能有障碍物，不要放倒或躺放。

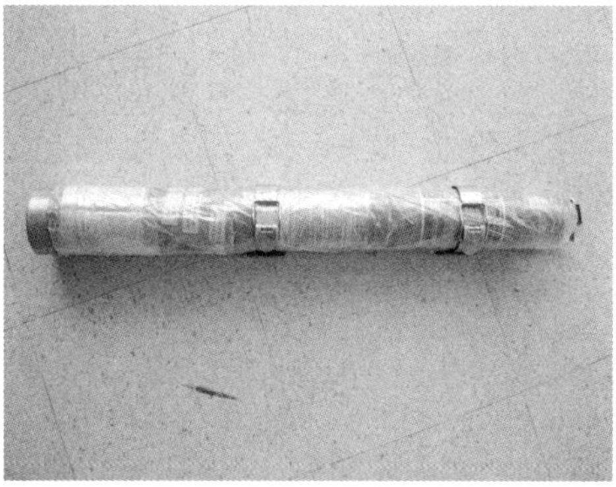

图 7.11　应急发报机

7）救生衣（Life Vest）

救生衣位于每个座椅下的口袋里或扶手内，在水上撤离时使用。机组救生衣为红色/橘黄色，旅客救生衣为黄色。

救生衣定位灯用于在夜间确定落水旅客的方位。当海水侵入救生衣中底部电池块上的两个小孔内，电池即开始工作，定位灯将在几秒内闪亮并持续亮 8~10 小时。

8）防护手套（Asbestos Gloves）

当驾驶舱失火时，保证驾驶员能够操纵飞机时使用，或者主货舱灭火时供兼职消防员使用，具有防火隔热作用。

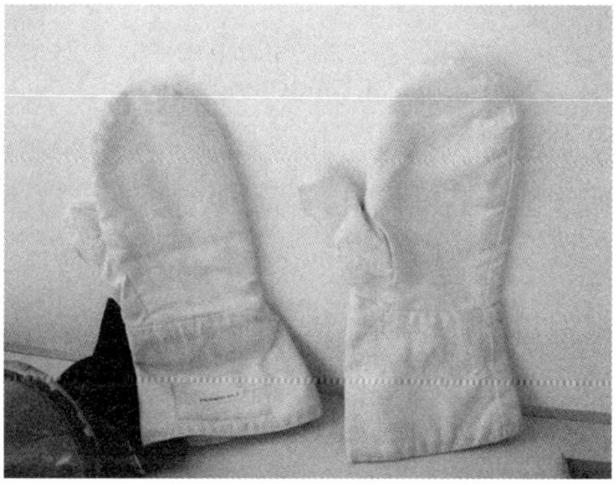

图 7.12　石棉手套

9）应急照明（Emergency Light）

①手电筒

用于指挥、搜索、发布求救信号等。从储藏位置取下后，自动发光，通常可持续使用约 4.2 小时。

②应急灯

当驾驶舱内应急灯开关放在“ARMED”位置时，一旦飞机电源失效，所有飞机内部和飞机外部的应急灯自动接通，应急照明可持续 15~20 分钟。当驾驶舱的应急灯开关放在“ON”的位置时，所有应急灯都会亮。当乘务员控制面板上的应急灯开关放在“ON”的位置时，所有应急灯也会亮，并可操控驾驶舱。通常情况下应放在“NORMAL”的位置。

10）安全带（Seat Belts）

安全带是安装在座椅上的一套安全设备，包括成年人安全带、婴儿安全带、乘务员用安全带以及加长安全带。在飞机滑行、起飞、点播、着陆的过程中以及“系好安全带”灯亮时，所有人员都必须系好安全带。

乘务员安全带由腰部（或腿部）安全带和肩部安全带组成，在乘务员折叠座椅下都有弹簧负载使其成垂直位置并装有限制装置。腰部（或腿部）安全带的固定器和在每个带子顶端装有惯性的卷轴肩带，在每个带子靠近腰部处装有金属调节扣，可用来调节与腰部（或腿部）安全带相连的肩带。乘务员安全带不使用时必须收好，防止带子损坏及紧急情况下阻挡出路。

11）麦克风（Emergency Power Megaphone）

在紧急情况下指挥旅客的广播系统，可以在客舱内、外使用。

12）救生斧（Crash Axe）

紧急情况时用于劈凿门窗、舱壁，救生斧把是足以耐 2400 伏电压的绝缘体。

13）安全演示包（Demonstration Equipment）

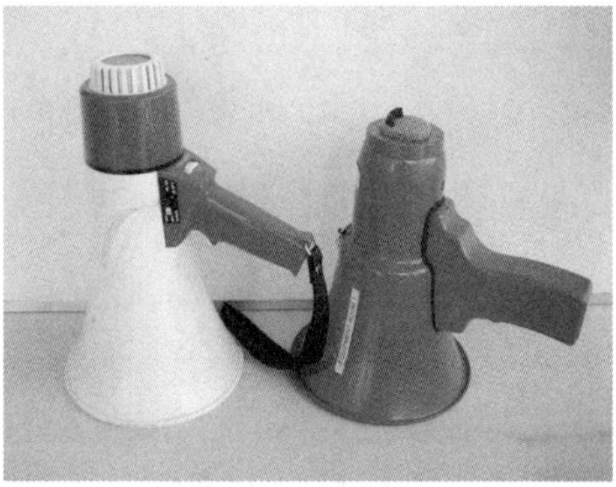

图 7.13　机载麦克风

安全演示包里的物品包括旅客救生衣、氧气面罩、安全带、安全须知卡等，在飞行前必须检查是否在指定位置，包内物品是否齐全。

14）紧急出口（Emergency Exit）

紧急出口包括舱门和应急窗。舱门即地板高度出口，装有滑梯或滑梯/救生船；应急窗即非地板高度出口，部分应急窗附带有滑梯装置。

15）滑梯（Slide）

根据机型的不同，滑梯可以分为单通道滑梯和双通道滑梯。单通道滑梯仅用于陆地迫降，水上迫降时可拆卸翻过来作为浮艇，双通道滑梯在陆地迫降时作为撤离滑梯使用，在水上迫降时作为救生船使用。

图 7.14　应急撤离滑梯

飞行前必须检查滑梯的压力。通常舱门打开后，滑梯自动充气；自动充气失效时，拉地板上的红色人工充气手柄。滑梯充气不足或不充气时，可使用滑梯底部两侧的手柄使之展开，做软梯使用。

16）救生船（Life Raft）

救生船包重量最少为50~64千克，用于水上迫降时撤离旅客。两个充气管分别位于船的上下两侧，断开手柄、人工充气手柄，缠绕好的系留绳位于包装袋上一块颜色明显的盖布上。

救生船上所有的设备都有标牌以便迅速识别。救生船上的设备包括天棚、海锚、钩形小刀、救生绳、定位灯、人工打气泵、救生包等。救生包里的物品有生存指南、药品包、饮用水、海水手电筒、反光镜、信号筒、哨子、海水着色剂、修补包、化学安全灯棒、碘酒擦、压缩食品、水桶、海绵、驱除鲨鱼药剂、指南针、手套、桨、火柴、刀子、蔗糖和渔具。

3. 驾驶舱内的应急设备

1）石棉手套

石棉手套是用于驾驶舱失火时保证驾驶员仍然能够操作飞机仪表、操作杆和各种按钮的特殊用具，具有防火隔热的作用。因为在发生火灾的情况下，有可能所有的键盘、按钮都是灼热的，无法用手直接操作，戴上石棉手套后就可以避免手部烧伤，进行正常操作。

2）救生斧

救生斧是在发生紧急情况时凿开舱门、洗手间、烤箱的设备。使用时从柜体内取出，完毕后要归位并固定。在发生劫机事件中也可以使用，但一定要谨慎小心地处理。

3）救生绳

救生绳被固定在驾驶舱的舷窗旁，适用于紧急撤离时驾驶员的逃生用具。使用方法：当飞机停稳、发动机关闭后，打开驾驶舱窗户，拉下救生绳，顺着窗户滑出机体。

4）防烟眼镜

防烟眼镜同样位于驾驶舱，是用于在烟雾充满驾驶舱时保护驾驶员眼睛不受伤害，确保飞行员可继续飞行的设备。使用时将眼镜的密封边紧贴在脸部，固定用橡胶带套在脑后和氧气面罩一起扣在脸上同时工作。

驾驶舱的灭火瓶、救生衣、防烟面罩、手电筒的使用方法与乘务员的相同。

第三节　客舱安全管理

在飞行过程中，要最大限度地使用机组资源，必须有统一的分工和协作，明确各自的职责，才能保证最大的安全和效率。

一、职权明确

1. 机长职权

（1）在整个飞行过程中，当班责任机长负责指挥航空器和机组，并对旅客、机组成员、货物和飞机的安全负责。机长在任何情况下具有决定指挥权，机组成员应当服从机长的指令。

（2）在飞行期间，责任机长对飞机的运行拥有控制权和管理权，并有最后决定权。

（3）机组成员必须听从机长的命令，如机长指令与规定程序不同，可向机长提出，如果机长坚持其命令，其他人必须服从。

2. 带班乘务长的职责

（1）在执行航班任务过程中，带班乘务长应当认真执行《民用航空法》及 CCAR-121FS 中的有关规定，全程监控服务工作和客舱安全，确保国家财产和旅客的安全。

（2）在每次航班飞行的始终，隶属机长领导。协助机长保证旅客、客舱、货物的正常和紧急情况下的安全。

（3）应维护公司利益，有权处理机上服务及客舱安全方面的各种事宜。

（4）飞行中遇有紧急情况及时报告机长，在机长的指示下，指挥乘务员充分利用机上应急设备保证旅客安全。在紧急情况下，在机长的领导下，指挥乘务员做好率队撤离工作，最大限度地避免损失和伤亡。应急情况下负责客舱广播。

3. 飞行乘务员的职责

（1）保证旅客安全是法律赋予飞行乘务员的最高职责。

（2）在执行航班任务过程中应认真执行民航法的有关规定。

（3）在每次航班飞行中，隶属机长领导，协助机长保证客舱、旅客、货物和飞机的安全；在带班/区域乘务长的领导下开展工作。

（4）维护公司利益，认真处理机上服务及客舱安全有关事宜，在飞机遇到特殊情况和应急情况时，充分利用机上的应急设备，沉着、冷静地进行处理，在整个飞行过程中做到团结协作，保证服务质量和航班正常。

4. 机上指挥权的接替

（1）机组成员的姓名和他们在飞行中所担当的职位，按规定写在每次航班的飞行任务书上。排在飞行任务书上机长栏内第一位的，是该次航班的机长，在需三名（含）以上飞行员的飞行中，排在飞行任务书机长栏内第二位的为第二机长。

（2）在飞行期间，机长对飞机的运行拥有完全的控制权和管理权，这种权力没有限制。当机长由于生病或其他原因丧失指挥能力时，接替指挥管理权的顺序是第二机长、副驾驶、飞行机械员、领航员、报务员和带班乘务长。

（3）乘务组的接替指挥顺序是带班乘务长、区域乘务长、头等舱乘务员、公务舱乘务员、普通舱乘务员（按任务书的顺序）。

二、客舱安全检查

1. 应急设备检查

民航乘务员登机后根据各自的职责，对照各机型应急设备检查单检查核实应急设备的种类、数量，确认处于待用状态。

（1）急救箱/应急医疗箱铅封完好；

（2）灭火器处于待用状态；

（3）氧气瓶压力指针在1800磅/平方英寸；

（4）洗手间烟雾探测器电源指示灯亮；

（5）手电筒灯3~5秒闪亮一次；

（6）安全演示用具包内物品齐全；

（7）“安全须知”卡、“出口座位须知”卡与机型相符；

（8）救生衣的包装完好；

（9）出口门状况良好、正常；

（10）麦克风工作正常；

（11）防烟面罩铅封完好；

（12）广播、内话系统工作正常；

（13）客舱灯光工作正常；

（14）应急灯处于待用状态（连续2~3个应急灯不亮，不能运行）

2. 航前清舱检查

（1）所有地面工作人员离开飞机以后、旅客登机前，有航空安全员的航班由航空安全员对客舱进行清舱检查，乘务员协助；没有航空安全员的航班由带班乘务长指挥乘务员对客舱进行清舱检查。

（2）检查中发现任何可疑物品时，不要随意触动，及时报告带班乘务长、机长；

（3）外站停留期间，不下飞机的旅客或行李通常不需要进行再检查，但航空安全员和乘务员应在下一航段起飞前对厨房、卫生间等位置进行必要的安全检查；

（4）厨房乘务员检查餐食情况，发现有不能开启的容器或餐具，及时报告带班乘务长。

3. 旅客登机时

（1）紧急出口座位旅客的确认，讲解“出口座位说明书”；
（2）发现有异常情况的旅客及时报告带班乘务长；
（3）注意观察登机旅客的情况；
（4）行李摆放稳妥，如果手提行李超出规定，通知地面值班人员办理托运；
（5）关上行李箱并锁好。

4. 飞机推出停机位

（1）完成安全广播；
（2）安全演示到位或播放安全须知；
（3）旅客系好安全带（婴儿应有成人抱好并系好婴儿安全带）；
（4）禁止吸烟；
（5）椅背竖直，脚垫收起；
（6）旅客座位处无零散物品，扣好餐桌；
（7）所有门帘拉开并扣紧；
（8）拉开遮光板；
（9）关闭厨房电源，固定好厨房设备及机供品；
（10）锁好行李箱及储藏间；
（11）确认应急出口和走廊过道及机门的近旁没有手提物品；
（12）扣好空座位上的安全带。

5. 滑行至起飞前

（1）洗手间无人使用，盖好马桶盖；
（2）处理客舱紧急情况；
（3）确认电视屏幕归位、固定；
（4）调暗客舱灯光；
（5）乘务员听到起飞铃声，坐到乘务员坐席上系好安全带和肩带；
（6）回想应急处置程序：
①应急设备的位置和使用方法；
②出口位置和操作步骤；
③防冲撞姿势；

④撤离程序。

6. 飞行关键阶段

所有包括飞机在地面滑行、起飞、着陆及低于 10000 英尺（3000 米）时的飞行等均为飞行关键阶段。

在飞行关键阶段，禁止乘务员做与飞机安全运行无关的任何其他工作，乘务员不得进入驾驶舱或与驾驶舱进行联络；在系好安全带灯熄灭时，广播通知旅客全程系好安全带；乘务员全程监控驾驶舱门（有航空安全员的航班由航空安全员负责）、客舱、洗手间、应急出口的安全；餐车及服务用具车在服务时或放置时，应及时使用刹车固定；发生意外或紧急情况，听从机长指令并依照应急程序进行处置；关闭、锁住行李箱、柜门等。

7. 飞机着陆前

（1）确认所有便携式电子设备已关闭；
（2）确认旅客系好安全带（婴儿应有成人抱好并系好婴儿安全带）；
（3）拆下婴儿摇篮收存好；
（4）手提行李存放妥当，行李箱、柜门锁好；
（5）走廊、应急出口无障碍物；
（6）收起小桌板、调直座椅靠背；
（7）旅客座椅上无食品、饮料和餐具；
（8）拉开、扣紧门帘；
（9）打开遮光板；
（10）关断厨房电源；
（11）关闭洗手间门；
（12）固定厨房所有物品；
（13）确认洗手间无人占用，盖上马桶盖；
（14）调暗客舱灯光；
（15）客舱安全检查后，乘务员回到乘务员坐席并系好安全带和肩带；
（16）回想应急处置程序：
①应急设备的位置和使用方法；
②出口位置和操作步骤；
③防冲撞姿势；
④撤离程序。

8. 飞机到达后

（1）飞机到达停机位，“系好安全带”指示灯熄灭后，带班乘务长通过客舱广播系统下达解除滑梯预位指令；

（2）各区域乘务员依照带班乘务长指令解除滑梯预位，相对应的门互相检查；

（3）各门解除滑梯预位后，各区域乘务员依照带班乘务长的指令，通过内话系统报告解除滑梯预位情况；

（4）得到地面人员的开门许可后，两人监控开启舱门，确认客梯/廊桥停稳后，方可让旅客下机。

9. 旅客下机后

（1）检查客舱、洗手间有无滞留旅客；

（2）检查客舱有无旅客遗留物品；

（3）关闭除照明以外的一切电源；

（4）完成一切交接工作。

三、客舱安全

1. 客舱安全演示

每一航段飞机滑行时，通过录像设备或演示形式，向旅客介绍乘机须知和应急设备的使用方法，包括以下内容：

（1）安全带的使用；

（2）应急出口的位置；

（3）氧气面罩的使用；

（4）吸烟规定；

（5）收直椅背，扣紧餐桌；

（6）旅客“安全须知”卡；

（7）滑梯的使用；

（8）应急撤离路线指示灯；

（9）延伸跨水飞行或距最近的海岸线 93 千米（50 海里）的飞行，需介绍救生设备、救生船（筏）和其他漂浮设备的位置及操作方法。

2. 使用出口座位的程序

出口座位是指旅客从该座位可以不绕过障碍物直接到达出口的座位，和旅客从离出口最近的过道到出口必须经过的成排座位中的每个座位（窗口出口前的座位不能倾斜）。

乘务员必须确认出口座位处的旅客，并且在舱门关闭前，对坐在应急出口座位的旅客所承担的协助义务进行确认，对不愿意承担协助义务的旅客，向带班乘务长报告并做出座位调整。

下列旅客不能安排在出口座位：

（1）两臂、双手和两腿缺乏足够的运动功能、体力或灵活性；

（2）向上、向下和向两侧达不到应急出口位置和应急撤离滑梯操纵机构；

（3）不能握住并推、拉、转动或不能操作紧急出口操纵机构；

（4）不能推、撞、拉应急出口舱门操纵机构或不能打开应急出口；

（5）不能将相似于翼上应急出口门尺寸和重量的东西提起；

（6）不能搬动其尺寸、重量与机翼上方出口门相似的障碍物；

（7）当移动障碍物时不能保持平衡；

（8）不能迅速地到达应急出口；

（9）不能迅速走出应急出口；

（10）应急撤离滑梯展开后不能使其稳定；

（11）不能帮助其他人使用应急滑梯撤离；

（12）缺乏阅读和理解航空公司用文字或图表形式提供的有关应急撤离标示的能力；

（13）缺乏理解机组口头指令的能力；

（14）年龄不足 15 岁；

（15）缺乏良好的语言表达能力或口头转达信息的能力；

（16）缺乏足够的听觉和视觉能力；

（17）需要照料婴幼儿的旅客；

（18）该旅客操作应急设备时可能会使其本人受到伤害。

3. 出口旅客座位更换

（1）旅客应遵守关于出口处座位的限制，如果旅客不能或自己不愿意承担出口座位的相关义务，应当立即将该旅客重新安排在非出口座位就座；

（2）如果非出口座位已满员，应当将一位愿意并符合出口座位条件的旅客调至到出口位置；

（3）出口座位旅客要求更换座位时，乘务员不得要求该旅客讲明理由；

（4）如果没有符合标准的旅客愿意被换至出口座位，本次航班即被认为过满，要求非出口座位的旅客将被拒绝登机，并给予适当的拒绝登机补偿；

（5）如果飞机已处于滑行中，应将此情况报告机长，机长决定是否返回登机口，飞机必须完全停稳后才能更换旅客座位。

4. 便携式电子设备的禁用和限制

1）不能使用的电子设备

从飞机关闭舱门时起至结束飞行打开舱门，机上人员不能开启和使用与飞机正常飞行无关的主动发射无线电信号的便携式电子设备。这些电子设备包括：

(1) 移动电话；
(2) 对讲机；
(3) 遥控玩具；
(4) 其他带遥控装置的电子设备；
(5) 局方或航空公司认为干扰飞机安全运行的其他无线电发射装置。

2) 当飞机在滑行、起飞、爬高、进近、着陆等飞行关键阶段，禁止使用的设备

(1) 便携式计算机；
(2) DVD 播放机；
(3) 电子游戏机；
(4) 收音机；
(5) 视频录放机。

3) 允许使用的电子设备

(1) 助听器；
(2) 心脏起搏器和其他体内医疗设备；
(3) 电子表；
(4) 电动剃须刀；
(5) 可接受的个人使用的维持生命装置；
(6) 航空公司所安装的设备（如电话、视听设备等）。

5. 旅客安全告示

(1) 飞机在地面做任何移动，以及每次起飞、着陆和机长认为必要的其他任何时间，“系好安全带”信号灯应当接通。

(2) 当“系好安全带”灯亮时，每位旅客应该系好安全带。

(3) 飞机在禁止吸烟的飞行航段上运行时，应当使“禁止吸烟”的告示信号灯一直亮着。

(4) 飞机上任何人员应当遵守下列规定：

①不得在“禁止吸烟”信号灯亮时吸烟；

②不得在洗手间内吸烟；

③不得摆弄、损害或毁坏飞机洗手间内的烟雾探测器。

(5) 航空公司在各机型上应装备与机型相符的旅客告示和标牌，并配备与机型相符的带有图示的“安全须知”卡和“出口位置须知”卡。

(6) 图卡、图表和词语使用国际认同的符号、描述识别和操作方法。

6. 禁止吸烟

(1) 根据中国民用航空局规定，国内航班全程禁止吸烟；

(2) 允许吸烟的航班在下列情况下禁止吸烟：

①飞机在滑行、起飞、下降以及遇有颠簸时；
②当“禁止吸烟”信号灯亮时；
③客舱过道；
④应急情况、应急放出燃油或其他危险的条件下；
⑤紧急供氧时；
⑥坐在医用氧气设备 4 米范围内；
⑦在洗手间内；
⑧在非吸烟区；
⑨在吸烟区内，不允许吸雪茄和烟斗；
⑩出现火情时；
⑪在接近氧气存储区时；
⑫飞机在地面停留时。

（3）对违反禁止吸烟规定的旅客的处置：

①发现违反禁止吸烟规定的旅客，应当立即要求其停止吸烟，如旅客立即停止，不再追究其责任；如果该旅客还继续吸烟，乘务员应做说服工作，并向带班乘务长报告；

②如旅客不听劝告，态度恶劣，还继续吸烟，要向他讲明此事将报告机长，并明确指出此行为是严重的行为不当；

③一旦该事件报告给机长，就要将旅客的姓名和座位号记录在机上事件报告中；

④如发现有人在洗手间内吸烟，应严格检查该区域有无火灾隐患。

7. 系安全带规定

（1）在下列情况下检查或广播通知旅客系好安全带：
①滑行、起飞和着陆前；
②“系好安全带”灯亮时；
③遇有颠簸；
④夜间飞行；
⑤遇有劫机；
⑥紧急下降。

（2）在起飞前和着陆过程中，或空中“系好安全带”信号灯亮时，除了在完成保障有关飞机和机上人员安全的任务外，乘务员应当坐在执勤位置上，并系好安全带和肩带，以便在应急撤离时，最有效地疏散旅客。

（3）乘务员在进行客舱安全检查时，应确认空座位上的安全带是在锁定位置。

（4）当飞机进入巡航高度，“系好安全带”灯熄灭后，坐在座位上的旅客必须系好安全带。

（5）机上遇有腰围较大的旅客，应提供加长安全带。

（6）机上遇有带婴儿的旅客，应提供婴儿安全带。

8. 对飞行机组的服务

1）机组食品

食品中毒会影响飞行机组的工作能力，进而影响飞行安全，为机组供餐的乘务员应保证供给机长和其他机组成员的食品是完全不同的。如果同一机组配备同一种餐食时，机长和其他机组成员的进餐时间需相隔一小时。剩余的餐食不能再次冷却后重复加热供应。

2）乘务员对飞行机组的服务

起飞后"系好安全带"信号灯关闭后为机组供应饮料，提供饮料时，不可使饮料越过中央仪表板，禁止将茶壶放在驾驶舱内；所有送入驾驶舱的物品用完后及时收回；在进入驾驶舱前，需按联络信号联系；在驾驶舱内与机组人员对话前，乘务员应注意观察不要影响机组的工作。

四、旅客安全

在整个航程中对旅客实施有效的管理，保证旅客人身和财产安全，使旅客感到放心、顺心、舒心、动心，是全体机组成员的职责。

1. 需要特殊照料的旅客

1）范围

（1）年老体弱者；
（2）儿童、婴儿、无成人陪伴儿童；
（3）孕妇；
（4）盲人旅客；
（5）聋哑旅客；
（6）精神失常者；
（7）被押送的嫌疑者；
（8）特胖旅客；
（9）担架旅客；
（10）轮椅旅客；
（11）提出特殊要求的旅客。

2）部分需要特殊服务旅客的机上服务

（1）老年旅客

——一些年迈又不经常乘机的老年旅客一般都需要帮助，主动与老年旅客沟通，解除他们的顾虑，可以减轻路途的担忧。

——一些自尊心、独立能力很强的老年旅客（尤其是外国旅客）一般不愿意别人为他提供特殊帮助，乘务员要掌握这些旅客的心理特点，提供恰当的服务；需要帮助的旅客，乘务员应该主动搀扶上下飞机，帮助提拿行李，寻找座位。

——主动介绍服务项目、服务设备的位置和使用方法，主动介绍供应的食品，尽量送热饮、软食。

——与老年旅客交谈时，声音柔和、略大，语速要慢，语言通俗易懂。

——国际航班，帮助填写 C. I. Q 表格，确认后由本人签字。

（2）无成人陪伴儿童

——指定专人负责照顾无成人陪伴儿童，不可安排在出口座位处。

——定时检查，确保无成人陪伴儿童的健康状况。

——帮助填写 C. I. Q 表格；填写无人陪伴儿童卡，放入儿童的资料袋内。

——飞机下降前向机长报告，要求地面服务人员为无成人陪伴儿童提供特殊服务。

（3）有成人陪伴的小旅客

——提供儿童读物、玩具。

——提醒小旅客的监护人不要让小旅客在客舱玩耍，以免受伤及妨碍他人。

——提供饮料时不可过满、过烫。

——飞行中经常询问有无特殊需求，给予适当照顾。

（4）婴儿

——指定一名乘务员帮助携带婴儿的旅客提拿行李，安排座位，提供婴儿安全带，并帮助系好。

——询问旅客是否需要摇篮，平飞后帮助旅客支放摇篮，垫上毛毯，放好小枕头，让婴儿平躺在摇篮里。

——主动介绍服务设备的使用方法和可供婴儿更换尿布的厕所位置，以及起飞前和下降时抱婴儿的正确方法。

——乘务员应主动向旅客了解婴儿何时需要热奶或食品加热。

——当需要时，可给婴儿提供玩具。

——下降前，收回摇篮，提醒旅客抱好婴儿，协助系好安全带。

——飞机起飞和下降期间应唤醒熟睡的婴儿，防止压耳。由于飞机高度的变化带来压差，此时婴儿的哭闹有助于调节耳鼓室膜。

——如接收婴儿车，在飞机停稳后及时交还旅客，下飞机时帮助旅客提拿手提行李。

（5）孕妇

——登机后，了解孕妇的身体状况。

——主动帮助孕妇旅客提拿、安放随身携带物品，安排入座。

——经常了解孕妇的情况，随时给予照顾。

——起飞、下降时，给孕妇在腹部垫上一条毛毯或枕头，然后在大腿根部系上安全带，并告诉解开的方法。

——如遇孕妇将要分娩，乘务员根据分工尽快将孕妇安排在适当位置，与其他旅客隔离。

——广播寻找医务人员，并为其提供医疗药箱和急救药箱。

——若没有医务人员，乘务员应参照急救方案有关内容进行处置。

——报告机长通知地面，采取相应措施。

——填写重大事件报告单、客舱记录本。

（6）重要旅客

——带班乘务长接到重要旅客通知单，应了解重要旅客有关情况及特殊要求并通知乘务员。

——旅客登机时，应按通知单上的称呼致意、引导入座。

——应尽早与旅客随行人员联系，了解客人的生活习惯，为服务工作提供参考。

——在不影响其他旅客的前提下，为客人提供特殊服务（如优先选择餐食）。

——在国际航线为客人优先提供免税物品的服务。

——应尊重重要旅客本人隐私的意愿，不宜在其他旅客前暴露其身份。

——到达时，将重要旅客手提行李提到舱门口，并与地面服务人员做好交接工作，道别时提供尊称和姓氏服务。

——重要旅客享有最后登机、最先下机的权利。

（7）延误、等待时的服务

——带班乘务长向机长或相关部门了解延误、等待信息，召集区域乘务长，说明延误、等待原因，根据情况提出具体要求。

——区域乘务长召集本区域乘务员说明情况，全体乘务员到客舱与旅客沟通，听取意见，提供服务。

——及时通知旅客延误的信息，口径一致，避免误解，表示歉意。

——带班乘务长应该与机长/地面人员保持联系，如延误情况发生变化，要及时向旅客通报信息。当延误信息不确定时，每隔15~20分钟向旅客通报最新情况，并根据等待的时间长短，向旅客提供服务。

——根据各航空公司的规定和延误时间的长短提供相应的餐饮、娱乐等服务。必要时，带班乘务长应与有关部门联系增加餐饮数量。

——如需乘务员离机，做好机供品的签封和交接工作。

——在延误时间较长的情况下，带班乘务长应主动了解旅客的需求，设法帮助解决转机等问题。

——积极协助、配合有关部门做好相应的工作。

2. 伤残旅客的服务

1）轮椅旅客

——轮椅旅客要优先登机，最后下飞机。

——乘务员要主动帮助旅客提拿和安放手提物品及轮椅；协助旅客就座后将其安全带系好，使旅客感觉舒适。

——如旅客去洗手间等有困难时，应主动提供耐心、细心的帮助。

——带班乘务长必须在下降前通知机组人员轮椅旅客的类别（以区分是否需要升降车），使地面人员获取相关信息。

2）担架旅客

——担架旅客乘机时，要事先了解其病症，确认陪同人员及有无特殊要求等。

——担架旅客优先登机，如担架随机，协助将病人和担架安置在普通舱后三排左侧；如担架不随机，可在座椅上铺垫毛毯、枕头，根据病情让病人躺卧，帮助系好安全带。

——飞行中指定专人负责，经常观察、询问病情，与陪同人员商量，提供特殊服务。

——下降前，报告机组与地面联系安排有关事宜。

——下降时，提醒病人躺好扶稳，系好安全带。

——到站后，病人最后下飞机，下机时协助整理、提拿手提物品。

——被运送的担架旅客及护送人员要在规定的合同上签字，保证在可能发生的应急撤离中，担架旅客和障碍性旅客不能先于其他旅客撤离，如在上述情况中发生意外，航空公司均不负责。

3）盲人旅客

——主动搀扶盲人旅客，帮助提拿行李，安排就座。

——向盲人旅客介绍安全带的操作、呼唤铃、座椅的调节、餐桌的使用方法，介绍紧急设备的方向、位置及使用方法，触摸各种服务设备的位置并教其使用。

——乘务员要向盲人旅客介绍餐饮的种类，并提供特殊服务；为盲人旅客提供餐食服务时，要将各种食品以时钟的位置向旅客介绍，告诉旅客从哪儿开始食用，并提醒旅客哪一种是烫的。

4）聋哑旅客

——向聋哑旅客介绍安全带的操作、呼唤铃、座椅的调节、餐桌的使用方法，介绍紧急设备的方向、位置及使用方法。

——聋哑旅客听不到对旅客的广播，乘务员要将如延误或更改航班等重要信息告知旅客。

——许多聋哑旅客会读口型，乘务员在与之交谈时要面对旅客，而且放慢速度说话，如果不明白或语言不通，则需要借助文字、符号或手势，但必须有礼貌。

——凡过站，只要聋哑旅客自己愿意下机，乘务员要同地面服务人员交接，同时要确保聋哑旅客重新登机。

第四节　机上急救处置

急救（First Aid）指的是院外急救，即对伤者在现场进行的急救。在遇有急救时，乘务员对伤病者的基本情况必须做一判断，及时观察旅客的病情，其中重要的是以下的生命体征。

（1）脉搏：正常脉搏在60～100次/分钟，脉搏频率会因各种病理或生理情况而改变。

（2）呼吸：正常的呼吸频率成年为15～20次/分钟，儿童稍快些，呼吸也会因各种生理或病理情况而改变。

（3）体温：正常的体温是37℃左右，与年龄无多大关系，机体只有在正常的体温下才能正常工作。

一、机上常见病

1. 晕机

症状：疲乏头晕，面色苍白，恶心、呕吐。

处置：

（1）准备干净的清洁袋备用；

（2）松开衣领、腰带，提供湿毛巾、温开水，帮助旅客调整座椅至仰卧位，告诉旅客保持紧靠椅背不动，闭目休息，深呼吸；

（3）打开通风孔；

（4）可能时把旅客尽量调整到客舱前部。

2. 压耳

压耳通常是由于飞行中座舱压力的变化的结果。

症状：耳痛、听力下降、耳鸣，有时出现眩晕。

处置：

（1）鼓励病人做吞咽动作，打哈欠，嚼口香糖；

（2）指导病人学会捏鼻鼓气法。如果有上呼吸道感染，禁止使用此法。

（3）婴儿哭闹有助于耳鼓膜的扩张，也可以让婴儿吸吮奶嘴；

（4）建议鼻塞的旅客使用滴鼻净。

3. 鼻出血

症状：鼻孔出血。
处置：
（1）病人的头稍前倾；
（2）捏住鼻子，以控制出血，施加压力不少于10分钟；
（3）冰敷鼻部的周围；
（4）让病人休息好，提醒病人不要擤鼻。

4. 烧伤烫伤

症状：
（1）轻度烧伤或烫伤时伤部明显疼痛、触痛，皮肤发红水肿或起水泡；
（2）重度烧伤烫伤时，皮肤深部损伤，有组织暴露，皮色苍白色，呈蜡样改变。
轻度烧伤烫伤的处置：
（1）用凉水冲或冰敷伤部，以减轻损伤和止痛；
（2）不可弄破水泡，不要强行去除烧伤部位的各种物质；
（3）拭干患部后，敷上烧伤药或敷料后包扎上。
重度烧伤烫伤的处置：
（1）不可用水冲或任何冷敷，不要试图去除伤部的粘染物；
（2）在出现明显肿胀前轻柔地脱去伤部各种穿戴物；
（3）以干的消毒敷布敷在伤部并加以包扎；
（4）为防止脱水要经常给病人喝少量的水或饮料。
化学物烧伤时的处置：
（1）尽快用大量清水彻底冲洗；
（2）轻轻地仔细去掉所有粘染了化学物的衣物。

5. 晕厥

症状：
晕厥前：脸色苍白；头晕；虚弱；皮肤湿冷。
晕厥时：很快失去知觉；浅呼吸；脉搏细弱，或快或慢；出汗。
处置：
晕厥前：
（1）病人置于头低脚高体位；
（2）松开紧身衣物；
（3）额头进行冷敷。
晕厥：

（1）病人置于头低脚高体位；
（2）如果病人有呼吸和心跳，用清醒剂放在病人的鼻下使其清醒；
（3）松开紧身衣物；
（4）在额头进行冷敷；
（5）当恢复知觉时，清除病人的疑虑并提供热饮料；
（6）观察生命体征；
（7）广播找医生。

6. 休克

症状：
（1）脉搏很弱或摸不着；
（2）呼吸浅而不规则；
（3）面色苍白，出冷汗；
（4）面部表情淡漠，目光呆滞无光、眼睛无神、瞳孔放大；
（5）行为混乱。
处置：
（1）把病人置于头低脚高或适合其病情的体位；
（2）有出血者首先止血；
（3）没有胃肠出血者可适量喝水；
（4）要注意保暖、防止体温散失、避开风道，用毯子盖好；
（5）无脑外伤可吸氧，喝热茶或热咖啡；
（6）广播找医生；
（7）报告乘务长和机长，实行全航程监护。

7. 癫痫

症状：
（1）发作时，全身发紧，随后可能发生抽搐、昏迷、倒地、牙关紧咬；
（2）在僵硬期间，病人可能会停止呼吸或大小便失禁；
（3）脸色和嘴唇发青；
（4）口吐白沫或流口水。
处置：
（1）不要限制其痉挛，不要搬动，不要试图在病人的上下牙齿之间放置任何东西；
（2）保护好病人使其不要受伤，抽搐时解开安全带，移走病人身上及周围锐利物品，并在其周围垫上枕头；
（3）如果病人呕吐，则应给予方便呕吐的姿势，让其呕吐；
（4）在抽搐结束之后，检查生命体征；

（5）检查病人身上有无疾病标示牌，如有按牌处理，也可以询问同伴有关情况；

（6）让病人保持休息，如需要，则给予吸氧；

（7）待病人清醒后询问情况，如病人带有药物应帮助其服药，提供安静环境保护病人不受打扰；

（8）广播找医生，并报告机长通知地面。

二、机上急救处置

1. 乘务员在遇到严重伤病旅客时的处理程序

（1）在机上广播寻求医务人员的帮助。

（2）在医务人员未到之前或机上无医务人员时，按急救箱内所附的“急救指导”提供急救。

（3）使患者尽量舒适、安静。

（4）根据情况决定是否给病人吸氧。

（5）及时报告机长并在着陆前通知地面有关部门。

（6）应取得并记录以下内容：

——旅客身份；

——发病情况或主要症状（包括处理及效果）；

——到站后是否需要担架或轮椅等搬运工具，是否要救护车或医务人员到场；

同时还要注意：

①除非决定必要，否则不要移动旅客；

②不要让其他旅客围观；

③不要当着旅客的面讨论其病情；

④提供急救时，应及时观察病人的生命体征。

2. 心肺复苏

由于心跳、呼吸突然停止，全身重要脏器将发生缺血缺氧，尤其是大脑。大脑一旦缺血缺氧时间超过4~6分钟，脑细胞将发生不可逆性损害。因此，在4~6分钟内，最好能在4分钟内立即进行心肺复苏，在气道畅通的前提下用人工呼吸补充氧气，用胸外心脏按压使带有新鲜氧气的血液到达大脑和其他重要脏器。

心肺复苏的意义不仅要使心肺的功能得以恢复，更重要的是恢复大脑功能，避免和减少“植物状态”的发生。

心跳、呼吸骤停后1分钟内进行心肺复苏者，救活率接近100%，4分钟内进行心肺复苏者约有50%被救活，4~6分钟开始心肺复苏者只有10%被救活，10分钟以上几乎无存活的可能。因此，争分夺秒的现场救护非常重要。

1）判断意识

如发现成人旅客有呼吸骤停症状，则轻拍肩部，问：“喂！你怎么了？”如是婴儿，则拍击足底或掐捏上臂。如果患者对此毫无反应，则可判断无意识。

10 秒内完成。若有意识，按要求提供帮助，若无意识立即呼救。

2）呼救

高声呼叫或打“120”。

3）摆放体位

将患者水平仰卧在坚硬的平面上。若伤员俯卧或侧卧，抢救者应一手护颈，一手护躯体，使其头颈躯干在同一平面上转动。

抢救者跪或站在患者肩、腰部，有利于实施操作。

4）开放气道

开放气道以下颌角与耳垂连线与地面形成的角度来判断是否到位，成人是 90°角，儿童是 60°角，婴儿是 30°角。

开放气道前要解开衣领，清除口腔异物。

5）判断呼吸

3~5 秒内完成，一看胸部有无起伏，二听有无出气声音，三用面部感觉有无气流，若有呼吸立即判断脉搏。

无呼吸者需进行人工呼吸。

6）人工呼吸

用口对口或口对鼻吹气，频率成人 12 次/分钟，儿童 16 次/分钟，婴儿 20 次/分钟；先吹两口，时间 1.5~2 秒/次；每口气量 700~1100 毫升。

有效指征：胸部有起伏。

无效的原因可能是气道不畅或气未吹进。

7）判断脉搏

触摸一侧颈动脉，5~10 秒内完成。若有正常脉搏，只做人工呼吸。

无脉搏者进行胸外心脏按压。

8）胸外心脏按压

用重叠的两手掌根（儿童用单手掌根，婴儿用中指、无名指）按压，频率成人 80~100 次/分钟，儿童 100 次/分钟，婴儿 120 次/分钟。按压深度成人 4~5 厘米，儿童 2.5~4 厘米，婴儿 1.5~2.5 厘米。

有效指征是压一次有一次颈动脉搏动。

9）几种情况的抢救

无呼吸无心跳：做 15 次按压后吹气 2 次，连续四个周期后再判断呼吸和脉搏。

有呼吸无脉搏：以 80~100 次/分钟的频率做胸外心脏按压，1 分钟后再判断呼吸和脉搏。

无呼吸有脉搏：以 12 次/分钟的频率做人工呼吸，1 分钟后再判断呼吸和脉搏。

有呼吸有脉搏无意识：确定患者无脊柱损伤时可放置复苏体位（侧卧位）。

2. 梗阻处理

昏迷、酗酒及异物均可引起气道梗阻。凡有人突然呼吸停止，面色青紫，昏迷而无明显诱因；或有人不能正常说话、咳嗽、呼吸，并不由自主地将一手的拇指和食指呈"V"字形紧贴于颈前喉部，面容痛苦，均应考虑有气道梗阻的可能。

解除气道梗阻的方法包括：

（1）不完全梗阻：患者清醒时，可鼓励其咳嗽，使气道内异物松动并排出体外。若患者虽清醒但呼吸困难，面色青紫，按完全性梗阻处理。

（2）完全梗阻

采用海氏急救法：

位置：剑突下、脐上正中二横指处或胸外按压部位。

站立或坐位时海氏法：

适用于清醒患者。用握拳的拇指放在推压位，向后向上连续推压 5 次，直至异物排出或患者出现昏迷。

仰卧位海氏法：

适用于昏迷患者。用手掌根放在推压位向后向上连续推压 5 次，再用手指清除异物。

（3）体重较轻的小儿，可采用拍背法：让小儿趴在救护者膝盖上，头朝下，托其胸，拍其背部 4 次，冲击胸部 4 次，使小儿咯出异物，或用小指将异物钩出。

3. 外伤急救

1）出血和止血

人体血量大约占体重的 8%，如体重 50 千克，则约有 4000 毫升血液。急性出血超过全身血量的 1/3，就会出现明显的脉搏增快，或血压下降，甚至有生命危险。

2）出血种类及特点

（1）动脉出血：血色鲜红，出血如喷射状，并与脉搏节律相同。此类出血危险性最大。

（2）静脉出血：血色暗红，血液呈涌出状或徐徐外流。

（3）毛细血管出血：血色鲜红，从伤口缓慢渗出，常可自行凝固而止血。

3）止血方法

（1）指压止血法

手指压迫伤口近心端动脉血管于骨面上，以阻断血流，达到止血目的。

头顶及额部出血：压迫颞动脉，用拇指在耳屏上前方1.5厘米处用力压迫。

面部出血：压迫面动脉，用拇指在下颌角前约半寸的凹陷内，将面动脉压于下颌骨上。

肩及上肢出血：压迫锁骨下动脉，用拇指在锁骨上凹摸到动脉跳动处，其余四指放在伤员肩后，以拇指向内向下压于第一肋骨。

前臂及手出血：压迫肱动脉，拇指放在上臂内侧，压迫肌肉的凹陷处。

手掌出血：压迫桡尺动脉，将患肢抬高，用两手拇指分别压迫手腕部的尺、桡侧的动脉，也可用手或止血带（扎）握紧腕关节处。

手指出血：压迫指动脉，将患肢抬高，用食指、拇指分别压迫手指两侧的指动脉。

下肢出血：压迫股动脉，两手大拇指或双手掌重叠，用力压在大腿根部腹股沟中点稍下方的股动脉。

足部出血：两手拇指分别压迫足背动脉和内踝与跟腱之间的胫后动脉。

（2）加压包扎止血法

用消毒纱布或清洁的布块覆盖于伤口上，再以宽布条或绷带扎紧。适用于全身任何部位的中小量出血。如遇伤处有不能移去的异物（碎玻璃、骨片），可在异物四周用毛巾卷成环形圈将异物固定，然后再进行加压包扎。

（3）抬高伤处

尽可能抬高伤处至超过心脏位置，以减少出血量。

（4）固定伤处

制止伤处活动，可减慢流血速度，帮助止血，尤见于骨折伤员。

（5）止血带止血法

四肢出血用加压包扎法止血无效时使用本方法。

①上肢出血：止血带应扎在上臂上1/3处。

②下肢出血：扎在大腿上1/3处，扎止血带部位应用环形加宽布垫保护皮肤。用带状布条在布垫上加压绕肢体一周后扎一活结，在结下旁侧约两厘米处放一根长约20~30厘米的结实木棒，拧转木棒，绞紧止血带，直到止血为止。将木棒的一端穿入活结，收紧固定，用止血带剩余部分将棒再次固定。留有标记，注明上止血带的时间。每隔50分钟放松止血带3~5分钟，放松期间，用指压法止血。

4）包扎

人体软组织受损，易导致体液流失、出血或细菌侵入。因此，所有开放性伤口，应立即妥善包扎，以减少污染，防止感染，保护伤口和止血。

（1）处理

①伤员应立即停止活动，坐下或躺下休息。

②充分暴露伤口，检查有无异物。若系胸腹部或其他部位深而大的异物，切勿拔出。

③立即止血。

④以柔软干净的毛巾或布类覆盖于伤口进行包扎。伤口切忌冲洗或上任何药物。

若有组织或脏器从伤口脱出，切勿还纳回体内。

（2）方法

①绷带包扎：可选用弹性绷带或普通绷带，也可用三角巾或布条替代。

——环形：用于包扎颈、腕、胸、腹等粗细相等部位的小伤口，绷带在伤口处环形缠绕。

——螺旋形：用于包扎较大面积的伤口，绷带从肢体远心端向近心端缠绕，并可重叠前面一圈的1/3~1/2左右，用于上臂、手指、躯干、大腿等。

——“8”字形：用于肢体关节受伤，将绷带斜绕肢体，形成“8”字形，每次遮盖前面绷带的1/3~1/2，用于肩、髋、膝、腕等部位。

——回返包扎法：用于头部或断肢伤口包扎。先做环形固定，再反复呈放射性反折，将敷料完全覆盖。

②三角巾包扎

——头顶部：将三角巾的底边折叠约二指宽，放于前额齐眉处，顶角向后盖头上，三角巾的两底角经两耳上方拉向头后部交叉并压住顶角再绕回前额相遇时打结，顶角拉紧掖入头后部的交叉处内，或翻到上面用别针或胶布固定。

——眼部：

单眼法：将三角巾折叠成约四指宽带形，以2/3向下斜放于伤侧眼部，一端从伤侧耳下绕脑后经健侧耳上至前额，压另一端绕行，然后另一端于健侧眉上向外反折后于耳上拉向脑后，两端相遇时打结或用胶布固定。

双眼法：将三角巾折成四指宽带形，从枕后部拉向双眼交叉，再绕向枕下部打结固定。

——肩部：将三角巾折叠成燕尾式，燕尾夹角约90°（大片压小片，大片在后，小片在前）放于肩上，燕尾夹角对准颈部，燕尾底边两角包绕上臂上部并打结，再拉紧两燕尾角，拉到对侧腋下打结。

——胸（背）部：把燕尾巾放在胸前，夹角约100°对准胸骨上凹，两燕尾角过肩于背后，再将燕尾底边角系带，围绕在背后相遇时打结。然后将一燕尾角系带并拉紧绕横带后上提，与另一燕尾角打结。

——腹部：腹部有内脏脱出时不要送回腹腔，以免引起感染，可先用已灭菌消毒的急救包或大块敷料覆盖，然后用饭碗、茶缸等扣住，再用三角巾包扎。把三角巾顶角向下横放在腹部，底边齐腰，两底角围绕到腰后打结。顶角由两腿间拉向后面和另两端打结。

——臀部：将燕尾巾的夹角约60°朝上，盖伤侧臀部的后片要大于并压着向前的小片，两角分别过腹腰部对侧打结，两底边角包绕伤侧大腿根打结。

5）固定

凡骨骼破损，碎裂或折断均称骨折。骨折必须固定，以免搬运时断端移动，刺伤肌肉、神经及血管，引起严重失血或损伤神经。

（1）分类

①开放性骨折：骨折处皮肤破裂，骨折断端与外界相通。

②闭合性骨折：骨折处皮肤完整，骨折断端与外界不相通。

（2）判断

①疼痛：伤处剧烈疼痛和压痛，移动时疼痛加剧。

②肿胀：软组织损伤出血所致。

③畸形：骨折端移位，受伤肢体形状发生改变，呈现短缩、弯曲、假关节或转向等。

④功能障碍：肢体原有运动功能受到影响或完全丧失。

（3）注意事项

①置伤员于适当体位，就地施救。

②切勿移动骨折部位，或尝试将骨折部位复位。

③如为开放性骨折，须先止血并包扎伤口后再固定。

④夹板与肌肉间、关节间、骨隆突处及骨折处加布垫，以保护皮肤。

⑤就地取材固定，树枝、木棍、扁担、车厢板等均可作夹板应用。也可利用人体自身条件进行固定，如上肢可包扎固定于胸前，下肢可与健肢绑在一起。

⑥固定四肢骨折时，应将指（趾）端露出，以便随时观察远端肢体的血液循环。

⑦病人经初步急救和临时固定妥善后，应速送医院。

（4）固定方法

①锁骨骨折

——“T”字形夹板固定：“T”字形夹板贴于背后，在两肩及腰部用布带扎牢固定。

——无夹板三角巾固定：腋下加布垫，布带在肩背部拴牢，两端剩余布带拉紧在背部两前臂屈曲，用三角巾固定于胸前打结。

②上臂骨折

夹板放在上臂外侧，加垫后用布带将骨折上下两端绑牢，使伤肢屈曲贴于胸侧，再将前臂吊在胸前，并用一条三角巾将上臂固定于胸部。无夹板时，先将三角巾把伤肢固定于胸廓，后用三角巾将伤肢悬挂胸前。

③前臂骨折

用两块大小合适的木板放在前臂内外两侧，上下两头扎牢固定，然后屈肘90°，用布带吊起。无夹板时，用三角巾将前臂吊起，再用一宽布带将上肢固定于躯干。

④大腿骨折

将一块自腋窝到脚跟长的夹板放在伤肢外侧，再用一块自腹股沟到脚跟长的夹板放在伤肢内侧，关节突出部位加垫，先固定骨折上、下两端，再依次固定踝、膝关节及髂、腰、腋部。

⑤小腿骨折

取与脚跟至大腿等长的夹板两块，放在伤腿的内外侧，然后在夹板两头及骨折上下端用布带捆绑后打结固定。下肢骨折无夹板时，可将伤肢绑在健肢上，分别在髋、膝、踝关节及骨折上下端打结固定。膝关节及踝关节骨突部之间要加布垫。

6）搬运

直接或间接受力都可引致脊柱骨折，如交通意外、高处坠下等。脊柱骨折是一种非常严重的创伤，处理不当，可造成永久性脊髓神经的横断性损伤，甚至死亡。其表现为颈、胸、腰、背部剧痛，如脊髓有轻度损伤，可能手足麻木，如脊髓严重损伤，四肢无任何感觉，也无法活动。因此，脊柱骨折应小心处置。

（1）颈椎骨折

——如伤员清醒，警告其不可乱动。

——将硬板担架置于伤员身旁。

——抢救者一般要有 4 人。

——颈下预放颈托固定。

——将伤员身体呈水平状搬上担架。

——以沙袋从两侧固定头，防止头部左右前后乱动。

——用布带将病人身体固定于担架上。

——保持平稳，往医院转送。

（2）腰椎骨折

——警告伤员勿乱动。

——将硬板担架置于伤员身旁。

——抢救者 3 人。

——在肩腹部或腰部预放布垫。

——将伤员身体呈水平状搬上担架。

——用布带固定身体于担架上。

——保持平稳，往医院转送。

伤员经过现场急救后，应迅速转送到急救医疗中心或医院。如若搬运方法不当，容易增加伤员痛苦，加重伤情或致残。一般选用现成担架，如果急救现场一时找不到现成担架，可用椅子、竹竿、门板、床板、床单、长板等，做成各种简易担架。

思考题：

1. 请说明机组资源管理的含义。
2. 简单说明人为因素的 5 种理论。
3. 请分别列出驾驶舱内设备、乘务员使用设备、旅客使用设备的种类。
4. 请列出乘务员客舱服务时的工作内容和技能要求。
5. 举例说明客舱内 5 种旅客使用设备及其使用要求。
6. 举例说明客舱内 8 种乘务员使用设备及使用要求。
7. 举例说明客舱内应急设备的使用要求。

8. 乘务员登机后应检查核实哪些应急设备?
9. 飞机推出停机位后乘务员应做哪些工作?
10. 乘务员通过演示向乘客进行安全演示的内容有哪些?
11. 哪些旅客不能安排在出口处座位?
12. 飞机上遇到晕机、压耳、晕厥等情况的旅客，乘务员如何处理?
13. 外伤止血和包扎有哪些常用手法?

参考文献

[1] 张军．现代空中交通管理．北京：北京航空航天大学出版社，2005

[2] 刘得一．民航概论．北京：中国民航出版社，2005

[3] 亚历山大·T· 韦尔斯著，赵洪元译．机场规划与管理．北京：中国民航出版社，2004

[4] 李国．民用航空服务与运营管理．合肥：安徽文化影像出版社，2004

[5] 国际民航组织通信导航监视/空中交通管理系统．国务院中央军委空中交通管制委员会．1994

[6] 向国际民航组织通信导航监视/空中交通管理系统过渡到全球协调计划．民航总局空中交通管理局．1995

[7] 诺曼·阿什佛德，H. P. 马丁·斯坦顿，克里佛顿·A·摩尔．机场运行管理．北京：中国民航出版社，2006

[8] 李涛等编．民航航空机场地面服务实用手册．北京：中国知识出版社，2006

[9] 蒋作舟．中国民用机场集锦．北京：清华大学出版社，2002

[10] D. W. 弗利尔．国际民航发展史．北京：北京航空航天大学出版社

[11] 王细洋．航空概论．北京：航空工业出版社

[12] 罗亮生．大众航空．北京：航空工业出版社

[13] 宋静波．飞机构造基础．北京：航空工业出版社

[14] 李成智，李小宁，田大山．飞行之梦——航空航天发展史概论．北京：北京航空航天大学出版社

[15] 杨华保．飞机原理与构造．西安：西北工业大学出版社，2002

[16] 林国梁．飞机技术基础．广州民航职业技术学院讲义

[17] 刘大响，陈光．航空发动机——飞机的心脏．北京：航空工业出版社

[18] 韩明亮，赵桂红．民航运输生产组织．天津：天津科学技术出版社，2001

[19] 李晓津，孔令宇，张晓全．民航旅客运输学．北京：兵器工业出版社

[20] 张安民，许宏量，张惠民，梁志坚，许溢宏．中国航空货运．北京：航空工业出版社

[21] 徐公达，石丽娜．航空旅客运输管理．北京：航空工业出版社

[22] 国际货物运输指南．中国南方航空股份有限公司

[23] 徐月芳，石丽娜．航空客货运输．北京：国防工业出版社

[24] 唐明毅．现代国际航空运输法．北京：法律出版社

[25] 郭国明，陈立周．航空卫生．北京：军事医学科学出版社

[26] Norm Goyer. 航空运动 . 北京：航空工业出版社
[27] 刘平 . 航空医学 . 成都：西南交通大学出版社
[28] 中国大百科全书 . 航空航天卷
[29] 张泽龙 . 私用飞行员教程 . 成都：西南交通大学出版社
[30] 徐建安 . 私人轻型飞机飞行基础——美国 FAA 地面操作学习指导 . 北京：中国科学技术出版社
[31] 黄太平 . 飞机性能工程 . 北京：科学出版社
[32] Paul E. Illman. THE PILOT' S HANDBOOK OF AERONAUTICAL KNOWLEDGE. 北京：航空工业出版社
[33] 李健 . 国内航空承运人赔偿责任限额规定贯彻实施与民用航空运输管理及规范服务实用手册（第一卷）. 北京：中国知识出版社，2006
[34] 田静等 . 机场服务概论 . 北京：中国民航出版社，2007
[35] 黄仪方等 . 航空气象 . 成都：西南交通大学出版社，2002
[36] 杨太东等 . 机场运行指挥 . 北京：中国民航出版社，2008
[37] 王维 . 机场净空管理 . 北京：中国民航出版社，2008
[38] 朱志愚 . 民航机场管理 . 成都：西南交通大学出版社，2008
[39] 赵洪元译 . 机场规划与管理 . 北京：中国民航出版社，2004
[40] 刁伟民 . 航空保安 . 北京：中国民航出版社，2008
[41] 赵廷渝 . 飞行员航空理论教程 . 成都：西南交通大学出版社，2004
[42] 廉筱纯，吴虎 . 航空发动原理 . 西安：西北工业大学出版社
[43] 寿荣中，何慧珊 . 飞行器环境控制 . 北京：北京航空航天大学出版社
[44] 徐莉 . 民航客舱文化 . 北京：中国民航出版社，2008
[45] 高晓光 . 航空军用飞机导论 . 西安：西北大学出版社
[46] 吴森堂，费玉华编著 . 飞行控制系统 . 北京：北京航空航天出版社
[47] 张晓明 . 民航旅客运输 . 北京：旅游教育出版社
[48] 民航乘务员 . 民航总局职业技能鉴定指导中心
[49] 沈燕良 . 飞机系统原理 . 北京：国防工业出版社
[50] 埃兹拉・斯托勒 . 环球航空公司候机楼 . 北京：中国建筑工业出版社
[51] 王再兴 . 民用机场设备实用手册 . 北京：中国民航出版社，1996
[52] 赵玉明 . 机场应急救援 . 北京：中国民航出版社，2008
[53] 唐任伍 . 民航企业管理概论 . 北京：中国民航出版社，2008
[54] 程小康 . 民航国内旅客运输 . 成都：西南交通大学出版社
[55] 朱沛 . 航空货物运输教程 . 北京：兵器工业出版社
[56] 张泽龙 . 私用飞行员教程 . 成都：西南交通大学出版社
[57] 朱代武，何光勤 . 目视和仪表飞行程序设计 . 成都：西南交通大学出版社
[58] 李永，张澜 . 民航服务心理学 . 北京：中国民航出版社，2006
[59] 谭惠卓 . 现代机场发展与管理 . 北京：中国民航出版社，2008

[60] 李永．民航基础知识教程．北京：中国民航出版社，2005
[61] 宋笔锋，谷良贤．航空航天技术概论．北京：国防工业出版社
[62] 孟平，酉格明．通用航空飞机手册及选购指南．北京：航空工业出版社
[63] 李敬．机场野生动物管理．中国民航出版社，2008
[64] 王怀玉等．航空保安法导论．中国民航出版社，2008
[65] 宏阔，刘小红．航空服务礼仪概论．中国民航出版社，2008
[66] 王维．机场场道维护管理．中国民航出版社，2008
[67] 赵翔．民航职业心理健康．中国民航出版社，2008
[68] 史永胜等．通用航空运营与管理．北京：航空工业出版社
[69] Harry A. Kinnison. 航空维修管理．北京：航空工业出版社
[70] 朱沛．机场规划与运营管理．北京：兵器工业出版社
[71] 赵卡丽译．简氏航空器识别指南．太原：希望出版社